불교 강의

Introducing Buddhism

불교 강의

불교의 탄생에서 참여불교·복제·젠더까지

찰스 S. 프레비쉬/데미언 키온
청원 옮김

런던대·호주국립대·펜실베니아주립대
강의실에서 증명된 불교개론서

불교 강의

초판 1쇄 발행 2022년 2월 25일
초판 2쇄 발행 2023년 4월 25일

지은이 찰스 S. 프레비쉬 / 데미언 키온
옮긴이 청원
펴낸이 김성동
교정 오세연
디자인 김카피
펴낸곳 어의운하
주소 경기도 고양시 일산서구 덕이로 250. 102호
전화 070-4410-8050
팩스 0303-3444-8050

페이스북 https://www.facebook.com/you-think
블로그 https://blog.naver.com/you-think
이메일 you-think@naver.com
출판등록 제406-2018-000137

ISBN 979-11-977080-0-8

책값은 뒤표지에 있습니다.
잘못된 책은 구입하신 서점에서 바꿔드립니다.

열반은 팔정도에서 전혀 언급되지 않는다. 그 이유는 열반을 구성하는 것이 팔정도 자체의 경험이기 때문이다. 팔정도를 따름에 있어서 우리는 붓다처럼 행동하고, 붓다처럼 행동함에 의해서 우리는 점차적으로 붓다가 된다. 팔정도는 본질적으로 자기 변형, 변화의 계획, 혹은 정신적 변모의 수단이다. 팔정도는 깨닫지 못한 보통 사람을 붓다로 바꾼다.

- 본문 p.109 -

목차

2부 불교의 발전

3부 불교, 인도를 넘어서

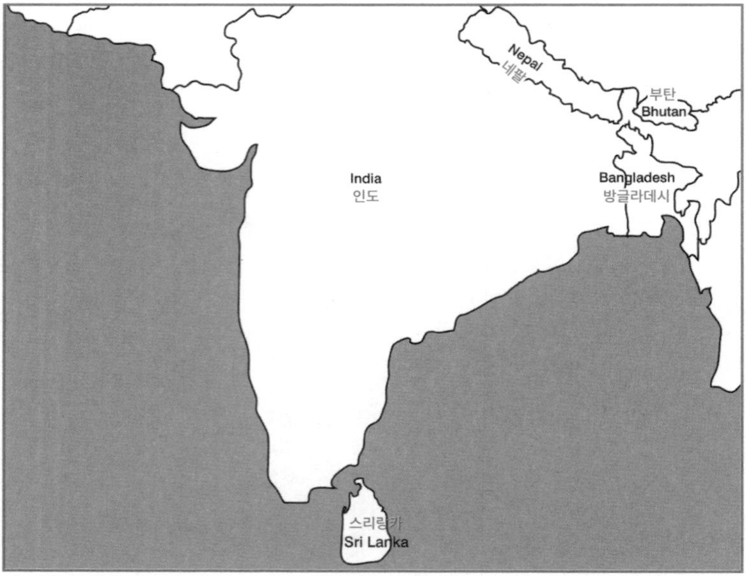

인도 지도

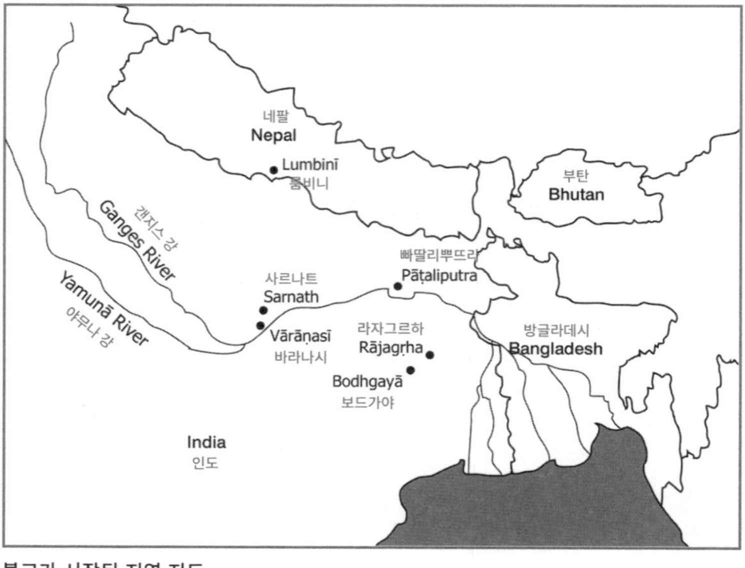

불교가 시작된 지역 지도

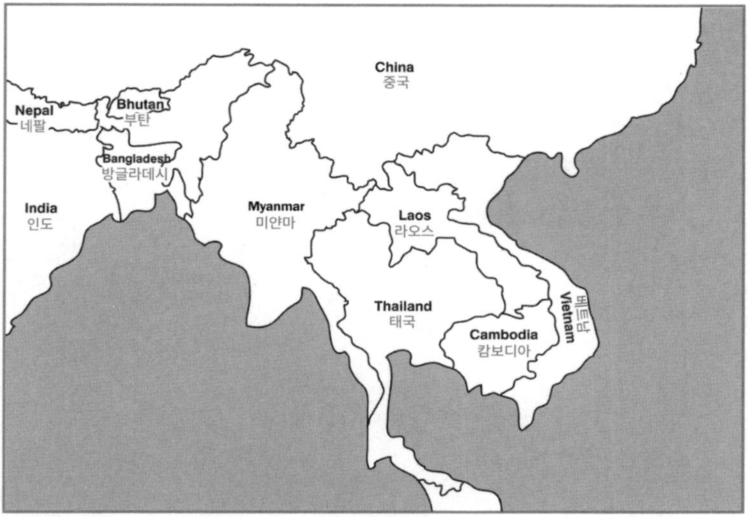

동남아시아 지도

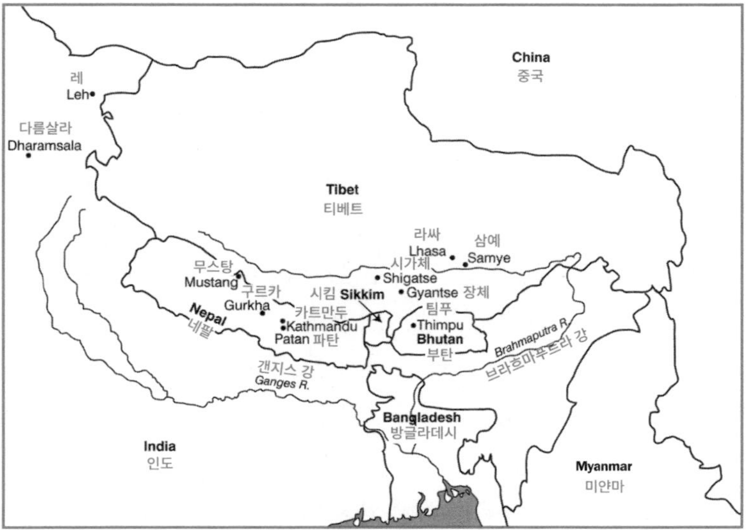

티베트 주변 지도

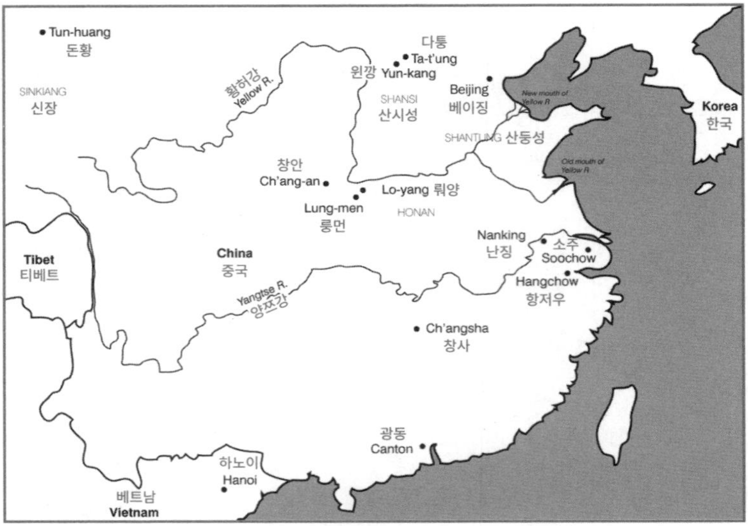
Tun-huang
돈황
SINKIANG
신장
황허강
Yellow R.
다퉁
Ta-t'ung
윈깡
Yun-kang
Beijing
베이징
SHANSI
산시성
New mouth of Yellow R.
Korea
한국
SHANTUNG 산둥성
Old mouth of Yellow R.
창안
Ch'ang-an
Lo-yang 뤄양
Lung-men
룽먼
HONAN
Nanking
난징
소주
Soochow
Tibet
티베트
China
중국
Hangchow
항저우
Yangtse R.
양쯔강
Ch'angsha
창사
광동
Canton
하노이
Hanoi
베트남
Vietnam

중국 지도

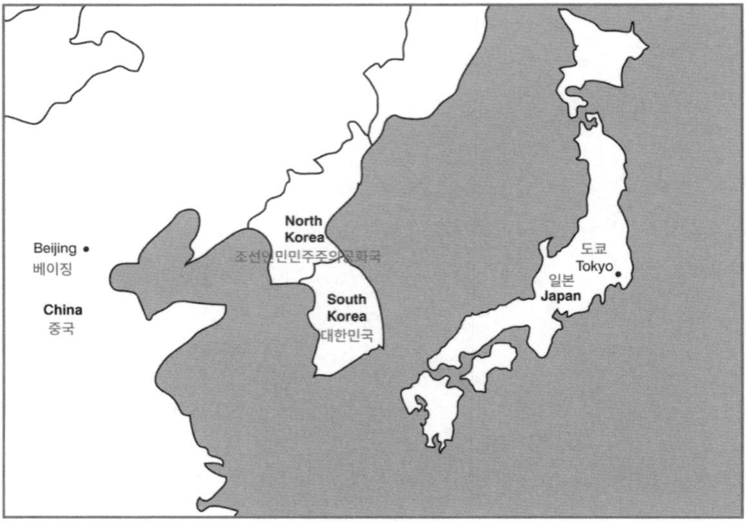
North
Korea
조선인민민주주의공화국
Beijing
베이징
China
중국
South
Korea
대한민국
도쿄
Tokyo
일본
Japan

동아시아 지도

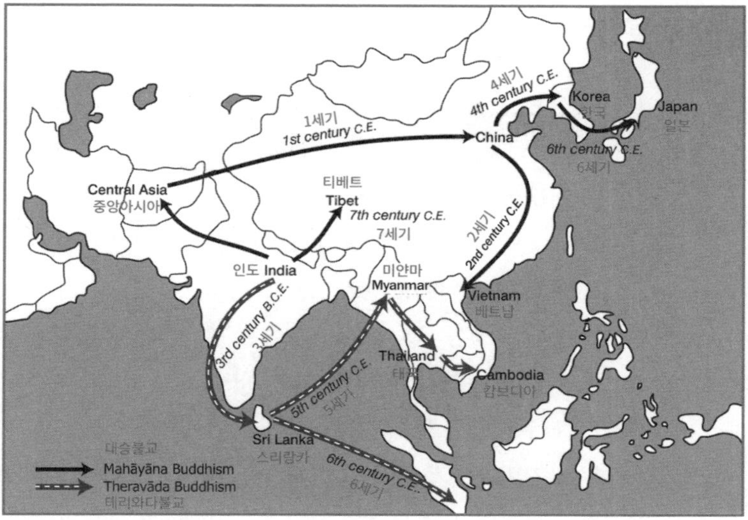
1세기
1st century C.E.
4세기
4th century C.E.
Korea
한국
Japan
일본
China
6th century C.E.
6세기
Central Asia
중앙아시아
티베트
Tibet
7th century C.E.
7세기
2세기
2nd century C.E.
인도 India
미얀마
Myanmar
Vietnam
베트남
3rd century B.C.E.
3세기
Thailand
Cambodia
캄보디아
5th century C.E.
5세기
Sri Lanka
스리랑카
6th century C.E.
6세기
대승불교
Mahāyāna Buddhism
Theravāda Buddhism
테라와다불교

불교의 전파 경로 지도

사진·도표 목록

감사의 말씀

이 책의 내용 중 〈불교의 배경〉, 〈테라와다불교 명상〉, 〈대승불교 명상〉은 스테판 베이어(Stephan V. Beyer)의 글 〈소승불교 명상수행 원칙(The Doctrine of Meditation in the Hīnayāna)〉과 〈대승불교 명상수행 원칙(The Doctrine of Meditation in the Mahāyāna)〉 두 논문을 펜실베니아대학의 허락하에 이 책의 저자인 프레비쉬 교수가 편집 출간했던 《불교: 현대적 관점(Buddhism: A Modern Perspective)》(Univ. Park, Pennsylvania: The Pennsylvania Univ. Press, 1975)에 수록했던 것입니다. 출판사의 양해하에 재정리하여 이 책에 수록했습니다.

1장과 12장, 13장은 저자인 데미언 키온의 《불교 윤리(Buddhist Ethics: A Very Short Introduction)》(Oxford Univ. Press, 2005)에 수록된 내용을 옥스포드대학 출판사의 양해하에 재정리하여 이 책에 수록했습니다.

2003년 박사학위 논문 〈초기불교에서의 환경 윤리(Environmental Ethics in Early Buddhism)〉의 자료를 12장에 인용하도록 허락해 준 프라가티 사흐니(Pragati Sahni)와 14장 인종·계급·젠더 문제에 관한 내용을 도와준 샤론 스미스(Sharon Smith)에게 우리 두 저자는 감사의 말씀을 드립니다.

모든 사진 자료의 저작권은 존 파워즈(John Powers)에게 있으며, 그의 허락에 따라 재편집되었습니다. 다만, 도상 8.1의 태국 치앙마이의 스뚜빠 사진의 저작권은 로버트 후드(Robert Hood)에게 있습니다.

한국어판 저자 서문

《Introducing Buddhism》의 첫 번째 한국어판 번역이 나오게 되어서 우리 두 집필자는 매우 행복합니다. 큰 도전이 되었을 번역에 임해 준 비구니 담마딘나(청원)에게 감사드립니다. 한국은 불교사에서 중요한 역할을 해왔습니다. 그렇게 다르마(法)의 뿌리가 깊은 한국에서 불교의 역사와 가르침에 관한 우리의 책이 출간되어 더욱 넓은 독자들과 만나게 된다는 사실이 매우 기쁩니다.

2022. 1.

찰스 프레비쉬(Charles S. Prebish)

데미언 키온(Damien Keown)

일러두기

1. 이 책의 원본에는 산스크리트 어와 빠알리 어, 중국어, 티베트 어, 한국어, 일본어에 대한 로마자 표기 원칙이 간략히 정리되어 있으나, 한국어본에서는 생략했습니다.

2. 번역 저본(底本)인 영문에 불교 경전과 지명, 인명에 대한 표기가 산스크리트 어 중심으로 되어 있음에도 불구하고 때때로 빠알리 어 경전명과 단어 표기가 섞여 있습니다. 저자들이 번역 저본의 표기를 따르기를 원하여, 그대로 두고, 아울러 발음 표기도 그에 준했습니다.

3. 저자들의 주는 '(저자 주)'로 명시하고, 역자의 주는 특별한 표기 없이 각주로 넣었습니다.

1부:

불교를 이해하기 위한 기초

1. 불교의 배경

2. 붓다

3. 다르마

4. 상가

1. 불교의 배경

이 장에서는

불교는 2000년이나 먼저 일어난 인더스 문명 속에서 기원전 6세기, 인도에서 등장했다. 이 장에서는 이 시기의 주요한 역사, 종교, 그리고 철학의 발달을 간략히 훑어볼 것이다. 인더스 계곡에서 일어났던 인도 최초의 토착 문명은 북쪽으로부터 아리아 인들이 이주해 올 무렵 몰락한 것으로 보인다. 아리아 인들이 가져온 종교는 인더스라는 새로운 거처에서 흥미롭게 발달했는데, 선행 전통의 일부를 받아들이거나 버리며 불교가 일어날 무렵에는 이미 정착되어 있었다.

이 장의 후반부에서는 매우 중요한 우주에 관한 범인도적 믿음과 '윤회', 그리고 인간의 삶과 운명에 관한 불교적 이해의 근본이 되는 '업(karma)'이라는 개념을 소개하겠다. 불교에서 제시하는 우주에 대한 관점과 시간과 역사관은 현대의 우리에게 비교적 익숙한 서양식 이해와는 많이 다르지만, 이어지는 장들에서 만나게 될 불교적 세계관과 종교적 가르침을 이해하는 데 필수적이다.

이 장에서 다루어진 주요 주제들

- 인더스 계곡 문명
- 베다 문화
- 유행승들의 시대
- 우주에 대한 인도인의 생각
- 윤회의 여섯 영역
- 업

인더스(Indus) 계곡 문명

B.C. 3000년경 발루치스탄(Baluchistan)[1] 지역의 신석기 문화에서 온 사람들은 홍수가 범람하는 인더스 강의 비옥한 평원으로 이동하여 하랍빠(Harappā)와 모헨조다로(Mohenjodaro) 등의 도시를 세웠다. 그들은 메소포타미아와도 적지 않은 교역을 했다. 남부 도시 로탈(Lothal)은 정교한 건선거(乾船渠)[2] 체계를 갖추고 있었다. 잘 구획된 도로와 일관된 도시 계획, 현대에 가까운 배수 처리 시설, 중앙집중식 식량 창고, 그리고 도시의 심장부에 있는 성채의 유구(遺構) 등은 강력하고 지속적인 정부의 체계를 짐작하게 한다.

인더스 문명은 고유의 문자 체계를 발달시켰는데, 아직까지 판독되지 않고 있지만, 고대 드라비다(Dravida)[3]의 언어를 표기하는 데 쓰인 것으

1 이란 남동부와 파키스탄 남부 산악지대.

2 선박을 건조 수리할 때 배를 넣을 수 있도록 만든 시설.

3 드라비다(Dravida): 지중해계 인종에 속하는 인도 아대륙(亞大陸)의 원주민으로서 인도유럽계 언어와는 다른 드라비다 어를 사용했다. 인더스 강 유역에서 찬란한 인더스 문명을 창조하고 영위하다가 기원전 1500년경에 서북부에서 침입한 아리아 인들에게 밀려 남방으로 이동한 후 남인도와 스리랑카 일원에서 북부의 아리안 문명과는 다른 드라비다 문명을 꽃피웠다. (정수일, 《실크로드 사전》, 창비, 2013)

로 추정되고 있다. 동물에 대한 매우 사실적인 묘사나 신으로 보이는 형상을 새겨 넣은 아름답게 조각된 인장(印章)에서 인장 주인의 이름으로 짐작되는 단편적인 문자들이 보인다. 당시 사람들의 종교적 생활에 대한 단서는 중앙 도시에서 보이는 제의(祭儀)와 관련된 거대한 목욕탕에서 찾을 수 있다. 정교한 배수 처리 시설을 갖춘 목욕탕은 당시 사람들이 육체의 정화(淨化)에 깊은 관심을 갖고 있었다는 것을 보여 준다.

이 인더스 문명은 최고의 전성기에 1,600km에 이르도록 영토가 확장되었고, 당시의 다른 어떤 고대 문명보다도 위대했다. 그러나 B.C. 1200년경에 이르자 도시들은 쇠퇴해 갔다. 장인정신과 조직들이 사라져 갔다. 가장 최근에 발굴된 고고학 층위에서 드러난 깨진 두개골과 함께 쌓여 있는 뼈들은 침략 혹은 피비린내 나는 전쟁을 짐작하게 한다. 혹은 강의 물줄기가 바뀌어서 인더스 강이 더 이상 통제되지 않았거나, 엄청난 홍수가 있었을 수도 있다. 도시들이 멸망한 실질적인 원인이 북서쪽으로부터 침입해 온 인도유럽어족 아리아 인들 때문인지는 아직 논란의 여지가 있다. 어떤 경우이든 인더스 문명은 이미 소멸되어 가는 마지막 과정에 있었을 것이다.

인더스의 종교

다소 불확실하지만 인장과 목욕탕을 통해 이 도시들에서 신앙된 종교에 대해 추론해 볼 수 있다. 짧은 치마를 걸친 경우가 있긴 하지만, 대체로 벌거벗은 여인상인 작은 테라코타들을 보면 이들의 종교는 근동(近東) 지역의 '어머니-여신(Mother Goddess) 숭배'에 속했던 것 같다. 인장에서 보이듯이 여신은 종종 뿔 달린 동물과 함께 나타나는데, 때로는 동물 모습으로 변형되어 표현되기도 한다. 성스러운 나무로 짐작되는 도상을 자세히 보면, 가끔 종교적 절차인 듯한 장면에서 여신 혹은 나무 정령인 듯한 형상이 나뭇가지에 함께 새겨져 있다. 한 인장에는 거꾸로 서 있는 여성의 벌린 다리 사이에서 나무가 자라는 모습이 묘사되어 있기도 하다.

몇몇은 후대에 요가 자세로 불리는 모양으로 손을 무릎 위에 얹고 두 다리를 결가부좌한 자세로 앉아 있고, 때로 예경을 받는 듯한 형상도 보인다. 또한 목욕이 종교적 제의의 일환으로서 몸의 더러움을 적절히 닦아 육체를 정화하는 일로 매우 중요시되었다고 할 수 있다. 물 자체가 종교적으로 중요한 의미를 지녔던 것으로 보인다. 남근처럼 보이는 수많은 형상들은 아마도 성장과 풍요를 위한 제의에서 여신에게 공물로 바쳐졌을 것이다.

인더스 유산

이들 인더스 종교 문화의 요소들은 인도-아리안들에게 쫓겨 뿔뿔이 흩어진 후손들에게 전해지다가 인도 종교의 주류로 흡수되었다. '어머니-여신'은 후대의 힌두교에서 다시 나타나지만, 불교 문화에서는 중요한 역할을 하지 못했다. 나무와 시냇물의 지역 정령들은 초기 불교에서 중요하게 등장한다. 즉, 야차(yakṣas)나 뱀처럼 생긴 용(龍)인 나가(Nāga)는 초기 경전에 끊임없이 등장한다. 성스러운 나무 역시 깨달음의 나무로 불교에 나타난다. 예를 들면 회화나 조각을 통해 나무 아래에서 가부좌로 앉아 있거나, 커다란 우산 모양으로 목을 편 뱀왕 무짤린다(Mucalinda)에 의해 보호받는 붓다의 모습을 자주 볼 수 있다. 이런 묘사에 담긴 세 가지 기본 요소, 즉 가부좌 자세, 성스러운 나무, 뱀의 정령은 아마도 모두 인더스 문명에서 유래했을 것이다.

인더스 문명은 육체의 정화를 강조했는데, 요가 수련자인 듯한 형상은 인더스 종교가 기본적으로 초월적인 데 관심이 있었다는 증거가 된다. 성스런 목욕 의식과 풍요로운 곡물 수확을 위해 여신에게 기원하는 의식을 주재했던 사제(司祭) 계급이 있었던 것도 역시 짐작할 수 있다. 또한, 육체적으로 움직임이 없는 '초월(trance)' 상태나 육체가 타락하지 않도록 유도하는 것을 목표로 하는 특별한 종교적 수행자 계급이 있었던 것으로 보인다. 감각을 완전히 차단하는 요가의 이상은 인도유럽어족 조상에게서는 찾아보기 어렵다. 후대 인도 종교의 중요한 요소들의 단서는 오히려 육체적 외피의 고결함에 대한 관심과 부동의 가부좌 자세를 표현했던 인더스 문명에서 발견할 수 있다.

베다(veda) 문화

인더스 문명의 주인공들의 채 식지 않은 시체 위를 밟고 지나간 인도유럽어족 침입자들은, 그들 자신의 말대로 술이 세고 말을 잘 타는 용감한 전사의 무리였다. 그들은 전쟁을 위해 고안한 마차를 몰았다. 침입자들은 여러 천신(天神)과 전문적인 찬가(讚歌) 암송자들의 가족, 제의의 집행자들, 그리고 천상의 황홀경과 마술적 힘을 일으키는 소마(soma)라고 불리는 물질을 함께 들여 왔다.

소마는 아마도 향정신성 버섯의 종류인 아마니따 무스카리아(Amanita muscaria)였을 것이다. 제의를 주관하는 종교 전문가들(성스러움의 전문가들)은 신들의 빛나는 세계를 열어 보이고, 공물을 바치는 제의와 찬양 속에서 찬란한 존재인 신들의 은총을 구했다. 심지어는 황홀경 상태의 힘으로 신들을 뜻대로 부리기도 했다. 시간이 지남에 따라 제의는 전 우주의 변화에 대한 복잡하고 마술적인 환영으로 발전해 갔고, 인간 영매자(靈媒者)에 의해 전승되고 집행되었다.

그러나 소마의 비밀이 점차 잊혀지면서 사제들은 제의의 형식과 의미를 우주와 일치시켜 나갔다. 그런 가운데 황홀한 초월 상태와 신비로운 힘에 대한 이상(理想)은 계속 표현되었고, 의식상태에 대한 역설과 은유를 통해 문학적으로 변용되었다. 제의 자체를 신비한 힘과 동일시하는 경향이 발달했다. 희생자의 혼이 허공으로 날아올라 신들 사이에 있고, 살아 있는 인간들은 다만 지상에 놓여 있는 그의 몸을 본다는 신비한 표현이 최근의 찬가에서도 나타난다.

베다 문학

기본 문헌들

이런 환상의 전통은 구전(口傳)되는 문장으로 일찍부터 정형화되었다. 사제 가문들에 의해 세습된 찬가의 모음이 전승되었고, B.C. 1000년 직전에 《리그 베다(Ṛg-Veda)》로 알려진 문헌으로 차례차례 모아졌다. 제의가 점점 더 복잡해짐에 따라 전문화된 기능들이 도입되었다. 사제는 희생물을 처리하는 특별한 동작과 성스러운 제의 도구들을 교묘하게 다루어야 했는데, 각각은 전형적인 신비로운 문장을 낭송함으로써 힘이 부여되었다. 이러한 제의에서 낭송된 문구들은 《야주르 베다(Yajur-Veda)》라고 불리는 문헌으로 모아졌다. 또 다른 특화된 사제가 선창자의 역할을 맡아 특별한 가락에 맞춰서 성스런 시들을 찬송했는데, 이 시들은 그들의 기보법(記譜法)에 맞추어 《사마 베다(Sāma-Veda)》로 모아졌다.

세 종류의 성스러운 지식으로 불리는 이 문헌들에 덧붙여서 악을 피하기 위한 주술을 특별히 모아 《아타르바 베다(Atharva-Veda)》라 불리는 네 번째 찬가 문헌이 되었다. 죽음, 질병, 그리고 적대적 마법을 물리치는 이 제의들은 보통 사람들의 일상과 별반 다르지 않게 살던 다소 덜 권위적인 종교 종사자들의 몫이었던 것 같다.

창작품들

기원전 약 800년경, 베다 제의에 관한 간결한 산문들이 수집되기 시작했다. 이들 '브라흐마나(Brāhmaṇa, 梵書)'들은 희생제사를 우주에 일치시키는 브라흐만 사제의 기술을 소상하게 다루었다. 그 안에는 후대의 해탈의 가르침이 될 첫 번째 암시가 들어 있었다. 즉, 사제의 신비로운 '이름 붙임(naming)'이라는 제의를 통해 신비의 힘이 보장되고 우주를 뜻대로 할 수 있다면, 모든 것의 이름인 '유일한 존재(the One)'는 없는가? 모든 신과 우주가 비롯된 어떤 유일한 존재가 있다면, 그리고 그 유일한 존재를 알게 된다면 절대적인 힘과 절대적인 자유도 얻을 수 있을 것이라고 추론하게 되었다.

이러한 가르침은 아란야까(Āraṇyakas, 森林書)[4]에서 확장되었다. 이 문헌들이 담겨 있는 은밀하고 성스러운 가르침은 오직 숲속의 한적한 곳에서만 배울 수가 있었다. 초기의 황홀경의 체험은 깨달음으로 진화했다. 수행자는 제의를 통해서만 체험할 수 있었던 우주적 차원을 '지혜(vidyās)'라고 불리는 명상을 통해 체험했고 제의를 실제로 행하지 않고도 제의와 같은 힘과 지식을 얻을 수 있었다.

붓다의 시대 직전에 '우파니샤드(Upaniṣad, 奧義書)'[5]가 구성되기 시작했는데, 이 가르침은 오직 스승으로부터 제자에게 직접적으로만 전수되었다. 유일한 존재에 대한 탐구는 우파니샤드에서도 진지하게 계속되었다. 제의적 요소들은 점차 사라지고, 은밀하고도 충격적인 윤회(輪廻)에 대한 진실과 반복되는 죽음에 대한 공포가 새롭게 지식 탐구의 주요 동기가 되었다. 세계 변화의 본질인 그 '유일한 존재'는 변화의 한가운데 있는 불변하는 것으로, 모든 결과들의 궁극적 원인이며, 부재할 수 없는 것으로 규정되었다. 그 유일한 존재를 아는 것, 그래서 그것을 소유하는 것이 죽음에서 해방되는 열쇠라고 생각했다.

---

4 아란야까는 숲속에서 전수된 비밀스러운 가르침으로, 브라흐마나로부터 우파니샤드에 이르는 과도기의 성전군(聖典群)이다.(사사키 시즈카 외 공저, 권오민 역, 《인도불교사》, 경서원, p.27)

5 우파니샤드는 '가까이(upa) 앉다(niṣad)'란 말에서 유래된 것으로 스승에서 제자로 구전(口傳)되는 '비밀스런 가르침'을 의미하는 것인데, 《우파니샤드》는 바로 이 비교(秘敎)를 집대성한 성전의 명칭이다.(위의 책, p. 27)

유일한 존재는 여러 방면에서 접근되었다. 모든 사물을 만들어 낸 본질로, 현상적으로 드러나는 모습들의 불변하는 바탕으로 간주되었다. 우주를 창조하고 유지하는 신비로운 말의 힘으로 규정되었고, 브라흐만(Brahman, 梵)이라고 불리었다. 유일한 존재는 또한 각각의 개인 안에서도 찾아졌는데, 왜냐하면 유일자가 없이는 생명과 의식이 존재할 수 없기 때문이었다. 이에 따라 유일자는 윤회하는 자아의 불변하는 배경이 되었다. 유일자는 호흡을 유지하는 힘에 대한 고대의 추론에 따라 규정되었고, 아트만(ātman, 我)이라 불렸다. 마지막 단계는 모든 가르침 중에서 가장 비밀스런 가르침에서 볼 수 있는데, 실제에서 브라흐만은 곧 아트만이라는 것이었다[梵我一如].

이러한 가르침은 위대한 말들인 "그것이 당신이다[Tat tvam asi]." 혹은 "나는 브라흐만이다[Brahmo'ham]."와 같은 우파니샤드의 가장 성스러운 표현에 나타나 있다. 이런 말들은 명상 수행자가 섬광과 같은 깨달음에 의해 얻은 지혜였다. 명상 수행자는 빠르게 변화하는 다양한 경험의 전개 아래 놓인 불변하는 실재를 직접적으로 인지하고, 그러한 앎으로 인해 끔찍한 죽음의 쳇바퀴로부터 영원히 벗어나는 것이다.

베다 유산

이러한 베다의 가르침들은 불교가 발달하는 데 있어서 결정적으로 중요했다. 붓다 자신의 깨달음은 고대 베다 전통의 신화적 양식 안에서의 비현실적인 황홀한 경험이었다. 윤회는 불교가 탐구하는 중심 사상이고, 열반도 이러한 고대의 가르침 없이는 이해할 수가 없다. 불교의 통찰 명상은 우파니샤드의 위대한 말씀에 대한 명상의 직접적인 연속이다. 그 안에서 수행자는 간결한 가르침의 제문(祭文)을 진리에 대한 직접적이고도 개인적인 깨달음으로 내면화한다. 추상적인 상부 구조가 아무리 많이 다를 지라도 —이것은 심각하게 다르다— 불교와 브라흐만교는 현상적인 세계 속의 존재로서, 자유를 모색하고 추구하기 위해 사용한 명상적 기법들을 공히 베다 전통으로부터 전해받은 것이다.

유행승(遊行僧, parivrājaka)들의 시대

붓다의 탄생 전 몇 세기 동안, 인도에서는 대변혁이 진행되었다. 철을 다루는 기술이 발달함에 따라 새로운 형태의 군사 전문가와 비인간적인 양태의 전쟁이 시작되었다. 사람들은 철제 도구를 사용하여 거대한 숲을 경작지로 일구었고, 커다란 목재로 울타리를 둘러 요새화한 도시들을 건설했다. 쇠 날을 댄 쟁기를 사용하여 잉여 생산을 했고, 그것으로 거대한 정치기관과 종교집단을 후원할 수 있었다. 서쪽으로부터 중앙집권화된 제국, 세계를 정복한 군주라는 개념이 들어왔고, 이익을 얻기 위한 전쟁보다는 힘을 과시하기 위한 전쟁을 하게 되었다.

적대적인 왕들이 서로 자신의 제국을 세우려 하고, 종교적인 제의가 점점 더 중앙집권화된 정부를 후원하는 형태로 바뀌면서, 고대의 씨족과 부족 체제가 비인간적인 제국주의6의 압력으로 해체되는 거대한 사회적 대변혁이 일어났다. 독립적인 부족 집단들이 커다란 정치적 단위로 모아졌다. 붓다가 살던 시대에 이르면 한때 광대한 지역에 흩어져 살던 여러 독립적인 부족들을 단 16개의 도시국가가 통치했다. 히말라야 산기슭의 일부 종족들은 독립을 유지했지만, 절박한 파국의 징조는 명백했다. 마가다(Magadha)국[7]은 조만간에 부족 문제에 대한 마지막 매듭을 지을 것이었다.

---

6 부족국가 시대로부터 고대 왕국으로 통합되는 시기를 가리킨다. 신항로 개척 시대 이후의 제국주의(帝國主義, imperialism)를 지칭하는 것이 아니다.

7 마가다국(B.C. 684-321). 북인도의 비하르 남부를 중심으로 존재했던 16개 도시국가 중 가장 강력했던 나

이러한 새로운 힘에 맞서는 움직임이 무력 저항을 포함한 다양한 양상으로 일어났다. 자유를 향한 철학적 탐구는 새로운 사회적 움직임, 예컨대 자유의 길을 찾아 세속에서의 가족과 집을 떠난 유행승(parivrājaka)들과 밀접하게 얽혀 있었다. 사회적 무규범 상태[아노미]는 종교적 추구 안에서 창조적으로 표출되었고, 바로 이러한 움직임으로부터 불교가 일어났다. 붓다가 승단의 모델을 독립적인 부족들의 오랜 관습에서 찾았듯이 이 운동은 본질적으로는 보수적이었고, 정치적으로는 새로운 사회세력이 형성되는 데 대한 반작용이었음을 알 수 있다.

이러한 유행승들의 흐름에서 두 갈래의 중요한 종교적 태도를 구분해볼 수 있다. 일부 유행승들은 초월, 즉 모든 감각적인 자극으로부터 물러난 부동(不動)의 상태, 그리하여 몸과 호흡, 마음이 완전히 멈춘 상태에서 자유를 찾았다. 초월 단계가 진전됨에 따라 명상가는 현상계의 영역으로부터 점점 더 멀어져, 단일한 무감각의 고립 상태에 도달했다. 이런 수행은 오염과 정화라는 개념과 밀접하게 관련되었다. '행위'를 영혼을 치우치게 만들고 세상에 묶이게 하는 번뇌-오염원으로 보았기 때문에 초월의 과정은 종종 불순물을 태워 없애는 수단으로 간주되었다.

만일 인더스 강 유역의 종교와 관련한 추론이 타당하다면, 이러한 생각과 수행에 대한 다음과 같은 확실한 근거를 얻게 된다. 기본적인 개념은 '불가침성(不可侵性)'인 것 같다. 즉, 육체를 정화한다는 것은 피부를 궁극적 자아의 경계로 확립하면서 그 육체의 완전무결함을 보전하는 방법이었던 것이다. 마치 마음의 부동성이 감각적 자극에 의한 번뇌를 초월하는 수단인 것과 같다. 다른 계열의 유행승들은 내재성(內在性), 즉 모든 것

라로 대부분의 16대국을 정복하여 인도 최강의 국가로 성장하다가 점차 쇠퇴하여 B.C. 321년 마우리아 제국의 창건자인 찬드라굽타 마우리아에 의해 멸망하였다. 붓다를 후원한 빔비사라 왕이 마가다국의 왕이었다.

들을 새롭게 인식하게 하는 비실제적인 황홀경 안에서, 그리고 세상을 넘어서는 힘을 부여하는 신비한 지식 안에서 자유를 찾았다. 그들은 단절이나, 우주가 어떻게 작용하는지를 아는 사람이 쓸 수 있는 무한한 조종 가능성보다는 '통찰(insight)'을 추구했다. 이는 우파니샤드의 통찰에서 절정을 이루었던 베다 전통의 직접적인 연속이었다.

철학적 난제

위에서 서술한 것은 복잡한 현상들에 대한 매우 단순화된 견해이다. 비록 '초월'과 '내재'가 전 인도 명상 전통의 기본적 대립으로 남아 있었으나 한 전통에서 다른 전통으로 서로 빌려 쓰는 기법들이 상당히 있었다. 우리는 초월과 내재라는 두 명상적 유산의 모순을 불교가 어떻게 다루는지 나중에 보게 될 것이다. 이러한 모순은 불교와 힌두교 양쪽에서 모두 마주해야 했던 일련의 철학적 문제들을 야기했다. 궁극적 실재가 '내재'하고 있다면, 수행자는 왜 그것을 생래적으로 깨닫지 못하는가라는 인식론적 의문이 일어난다. '초월'을 선택하면 존재론적 문제가 대두되고, '내재'를 선택하면 인식론적 문제가 일어난다.

육체와 영혼의 관계는 무엇일까? 영혼이 초월적임에도 불구하고 현상적인 세계의 올가미에 걸린다 해도 결국 영속하고 불변하는 본질이라면, 존재론적 추락이 일어난 역사적 과정은 무엇인가? 혹은 정신이 만약 변화에 참여한다면, 불변하는 실재와 인식론적 관계를 맺게 하는 심리적 과정은 무엇인가? 한편으로는 개인적 변화와 정신적 진보의 가능성에 대해 설명을 해야 하고, 다른 한편으로는 개인적 연속성과 기억의 지속을 설명해야 한다. 영혼이 영원하고 변화하지 않는다면 어떻게 윤회한다고 할 수 있겠는가?

이러한 문제들은 일찍부터 불교 용어를 통해 명확하게 표현됐다. 불교도는 '개인 안에 영원한 본질이 없다[無我]'는 사상을 유지해 왔기 때문에, '업(業, karma)'의 문제는 천 년도 넘게 진행되고 있는 중요한 논쟁이다. 자신의 과거 행위로 고통을 겪는 이나, 혹은 깨달음을 얻은 이가 똑같은 사람이라고 말할 수 있는가? 인식의 문제도 똑같이 중심에 남아 있다. 어떻게 한 무상한 본질이 이미 지나간 다른 무상한 본질을 인식할 수 있는가?

보다 중요한 것은, 전통에 내재된 모순에 의해 비롯된 지극히 기초적이고 구제론(救濟論)적인 논쟁이었다. 세상에서의 행위에 대한 도덕적 가치는 무엇인가? 깨달은 이가 죽을 때 어떤 일이 생기는가? 붓다는 모든 종교적 행동의 모범으로 간주된다. 그렇다면 붓다의 삶에서 중심적인 행위는 무엇일까? 깨달음인가, 혹은 열반인가?

불교적 사유의 전 역사는 이러한 질문들에 대한 답을 찾는 과정으로 볼 수 있다.

우주에 대한 인도인의 생각

불교와 힌두교는 인간 삶에 대한 하나의 관점을 공유하는데, 그것은 서양에서 발견되는 것과는 매우 다른 중요한 지점이다. 개별적 존재에 대한 서양의 개념들은 완전히 세 개의 주된 종교—기독교, 유대교, 이슬람교—의 가르침에 의해 형성되었다. 이 세 종교는 중동 지역의 공통된 문화적 토양에 뿌리를 둔다. 이들 종교 모두 인간으로서의 삶은 유일한 사건이라고 가르친다. 즉 우리는 태어나고, 살고, 죽는다.

개별적 삶에 대한 이러한 견해는 시간에 대한 근본적인 관점으로부터 나온다. 대체로 서양에서는 시간을 직선형으로 이해하며 일련의 특징적인 사건들로 구분한다. 그렇지만 동양에서는 일반적으로 시간을 반복적이고 순환적인 개념으로 생각한다. 이처럼 서양은 역사를 대체로 전진

사진 1.1 천불상, 태안사, 전남, 대한민국

하는 드라마—세속적인 표현으로는 '진보하는', 혹은 종교적으로는 '거룩한 섭리의 작용'으로 보는 경향이 있다. 아시아의 일부와 특별히 인도에서는 역사를 비슷한 양태의 사건들이 고정된 목표나 목적 없이 발생하고 소멸하는, 잠재적으로 무한히 순환하는 연속으로 본다. 서양 종교들은 창조라는 특별한 행위의 결과로서 우주가 존재하게 되었다고 가르치는 반면, 인도의 종교들은 우주가 엄청나게 오랜 세월 동안 진화와 쇠퇴의 거대한 순환을 겪으며 존재해 왔다고 믿는다.

인도의 우주론은 자연에서 볼 수 있는 자연적인 양상들과 가깝고, 대부분 순환적이다. 계절은 규칙적인 과정을 따르고, 생성, 성장, 소멸, 그리고 다시 소생하는 농업적 순환이 해마다 반복된다. 자연은 주기적으로 죽고 다시 소생하는 것처럼 보인다. 마치 황량한 겨울 뒤에 찾아온 봄에 꽃이 피어나는 것과 같다. 인도의 계절은 다르다. 자연은 매년 5월과 6월 사이 내리는 몬순 비와 함께 소생한다. 인도의 사색가들에게 인간은 자연의 일부이기 때문에, 인간의 삶 역시 자연과 같이 태어남과 죽음이 확장된 연속을 밟는다고 생각하는 것이 낯설지 않았다. 개별적 존재들은 진주목걸이—끝없는 연속성 안에 각각의 진주는 분리되어 있지만 함께 엮여 있는—의 진주 구슬처럼 생각되었다.

이런 생각의 기원은 불교 이전, 기원전 8세기경부터 시작해 몇 세기에 걸쳐서 구성된 《우파니샤드》로 알려진 신비적인 문헌에서 처음 언급되었다. 그 이후로 환생에 대한 믿음은 인도인의 세계관에 깊이 스며들었으며, 후대에는 삶에 대한 불교적 관점의 기초가 되었다.

불교의 우주론은 세계를 두 범주, 즉 생명이 있는 것[有情, sattva]과 생명이 없는 것[無情]으로 나누어 이해한다. 무생물은 그 안에 여러 종류의 살아 있는 존재들이 그들의 집을 만드는 일종의 저장소, 혹은 담아 두는 곳(bhājana)으로 묘사된다. 물리적 우주는 다섯 가지 원소, 즉 땅, 물, 불, 바람, 그리고 공간(ākāśa)의 상호작용에 의해서 형성된다. 인도인은 공간을 다른 원소들의 부재나 단지 텅 빈 것이라고 보기보다 엄연한 하나의 원소로 여긴다. 이러한 원소들의 상호작용으로부터 우리가 지금 머물고 있는 세계와 같은 여러 세계들이 형성된다. 이 세상만이 유일한 게 아니다. 우리와 같은 존재들이 머물고 있는 '갠지스 강의 모래알만큼 많은' 다른 세계가 있다고 생각한다. 이들 세계의 무리는 함께 떼를 지어 대략 현대의 은하계 개념과 같은 '세계 체계(world systems)'를 형성한다. 이 체계는 공간의 여섯 방향 즉 동, 서, 남, 북, 위, 그리고 아래에서 발견된다.

이 세계 체계는 수백만 년 동안 지속된다는 '겁(劫, kalpa)'으로 알려진 광대한 시간의 주기를 거치며 생성하고 소멸한다고 믿었다. 세계는 물질적 힘의 상호작용을 통해 존재하고, 일정 기간 번창하며, 그런 다음에 아래로 향하는 소용돌이가 시작된다. 그 소용돌이의 끝에 불, 물이나 바람 같은 자연적 원소들에 의해 야기된 거대한 대변동 가운데에서 세계는 멸망한다. 머지 않아 과정은 다시 시작되고 세계는 다시 한번 '대겁(大劫, mahākalpa)'이라 알려진 시간의 완전한 순환을 완성하기 위해 생성된다.

이 점까지는 불교의 우주론적 개념이 현대 천문학의 개념과 크게 다르지 않다. 그러나 이 우주에 존재하는 거주자들에 대한 불교의 생각을 살펴보려고 방향으로 돌릴 때, 천문학과는 뚜렷이 구별되는 개념들이 나타난다.

우주의 거주자들

우주를 형성하는 자연적인 힘들은 창조되고 파괴되는 세계 속에 머무는 살아 있는 존재들에게 자연스럽게 영향을 준다. 흥미롭게도 어떤 자료들은 두 가지로 그 결과를 제시하는데, 다양한 세계의 거주자들의 행동에 영향을 끼치거나, 아니면 그들의 운명을 결정하거나 하는 식이다. 예를 들어 사람들이 이기적이고 탐욕스러울 때 쇠퇴의 속도는 가속화되며, 덕스러울 땐 쇠퇴의 속도가 느려진다. 이러한 생각은 얼핏 보기에 현대 과학의 관점과 모순되는 것 같다. 그러나 숙고해 보면 자연 자원과 연관된 이기적인 개발을 포함한 현대의 생태학과 조화를 이룬다. 예를 들어 과도한 화석 연료의 사용은 지구 온난화를 일으키면서 자연 환경을 쇠퇴시키는 역할을 한다. 불교적 신념에 따르면, 현명하고 덕스러운 이들이 사는 세계는 이기적이고 무지한 이들이 사는 곳보다 더 오래 지속되고 살기 좋은 장소다. 그러므로 불교의 우주론은 현대 생태학과 중요한 관련이 있는 것 같다. 이 주제는 12장에서 다룰 것이다.

불교에는 창조 신화가 없지만 초기 경전의 유명한 〈세기경(世紀經, Aggañña Sutta)〉(D27)은 세계가 어떻게 시작했는지에 대한 흥미로운 이야기를 전한다. 이 경은 기존의 세계 체계가 붕괴되고 새로운 세계 체계가 막 생성되려는 때로 우리를 데려간다. 한 세계가 멸망할 때 거기 머물던 생명 있는 존재들은 정신적인 영역에서 다시 태어나, 그곳에서 새로운 세계가 점차적으로 생성되기를 기다린다. 새로운 세계가 나타나기 시작할 때 그들은 천상의 존재들처럼 여성과 남성의 구분이 없는 투명한 몸으로 새로운 세계에서 다시 태어난다. 정신적인 존재와 유사했던 존재들은 음식 등 물질을 소비하기 시작한다. 그러자 그들의 몸은 지금의 우리들 몸처럼 점점 더 거칠어지고 딱딱해진다. 식량은 소비됨에 따라 점점 더 부족해졌고, 식량을 차지하기 위한 경쟁은 폭력적인 분쟁을 낳았다고 경전은 상술한다. 사람들은 평화를 유지하기 위해 왕을 세우고, 왕은 법을 지키게 하며, 법을 어긴 자를 처벌했다. 이 장면은 사회적이고 정치적인 삶의 시작을 나타낸다.

일부 학자들은 이 경을 창조 신화로 보지 않고, 카스트 제도에 따른 사회구조를 성스럽게 부여된 것이라고 믿었던 브라만들, 붓다의 경쟁자들의 신념을 풍자한 것으로 해석한다. 어떤 식으로 보든 간에 이 경은 세계의 기원에 대해 기독교에서 가르치는 것과는 매우 다른 관점을 제시한다. 불교의 설명에 따르면 세계는 거룩한 창조주의 일이 아니고, 창조가 단 한 번뿐인 사건도 아니다. 다만 두 신앙은 한 가지 관점에 동의하는 것 같다. 즉, 인류가 도덕적 결함이 일으킨 근본적인 추락 때문에 현재의 곤경에 처해 있다는 것이다. 유대-기독교 전통에서는 오만과 불복종으로 인해 아담과 이브가 에덴 동산에서 추방된다. 불교에서는 그런 '전락(轉落)'을 믿지 않고, 갈애(渴愛)와 무지(無知)라는 심리학적 문제를 인간이 처한 곤경의 원인으로 본다.

다시 태어남의 여섯 가지 영역

주어진 어떤 세계 체계 안에서든, 다른 존재들보다 더 즐겁고 질적으로도 서로 다른 존재의 형태가 있다. 문헌들은 일반적으로 존재가 다시 태어나는 여섯 영역, 혹은 계(界)에 대해 말한다. 이 영역들의 일부는 지금 여기서 우리가 볼 수 있으나 어떤 다른 영역들은 육안으로 볼 수가 없다. 즉 우리가 볼 수 있는 것은 인간과 축생의 영역이고, 볼 수 없는 것은 천신, 아수

사진 1.2 존재의 수레바퀴 안에 묘사된 재생의 여섯 영역을 보여 주는 티베트 탕카

라와 지옥의 영역이다. 인간의 주변에서 배회하고, 때로는 그림자들 사이로 쏜살같이 날아갈 때 힐끗 보이기도 하는 아귀(餓鬼, ghost)의 영역은 그 경계에 걸쳐 있다.

윤회(saṃsāra)의 바퀴가 돌기 때문에, 존재들은 그들의 업이나 혹은 각각의 생에서 행한 선하거나 불선한 행위에 따라서 재생의 여러 영역으로 이동한다. 여섯 영역의 도표는 일반적으로 '존재의 수레바퀴(bhavacakra)'로 알려진 바퀴 형태로 묘사되고, 각 여섯 영역의 연관된 위치를 보여 준다.

존재의 수레바퀴의 도표를 보면, 중앙선 아래에 세 영역이 있고, 중앙선 위에 세 영역이 있음을 볼 수 있다. 이 단순한 구분은 중앙선 아래 세 영역(지옥, 아귀, 축생)이 다시 태어나기에 불행한 장소이고, 반면에 선 위의 세 영역(천상, 아수라, 인간세상)은 좀 더 행복한 장소라는 질적인 차이를 반영한다. 존재의 바퀴는 위에서 보여 준 것처럼 티베트의 탕카(thanka) 혹은 장식용 벽걸이에 나타난다. 바퀴는 돌고 도는 재생의 과정 혹은 윤회의 상징적 표현이고, 죽음의 신 야마(Yama, 또는 마라Māra나 다른 이름으로도 알려짐)에 의해 지배되는 재생의 여섯 영역을 보여 준다. 야마의 머리 장식에 있는 해골들은 그가 죽음, 시간 그리고 무상(無常)을 상징한다는 것을 보여 준다. 어떤 이야기에서는 이 바퀴를 죽어가는 사람에게 열린 재생의 여러 가능성들을 비추고 있는 야마가 들고 있는 거울로 표현하기도 한다.

바퀴의 중앙에는 세 종류의 동물, 수탉과 돼지와 뱀이 보이는데, 이들은 탐욕, 성냄과 어리석음의 '삼독(三毒)'을 나타낸다. 나쁜 업을 만들고 끝없는 재생의 순환을 일으키는 연료는 바로 이 삼독의 힘이다. 도표의 중앙에 이러한 정신적인 힘들을 배치한 것은 불교가 심리학과 만나는 중요한 지점을 드러내고, 우리의 세계 경험이 우리를 이 세계나 다른 세계에서 다시 태어나게 만드는 심오한 영향력을 드러낸다. 또한 심리학과 우주론의 밀접한 연관은 명상 이론 안에서도 보이는데, 다음에서 설명하듯이 31천으로 분류된 물리적 세계 속에 다양한 선정(禪定, dhyāna)의 단계가 포함되어 있다.

대부분의 불교 종파는 죽음과 동시에 한 영역에서 다른 영역으로 이동한다고 믿는다. 한 권위자는 이것을 나뭇가지에 묶인 줄에 매달려 강을 건너는 것에 비교했다. 그렇지만 일부 불교 종파들, 특히 티베트불교 종파들은 한 생과 다음 생 사이의 완충지대 역할을 하는 '중유(中有, bardo)'라는 중간 단계가 있다고 믿는다. 거기서 죽은 사람의 혼은 49일 동안 머문다. 이 기간 동안 영혼은 자신의 업 상태를 유지하면서, 마치 자석처럼 한 영역이 가장 끌리기 전까지 여섯 가지 재생의 영역을 모두 일별하게 된다.

여기까지 서술한 세계관이 어쩌면 이상하고 이질적인 것 같지만, 그러나 다양한 영역이나 구분을 지닌 우주 개념은 서양에서도 낯설지 않다. 전통적인 기독교 가르침에서는 하나님(God)이 천사들과 성인들에 둘러싸여 자신의 피조물들의 정상에 머무는 반면, 사탄(Satan)은 인간의 발 아래 지옥에서 산다고 묘사한다. 인간은 영원한 두 운명, 즉 천국과 지옥 사이 어딘가에, 말하자면 엉거주춤하게 존재한다. 전통적인 기독교 가르침 역시 천국에 들어갈 만한 가치를 지니기 위해 정화의 과정을 거치고 있는, 생을 떠난 혼들이 일시적으로 머무는 네 번째 범주인 연옥에 대해서 말한다. 이는 존재의 네 가지 가능한 상태 혹은 양식을 보여 주는데, 이 모두는 불교의 도표 안에서도 나타난다. 불교는 우리가 지금 머물고 있는 세계를 축생의 영역과 인간의 영역으로 분리해서 이들 네 가지에 합친다.

다음으로 마지막 하나, 즉 위에서 언급한 아수라의 영역을 더한다. 아수라는 인도 신화에서 온 존재로 선과 악 사이의 끝나지 않는 전쟁에서 신들과 싸우는 존재였다. 불교의 전승에서 아수라는 결코 성취할 수 없는 승리를 위한 쓸모 없는 전쟁을 향한 폭력적인 충동을 참지 못하고, 힘을 얻고자 미움과 탐욕에 몰두하는 악마로 묘사된다. 그들의 행실은 미움은 단지 미움을 키우고, 하나의 전쟁이 반드시 또 다른 전쟁으로 이끈다는 것을 드러낸다. 그러나 아수라는 존재의 영역 체계 안에서 크게 중시되지 않았고, 고대 문헌에서는 생략되기도 했다. 어떤 문헌에서는 단지 다섯 영역에 대해서만 말하기도 한다. 단순히 원 안에 그려진 도표의 균형을 맞추기 위해 아수라 영역이 추가됐다는 주장도 가능한 일일 것이다.

불교의 우주관에는 또한 기독교의 우주 개념과 다른 중요한 차이점이 있다. 가장 주목할 만한 것은 불교 체계에서는 어느 누구도 주어진 영역 안에 영원히 머물도록 허락되지 않는다는 것이다. 지옥은 영원한 저주의 장소가 아니고, 천상은 영원한 행복의 장소가 아니다. 바퀴는 끊임없이 돌고, 개별 존재들은 재생의 장소라고 알려진 여섯 목적지(gati) 중 어느 곳에든 반복해서 들어가고 나온다. 이런 면에서 불교의 지옥은 기독교의 연옥 개념에 더 가깝다. 두 번째 차이점은 불교의 지옥은 좀더 다양하고, 그 안에서 악업이 정화될 때까지 생을 떠난 혼들이 머무는 차가운 지역[寒冷地獄]과 뜨거운 지역[火湯地獄]이 있다고 생각한다.

아귀의 세계는 특별한 종류의 고통의 영역이다. 이 영역의 거주자들은 전생에 이기적이고 탐욕스러웠던 존재들로, 그들이 집착하는 쾌락을 즐길 능력을 금지 당해 고통을 받는 것으로 그려진다. 대중 예술에서는 뚱뚱한 배와 극단적으로 작은 입을 지닌 모습으로 그려지는데, 아귀들은 목구멍이 너무 좁아서 끝없는 허기를 만족시킬 만큼 충분한 음식을 넘길 수가 없다. 불교는 베푸는 것(dāna)을 매우 중요하게 여기는 반면에 탐욕스런 자들은 그들만을 위한 특별한 처벌을 받는다고 생각한다. 이들 슬픈 망령들은 인간 세계의 그늘 속에 살면서 믿음이 깊은 평신도들이 공양 올린 음식물 중에서 그들을 위해 따로 놓아준 것을 먹으려고 밤에 나타난다고 한다.

세 가지 불행한 영역 중 마지막은 축생(畜生, 동물)의 영역이다. 동물로 태어나면 인간과 다른 육식 동물들에게 사냥됨으로써 육체적 고통을 겪게 된다. 뿐만 아니라 축생은 자신이 겪는 곤경에 대한 원인을 추론하거나 이해할 능력이 없다. 주로 스스로 통제할 수 없는 본능에 사로잡히고, 불교 가르침의 미묘함을 전할 수 있는 언어도 없다. 단지 다음 생에서 비교적 고통에서 자유로운 존재이기를, 좀더 나은 조건에서 태어나기를 바란다.

불교의 민간설화는 축생을 어느 정도 덕스런 행위를 할 수 있는 존재로 그린다. 현대의 연구들 또한 상위의 포유동물들은 이타적인 행위를 할 수 있다고 제시한다. 그러나 대부분의 축생은 독자적인 도덕적 선택을 할 능력이 제한되어 있다. 이 점에 대한 정설은 없지만 불교는 축생의 영역을 포유동물에 한하는 것으로 상상하는 것 같다. 이것은 일반적인 믿음과는 반대로 아마도 당신이 개미로는 다시 태어나지 않는다는 뜻이다. 부처님의 전생에 대한 이야기 모음인 《자따까(Jātaka)》는 붓다를 여러 번에 걸쳐서 사슴(no.12), 원숭이(no.20), 개(no.22), 황소(no.28), 새(no.36), 코끼리(no.72) 그리고 다른 많은 생명체들로 묘사한다. 그렇지만 다른 초기 자료들에는 인간이 전갈이나 지네로, 혹은 곤충이나 구더기로까지 다시 태어나는 것에 대해 말하고 있어서 이 점에 대해 단정짓는 것은 불가능하다.

재생의 여섯 영역 중에서 가장 즐거운 곳은 의심의 여지 없이 천상인데, 이곳은 도표의 맨 위에 등장한다. 천상은 신들(deva), 즉 천상에서의 재생을 확실히 보장 받을 만큼 충분히 선업을 쌓아온 존재들의 영역이다. 이들은 기독교 전통에서 천국의 여러 대저택에 머무는 천사들과 어느 정도 비슷하다.

불교에는 천상에서 다시 태어나는 것과 관련된 특별한 신학적 암시가 없다. 신들은 우주를 창조하지 않고, 인간의 운명을 통제하지 않으며, 심지어는 인간을 심판하지도 않는다. 인간은 신들에게 헌공(獻供)을 바치며 도움을 요청할지도 모르지만, 신들이 유신론적 전통의 형식으로 예경을 받는 것은 아니다. 심지어 천상이 영원한 해방의 장소도 아니다. 신들도 다른 존재들처럼 업의 법칙에서 벗어날 수 없고, 때가 되어 그들의 선업 과보가 모두 소진되면 낮은 영역에서 다시 태어난다.

불교 신화는 세계의 중심에 솟아 있는 메루(Meru)로 알려진 거대한 산[須彌山] 위에 천상의 장소를 정한다. 5세기 이후의 자료들은 천상의 영역을 점점 더 웅장한 26가지의 다른 층, 혹은 '대저택(mansion)'으로 나눈다. 여기에 삶의 바퀴가 보여 준 다섯 가지 다른 재생 영역인 지옥, 아귀, 축생, 인간, 아수라를 더하면 모두 31천의 재생 가능한 영역이 된다.[8] 지상의 낮은 천상은 수미산의 구릉지대에, 높은 천상은 수미산의 정상에, 그리고 좀더 장엄한 천상은 산보다 높은 공중에 떠 있다고 생각했다.

각 천계의 신들은 서로 다른 시간의 주기에 따라 산다. 낮은 계에서의 수명은 인간 수명의 몇 백 배가 되고, 맨 정상에 거주하는 존재들의 수명은 몇 백만 년이다. 시간은 상대적이라고 믿어지며, 신들은 계에 따라 다르게 시간을 인식한다. 백만 년이란 인간의 시간은 낮은 천상의 신들에게는 일주일과 같고, 높은 천상의 신들에겐 하루와 같을지도 모른다. 가장 높은 천상의 다섯 단계는 '순수한 영역[淨居天, sutāvāsa]'이라고 불리며, '불래자(不來者, anāgāmin)'로 알려진 이들을 위해 지정되어 있다. 이들은 인간 세계에서 바야흐로 깨달음을 얻기 직전의 순간에 있는 이들이고[9], 인간으로는 다시 태어나지 않을 것이다.

천상에서 다시 태어나는 것이 궁극적 목표가 아니라는 것이 누군가에게는 낯설게 들릴지도 모른다. 이 내용은 약간의 설명이 필요하다. 실제로 많은 불교도들이 다음 생에서 천상에 태어난 자신을 발견한다면 그저 행복해 할 것이고, 스님이나 평신도 대부분은 그렇게 되기 위해 노력한다. 그러나 근본적으로는 천상이 단지 근접한 목표일 뿐이라고 믿는다. 최종 목표는 열반(涅槃, Nirvāna)에 들고, '다시 태어남'을 끝내는 것이다. 천상 역시 다시 태어나는 위험이 있기 때문이다. 천상에 머무는 것에 만족하여 무상(無常, anicca)과 고(苦, dukkha)의 편재(遍在)에 대한 기억을 못할지도 모른다. 고통으로부터 격리된 신들은 삶의 고통스런 실재(實在)를 기억하지 못하고 열반에 이르기 위한 노력을 게을리하게 된다. 불교도는 첫 번

8 대승불교권에서는 33천을 말한다.

9 깨달음을 얻기 직전이라는 말은 번뇌의 소멸이라는 마지막 깨달음(아라한, arahan)을 남겨 놓고 있는, 깨달음의 과위(果位)의 세 번째 단계(아나함)라는 뜻이다.

째 성스런 진리인 성스러운 고통의 진리[苦聖諦]에 주의를 기울이기에 적합하기 때문에(제3장을 보시오) 인간계를 다시 태어나기 위한 더 나은 장소로 여긴다. 왜냐하면 인간계는 쾌락과 고통이 골고루 포함되어 있기 때문이다.

인간계는 삶의 바퀴(bhavacakra) 도표의 다섯 번째 부분에서 보이며, 매우 얻기 어렵다고 여겨진다. 인간계의 위대한 강점은 고와 무상의 실재에 대하여 끊임없이 상기하게 한다는 것이다. 그래서 붓다를 깨달음에 이르도록 자극했던 요소들인 고통과 무상에 마음의 초점을 맞추게 한다. 천상계의 신들과 같이 젊은 왕자로서 왕궁 안에서 총애를 받으며 지내기만 했더라면, 붓다는 결코 삶의 문제들에 대한 영원한 해결책을 찾을 수 없었을 것이다.

인간계는 축생과 달리 이성과 자유 의지가 있고, 이것들을 이용해 붓다의 가르침을 이해하고 팔정도를 따르고자 선택할 수 있다. 인간의 삶에는 고통이 확실하게 존재하는 것처럼 쾌락도 확실하게 존재한다. 그래서 인간계는 너무 즐겁거나(천상) 너무 고통스러운(지옥) 높은 영역과 낮은 영역 사이의 '중도(中道, majjhimapaṭipadā)'를 보여 준다. 고통은 열반이란 진주가 생기도록 조개의 몸 안에 박힌 모래알처럼 작용한다고 믿어진다.

까르마

위에서 서술한 우주론에서, 까르마(Karma, 業)는 존재를 이 영역에서 저 영역으로 돌고 돌게 하는 기제(機制)이다. 우리는 이것을 빌딩 안에서 사람들을 위 아래로 실어 나르는 일종의 승강기처럼 그려볼 수 있다. 선업은 위로 향하는 결과를, 불선업은 아래로 향하는 결과를 낳는다. 서양의 대중적인 표현 속에서 까르마는 단순히 행운과 불운처럼 사람에게 일어나는 좋고 나쁜 것들로 여겨진다. 그렇지만 이것은 불교도들의 윤회(輪廻,

saṃsāra)라는 단어로 요약되는 다시 태어남에 대한 윤리와 믿음 둘 다를 포괄하는 상호 연관된 개념들의 복합체를 지나치게 간소화한 것이다.

까르마의 교의는 법(法, Dharma) 혹은 붓다의 가르침의 윤리적 함축과 관련이 있다. 까르마는 무엇보다 먼저 가르침의 도덕적 부분과 관련이 있고, 주로 도덕적 행위의 결과를 나타낸다. 불교에서 까르마는 운처럼 단지 그냥 일어나는 것도 아니고, 신에 의해 배분되는 보상이나 징벌의 체계도 아니다. 까르마는 숙명이나 운명이 아니다. 그 대신 원인과 결과의 자연스런 연속으로 이해하는 것이 가장 좋다. 아비다르마(Abhidharma)로 알려진 불교의 학문적 전통에서는 까르마의 법칙(karma-niyama)으로 분류된다(Atthasālinī 2:360). 이것은 그저 자연적 질서의 한 면모처럼 보이는 것을 의미하고, 세부적으로는 제3장에서 설명할 연기(緣起, pratītya-samutpāda) 법으로 알려진 원인과 결과의 보편적 법칙의 한 기능을 의미한다.

까르마의 문자적 의미는 '행위'이지만, 종교적 개념으로서 까르마는 단순히 아무 행동이나 연관된 것이 아니라 특별한 종류의 행동과 관련이 있다. 붓다는 까르마가 도덕적 선택과 행위의 결과로 형성된다고 규정했다. 그는 "비구들이여, 의도(cetanā)가 업(까르마)이라고 나는 말하노니 의도한 뒤 몸과 말과 마음으로 업을 짓는다."[10]라고 설명했다. 붓다는 이렇게 의도에 대해 강조하면서, 까르마를 도덕적 행위보다는 제의(祭儀)의 산물로 보는 경향이 있던 힌두교의 전통적인 견해를 수정했다. 몸[身], 말[口], 마음[意]이라는 세 가지 행동 중 어떤 것이 가장 비난 받는 행동인가와 관련된 논란에서, 자이나(Jaina)교도는 몸으로 짓는 행위가 나쁜 까르마를 낳는 가장 커다란 힘을 지닌다고 진술한다. 붓다는 이에 동의하지 않았다. 붓다는 셋 중 마음의 행위가 가장 강력하다고 하며, 불교가 채택한 혁신적인 윤리의 관점을 설명한다.[11]

---

10 (저자 주) 〈꿰뚫음 경(Nibbedhika-Sutta)〉(A6:63)

11 〈우빨리 경(Upāli Sutta)〉(M56)

까르마의 견지에서 행위가 선한지 나쁜지를 어떻게 알 수 있을까? 붓다가 정의한 방식에서 중요한 기준은 '의도' 혹은 '자유 선택'인 것 같다. 불교심리학에서는 마음의 '뿌리(hetu)'로 알려진 세 가지 기본 동기가 있다고 한다. 뿌리는 선(kusala)과 불선(akusala) 두 종류가 있어서 모두 합하면 6가지다. 갈망[渴望/貪, rāga][12], 성냄[瞋, dveṣa], 그리고 어리석음[痴, moha]이 일으킨 행위는 불선인 반면에, 그들에 반대되는 집착 없음, 박애와 이해[13]에 의한 행위는 선이다. 이들은 앞에서 보았던 존재의 바퀴 중앙에 '삼독(三毒)'으로 묘사되었던 것과 같음을 상기하게 될 것이다.

가끔 이 단어들은 다른 이름으로 나타난다. 예를 들자면, '갈망(渴望, rāga)'은 종종 '집착(attachmemt, lobha)[14]'으로 나타나지만, 용어가 다른 것은 그다지 중요하지 않다.[15] 불교도에게 중요한 것은 그, 혹은 그녀의 동기가 선한가 아닌가를 확실하게 하는 것이다. 왜냐하면 이것이 선한 까르마를 쌓는 길이고 열반을 성취하기 위한 과정이기 때문이다.

불교 문헌에서 농업은 까르마에 대한 친숙한 은유를 제공한다. 까르마를 쌓는 것은 종종 땅에 씨앗[因]을 뿌리는 것과 같다. 어떤 씨앗은 좋고, 어떤 씨앗은 나쁘다. 각 씨앗은 적당한 때에 달콤하거나 쓴 열매[果]를 맺는다. 선하고 나쁜 행위도 이와 같다. 우리가 오늘 행하는 까르마와 관련된 선택이 '성숙(vipāka)'할 때가 오거나, 혹은 내일 '열매(phala)'를 맺을 것이다. 어떤 경우 까르마는 같은 생(生) 안에서 열매를 맺을 것이고, 다른 조건에서는 미래의 여러 생에 걸쳐 드러날 수도 있다. 까르마가 현생에서

---

12 탐욕이라는 뜻의 동의어이지만, 뿌리를 이야기하는 맥락에서는 대개 탐욕(lobha)을 쓴다.

13 탐욕 없음[無貪, arāga], 성냄 없음[無瞋, adveṣa]과 지혜[無痴, amoha]

14 대체로 빠알리 어 Upadāna는 집착, lobha는 탐욕으로 번역된다.

15 동의어군에 속하는 서로 다른 용어들이 같은 의미를 다른 관례에 따라 쓰는 경우가 많다. 그러나 대체로 문장상에서 세부 특성 중 강조하고픈 지점이 다를 경우 특정의 용어를 주로 쓰는 경향이 보인다. 탐욕과 관계된 동의어군은 탐욕(lobha), 갈망(rāga), 갈애(taṇhā), 간탐(abbhijjā) 등 다양한데, 저자가 동의어로 지적한 집착은 이 탐욕이 강하게 지속된 상태, 강하게 움켜쥔 상태를 지칭하며, 집착 혹은 취착(upadāna)이라는 다른 단어로, 아비담마 논리에서 심소법(心所法, cetasika)에 속하지 않고, 연기(緣起, paṭiccasamuppāda)의 각지로 나타난다.

어떻게 열매를 맺는지에 대한 예는 화난 사람의 얼굴이 시간이 흐름에 따라 점차적으로 일그러지고 추해지는 것과 같은 방식이다.[16] 과보에 따라 다가올 생의 다양한 면모는 태어날 집안, 신분, 사회적 지위, 외모, 성격과 인성을 포함해서 결정된다고 한다. 축적된 어떤 까르마라도 이 생에서 쓰여지지 않았다면 다음 생이나 혹은 몇몇 생 뒤의 미래로 넘어간다. 이런 의미에서 개별 존재들은 그들의 이전 행위에 대한 '상속자(sakāta)'라고 말한다.[17]

까르마가 작동하는 정확한 방식, 그리고 주어진 행위와 그것의 결과를 연결하는 기제는 불교 분파 사이에서 논쟁거리이다. 붓다는 단순히 그 과정을 심오한 것으로, 붓다 외에는 누구도 생각할 수가 없는(acinteyya) 것으로 묘사했다.[18]

까르마의 의미가 결정론과 같지 않다는 것을 파악하는 것이 중요하다. 결정론은 사람에게 일어나는 모든 것이 미리 예정되어 있고 운명이나 숙명에 의해 일어난다는 믿음이다. 붓다는 이런 의미에서 까르마와 결정론적 운명(niyati)을 분별했다. 그리고 삶에서 임의의 사건이나 사고가 일어날 수 있다고 인정했다. 모든 것이 까르마와 연관된 원인을 필요로 하지는 않는다. 예를 들어, 《앙굿따라니까야》 〈외도의 주장 경〉(A3:61)에서 붓다는 "사람이 즐거운 느낌이나 괴로운 느낌이나 괴롭지도 즐겁지도 않은 느낌을 경험하는 것은 모두 전생의 행위에 기인한 것이다."라는 견해를 지녔던 동시대의 어떤 사람들에게 동의하지 않았다. 예를 들어서, 어떤 질병은 까르마의 결과라기보다는 육체적 원인에 기인한다고 설명했다.

---

16 (저자 주) 〈업 분석의 짧은 경(Cūḷakaaavibhaṅga Sutta)〉(M135)

17 (저자 주) 〈업 분석의 짧은 경(Cūḷakaaavibhaṅga Sutta)〉(M135)

18 (저자 주) "업의 과보는 생각할 수 없는 것이니 그것을 생각해서는 안 된다. 생각하면 미치거나 곤혹스럽게 된다." 〈생각할 수 없음 경(Acintita Sutta)〉(A4:77)

재생의 세 가지 범주 – 욕계, 색계, 무색계

불교의 우주론은 종종 정연하지 않고 상반되어 보인다. 서로간에 항상 완벽하게 통합되지 않는 경쟁적인 조직으로 구성되기 때문이다. 세상에 대한 서로 다른 개념들이 신화와 전설 속에서 제멋대로 발달했다. 불교가 여러 지역의 전통으로부터 많은 설화와 대중적인 견해들을 받아들였기 때문일 것이다. 예를 들면, 여섯 가지 재생의 영역과 나란히 고대 인도유럽어족의 세계에 대한 개념이 영역·출몰지[域, avacara], 계(界, dhātu), 세상[世, loka]이라는 세 층으로 나뉘어서 발견된다. 이 세 층위(層位)는 근원적으로 땅[地, earth], 대기(大氣, atmosphere), 그리고 하늘[天, sky]의 개념에서 기원했을 것이다.

세 층위 가운데 땅의 표면에는 인간 세계가 있고, 그 위에는 다양한 대기의 현상들 즉 구름, 번개, 천둥 등이 있는데 이러한 자연 현상들은 인격화되고 성스러운 것으로 여겨졌다. 땅 위의 대기를 성층권 등 높은 단계로 좀더 세밀하게 나눌 수 있듯이, 물질은 세 층위 안에서 위로 올라갈수록 점차 더 정교해지고, 순수한 정신적 현상으로만 구성되는 영역들로 좁혀진다. 가장 낮고 지상과 가장 밀접하게 연관된 세 범주는 '욕계(欲界, kāmāvacara)'로 알려지고, 인간계 위의 여섯 천상의 영역[六欲天]을 포함한다. 다음은 그보다 고차원적인 정신적 공간인 '색계(色界, rūpāvacara)'로 그 안에서 천신들은 일종의 텔레파시로 인식하고 소통한다. 이곳은 욕계 위로 27층위까지 펼쳐진다.[19] 색계 위의 가장 높은 거처는 '무색계(無色界, arūpāvacara)'로 물질적 모양이나 형태가 없는 순수한 정신적 에

19 1~4th 욕계 악처, 5~11th 욕계 선처, 12~27th 색계, 28~31th 무색계.

너지 상태의 존재계이다.

가장 고차원적인 존재계인 무색계의 천신들은 점점 더 섬세한 네 가지 차원으로 현상을 이해한다고 생각된다. 무색계의 가장 낮은 단계(28천)는 존재하는 모든 물질적 현상이 소멸된 무한한 공간[空無邊處]과 같다. 두 번째 단계(29천)는 단지 그 무한한 공간을 의식하는 무한한 의식[識無邊處]만 존재한다. 세 번째 단계(30천)는 무한한 의식조차 초월한 '없음[無所有處]' 차원이다. '무소유처'에 대한 인지를 넘어서서 '비상비비상처(非想非非想處, 31천)'로 알려진, 개념으로는 표현할 수 없는 미묘한 마음의 상태가 있다. 이 차원이 존재의 정상이고, 존재가 태어날 수 있는 가장 높은 차원이다. 이미 주목했듯이 우주에 대한 불교의 견해는 명상 이론과 긴밀히 들어맞고, 재생의 가장 높은 두 단계(30, 31천)의 명칭은 명상의 가장 높은 두 단계[20]와 같은 이름을 지닌다. 이들 장소나 차원에 대한 경험은 그곳에서 생을 받거나 아니면 명상을 통해 같은 수준의 마음을 경험할 수 있다고 한다. 여기서 다시 심리학과 불교 가르침 안의 우주론 사이에 존재하는 밀접한 연관성을 볼 수 있다.

공덕

불교도가 높이 평가하는 선한 까르마는 종종 '공덕(puṇya/p. puñña)'이라고 불린다. 그 반대인 나쁜 까르마는 '불선업(akusala)'이나 '악행(pāpa)'이라고 불린다. 전자를 행하고 후자를 피하기 위해 많은 노력이 이루어진다.

20 무소유처정(無所有處定), 비상비비상처정(非想非非想處定). 두 차원만이 아니라 무색계의 네 차원 모두 무색계 선정의 네 단계와 상응한다.

공덕을 쌓으려는 목적은 이 생에서 행복하고, 이상적으로 다음 생에서 천상에 태어나고자 하는 것이다. 어떤 불교도들은 공덕을 모으거나 쓸 수 있는 은행계좌 속의 돈처럼 유용한 것으로 생각하기도 한다. 극단적으로 어떤 이들은 공책을 가지고 다니며 선행과 불선행을 기록하고 매일 잔고를 합산하기조차 한다.

그런데 정통적인 가르침은 이 공덕에 대한 물질적인 개념을 지지하지 않는다. 왜냐하면 이러한 행위의 뒤에 있는 의도가 대체로 이기적인 것처럼 보이기 때문이다. 만일 어떤 사람이 단순히 개인의 이익을 위해 선행을 하려고 한다면, 그 이면에 있는 의도는 실제로는 욕심이라고 말할 수 있고, 그에 상응하여 큰 공덕을 낳지는 못할 것이다. 대부분의 의도는 어쩌면 실제로 이기적인 것과 이타적인 것이 섞여 있을 것이다. 그래서 제한된 양의 공덕이 쌓일지도 모르지만, 엄밀한 의미로 이런 행위는 불교의 가르침의 정신에 따라 행해지는 것이라고 말할 수는 없다. 특히 공덕이 옳은 일을 행하는 데 따라 생기는 부산물이고, 공덕 자체를 목적으로 추구해서는 안 된다는 중요한 가르침을 간과한 것이기 때문이다.

공덕을 얻기 위한 가장 일반적인 방법은 대개가 그러하지만, 특히 평신도로서는 승단을 후원하고 보시나 공양을 하는 것이다. 그들은 매일 탁발 나온 스님의 발우에 끼니를 공양 올리고, 매년 우안거(雨安居)를 마친 뒤 열리는 까티나(Kaṭhina)의식[21]에서 스님들께 가사(袈裟)를 보시하고, 법문을 듣거나 종교 행사에 참여하고, 혹은 사원이나 절을 유지하기 위한 기금을 보시함으로써 공덕을 쌓을 수 있다. 또한 다른 보시자들을 축하해 주고 마음을 다해 그들의 자비심을 기뻐해 주는 것[隨喜功德, anumodanā] 만으로도 공덕을 쌓을 수 있다.

21 우안거 후 스님들께 가사 공양을 올리는 것.

공덕의 회향

많은 불교도들은 공덕이 마치 자선단체에 기부하는 것처럼 한 사람에게서 다른 사람으로 옮겨질 수 있다고 믿는다. 어떤 목적으로든 제의(祭儀)에 올린 공양이나 선한 행위에 따른 공덕을 다른 존재에게 회향하고자 한다면, 반드시 행위자가 나누어 주고자 하는 존재나 단체의 이름을 불러 지정해야만 한다.

그러나 공덕은 나누면 줄어드는 재물의 경우처럼 행위자의 선업 까르마의 잔고가 줄어들거나 없어지는 것이 아니라 오히려 회향할수록 행복한 결과가 생겨난다. 공덕의 회향은 나누고자 하는 너그러운 '의도'로 인해서 더욱 증가한다. 비록 자신의 공덕을 자비의 정신으로 나누려는 의도가 적어도 유익한 까르마이고 너그럽고 자애로운 성격을 형성하도록 이끌지만, 이런 종류의 견해에 대한 경전적 근거가 있는지는 모호하다.

서양의 관점

이 책의 처음 부분에서 우리는 까르마(karma, 業)와 죽은 뒤 다시 태어나는 것에 대한 불교의 견해를 설명했다. 왜냐하면 이러한 개념들이 일찍이 언급했던 것처럼 시간과 역사에 대해 아주 다른 문화적 환경에서 살아온 서양 독자들에게는 종종 혼란을 일으키기 때문이다. 특히 이러한 개념들의 일관성과 관련하여 자주 많은 질문이 생긴다. 예를 들면, 우리가 모두 다시 태어난다면 왜 극히 일부의 사람들만 전생을 기억하는지 물어볼 수 있다. 이것은 어쩌면 우리가 키워진 방식과 특정한 방식으로 사고하도록 교육받은 것과 어느 정도 관련이 있을 것이다.

서양처럼 환생에 대한 믿음을 지지하지 않는 사회에서는 전생에 대한 기억이 어쩌면 단순히 인식되지 못하거나 혹은 인정되지 않을 것이다. 아이가 이런 기억에 대해 말을 하면 선생님이나 부모는 대개 아이의 과도한 상상력의 산물로 치부해 버린다. 또한 어른이라 할지라도 사회가 과학적 토대 속에서 인정하지 않는 경험을 말함으로써 받게 될 동료들의 무시나 조롱을 감수하기 어려울 것이다. 어쨌든 전생을 기억한다고 주장하는 개인들로부터 얻은 증거가 증가하고 있지만, 그 중 많은 증거들에서 기억이 진짜인지 아닌지를 해명하기는 어렵다.

그렇더라도 환생이 인정되는 인도와 티베트 같은 문화권에서조차 과거생에 대한 선명하고 구체적인 기억은 드물다는 걸 받아들여야만 한다. 예를 들어 티베트불교의 지도자 달라이 라마는 자신의 전생을 상세하게 기억한다고 주장하지 않는다. 이것에 대해 가끔 주어지는 하나의 설명은, 죽음과 재생이 마음의 좀더 높은 단계로부터 대부분의 기억을 지우는 경향이 있는 정신적 충격의 경험이란 것이다. 기억을 회복할 유일한 길은 명상이나 최면술과 같은 것에 의해 의식의 전이(轉移) 상태로 들어가는 것이거나, 혹은 특별히 회상의 소질이나 자질을 갖고 태어나는 것이다. 그러나 불교도들은 이러한 질문을 그리 중요시하지 않는다. 그들이 중요하게 여기는 것은 과거에 대한 숙고가 아니라 '현재' 선행을 실천하는 것이다.

또한 불교를 배우는 서양 학생들은 종종 어떻게 환생이 인구 통계와 조화를 이루는지에 대해서, 그리고 왜 지구는 죽고 다시 태어나는 모든 사람들로 가득 차지 않는지에 대해서 궁금해 한다. 이 질문은 우주의 성질, 예를 들어 우주 안에는 사람이 사는 행성이 오직 하나만 있다는 가설 같은 인간 중심의 이론에 근거하고, 또한 각 세계 체계 안에서 천상계, 인간계, 아수라계, 축생계, 아귀계 그리고 지옥계 사이의 끊임없는 순환이 있다고 여겨지는 사실을 간과한다.

불교도에게 여섯 영역에 대한 믿음은 신앙의 항목인가? 모든 불교도는 축생으로 태어날 수도 있는 가능성을 믿는가? 이에 대한 불교의 핵심 교의(教義)는 매우 적고, 앞에서 설명한 전통적인 세계관이 불교도가 필수적으로 믿어야 할 핵심은 아니다. 기독교 역시 일부만이 창조설을 믿는 것처럼 어떤 이들은 경전을 문자 그대로 믿겠지만, 다른 이들은 수많은 기독교인들이 진화론을 믿듯이 좀더 현대적인 이론을 믿을 것이다. 비록 대부분의 불교도, 특히 아시아 불교도들이 전통적인 가르침을 문자 그대로 받아들인다 해도 불교도 모두가 그런 것은 아니다.

서양 불교도들은 대체로 전통적인 범주의 '중세적인' 요소를 거부하고, 그 자리를 좀더 현대에 맞는 개념들로 채운다. 즉 여섯 영역을 존재의 다른 면들, 실재의 차원, 평행 세계, 혹은 단순히 마음의 상태를 비유하는 것으로 해석하기도 한다. 실제로 어떤 현대 불교도들은 다시 태어난다는 개념을 모두 부인한다. 그러나 그들은 그렇게 함으로써 전통적인 믿음이라는 큰 몸뚱이를 그것과 대체할 것도 없으면서 버려 버리는 것처럼 보인다. 경전에 의하면, 자신의 전생에 대한 회상과, 어떻게 다른 이들이 까르마에 따라서 죽고 다시 태어나는지에 관해 보는 것 두 가지 모두 붓다가 보리수 아래 앉았을 때 경험했던 깨달음의 핵심 부분이다. 이 경험을 붓다의 '깨달음'의 나머지 내용으로부터 어떻게 찾아낼 수 있는가를 보기는 어렵다.[22] 만일 그처럼 전생을 보는 것에 대하여 문헌상에서 실수가 있는 것이라면, 우리는 붓다가 깨달음을 성취했다는 불교도들의 주장을 어떻게 신뢰할 수 있을까? 따라서 다시 태어남에 대한 믿음을 부인하는 것은 목욕물과 함께 아기를 버리는 것과 같다. 대부분의 불교도들에게 사후에 이런저런 형태로 지속되는 개별적인 존재에 대한 믿음은 불교 가르침

---

22 필자는 어렵다고 했지만, 붓다 자신의 전생에 대한 회상인 숙명통을 통해 개인적 경험을 토대로 업과 과보, 혹은 원인, 조건과 결과에 대한 경향성을 찾아내고, 어떻게 다른 이들이 까르마에 따라서 죽고 다시 태어나는지에 관해 보는 천안통을 통해 개인의 경험에서 찾아낸 경향성이 다른 여러 존재에게도 보편적인지를 점검했으며, 그 두 가지 사유를 논리적으로 연결함으로써(四聖諦, 緣起緣滅) 편재하는 고(苦)에서 자유로워지는 결과(누진통)를 얻은 것이다. 신통이라는 면에서 연결이 모호할 뿐 철학적·논리적으로는 핵심사유와 닿아 있다.

에 따른 지혜의 중요한 부분으로 남아 있다.

그렇다면 윤회할 때마다 더 큰 행복을 느끼며 위로 향하는 궤도 안에서 한 생에서 다른 생으로 옮겨 가는 것이 불교도의 목적인가? 실제로 이것은 승려와 재가신도를 포함한 많은 불교도들이 성취하고자 하는 행복한 목표인 것 같다. 그러나 이는 붓다가 집을 떠나 찾으려고 했던 고통의 마지막 해결은 아니다. 붓다는 명상을 통해 얻었던 일시적인 환희에 만족하지 않았다. 그는 인간 고통의 문제에 대한 궁극적인 해결이 아니면 그 어떤 것도 받아들이지 않았다.

선한 까르마를 아무리 많이 쌓는다 해도 그것은 유한하고 점차 소진된다. 감쇠궤도(減衰軌道)에 속한 우주선의 에너지와 같다. 천상에 태어나는 선한 까르마는 빠르거나 늦거나 간에 그 자체의 소멸 과정을 밟을 것이고 천신들조차도 죽고 다시 태어나기 때문이다. 붓다가 선언한 해결책은, 고통의 문제에 대한 답이 윤회의 수레바퀴 안에서 좀더 나은 재생에 있지 않다는 것이고, 오직 그 바퀴로부터 벗어나는 열반이 마지막 해결책을 제공한다는 것이다.

알아야 할 요점들

- 인더스 계곡의 문명은 인도에서 가장 빠른 문명이었고, 기원전 2500년~기원전 1200년 사이에 꽃피었다.
- 아리아 인 이주자들은 인도에 도착하자 두 번째 천년의 중반 경에 베다 문명을 건설했다.
- 불교는 브라흐만교(Brahmanism)로 알려진 후기 베다 전통의 정통적인 믿음을 거부하는 유행승(parivrājaka)들이 만들어 내고 있던 사회적 저항 운동으로부터 출현하였다.
- 불교도는 우주가 공간과 시간 속에서 무한하고, '겁(劫, kalpa)'으로 알려진 진화와 파괴의 주기적인 순환을 경험한다고 믿는다.
- 시간은 선형적으로 흐르기보다는 순환한다고 이해된다. 존재들은 윤회(輪廻, saṃsāra)로 알려진 끝없는 재생의 순환 속에서 몇 번이고 되풀이하여 태어난다.
- 여섯 가지 재생의 영역이 있다: 천신, 아수라, 인간, 축생, 아귀, 그리고 지옥. 이들 중 어느 곳도 영원하지 않다.
- 재생의 여섯 영역 사이의 이동은 한 존재가 그의 생애 동안 지은 선하거나 불선한 까르마에 의해 결정된다.
- 윤회로부터 탈출하기 위한 유일한 길은 열반을 이루는 것이다. 이것은 모든 불교도들의 궁극적 목표이다.

토론을 위한 질문

Q. 인더스 계곡의 종교에서 어머니-여신의 역할과 요가 행위의 역할은 무엇이었는가?

Q. 우파니샤드 가르침의 혁신은 무엇이었는가?

Q. 붓다의 시대에 일어난 사회 변화의 양상을 묘사해 보시오.

Q. 불교는 우주의 속성에 관해 a)시간, b)공간에 대해 어떻게 이해했는가?

Q. 다시 태어남의 여섯 영역은 무엇이며, 불교 가르침 안에서 어떻게 설명되고 있는가?

Q. 불교에서 이해하는 까르마(업)의 주요한 특성을 설명하시오.

나아가 읽을 거리

Kloetzli, Randy. *Buddhist Cosmology: From Single World System to Pure Land: Science and Theology in the Images of Mortion and Light.* Delhi: Motilal Banarsidass, 1983.

McGovern, William Montgomery. *A Manual of Buddhist Philosophy: Cosmology*. Lucknow, India: Oriental Reprinters, 1976.

Obeyesekere, Gananath. *Imagining Karma: Ethical Transformation in Amerindian, Buddhist and Greek Rebirth(Comparative Studies in Religion & Society)*. Berkeley, CA: University of California Press, 2002.

O'Flaherty, Wendy Doniger. *Karma and Rebirth in Classical Indian Traditions*. Berkeley, CA: University of California Press, 1980.

Reichenbach, Bruce R. *The Law Of Karma: A Philosophical Study*. Honolulu, HI: University of Hawaii Press, 1990.

Reynolds, Frank and Mani B. Reynolds. *Three Worlds according to King Ruang: A Thai Buddhist Cosmology*. Berkeley, CA: Asian Humanities Press, 1982.

Sadakata, Akira. *Buddhist Cosomology: Philosophy and Origins*. 1st English ed. Tokyo: Sosei Publishing Company, 1997.

Sankaranarayan, Kalpakam, Kazunobo Matsudu, and Motohiro Yoritomi, *Lokaprajñapti: a Critical Exposition of Buddhist Cosmology*. Mumbai: Somaiya Publications, 2002.

Sunthorn, Na-Rangsi. *The Buddhist Concepts of Karma and Rebirth*. Bangkok: Mahamakut Rajavidyalaya Press, 1976.

2. 붓다

이 장에서는

'역사적 붓다'의 밝혀지지 않은 행적에 관한 문제는 '역사적 예수'를 찾는 데 직면하는 문제와 비슷하다. 창설자의 인성이 두 종교를 지배하는 반면, 그들의 생애에 대해 알려진 것은 상대적으로 적다. 초기 경전은 붓다의 행적에 대해서 어린 시절의 뛰어남, 가족 구성원, 요가를 수련한 학생, 철학자, 선생, 그리고 기적을 행하는 자 등으로 그 단면들을 제공한다. 그러나 이 모든 단면을 함께 연결할 전기적(傳記的) 이야기는 없다.

초기 경전은 붓다의 삶에서 깨달음이나 죽음 같은 어떤 사건들에 머무는 경향이 있다. 그리고 다른 사건들에 대해서는 별다른 정보를 주지 않는다. 붓다가 죽은 이후 몇 세기 안에, 유통된 여러 가지 단편들과 이야기들로부터 전형적인 전기가 종합되었고, 높은 수준의 문학적 창작물로 보전되었다. 그러나 가장 초기의 이야기들조차 많은 부분이 윤색되었고, 역사적 실재를 가리는 성인전(聖人傳)의 요소를 포함하고 있다.

이 장에서 다루어진 주요 주제들

- 붓다
- 붓다의 탄생
- 출가
- 고행
- 깨달음
- 첫 설법
- 붓다의 마지막 날들

붓다

‘붓다(Buddha)’는 한 개인의 이름이 아니고, ‘깨달은 자’ 혹은 ‘자각한 자’란 뜻의 산스크리트(Sanskrit) 어다. 불교에서는 종교적 삶의 목표를 완전히 얻고 깨우친 이에게 ‘붓다’라는 명칭을 부여했다. 추종자들은 그런 개인을 ‘붓다’ 외에도 바가와(Bhagavat, 世尊) 혹은 ‘지배자(Lord)’라 부르기도 했다. 이러한 명칭들은 깨달음의 목표를 성취한 이들에게 자연스럽게 적용되었고, 깨닫기 전에는 다른 어휘, 즉 보살(菩薩, bodhisattva/p. bodhisatta)이라고 불렀다. 문자적으로 보살은 ‘깨달음을 향한 존재’, ‘깨닫기로 정해진’, 혹은 ‘수행 중인 붓다’란 의미이다. ‘보살’이란 개념은 불교의 초창기에는 그리 중요시되지 않다가, 붓다가 열반한 뒤 몇 세기 후에 일어난 ‘대승(大乘, Mahāyāna)’ 전통에서 극도로 부각되었다.

역사적 인물로서의 붓다는 인도의 떼라이(Terai) 저습(低濕) 지대로 알려진 지방의 네팔 접경 지역 바로 안쪽에서 태어났다. 그는 일반적인 인도 풍습대로 개인 이름과 씨족 명칭을 함께 받았다. 개인 이름은 싯다르타(Siddhārtha/p. Siddhattha)였고, 그가 속한 씨족의 이름은 고따마

(Gautama/p. Gotama)였다. 그의 씨족은 샤꺄(Śākya, 釋迦) 족이라 알려졌는데, 그로 인해 붓다는 종종 '석가족의 현자'란 뜻의 샤꺄무니(Śākyamuni, 釋迦牟尼)라고 불린다. 붓다가 언제 출생했는지는 정확히 말할 수 없다. 그 시대의 연대기가 아직 확실하게 밝혀지지 않았기 때문이다.

고고학자들이 붓다라는 인물이 실제로 존재했다는 확실한 증거를 찾은 것은 20세기 무렵이었다. 불교 경전이 우리에게 전하는 것과 상관없이 붓다의 삶에 대한 독립적인 증거는 매우 적고, 그가 살았고 가르쳤던 시대의 몇몇 고고학적 유물들이 남아 있을 뿐이다.

학자들은 붓다의 생애에 대한 다양한 연표를 추정해 왔다. 일반적으로 붓다는 B.C. 566~486년, 혹은 B.C. 563~483년까지 살았다고 한다. 하지만 가장 최근의 연구에서는 붓다는 어쩌면 우리 시대와 좀더 가까이, 아마도 B.C. 490~410년, 혹은 B.C. 480~400년까지 살았을 것이라고도 말한다. 실제로 정확한 연대를 추적하는 것은 불가능하다. 그래서 이 시대의 날짜들은 근거의 특성상 모두 10년을 더하거나 혹은 10년을 빼야 사실에 근접할 것이다.

불교 문헌은 붓다가 왕족 출신이라고 전하며, 아버지의 왕궁의 화려함과 거기서 행해졌던 의식들에 대해 상세히 묘사한다. 그러나 이러한 묘사들은 다소 과장되어 있는 것 같다. 왜냐하면 실제로 샤꺄 족의 정치 제도는 왕정이 아니라 공화정이었기 때문이다. 붓다의 아버지는 원로들의 의회 안에서 부족의 일을 결정하는 부족 연합의 지도자에 가까웠을 것이다. 그렇다 해도 붓다는 분명히 특권 있는 상류계급의 자제로 양육되었을 것이고, 종교적인 법과 관습(dharmaśāstra), 국정 운영 기술, 문법, 논리, 그리고 다른 예술과 과학을 배우는 전통적인 교육의 혜택을 보았을 것이다.

인도 사성계급(caste)의 두 번째인 끄샤뜨리아(kṣatriya; 전사, 왕족 계급)의 한 사람으로서 붓다는 실제 사회를 이끌어 갈 활동가로, 그의 아버지와 같은 정치 지도자나 전사가 될 것이라 기대되었을 것이다. 붓다는 귀족 사회의 관습과 예절에 익숙한 교양 있고 예의 바른 젊은이였고, 후에 그가 유행승(遊行僧) 스승이 되어 떠돌면서 만나게 될 왕이나 궁정 대신들과 편안하게 어울릴 수 있는 교육을 받았을 것이다. 이런 면은 붓다의 고유한 개인적 카리스마와 함께 한평생 그의 가르침이 전파되고 수용되는 데에 중대한 영향을 미쳤을 것이다.

붓다의 간략한 생애

붓다의 생애에 대한 전통적인 설명은 전기를 구성하기에는 매우 미약하다. 그러나 대체로 널리 인정되는 사건들의 연대기는 다음과 같다.

그는 네팔의 룸비니(Lumbinī)란 곳에서 태어났고, 야쇼다라(Yaśodharā)와 16세에 결혼을 했으며, 아들을 낳아 라훌라(Rāhula 장애)라 이름 붙였다. 어떤 출처에서는 결혼 후 바로 아들이 태어났다 하고, 다른 출처에서는 세속을 떠나기 바로 전이던 29세 때 태어났다고 한다. 그는 종교적 지혜를 찾아 떠돌아다니는 방랑 유행승이 되었다. 종교적 탐색에 전념한 지 6년 후, 싯다르타는 깨달음을 얻었고, 그 뒤로는 붓다(깨달은 자)라고 알려졌다. 삶의 후반부 총 45년 동안 붓다는 종교적 가르침을 펼치면서 북동 인도의 도시와 마을을 돌아다녔다. 80세에 병으로 쓰러져 열반에 들었으며, 결코 더 이상은 다시 태어남이 없었다.

위의 상자 안에서 언급한 몇몇 사실들은 가장 최초기의 경전 안에 여기저기 흩어져 이해하기 어렵게 인용된 지엽적인 설명으로, 쭉 이어진 한 인생의 핵심이다. 이 핵심은 경전의 어느 곳에서도 단일하게 연결된 이야기로는 발견되지 않는다. 약간의 연대기적 자료만 쓸 수 있는 붓다의 생애는 커다란 공백들이 있어서 일관된 전기를 내놓기가 쉬운 일이 아니다. 제자들은 스승의 가르침을 엄청난 양의 경전 모음으로 보전했지만, 스승의 생애에 관한 전기적인 이야기는 자세하게 보존하고자 하지 않았던 듯하다.

기독교의 예수(Jesus)도 마찬가지다. 고대 근동(近東)에 관한 엄청난 양의 유용한 고고학적 유물과 기타 자료들에도 불구하고 '역사적 예수'는 지금까지 복원되지 못하고 있다. 한 인물의 전기를 완성하는 것은 비교적 최근의 문학적 기술 혁신이고, 거기에 개인이 여러 생을 산다고 생각하는 인도의 복잡한 사유를 더하면, 어느 한 생의 의미심장함은 나머지 다른 여러 생의 배경과 충돌하면서 희미해지는 경향이 있다.

초기의 문헌들

붓다의 가르침은 '수뜨라(sūtra, 經)'라고 불리는 다양한 문헌의 모음으로 기록되었다. 수뜨라들은 붓다 재세 시부터 외워서 전승[口傳]되었고, 공동으로 암송[合誦]하는 방식으로 보전되었다. 이들 초기 경전들 중 유일하게 원형 그대로 보전되고 있는 것은 빠알리(Pāli) 어 경전인데, 빠알리 어로 쓰여져서 빠알리 어 경전이라 불린다. 빠알리 어는 산스크리트 어와 비교하면 지방의 토착언어였지만, 붓다가 말할 때 더 자주 사용했다.

빠알리 어 경전은 B.C. 1세기에 스리랑카에서 글자로 기록되었고, 삐따까(piṭaka, 바구니)로 알려진 세 갈래로 정리되었다. 이들은 (1) 수뜨라 삐따까(Sūtra Piṭaka, 經藏); 담화 혹은 붓다의 설법으로 다섯 가지 니까야(nikāya)로 분류되는 경전군 (2) 위나야 삐따까(Vīnaya Piṭaka, 律藏); 승가의 규범과 사원의 운영에 대한 규칙 (3) 아비다르마 삐따까(Abhidharma Piṭaka, 論藏); 학문적 논문, 약간 후대의 학문적 연구의 편집물[23]이다.

붓다에 관한 최초의 문자적 정보는 빠알리 어 경전에서 나온다. 그러나 거기에 보전된 여기저기 흩어진 지엽적인 설명은 붓다의 사후 몇 세기까지 연대기적 순서로 배치되어 있지 않다. 붓다의 생애에 관한 가장 유명한 기록은 《붓다짜리따(Buddhacarita, 佛所行讚)》인데, 그 안에 묘사된 사건들은 발생한 지 이미 500년이나 지난 A.D. 2세기에 아쉬바고샤(Aśvaghoṣa, 馬鳴)가 지은 서사시이다.

이런 종류의 문학작품은 전기작가에게 별 도움이 되지 않는다. 왜냐하면 이런 작품들은 성인전(聖人傳)의 요소를 수없이 포함하여 끊임없이 초자연적인 존재와 현상들을 언급하기 때문이다. 아쉬바고샤의 서사는 비교적 과장이 없는 문체이지만, 가장 이른 시기부터 불교 문헌에는 사실과 종교적인 묘사가 뒤섞여 얽혔기 때문에 지금은 그것들을 분리하기가 거의 불가능하다. 예를 들어 초기 경전에서 붓다는 물 위를 걷거나 팔을 흔들어 강을 건너는 기적을 행하는 이로 묘사된다. 붓다의 전체적인 인격은 그의 몸에서 찾을 수 있다고 여겼던 독특한 신체적 특징들에 대한 신비로움에 둘러싸여 있다. 이런 '위대한 사람의 32가지 특상(特相)'이라고 알려진 특징들은 고대 인도인의 전설 속에서 위대한 영웅과 현자들의 증거라고 전해졌다. 특별한 개인은 고귀한 태도와 음악적인 목소리, 그리고 여러 가지 범상치 않은 독특한 외모를 가졌다고 믿었던 것이다.

후대의 예술가들은 이런 세부적인 특징들을 붓다의 초상화와 조상(彫像)에 표현했다. 가장 일반적인 것은 '달팽이' 형태를 보여 주는 독특한 머리 모양이다[螺髮]. 붓다의 머리카락은 대개 달팽이 껍질처럼 오른쪽으로 감아 도는 나선 모양과 비슷한 작은 덩어리들로 구성된다. 또 다른 특

23 테라와다불교와 대승불교의 '논장'에 대한 해석과 구성은 다르다.

징은 정수리 위에 둔덕처럼 볼록 솟은 살[肉髻, uṣṇīśa]인데, 이는 붓다의 위대한 지혜를 암시한다. 세 번째는 위대한 정신적 통찰 혹은 '제3의 눈'을 상징하는 두 눈 사이의 작은 터럭[眉間白毫]이다.

놀랍게도 붓다는 열반 직후의 세기에 제작된 예술작품들 속에서는 인간의 몸으로 표현되지 않았다. 아마 이것은 붓다의 신체 형태를 묘사할 최선의 방법을 예술적 상상력으로 숙고하는 데 시간이 필요했기 때문이었을 것이다. 단지 시간이 흐름에 따라, 혹은 자신들의 신앙을 표현할 대상이 필요했던 재가 후원자들의 요청에 따라 예술가들은 붓다를 인간의 모습으로 표현하기 시작했다(5장의 '불교 예술'을 보시오). 비록 아름다운 붓다의 상이 수없이 만들어졌지만, 그들이 묘사하고자 한 역사적 개인으로서의 붓다는 결코 표현되지 않았다. 왜냐하면 대부분의 불상은 앞서 묘사한 형식화된 관념에 기초했기 때문이다.

붓다의 생애에 대한 근거들

초기 경전 속에는 연속적으로 서술된 붓다의 전기가 없다. 그러나 붓다의 생애에 대한 상세한 설명을 담은 중요한 사료들은 다음과 같다.

- 빠알리 어 경전. 붓다 생애의 마지막 몇 달을 자세히 묘사하고, 그가 80세에 죽었음을 확실하게 기록한 《대반열반경(大般涅槃經, Mahāparinibbāṇa Sutta)》(D16)과 같은 경전은 붓다 전기(傳記)의 세부 사항을 제공한다.
- 《마하와스뚜(Mahāvastu, 위대한 이야기)》, 1세기(저자 불명)
- 《랄리따위스따라(Lalitavistara, 佛說普曜經)》, 1세기(저자 불명)
- 《붓다짜리따(Buddhacarita, 佛所行讚)》, 2세기 아쉬바고샤(馬鳴)

가 28장으로 구성한 서사시

- 《니다나까타(Nidānakathā, 서문)》, 2세기 혹은 3세기. 붓다의 전생들에 관해 널리 알려진 이야기의 모음인 《자따까(Jātaka, 本生經)》의 서문
- 붓다의 전기물은 몇 세기에 걸쳐, 영국 시인 에드윈 아놀드 경(Sir Edwin Arnord)이 쓴 《아시아의 등불(The Light of Asia)》을 포함한 각국의 언어로 계속해서 만들어지고 있다.

붓다의 탄생

불교인에게는 붓다의 생애 가운데 네 가지 사건이 중요한 핵심으로 꼽힌다. 출생(비람강생), 깨달음(수하항마), 첫 번째 법문(초전법륜), 그리고 죽음(쌍림열반). 이 사건들 주위로 신화와 전설이 모여들고, 세계 도처의 불교문화권에서는 제의(祭儀)로 기념된다. 이 사건들이 발생했던 지역은 특별히 중요한 성지로 여겨진다. 붓다의 출생은 예수의 출생처럼 징후와 예언으로 예견되었다.

《니다나까타》에 의하면, 붓다의 어머니 마야(Māyā)는 수태할 때 하얀 코끼리가 옆구리로 들어오는 꿈을 꾸었다. 이 꿈은 평범한 아기가 아님을 암시하는 상서로운 상징이었다. 꿈에 대해 예언자들에게 물으니, 아기가 위대한 종교지도자가 되거나 '전륜성왕(轉輪聖王, cakravartin)'이라고 불리는 힘 있는 왕이 될 것이라고 확언했다. 인도에는 임신한 여인이 친정으로 돌아가서 출산을 하는 전통이 있었다. 그에 따라 출산이 가까워진 마야 왕비는 샤꺄 족의 수도 까삘라와스뚜(Kapilavastu)를 떠나 친정을 향해 출발했다. 여행 도중 아기가 태어날 조짐이 있자, 룸비니(Lumbinī)라 불리는 교외의 아름다운 동산에서 아기를 출산했다.

문헌에는 마야 왕비가 사라나무(Sāl, 無憂樹) 가지를 잡고 서서 출산을 했는데, 아기는 그녀의 옆구리로 통증 없이 태어났다고 전한다. 아기의 출생에는 초자연적인 현상이 많이 따랐다. 이 멋진 출산을 보러 많은 신들이 모여들었고, 그들은 아기를 받아 땅에 눕히고 기적의 물줄기로 목욕시켰다. 지금 막 벌어지고 있는 일의 중요성을 알리듯 대지가 진동하고 흔들렸다. 갓 태어난 아기는 서서 일곱 걸음을 걸었으며, 사방을 두루 살펴보고는 "세상에서 내가 으뜸[天上天下唯我獨尊]"이라고 선언했다고 전해진다. 그는 또한 이것이 자신의 '마지막 생'이라고 선언했다.[24] 문헌은 확실히 이 아기가 평범하지 않고 태어나는 순간부터 충분히 의식이 있고 깨어 있었다는 것을 이해시키려고 한다. 또한 〈경이롭고 놀라운 일 경(Acchariyabbhūtadhamma Sutta)〉(M123)과 같은 문헌은 붓다가 이러한 사건들을 수태에 앞서 알고 있었고, 도솔천에서 어머니의 태에 들어갈 시간을 '마음 챙기고 분명하게 알아차리면서' 기다려 왔다고 주장한다.

아기에게는 싯다르타(Siddhārtha/p. Siddhattha)라는 이름이 주어졌는데, 그 뜻은 '자신의 목적을 이룬 자'이다. 축복 가운데 이야기는 좀더 어두운 방향으로 변해서, 아기의 출생 7일 후 어머니 마야 왕비가 세상을 떠난다. 그러자 아기는 이모 쁘라자빠띠(Prajāpatī)가 키우게 되는데, 그녀는 뒤에 아기의 아버지인 숫도다나 왕과 결혼을 한다. 문헌에서는 어린 아기가 어머니를 잃으면서 받았을 수도 있었을 영향에 대해서는 언급하지 않는다. 그러나 이렇게 일찍 어머니가 먼저 세상을 떠났다는 상황은 명백하게 어떤 종류의 심리적 충격을 낳았을 것이다. 아마도 아이는 생명의 덧없음과, 인간이 삶을 규정해 가는 힘을 통제하는 데에 얼마나 무력한지 절실히 느꼈을 것이다. 어쩌면 비관적인 시야와 세상을 슬픔과 고통의 장소로 보는 경향을 지니게 되었을 것이나, 그래도 아이는 선천적으로 세상

---

24 "나는 세상에서 최상이요, 나는 세상에서 으뜸이요, 나는 세상에서 어른이다. 이것이 마지막 생이다, 더 이상 다시 태어남[再生]은 없다."(ayamantimājāti, natthidāipunabbhavo). 〈경이롭고 놀라운 일 경〉(M123), 대림 스님 옮김, 《맛지마니까야》 4, 초기불전연구원, p.273.

을 우울하거나 음울하게 대하지는 않았던 것 같다.

빠알리 어 경전에는 붓다의 어린 시절에 대한 정보가 적다. 그렇지만 우리는 그가 부족함 없이 아버지의 세 궁전 안에 머물면서 매우 편안한 삶을 살았던 것을 짐작할 수 있다.[25] 그는 멋진 옷과 향수를 지녔고, 음악을 들으며, 여종과 수행원들이 가까이서 어떤 요구라도 들어주기 위해 모시는 가운데 하루를 보냈다.

붓다는 영민하고 초자연적인 힘이 막 생겨나려 하고 있으며 날카로운 지성을 지닌 것으로 묘사된다. 이어서 문헌은 자신의 뒤를 이어 왕이 되기보다는 종교적 스승이 되기 위해 집을 떠나리라는 예언에 대한 아버지 숫도다나 왕의 두려움을 강조한다. 그래서 아버지는 어린 아들 싯다르타를 귀여워하고 응석을 받아주며, 성벽 너머 세상으로부터 밀려들어 올지도 모르는 어떠한 불쾌함도 막아 주려 애쓰며 과잉 보호했다.

출가

싯다르타의 안락한 가정 생활은 얼마 지나지 않아서 갑작스럽게 끝이 났다. 성밖의 새로운 삶과 깨달음(bodhi)으로 점차 나아가게 했던 이때의 상황과 사건들은 〈성스러운 구함 경(Ariyapariyesanā Sutta)〉(M26)에 서술되어 있다.

이 경은 붓다의 일생에 대해 부분이나마 연속적인 서술을 제공한 몇 안 되는 문헌 중 하나이다. 이 경과 다른 초기 경전들은 집을 떠나려고 미리 계획했던 붓다의 결심에 관한 인상과, 실재하는 병고·늙음·죽음에 대

25 "비구들이여, 나는 편안했고 아주 편안했고 지극히 편안했다. 비구들이여, 나의 아버지는 궁궐에 연못을 만들게 했다. 한 곳에는 청련이 피었고, 한 곳에는 홍련이 피었고, 한 곳에는 백련이 피었다. 그것은 나를 위한 것이었다. … 비구들이여, 이와 같은 영화를 누렸고 이와 같이 지극히 편안했던 나" 〈편안함 경(Sukhumāla Sutta, A3:38)〉, 대림 스님 옮김, 《앙굿따라니까야》 1, 초기불전연구원, pp.379~381.

해 그가 무력하다는 깨달음이 커지는 과정을 보여 준다. 그가 추구했던 것은 생사를 넘어선 상태, 당대의 수많은 사람들이 다양한 명칭과 묘사 아래 추구했던 신비로운 목표인 '열반(涅槃, nirvana/p. nibbāna)'이었다.

《디가니까야(D16, 5:27)》[26]에 따르면 붓다가 집을 떠나려는 중대한 결심을 했던 때가 29세였다. 이러한 생의 과정은 모든 부처들의 생에서 반복되는 똑같은 결정적 경험이라고 경은 설명한다.[27] 이 문헌과 후대의《니다나까타》에서 함께 상세하게 서술한 이야기는 결심을 확고하게 하는 것에 대한 진술이다.

이야기는 어떻게 붓다가 그의 마부와 함께 네 번에 걸쳐 궁 밖에서 모험을 했는지 설명한다. 처음 세 번은 공원에 간다. 아버지는 혹시나 아들에게 정신적인 절박함을 일으킬지도 모르는 늙고 아픈 사람들과 맞닥뜨리지 않도록 길거리를 깨끗하게 정리하게 했다. 오직 건강하고, 미소 짓는 사람들만 도로 주위에 있게 허락했다. 그럼에도 불구하고, 운이 좋게 (혹은 후대의 문헌들은 신들의 개입을 통해서 이루어진 일이라고 설명한다) 싯다르타는 노인과 병자, 그리고 시체와 마주치게 된다. 싯다르타는 마부에게 이들 세 사람에게 무슨 일이 생긴 것인지 설명해 달라고 청했다. 모든 인간은 늙음, 병고와 죽음을 피해갈 수 없다는 말을 듣고 그는 깜짝 놀란다. 궁으로 서둘러 돌아온 왕자는 자신이 배운 것들에 대해 숙고를 했다.

인간 존재의 무상한 본성에 대해 무척 심란해져서 그는 마부에게 마지막으로 한 번 더 밖으로 나가자고 명령을 했다. 이 외출에서 그는 노란색 가사를 입은 출가(出家) 수행자 사문(沙門, śramaṇa)과 마주치게 되었다.[28] 자신도 그 사문처럼 정신적 탐구에 나설 수 있겠다는 생각에 고무되

---

26 "29세가 되어 나는 무엇이 유익함인지를 구하여 출가하였노라."(〈대반열반경(Mahāparinibbāna-Sutta, D16)〉, 각묵 스님 옮김,《디가니까야》2, 초기불전연구원, p. 281)

27 모든 부처님들의 생에서 반복되는 이야기는 이 경이 아니고, 〈대전기경(Mahāpadāna Sutta, D14)〉에 상세히 나와 있다.

28 불교 승단이 만들어지기 이전, 기존의 힌두교 브라흐만과 별도로 집을 나와 종교적 수행을 하면서 떠돌아다니는 신흥 비주류 유행자들이 이미 많았다. 이들을 통칭 유행자(遊行者:遍歷者, paribbājaka) 혹은

어, 바로 그날 밤 궁을 떠날 결심을 한다. 잠자고 있는 아내와 아들을 마지막으로 보고서 그는 영원히 가족 생활을 등지는 집 없는 유행승이 되려고 길을 떠났다. 붓다는 백마 깐타까(Kanthaka)의 꼬리를 잡은 마부 찬다까(Chandaka)와 함께 성을 나섰다. 말굽 소리가 성을 지키는 문지기들을 깨우지 않도록 신들이 말발굽을 받쳐 말과 붓다를 함께 공중에서 떠 가도록 했다. 읍 밖으로 나왔을 때 마부 찬다까는 숲까지 동행하겠다고 간청했지만 붓다는 거절한다. 마부는 주인을 잃은 깊은 슬픔을 안고 말을 끌고 궁으로 돌아갔다.

붓다의 출가에 대한 이 이야기는 역사적 사건의 기술이라기보다는 비유로 보는 게 적절할 것이다. 붓다와 같이 매우 훌륭한 교육을 받고 높은 지성을 지닌 사람이, 특혜 받은 양육에도 불구하고 생로병사라는 삶의 진실들에 대하여 모르고 있었다는 것은 있을 법하지 않은 이야기다. 궁은 어쩌면 자기만족과 자기기만을 상징할 것이다. 우리는 불쾌한 진실로부터 자신을 방어하기 위해 성벽, 내면의 방어벽을 만든다.

오늘날 우리가 말할 수 있는 바로는, 젊은 왕자로서 붓다는 "(현실에 대한) 부인(否認) 속에 살아가고" 있었다. 늙음[老]과 질병[病], 죽음[死] 그리고 출리(出離)라는 네 가지 상징은 자신을 위해 인위적으로 만들어졌던 세상의 안락한 그림에 대해 도전한 경험이었을 것이다. 점차 현실의 네 가지 모습이 폭류처럼 강하게 다가오자 긴장은 극도로 고조되었고, 그동안 지녀왔던 세상에 대한 이상이 산산이 부서지는 존재적 위기 속에 새롭고 익숙하지 않은 삶의 방식으로 뛰어들었던 것이다.

이런 종류의 경험은 우리 모두에게 친숙하다. 비록 사람들이 더 이상 마차로 여행하지는 않지만, 네 가지 징후에 상응하는 것들은 세상 어떤 도시에 가더라도 병원, 요양원, 묘지, 그리고 교회의 형태로, 혹은 우리의 삶에 끼어들어 안정된 평온을 뒤엎는 가족이나 친구들의 질병과 죽음 같

사문(śramaṇa)이라고 했다.

은 불쾌한 경험으로 오늘날에도 만나게 된다.

붓다의 생애라는 드라마에서 역할을 맡았던 배역들

아래는 주요 주인공들의 이름을 보여 주는 배역 목록이다.

아난다(Ānanda): 붓다의 사촌이며, 가장 오랜 동안 붓다의 개인 시자였다.
아랏다 깔라마(Ārāḍa Kālāma): 붓다의 첫 번째 스승
찬다까(Chandaka): 붓다의 마부
깐타까(Kanthaka): 붓다의 말
마라(Māra): 불교의 악마
마야(Māyā): 붓다의 어머니
쁘라자빠띠(Prajāpatī): 붓다의 이모, 숫도다나 왕의 두 번째 아내
라훌라(Rāhula): 붓다의 아들
숫도다나(Śuddhodhana): 붓다의 아버지
우드라까 라마뿌뜨라(Udraka Rāmaputra): 붓다의 두 번째 스승
야쇼다라(Yaśodharā): 붓다의 아내

고행

이제 가족과 사회적 의무에서 해방되어 싯다르타는 사문(沙門, śramaṇa)이 되었다. 사문은 집 없는 탁발승들의 느슨한 공동체인데, 그들은 자기 절제와 고행의 수련, 그리고 신비로운 지식을 얻기를 희망하며 요가나 명상

과 같은 종교적 수행의 영역에 헌신했다. 그러므로 싯다르타는 혼자가 아니었다. 그러나 수세기 동안 지속되어 온 반체제 문화에서는 이제 막 입문한 풋내기였다. 싯다르타와 같은 사문들은 재가자(在家者)들에게 의존해 탁발(托鉢: 밥을 구걸함)을 했다. 그들 중 많은 사문이 숲 속에서 홀로 고행의 삶을 살기 위해 도시와 마을에서 멀리 떨어진 곳을 떠돌아다녔다.

옛날부터 전해오는 풍습에 따라 싯다르타는 종교적 스승(guru)을 찾았다. 먼저 아랏다 깔라마(Ārāḍa Kālāma)라고 알려진 유명한 스승을 찾아갔다. 그는 싯다르타에게 심오한 초월 상태로 들어가는 명상 기법을 보여 주었다. 요가적 집중에 의해서 얻은 이 상태는 '무소유처(無所有處, p. Ākiñcaññāyatana)'로 알려졌고, 그 안에서 깊은 정신적 평화의 느낌을 느끼면서 모든 생각을 초월했다. 싯다르타는 유능한 학생이었고 이 수행법을 빠르게 습득했다. 스승은 매우 감동해서 이 단체의 지도자로 머무르라고 제안했다. 싯다르타는 자신이 찾는 목표를 아직 얻지 못했다고 하며 스승의 제안을 거절했다.

아랏다 깔라마를 떠나서 싯다르타는 우드라까 라마뿌뜨라(Udraka Rāmaputra)란 이름의 두 번째 요가 스승에게 갔다. 그리고 다시 한번 뛰어난 학생이 되었다. 이제 그는 '비상비비상처(非想非非想處, p. nevasaññā-nāsaññāyatana)'라는 매우 심오한 선정 상태를 얻었다. 이 상태에서 의식은 무척 섬세해져서 명상하는 이의 마음이 더 이상 (아무것도 없다고 생각했던 바로 앞 단계의) 무소유처의 인식조차 새기지 않는다. 우드라까는 매우 고무되어서 그의 학생에게 자리를 바꾸자고, 즉, 싯다르타에게 스승이 되어 달라고 제안했지만, 싯다르타는 전과 같은 이유로 거절했다. 그가 겪었듯이, 이러한 신비 체험들은 그것이 지속되는 한 좋고 가치가 있지만, 단지 삶의 문제들로부터 일시적으로 벗어나는 데 불과했다. 개인적으로 몇 시간 혹은 며칠 동안 희열에 충만한 느낌과 깊은 정신적 평화를 즐기며 머물 수는 있지만, 고통, 늙음과 죽음이라는 기본적인 고뇌들은 풀리지 않은 채 남아 있었다. 어쨌든 붓다는 새로 발견한 지식을 버리지 않았고, 나중에

사진 2.1 붓다 고행상

불교 고유의 명상 방식을 구성할 때 이 두 가지 선정 체계를 포함시켰다.[29]

붓다는 다음으로 정신적 수행의 대안적 형태에 관심을 기울였다. 인도에서 잘 확립되어 있는 수행의 한 가지는 완전한 의지의 힘으로 몸을 복종시키는 데 기초한다. 몸을 통제함으로써 모든 본능적 욕구를 통제하게 되어 욕망에서 자유로워진다는 믿음이었다. 욕망에서 벗어남으로써

29 이 두 차원의 명상상태는 단독으로 각각 제시된 것이 아니라, 색계 선정 네 차원과 무색계 선정 네 차원에 포함된 마지막 두 단계이다. 보리수 아래에서 깨달음에 이르던 명상의 밤에 싯다르타는 색계 선정 네 단계를 차례로 닦으며 마음을 정려(精勵)해서 지혜로 기울여 번뇌로부터 자유로워지는 깨달음[漏盡通]을 얻었고, 그 이후 가르침을 펴면서 가르친 수행 내용에도 이들 선정 체계를 모두 포함시켰다. 자세한 내용은 〈삿짜까 긴 경〉(M36) 등에 나와 있다.

새로운 까르마(業)를 만들지 않게 되고, 윤회 속 재생은 끝이 난다. 또한 금욕 수행(self-mortification)은 바르게 집중될 때 다양한 마술적 힘의 기초가 되는 따빠스(tapas)라는 신비로운 에너지 형태의 열(熱)을 발생시킨다고 여겨졌다.

붓다는 호흡을 조절하는 수행으로 나아갔다. 호흡의 과정을 점점 더 길게 정지시키기 위해 노력했다. 그러나 그러한 노력은 정신적인 자각을 낳기보다는 단지 고통스런 두통과 위장 장애를 일으켜서 결국 이 수행법을 버렸다(M36:21~26).[30] 다음으로 그는 음식을 절제하는 데에 관심을 돌렸다. 하루 한 숟가락의 콩죽과 같이 아주 적은 양으로 음식을 줄였고, 머지 않아 그의 "갈빗대들은 오래된 집의 서까래가 허물어지고 부서지듯이 허물어지고 부서지며" 여위어 갔다. 그는 간신히 쓰러지지 않고 앉아 명상 자세를 유지할 수 있었다. 머리카락이 빠지기 시작했고 거의 죽을 지경에 이르자 그는 이 두 번째 수행법도 실패라고 판단하고 버렸다(M36:27~29).

붓다는 자신이 고행의 한계점까지 갔다는 것을 깨달았다. "과거의 사문이나 바라문들이 어떠한 격렬하고 괴롭고 혹독하고 사무치고 호된 느낌을 경험했다 하더라도 이것이 가장 지독한 것이고 이보다 더한 것은 없다."고 그는 말한다(M36:30). 불행히도 그 길은 막다른 길로 드러났다.

이제 싯다르타는 깨달음에 이를 다른 길이 있지 않을까 숙고했다. 자신의 경험을 깊이 돌아보다가 인생에서 겪었던 두 가지 상황이 대조되었다. 왕자였을 때는 젊은이로서 물질적 안락과 화려함을 즐겼지만 그것들에 좌절했고 실망했다. 이어서 숲 속 사문으로서는 반대편의 다른 극단으로 나아가 모든 편안함을 버리고, 결코 오지 않는 정신적 발견에 대한 열망 속에서 몸과 마음을 한계점까지 몰아붙였다. 그 끝에서 싯다르타는 6년간의 금욕 수행은 끝났다고 선언했고, 보다 균형 잡히고 극단에 흐르지

---

30 〈삿짜까 긴 경(Māhasaccaka Sutta)〉(M36), 대림 스님 옮김, 《맛지마니까야》 2, 초기불전연구원.

않는 수행 방식을 받아들였다. 그는 이러한 생활 방식이 모든 종류의 극단을 피하고, 감각적 대상에 대한 과도한 탐닉(p. kāmasukhallikānuyogo)과 극단적 고행(p. attakilamathānuyogo) 사이의 '중도(p. majjhimāpaṭipadā)'로 향하게 한다고 확신하게 되었다.

이 새로운 접근에 영감을 받아서 붓다는 자연스럽게 '초선정(初禪定; 1st dhāyana)'의 상태로 들어가곤 했던 어린 시절의 기억을 떠올렸다.[31] 초선정은 이전의 두 스승에게 배워서 성취했던 무색계(無色界) 선정보다 낮은 수준이었지만, 더 위대한 가능성이 보였다. 초선정에서는 지적인 기능이 억압되기보다는 오히려 성성하고 날카롭게 연마되기 때문이었다. 순간 그는 "이것이 깨달음을 위한 길이다."(M36:31)라고 자각했다. 그리고 싯다르타는 체력을 회복하기 위해 음식을 섭취했다. 동료들은 싯다르타가 음식을 먹는 것을 보고서, 금욕주의를 포기하고 호사스러운 생활로 돌아섰다고 혐오하며 비판했다.

깨달음

싯다르타는 아무런 장애 없이 이번에는 네 가지 다른 선정[32] 혹은 초월의 단계들을 거치는 것을 포함하는 더욱 치밀하게 구성된 명상을 차례로 수행했다. 어느 특별한 밤에, 후에 깨달음의 나무로 알려진 커다란 보리수 나무[33] 아래 앉았을 때, 그는 사선정(4th dhyāna)에 들어갔다. 마음은 극도로 집중되었고 맑았다.

---

31 "아버지가 샤꺄 족의 농경제 의식을 거행하실 때 나는 시원한 잠부 나무 그늘에 앉아서 감각적 욕망을 완전히 떨쳐버리고 해로운 법들을 떨쳐버린 뒤 일으킨 생각과 지속적 고찰이 있고, 떨쳐버림에서 생긴 희열과 행복이 있는 초선(初禪)을 구족하여 머물렀던 적이 있었는데, 혹시 그것이 깨달음을 위한 길이 되지 않을까?"(앞의 책, p.179)

32 색계 초선정, 이선정, 삼선정, 사선정.

33 Ficus religious: 피팔(Pipal) 혹은 반얀 나무(banyan tree).

이 상태에서 그는 세 가지 명지[三明, te-vijjā]를 얻었다. 밤의 초경에 자신의 전생들을 보고, 그것들을 상세하게 기억해 내는 지혜[宿命通, p. pubbenivāsanussatiñāṇa]를 얻었다. 밤의 이경에는 자신의 전생뿐만 아니라 다른 중생들이 지은 선업과 불선업에 따라 죽음과 다시 태어나는 것을 보는 능력[天眼通, p. cutūpapātañāṇa]을 얻었다. 밤의 삼경에는 사성제, 즉 "이것이 괴로움이다. …이것이 괴로움의 일어남이다. …이것이 괴로움의 소멸이다. …이것이 괴로움의 소멸로 인도하는 도 닦음이다."(M36: 42)에 대한 지혜를 얻었다. 그러자 감각적 욕망과 무명과 같은 모든 정신적 번뇌들(āsava)이 뿌리 뽑히고 파괴되었다는 것과 목표를 이루었다는 것을 알았다[漏盡通, p. āsavākkhayañāṇa]. 그는 스스로 "태어남은 다했다. 청정범행은 성취되었다. 할 일을 다 해 마쳤다. 다시는 어떤 존재로도 돌아오지 않을 것이다."라고 꿰뚫어 알았다(M36:43).

후에 이 밤에 대한 설명은 좀더 신화적인 형태를 취하는데, 그 속에선 붓다가 무엇보다도 먼저 기독교의 사탄과 다르지 않은 악마적이고 타락한 신, 마라(Māra)에 대해 승리를 한다. 마라는 종종 '악마적 존재(p. Pāpimant)'로 불린다. 그 이름의 문자적 의미는 '죽음'이다. 마라는 부정적인 것과 붓다의 가르침에 대항하는 모든 것을 상징한다. 마라와 붓다는 평생 동안 적수였다. 왜냐하면 붓다의 가르침이 마라의 힘으로부터 인간성을 해방시키는 길을 보여 주었기 때문이다. 마라는 전력을 다했음에도 불구하고 그저 방해가 되었을 뿐 결코 붓다의 깨달음을 막을 수가 없었다. 붓다가 너무도 강력했기 때문이다. 그러나 나중에, 붓다도 마지막 단 한 번, 죽음에 임박했을 때에는 결국 '마라-죽음'의 희생물이 될 것을 알았다.[34]

34 "마라 빠삐만은 나에게 이렇게 말했다. '세존이시여, 이제 세존께서는 반열반에 드십시오.'…〈중략〉…나는 마라 빠삐만에게 이렇게 대답하였다. '빠삐만이여, 그대는 조용히 있어라. 오래지 않아 여래는 반열반에 들 것이다. 지금부터 3개월이 넘지 않아서 여래는 반열반에 들 것이다.'"(〈마하빠리닙바나숫따(Mahāparinibbāna Sutta)〉(D16), 각묵 스님 옮김, 《디가니까야》 2, 초기불전연구원, pp.211~217.

문헌들에서 붓다가 깨달음을 성취한 밤에 마라가 그의 깨달음을 방해하려고 얼마나 노력했는지가 서술된다. 마라는 탐욕, 미움, 무명, 배고픔과 목마름, 피로, 그리고 두려움과 의심 같은 악의 세력의 '군대'와 함께 붓다의 결심을 깨트리려고 애쓰면서, 앉아 있는 붓다에게 다가갔다. 붓다가 위축되지 않자 마라는 다른 전략을 세워 기쁨(Ratī), 불만(Aratī) 그리고 갈애(Tṛṣṇā)라는 자신의 아름다운 딸들을 보내어 유혹함으로써 그가 가고자 하는 길에서 벗어나게 하려고 했다. 그러자 붓다는 땅의 신이 자신의 깨달음을 증명할 것이라면서 오른손을 뻗어 땅에 대었다. '땅에 대는 손짓[觸地印, bhūmi-sparśa-mudrā]' 혹은 '마라의 정복(māra-vijaya)'이라고 알려진 이 수인(mudrā)[35]은 후에 불교 예술 양식의 목록으로 편입된 고전적 자세의 하나이다. 붓다가 손을 땅에 대었을 때 대지는 흔들렸고, 마라는 거대한 전투 코끼리 위에서 비틀거렸으며 마라의 군대는 혼비백산하여 달아났다. 이제 붓다는 '깨달은 자(Buddha)'였다. 그의 승리는 완성되었다. 이 이야기를 붓다가 자기 마음 안의 깊은 부정적인 힘들과 싸웠던 심리적 투쟁의 비유로 이해하는 것은 어렵지 않다. 마음속의 어두운 힘들을 정복하는 것은 훌륭한 도전이다. 용기와 목표에 대한 단호함 없이는 깨달음을 얻을 수 없다.

붓다가 깨달음을 성취한 장소는 보드가야(Bodhgayā)로 알려져 있다. 오늘날 이 지역은 마하보디 사원으로 대표되는 전 세계의 불교도들이 찾는 중요한 성지순례의 중심이지만, 붓다의 시대에는 외진 곳이었다.

붓다는 깨달은 직후, 그곳에서 미래에 대한 계획을 홀로 심사숙고하면서 4주를 보낸다. 그는 종교적 스승으로 나서야 할지 숙고했다. 자신이 깨달은 진리(Dharma)와 그것을 어떻게 성취했는지를 소통하고 남들에게 설명하기가 얼마나 어려울지 숙고했을 때 붓다는 가르치는 일을 거의 포기했다. 배우고자 하는 이들과 추종자들로부터 자유로운 개인

---

35 항마촉지인(降魔觸地印)

적인 삶의 고요함과 평화로움으로 생각을 돌렸을 것이다. 문헌들에서는 붓다가 가르침을 어느 누구에게도 가르치지 않으려 하자 신들이 놀라 개입했고, 그 중 사함빠띠(Sahampati)라는 범천이 붓다에게 다가와 세상에 가르침을 널리 펴달라고 간청했다는 내용이 전해진다. 가르침을 듣고 이익을 얻을 수 있는 중생들이 있을 것이라고 범천이 청하자 붓다는 연민으로 마음이 움직였고, 마침내 법을 가르치게 되었다고 한다.

자따까(Jātakā, 本生譚)

불교 문헌의 전통적인 아홉 장르 중 하나인 '자따까(탄생 이야기들)'는 붓다의 과거생에 대한 이야기이다. 각각의 자따까는 붓다가 왜 자신의 과거생의 이야기를 하게 되었는지를 설명하는 사건을 묘사하면서 시작되고, 마지막에는 이야기의 주인공과 함께 등장하는 이들을 붓다 자신과 지금 만난 이들과 연결지어 설명하면서 마친다. 많은 이야기들이 산스크리트 문헌에서 히또빠데샤(Hitopadeśa: 유익한 조언)라고 불리는 이솝 우화와 같은 도덕적 이야기들과 비슷하다.

유명한 자따까 중 가장 대표적인 이야기는 〈웨싼따라(Vessantāra) 자따까〉로, 붓다가 과거 어느 한 생에서 깨달음을 얻었던 이야기를 묘사한다. 이야기 속에서 웨싼따라 왕자는 그에게 요구되는 모든 것들을 보시하고 심지어는 아내와 아이들까지도 보시한다. 신들의 왕이 아내까지도 포기하는 웨싼따라의 보시의 마음을 찬탄하며 아내를 다시 웨싼따라에게 돌려보내고, 아이들은 웨싼따라의 아버지가 노예 상태에 있던 손주들을 사서 구해 내었다. 가족은 다시 모였고, 웨싼따라의 평범하지 않은 보시를 용서했으며, 추방이 풀린 웨싼따라는 궁으로 돌아와 왕이 되었다.[36]

새해맞이 행사나 붓다의 탄생일, 성도재일, 열반재일이 합해진 위사카 뿌자(Visākhā Pūja) 등의 종교 행사에서, 그리고 승려의 수계식이나 일반 가정의 장례식, 가택 축복 등의 행사에서 붓다의 과거생 이야기들, 특히 웨싼따라 자따까가 종종 암송된다. 붓다를 따르는 불교 승려들은 설법에 자따까 이야기들을 인용하면서 새로운 세대들에게 도덕적 가치를 가르치고 있다.

547개의 이야기로 구성된 빠알리 자따까 모음은 숫자를 1부터 헤아려서 마지막 웨싼따라 이야기까지 786번에 이르는 게송으로 구성되어 있다. 또한 경전적(canonical) 게송을 따르는 거의 2,500여 개에 이르는 산문 주석(Jātakaṭṭhakathā)이 게송에 관련된 인연담들을 설명하고 있다. 그러나 단지 게송들과 게송에 따르는 본 이야

---

36 웨싼따라 자따까는 '보시(dāna)'의 공덕을 보통, 중간, 최상으로 수많은 생을 닦았다는 붓다의 바라밀을 설명하기 위해서 종종 인용되는 붓다의 과거생 이야기이다. 물건이나 명예, 왕국은 보통 수준의 보시이고, 중간 수준의 보시는 자신의 인연이나 자신의 팔, 다리와 같은 신체 일부를 보시하는 것이며, 최상의 수준의 보시는 자신의 목숨을 보시하는 것이라고 한다. 이 이야기는 기초가 되는 사상을 이해하지 않고, 앞뒤의 관련된 이야기를 모르면, 자신의 바라밀을 쌓기 위해 가족을 버린 이기적이고 비상식적인 고대의 이야기로 종종 치부된다.

그러나 이야기는 붓다가 깨달음을 얻는 밤과 연결되어 있다. 붓다가 보리수 아래에 앉으며 깨달음을 얻기 전에는 일어나지 않으리라 다짐하자 마라가 방해한다. 깨달음의 자리는 오직 수없이 많은 공덕을 쌓은 자만이 앉을 수 있다고 하며, 붓다가 그 자리에 앉을 자격이 있는지를 누가 증명할 것인지 묻는다. 붓다는 가만히 한 손가락을 땅에 대며 "수많은 생을 보살로서 공덕을 쌓아 왔으며… 웨싼따라 왕자로 태어났을 때 700가지 대보시를 했고 그것을 대지가 증명할 것"이라 한다. 대지는 흔들리고, 대지에서 물이 솟아나 마라의 군대를 휩쓸어갔다고 한다.

웨싼따라 자따까에서 붓다는 과거생에 시비 왕의 아들 웨싼따라로 태어나 큰 보시를 하겠다고 서원을 했고, 선행을 많이 쌓은 마디 공주와 결혼한다. 자국의 번영을 상징하는 상서로운 흰 코끼리를 어려움에 처한 이웃 국가가 요청하자 선뜻 내주었고, 그에 화난 국민들에 의해 온 가족이 추방당한다. 추방 길의 웨싼따라에게 늙은 브라만 주자카가 아이들을 노예로 달라 하자 아이들을 보내고, 변장한 신들의 왕 샤카가 아내 마디를 원하자 그녀도 보낸다. 그 후 털끝만큼의 집착도 없이 보시의 서원을 지키는 웨싼따라를 칭송하며 샤카는 마디를 돌려보내고, 웨싼따라의 아버지는 손주들을 되사서 구해 낸다. 연관된 산문 주석(註釋)은 아내 마디와 아이들은 더 과거생으로부터 바라밀을 쌓는 데 함께하여 깨달음을 이루는 데 동반자가 되고자 서원했던 이들이라고 설명한다.

현대의 상식으로는 엽기적으로 들릴 수 있는 이 이야기는 마른 지식이 아닌 진정한 깨달음이라는 지혜가 완성되기 위해서는 헤아릴 수 없이 깊은 차원의 윤리적 선행(바라밀)이 거름이 되어야 함을 암시하며, 그러한 선행을 통해 마음의 뿌리 깊은 습관적 집착의 성향이 빛 바래고 제거됨으로써 비로소 개인의 이기심을 넘어선 열린 지혜를 이룰 수 있음을 보여 준다. 또한 한 사람만의 서원이 아닌 인연된 이들과의 공업(共業)과 자신을 포함한 헌신(獻身)을 통해서야 비로소 완성되는 것이 바라밀임을 행간을 통해 읽을 수 있다. 지혜와 윤리, 덕의 관계를 깊이 숙고해볼 수 있는 이야기이다.

기만을 경전적 텍스트로 간주한다.

빠알리 어 《자따까》의 서문인 〈니다나까타(Nidānakathā)〉는 붓다의 과거생에 관한 다른 빠알리 어 문헌인 《붓다왐사(Buddha-vaṃsa; 붓다의 혈통)》나 붓다의 행적을 노래한 《짜리야삐따까(Cariyā-piṭaka)》에 의지해서, 디빵까라(Dīpaṃkara, 燃燈佛) 붓다가 과거 어느 생, 붓다가 되겠다고 서원(誓願)하며 자신의 발 아래 몸을 엎드린 한 브라흐만 젊은이에게 수기(授記)해 주는 장면을 설명한다. 브라흐만 청년은 많은 생을 보살(bodhisattva)로서의 삶을 산 후에 고따마 싯다르타(Gautama Siddhartha)로 태어난다.

첫 설법

붓다는 누구에게 처음으로 법을 설하고자 했을까? 붓다는 이전 스승 두 분이 이미 세상을 떠났다는 것을 알게 되었다. 그래서 그는 갠지스 강 부근의 거룩한 도시 바라나시(Varanasi)로 떠났다. 거기서 자신이 고행을 그만두었을 때 그를 떠났던 다섯 명의 유행승 동료들을 찾을 수 있을 것이라고 알았다. 문헌은 천안통에 의한 것이라고 전한다.

붓다는 바라나시 외곽, 왕궁의 사슴공원[鹿野苑]에서 그들을 마주쳤다. 처음에 그들은 붓다가 마음에 들지 않았다. 그러나 그들은 곧 일찍이 알았던 동료 유행승에게 심오한 변화가 일어났다는 것을 깨닫게 되었다. 붓다는 자신은 이제 여래(如來, Tathāgata), 즉 있는 그대로를 깨달은 자라고 선언했고, 오늘날 불교로 알고 있는 종교의 시작을 나타내는 첫 설법을 함으로써 자신이 깨달은 바를 가르치기 시작했다.

이 최초의 설법은 〈초전법륜경(初轉法輪經, Dhammacakkapavattana Sutta)〉(S56:11)이란 경전으로 전해졌다. 비교적 짧은 이 경은 불교 가르침의 진수를 담고 있고, 붓다가 감각적 쾌락의 탐닉과 자기 학대의 두 극단 사이에서 찾은 '중도(中道, majjhimāpaṭipadā)'에 대한 이야기로 시작된다. 그리고 다음 장에서 설명할 깨달음을 성취한 밤에 간파한 사성제(四聖諦) 즉, 괴로움의 성스러운 진리[苦聖諦], 괴로움의 일어남의 성스러운 진리[苦集聖諦], 괴로움의 소멸의 성스러운 진리[苦滅聖諦], 그리고 괴로움의 소멸로 인도하는 도 닦음의 성스러운 진리[苦滅道聖諦]를 언급한다.

불교에서 수레바퀴는 심오한 상징이다. 이 설법의 제목에서 다르마(Dharma; 법/진리의 가르침)는 바퀴에 비유된다. 왜냐하면 수레바퀴가 시작도 끝도 없이 이곳에서 저곳으로 돌아다니듯, 법도 그러하기 때문이다.

법의 수레바퀴는 종종 네 개나 여덟 개의 바퀴살을 지닌 것으로 묘사되며, 사성제나 팔정도(八正道: 사성제의 마지막 진리)를 나타낸다. 붓다의 도상은 가끔 왼손의 엄지와 검지를 대어서 바퀴 모양을 만든 것을 보여 준다. 이것은 다르마짜끄라 무드라(Dharmacakra-mudrā, 法輪印: 說法印)로, 첫 설법을 떠오르게 한다.

첫 설법을 듣고 다섯 명의 유행승[五比丘] 중 한 사람인 꼰단냐(Kauṇḍinya)는 즉시 가르침의 핵심을 파악했고 '수다원(śrotāpanna: 흐름에 든 자)'이 되었다. 이 명칭은 정신적 깨달음의 비교적 진전된 단계를 의미한다. 꼰단냐는 법안(法眼)을 얻었고 붓다의 가르침에 대한 모든 의심에서 벗어났다고 고백한다. 스승으로부터 제자에게 진리를 전달하는 행위는 또한 '바퀴 굴림'의 중요한 부분이다. 이 날 붓다는 아시아의 모든 곳과 점차적으로 전 세계에 그의 가르침을 전할 스승과 제자들의 계보를 시작한 것이었다.

첫 설법에 이어서 붓다가 계속해서 가르치자 다른 네 명의 유행승들도 꼰단냐와 같은 수준에 이르렀다. 다섯 명 모두는 붓다를 스승으로 받아들였고, 붓다는 그들에게 "오라, 비구여(Ehibhikṣu, 善來比丘)"란 단순한 말로 계를 주고 제자(bhikṣu/p. bhikkhu)로 받아들였다. 몇 주가 지난 뒤 붓다는 '무아(無我, anātman/p. anātta)'에 대한 중요한 두 번째 설법을 했다.[37]

이 설법을 듣고 다섯 비구는 모두 열반을 성취했다. 비록 그들의 깨달음이 실질적으로는 붓다의 깨달음과 같지만, 그들은 붓다라는 이름이 아니라 '거룩한 이'나 '공양 받을 만한 이[應供]'를 뜻하는 아라한(arahant)이라고 불렸다. 붓다라는 호칭은 다른 이로부터 듣고 배워 깨닫는 것이 아니라, 깨달음을 위한 길을 스스로 노력해서 찾은 이들에게 주어지는 호칭이기 때문이다.

붓다의 가르침에 대한 소식은 빠르게 퍼져 나갔다. 머지 않아 이 작은 무리의 다섯 아라한은 60명으로 늘어났다. 붓다는 비구들에게 자신이 했던 것처럼 세상에 대한 자비심으로 가르침을 전파하라고 지시했다. 이렇게 가르침을 전파하는 운동이 시작되었다.

비구 승단이 설립된 지 5년 후, 붓다는 비구니 승단의 설립을 허락했다. 처음에 붓다는 비구니 승단을 허락하는 데 주저했다. 아마도 여인들의 출가집단이란 것이 인도에서 거의 선례가 없었기 때문이었을 것이다.[38] 그러나 붓다는 결국 자신을 길러 준 이모이자 양어머니 마하쁘라자빠띠(Māhaprajāpatī)와 사촌이자 시자인 아난다(Ānanda)의 간청에 따라 비구니 승단을 허락했다. 많은 재가자 남성과 여성이 집을 떠나 이 새로운 승단에 들어오려고 모였다. 비구 승단은 빠르게 성장했고 번창했지만, 비구니 승단은 점차 인도와 대부분의 동남아시아에서 기원후 이른 세기 안에 소멸되었다. 비구니 승단은 오늘날 동아시아에서 이어지고 있다.[39]

---

37 〈무아상경(無我相經, anattalakkhaṇa Sutta)〉(SN22:59)

38 자이나교에 여성 출가 유행승이 이미 있었다.

39 북방으로 전파된 대승불교 국가 중 중국, 대만, 한국 등에는 비구니 승단이 이어지고 있다. 그러나 남방으로 전파된 테라와다불교 국가에서는 계맥이 끊긴 이후 비구, 비구니 2부 승가에 의해 구족계가 수여되어야 한다는 《율장》을 근거로 현재 비구니 수계가 이뤄지지 않고 있다. 현재 계맥이 끊어져 비구니 승단이 없는 티베트불교로 출가한 여성 수행자들의 비구니 구족계 수계와 관련한 내용은 2007년 달라이라마의 요청에 따라 독일 함부르크대학에서 열렸던 '승가에서 여성의 역할'이라는 주제의 국제학술대회 자료집 《존엄과 규율(Dignity and Discipline)》을 참조, 테라와다 국가에서의 비구니 계단 수립에 관한 내용은 비구 보디(Bhikkhu Bodhi), 《The Revival of Bhikkhunī Ordination in the Theravāda Tradition》, Inward Path Pub. Malaysia, 2009 참조.

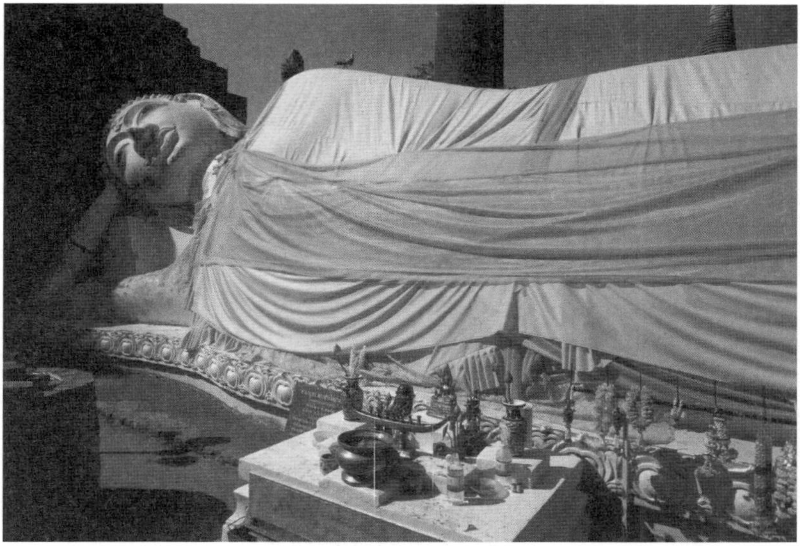

사진 2.2 누워 있는 붓다(태국, 아유타야)

붓다의 마지막 날들

이어지는 붓다에 대한 전기적(傳記的) 세부 사항은 그의 생의 마지막에 가까운 시간과 연관이 있다. 출처는 《대반열반경(Mahāparinibbāṇa Sutta)》(D16)으로, 붓다의 열반 몇 달 전의 설법과 열반으로 이끌었던 사건들을 전한다. 경은 붓다가 건강을 잃은 80세의 노인이었지만 끝까지 멈추지 않고 종교적 가르침을 전달하고자 결심했던 것을 보여 준다. 그는 여전히 떠돌고 있었는데, 끝내 공개되지 않은 목적지를 향한 마지막 여행이었다. 어쨌든 여정은 북쪽 붓다의 고향 마을을 향해 나아가고 있었다. 붓다는 스스로 떠날 준비가 될 때까지 종종 신통을 써서 병과 고통을 다스리곤 했다. 의학적 상태는 명확하지 않았으며, 어쩌면 여러 가지 병으로 고통을 받고 있었던 것으로도 보인다. 종종 붓다의 반열반의 원인이 돼지고기 요리[40]를 섭취했는데 그것이 상한 독 때문이라고 말을 한다. 그러나 《대반열반경》에서는 붓다가 이 상태로부터 회복되었고, 반열반은 얼마 뒤에 명백히 자연적인 원인들에 기인해서 일어났다고 설명한다.

여기서 많은 의문들이 일어났다. 붓다가 반열반에 든 뒤에는 승단에 무슨 일이 일어날 것인가? 후계자는 누가 될 것인가? 아난다 존자가 이에 관해 명확히 물었을 때 붓다는 후계자를 지명하지 않는다고 대답했다. 붓다는 결코 자신을 승단의 지도자라고 여긴 적이 없기 때문이었다. 그러므로 비구들은 자기 자신을 귀의처로 삼고[自歸依], 법을 자신의 섬이며 피난처로[法歸依][41], 계율(사원의 규범)을 스승으로 단단히 붙잡아야 한다고 했다. 붓다는 어떤 견해라도 경에 나오는 가르침에 반대되는 것을 들으면 면밀히 점검하여 사소한 의심일지라도 풀어야 한다고 제자들에게 말했다. 이것은 확정적인 정통의 학설을 맡은 어떤 우두머리나 창시자, 중심적 기관이 없었다는 것을 뜻했다.

마침내 붓다는 꾸쉬나가리(Kuśinagarī)란 이름의 외딴 마을에서 여행을 마친다. 거기서 어머니가 자신을 낳으며 잡았던 나무와 같은 종류의 나무인 사라(Sāl) 나무[無憂樹] 한 쌍 아래 누웠다. 붓다의 반열반과 함께 때가 아닌데도 불구하고 사라 나무의 꽃들이 만개했고, 초자연적인 현상들이 일어났다고 경전은 전한다. 많은 신들이 중요한 순간을 보기 위해 가까이 모여들었다. 붓다는 자신의 몸을 화장해서 나온 사리(舍利)를 붓다와 전륜성왕들을 위해 예정된 스투빠(stūpa)로 알려진 특별한 모양의 탑(5장을 보시오)에 안치하라고 지시했다. 순서에 따라 붓다의 사리는 여덟 몫으로 분배되어 여덟 개의 탑에 각각 모셔졌다. 붓다는 자신의 생애에서 중요했던 장소 네 곳에 탑을 세우고 순례하도록 권했다. 네 곳은 그의 출생,

40 Sūkaramaddava; 부드러운 돼지고기라고 번역된다. 주석서에 소개된 세 가지 다른 견해는 각묵 스님 번역, 《디가니까야》 2, 초기불전연구원, p.248의 각주 271 참조

41 "자신을 섬으로 삼고, 자신을 귀의처로 삼고, 남을 귀의처로 삼지 말라. 법을 섬으로 삼고, 법을 귀의처로 삼고, 다른 것을 귀의처로 삼지 말라." 《대반열반경》(D16)

깨달음, 최초의 설법 그리고 죽음과 관련된 곳이다. 그리고 붓다는 25년 동안 시중들어 왔고, 스승의 죽음에 대해 곤혹스러워하며, 아직 아라한이 되지 못한 아난다에게 그가 곧 아라한이 될 것임을 예언하는 말을 남긴다.

붓다는 비구들을 불러 모아 그들이 묻고 싶은 질문이 있으면 마지막이니 무엇이든 물어보라고 했다. 아무도 질문을 하지 않자 붓다는 마지막 유훈을 말했다. "형성된 것들(saṃskārā)은 소멸하기 마련인 법이다. 게으르지 말고 (해야 할 바를 모두) 성취하라."[42]

그런 뒤 붓다는 선정을 차례대로 증득하고 출정한 뒤 마지막으로 색계 사선정으로부터 나와 반열반에 들었다. 마침내 그는 그가 집을 떠나 찾고자 했던 목표인 '불사(不死, amṛta)'에 도달했고, 결코 다시는 태어남이 없을 것이었다.

42 "vayadhammāsaṅkhārā, appamādenasampādetha." 《대반열반경》(D16)

알아야 할 요점들

- 붓다의 생애에 관한 중요한 세부 사항은 다음과 같다. 그의 이름은 고따마 싯다르타이고, 오늘날의 네팔에 있는 룸비니에서 태어난 인도의 소국 샤까 족 왕자였다. 그는 16세에 결혼했고, 정신적 지혜를 추구하기 위해 29세에 집을 떠났으며, 35세에 깨달음을 얻었다. 45년 동안 가르침을 펴고 80세에 반열반에 들었다.
- 붓다의 연대는 정확하게 알려진 게 아니다. 근래에 학문적으로 대다수 일치하는 의견은 그가 기원전 410~400년 사이에 반열반에 들었다는 것이다.
- 붓다의 일생에 관해 우리가 알고 있는 대부분은 불교 경전에서 나온다. 붓다의 사후 1세기 반까지 다른 출처에서 나온 확증적인 역사적 증거는 적다. 초기부터 붓다의 출세간적인 성격이 강조되었고, 시간이 지남에 따라 그의 생애는 점차로 기적적인 사건들로 채워진 설화로 윤색되었다.
- 붓다는 화장되었고, 사리는 여덟 몫으로 나눠서 각 지방의 족장들에게 분배되었다.

토론을 위한 질문

Q. 당신은 지금 현존하는 증거들에 기초해서 '역사적 인물로서의 붓다'의 일대기를 구성하는 일이 가능하다고 생각하는가?

Q. 붓다의 일생에서 '중도(中道)'라는 개념은 얼마나 방향타가 되는 원칙이었는가?

Q. 초기 문헌들에 전하는 붓다의 초자연적인 세세한 일화들은 현대의 독자들이 붓다를 종교적 스승으로 받아들이고 감사하게 하는 데 도움이 되는가, 아니면 장애가 되는가?

나아가 읽을 거리

Chan Koon San. *Buddhist Pilgrimage* (Adobebook, available from http://buddhanet.net/pdf_file/buddhistpilgrimage.pdf).

Thomas, Edward J. *The Life of the Buddha As Legend and History.* London: Routledge and Kegan Paul, 1949.

Schober, Juliane(ed.). *Sacred Biography in the Buddhist Traditions of South and Southeast Asia.* Honolulu: University of Hawaii Press, 1979.

Pye, Michael. *The Buddha.* London: Duckworth, 1979.

Carrithers, Michael. *Buddha: A Very Short Introduction.* Oxford University Press, 2001.

Cousins, Lance S. 'The Dating of the Historical Buddha: A Review Article', *Journal of the Royal Asiatic Society*, 6, 1996:57-63.

Reynolds, Frank E. 'The Many Lives of Buddha: A Study of Sacred Biography and Theravāda Tradition', in Donald Capps and Frank E. Reynolds(eds). *The Biographical Process: Studies in the History and Psychology of Religion.* The Hague: Mouton, 1976, 37-61.

Johnston, E. H, *The Buddhacarita or Acts of the Buddha*[translation of Aśvaghoṣa's epic poem]. New Delhi: MotilalBanarsidass, 1972.

3. 다르마

이 장에서는

다르마는 불교의 세 개의 보물(triratna)로 불리는 붓다(Buddha, 佛), 다르마(Dharma, 法), 상가(Sangha, 僧伽)의 하나이고, 이들 삼보는 불교의 핵심이다. 다르마는 붓다가 설명했던 가르침과 교의를 뜻하며, 불교도들이 자신의 종교를 표현할 때 쓰는 단어 중 하나다. 가장 기본적인 불교의 가르침은 '네 가지 성스러운 진리[四聖諦]'로, '연기법(緣起法)'으로 알려진 조건에 대한 가르침과 함께 이어서 논의할 것이다.

이 장에서 설명할 또 다른 중요한 가르침은 '무아(無我, Anātman)'다. 무아는 무엇보다도 서양인들의 흥미를 끌어온 불교 가르침이지만, 빈번히 잘못 이해되기도 한다. 이 장에서 다룰 소재들은 이어지는 장에서 밝힐 후대의 테라와다불교와 불교 교리의 발전 양쪽을 이해하기 위해 중요한 내용이다.

이 장에서 다루어진 주요 주제들

- 네 가지 성스러운 진리[四聖諦]
- 첫 번째 성스러운 진리: 괴로움[苦, Duḥkha]
- 두 번째 성스러운 진리: 일어남[集, Samudaya]
- 연기(緣起, Pratītya-samutpāda)
- 세 번째 성스러운 진리: 소멸[滅, Nirodha] 혹은 열반(Nirvana)
- 네 번째 성스러운 진리: 길[道, Mārga]
- 고귀한 사람들(Ārya)
- '무아(無我, Anātman)'의 가르침

네 가지 성스러운 진리[四聖諦]

앞 장에서는 붓다가 깨달음을 얻은 밤에 사성제를 이해했다는 것과, 사르나트 녹야원에서 첫 설법을 할 때 특별히 언급한 것이 사성제라는 것을 살펴보았다. 붓다의 가르침은 대학원 정도의 높은 수준이었지만, 유행승이었던 다섯 명의 청중은 설법의 배경인 종교적 규범과 철학적 개념에 친숙한 수행자들이었다. 보통의 재가자들에게 베푼 다른 법문에서는 이런 가르침의 핵심을 대체로 직접 말하지 않았다. 그 대신 천상에서 다시 태어나는 길로서 보시(dāna)를 하고 계율(sīla)을 지킬 것을 격려하는 '차제설법(anupūrvikā kathā)'을 했다.

성스러운 진리(ārya-satya)는 불교의 정교하고 향상된 체계를 보여 준다. 불교 가르침의 주춧돌을 형성하고, 인간의 곤경과 그 해결책에 대한 붓다의 이해를 요약적으로 담고 있다. 사성제는 아래와 같이 단언한다.

1. 삶은 괴로움이다.

2. 괴로움은 갈애를 원인으로 일어난다.
3. 괴로움은 끝낼 수 있다.
4. 괴로움의 끝으로 이끄는 길이 있다.

> "비구들이여, 네 가지 성스러운 진리[四聖諦]를 깨닫지 못하고 꿰뚫지 못하였기 때문에, 나와 그대들은 이처럼 긴 세월을 (이곳에서 저곳으로) 치달리고 윤회하였다. 어떤 것이 네 가지인가? 비구들이여, 괴로움의 성스러운 진리를 깨닫지 못하고 꿰뚫지 못하였기 때문에, 나와 그대들은 이처럼 긴 세월을 (이곳에서 저곳으로) 치달리고 윤회하였다. 비구들이여, 괴로움의 일어남의 성스러운 진리를 깨닫지 못하고 꿰뚫지 못하였기 때문에, 나와 그대들은 이처럼 긴 세월을 (이곳에서 저곳으로) 치달리고 윤회하였다. 비구들이여, 괴로움의 소멸의 성스러운 진리를 깨닫지 못하고 꿰뚫지 못하였기 때문에, 나와 그대들은 이처럼 긴 세월을 (이곳에서 저곳으로) 치달리고 윤회하였다. 비구들이여, 괴로움의 소멸로 인도하는 도 닦음의 성스러운 진리를 깨닫지 못하고 꿰뚫지 못하였기 때문에, 나와 그대들은 이처럼 긴 세월을 (이곳에서 저곳으로) 치달리고 윤회하였다.
> 비구들이여, 이제 괴로움의 성스러운 진리를 깨닫고 꿰뚫었다. 괴로움의 일어남의 성스러운 진리를 깨닫고 꿰뚫었다. 괴로움의 소멸의 성스러운 진리를 깨닫고 꿰뚫었다. 괴로움의 소멸로 인도하는 도 닦음의 성스러운 진리를 깨닫고 꿰뚫었다. 그러므로 존재에 대한 갈애는 끊어졌고, 존재로 인도함은 부수어졌으며, 다시 태어남은 이제 더 이상 존재하지 않는다". (《대반열반경》, D16)[43]

43 《대반열반경》(D16) (각묵 스님 역, 《디가니까야》 2, 초기불전연구원, p.188)

사성제는 인간 사회의 해악에 대한 일종의 진단을 제공하고, 모든 지각 있는 생명을 괴롭히는 '질병'에 대한 구제책이다. 붓다는 종종 자신을 의사로, 그리고 자신의 가르침(법/다르마)은 약으로 비유하곤 했다. 사성제의 체계는 의사의 진찰 체계와 같다. 첫째 상태를 진단하고, 둘째 원인을 찾아, 셋째 회복에 대한 예후를 예상하고, 마지막으로 치료의 과정을 처방한다.

첫 번째 성스러운 진리: 괴로움[苦, duḥkha]

> "비구들이여, 이것이 괴로움의 성스러운 진리이다. 태어남도 괴로움이다. 늙음도 괴로움이다. 병도 괴로움이다. 죽음도 괴로움이다. 근심, 탄식, 육체적 고통, 정신적 고통, 절망도 괴로움이다. 싫어하는 대상들과 만나는 것도 괴로움이다. 좋아하는 대상들과 헤어지는 것도 괴로움이다. 원하는 것을 얻지 못하는 것도 괴로움이다. 요컨대 취착의 대상이 되는 다섯 가지 무더기(upādāna-skandha) 자체가 괴로움이다". (율장 〈마하왁가〉, 크나큰 다발: 〈초전법륜경〉, S56)

위 인용문에서 '괴로움'이라고 번역된 단어는 '둑카(duḥkha/p. dukkha)'다. 둑카라는 단어는 어떤 면에서 불만족스럽거나 혹은 우리가 원하는 대로가 아닌 환경이나 상태를 모두 포함하는 광범위한 의미를 지닌다. 문맥에 따르면 이것은 '괴로움', '고통', '아픔', '불만족', '고뇌', '스트레스', '불안' 등등 유사어들의 범주이다.

둑카는 즐거움을 뜻하는 '수카(sukha)'의 반대다. 그러니 둑카의 기본 의미들 중 하나는 틀림없이 '고통(pain)'이다. 그러나 '괴로움'은 단지 육체적인 것뿐만 아니라 정신적이거나 감정적인 괴로움도 의미할 수 있고, 귀찮거나 불편한 상황, 예를 들면, '온종일 일하는 것도 괴로움이었다' 등을 뜻할 수도 있다. 그러므로 둑카의 뜻은 보다 넓은 범위로 적용할 수 있고, 미묘한 차이를 반영해서 번역해야 한다.

첫 번째 성스러운 진리에서 언급한 괴로움의 생물학적 측면 중 일부는 늙음, 병, 죽음과 같이 붓다가 마부와 함께 성 밖으로 나가서 보았던 것들이었다[四門遊觀]. 붓다가 관심을 기울였던 문제는 단지 이런 경험들의 달갑지 않은 성질이 아니라, 이러한 경험들이 수많은 생을 거쳐서 반복될 것이고, 자신뿐만 아니라 사랑하는 이들에게도 일어난다는 사실에 있었다. 이러한 상황에 직면한 개인은 과학과 의학이 이룬 발전에도 불구하고 오늘날에도 무력하다. 우리는 더 오래 살게 되겠지만, 사고의 위험으로부터 결코 안전하지 않고, 죽음은 불가피하게 우리를 가족과 친구들로부터 계속해서 갈라놓을 것이다.

첫 번째 성스러운 진리는 붓다 자신이 관찰했던 인간의 생물학적 괴로움에 덧붙여서, 괴로움의 다른 측면들을 포괄함으로써 의미가 넓어졌다. 거기엔 '슬픔'과 '절망' 같은 심리적 상태[憂悲苦惱]에 대한 언급이 있는데, 우울증과 같은 심리적 괴로움은 때로 육체를 쇠약하게 만들기도 하고 육체적 고통보다 더 다루기 어려울 수도 있다.

다음으로 붓다는 자신이 사랑하는 것이나 사람 등 가까웠던 대상과 헤어지는 일[愛別離苦]과, 싫어하는 경험, 장소나 상황을 견디도록 강요 받는 일의 감정적 괴로움[怨憎會苦]에 관해 이야기를 이어간다. 계획했던 대로 일이 풀리지 않을 때, 그리고 야망이 충족되지 않을 때 일어날 수 있는 분노의 일반적인 느낌, 그에 따르는 육체적인 고통뿐만 아니라 그로 인해 삶에 대해 낙담하며 불만족하거나 실패한 느낌에 압도되는 고통[求不得苦]을 설명한다.

마침내 첫 번째 성스러운 진리를 '취착의 대상인 다섯 가지 무더기들[五取蘊苦]'로 간결하게 총괄하면서 끝낸다. 이것은 다음에 더 검토할 '무아

(anātman)'의 가르침과 이어지며, 인간의 본성이 윤회 속에서 결코 완전한 행복이나 만족을 얻을 수 없는 방식으로 구성되어 있다는 주장이다.

앞에서 규정한 다양한 종류의 괴로움은 불교 문헌 안에서 세 종류로 분류된다. 첫 번째는 '둑카-둑카(duḥkha-duḥkha, 苦苦)'인데, 말하자면 '평이하고 단순한' 괴로움이다. 첫 번째 성스러운 진리에서 언급했던 생로병사 등의 생물학적 원인에 기인한 모든 괴로움을 포함한다. 다음은 '위빠리나마-둑카(vipariṇāma-duḥkha, 壞苦)'로 '변화로 인한 괴로움'이다. 생겨난 모든 것은 소멸한다. 즉, 모든 것은 무상하고 항상 변한다는 불교적 통찰의 기본 가르침이다. 근원적인 불안정성 속에서 결코 다음에 무엇이 다가올지 알 수 없고, 행복이 지속된다는 보장도 없다. 윤회 속에서 아무것도 영원하지 않다는 사실은 지속적인 만족이나 충족을 찾을 수 없다는 뜻이다. 마지막으로 세 번째 괴로움의 측면인 '상카라-둑카(saṃskhāra-duḥkha, 行苦)'는 '조건 지어진 상태의 괴로움'이다. 괴로움의 이 측면은 윤회 안의 모든 것이 조건에 의지해 구성된 요소들로 이루어지기 때문에 일어난다. 마치 자기-조립(DIY) 가구 패키지와 같다. 책장이나 의자는 상자 안에서 결코 찾을 수 없고 단지 부품들만 존재한다. 불교는 온 세계가 이와 같다고 가르친다. 모든 것은 구성 요소들로 이루어져 있기 때문에 빠르거나 늦거나 간에 구성 요소들로 다시 분해될 것이다. 다시 말해, 우리 자신을 포함한 모든 것은 조립한 책장처럼 언젠가는 부서질 것이다.

불교에 처음 접근한 많은 사람들이 첫 번째 성스러운 진리가 드러낸 분석이 비관적인 것을 눈치채고, 이것이 아주 나쁜 정보가 아닌지 의심한다. 둑카를 '괴로움'으로 번역한 것이 이런 인상을 강화했고, 그로 인해 붓다가 인생을 끊임없는 괴로움이라고 믿었다고 생각할 수도 있다.

그러나 그것은 붓다의 의도가 아니다. 붓다는 왕궁에서 보낸 안락한 유년기 덕에 인생 자체의 즐거운 순간들이 있음을 확실히 알았다. 불교도들은 일반적으로 비관주의란 설명을 거부하고, 그들의 종교가 낙관적이지도 않고 비관적이지도 않으며 현실적이라고 주장한다. 불교는 육체적 고통, 심리적 혼란, 죽음이나 혹은 좌절, 실망, 환멸 같은 존재론적인 원인들이 일으키는 슬픔에 영향 받지 않는 삶이 가능하다고 주장한다.

불교적 견해에 따르면, 첫 번째 성스러운 진리는 단순히 "그것이 어떻게 그러한지를 말할 뿐"이다. 만일 이것이 부정적으로 들린다면 그것은 사람들이 삶의 불쾌한 실제 얼굴들을 억누르고 무시하려는 자연스런 경향 때문일 것이다.

여행자의 비유[44]

고대 인도의 한 이야기는 여행자가 절벽에서 미끄러져서 벼랑 끝에 매달린 모습을 설명한다. 여행자는 굴러 떨어지다가 등나무 덩굴을 움켜잡고 매달려 애를 쓴다. 처음엔 안도감을 느꼈는데 아래를 보자 독사들이 우글거리는 구덩이가 보였다. 설상가상으로 그가 움켜잡고 있는 덩굴을 흰 쥐와 검은 쥐가 갉아먹고 있는 것을 알아차린다. 바로 이 절체절명의 순간에 여행자는 그가 떨어질 때 뒤집힌 벌집에서 꿀이 덩굴을 따라 아래로 흘러 똑똑 떨어지는 것을 본다. 꿀이 입술에 닿자 그는 단맛에 취하면서 "와! 이렇게 맛있는 꿀이!"라고 감탄한다.

이 이야기는 인간의 처지에 대한 불교의 견해를 보여 준다. 우리는 독사 구덩이(죽음)가 코앞에 닥친 여행자와 같다. 흰 쥐와 검은 쥐(밤과 낮)는 늘 우리의 수명을 갉아먹고 있다. 이렇게 끔찍한 상황에도 불구하고 우리는 아직도 이 여행자처럼 꿀(쾌락)에 사로잡혀 있고, 우리를 둘러싼 모든 위험을 잊고 살아가는 것이다.

44 대승경전에서는 우물 안으로 뛰어들어 우물 위로 드리운 등나무 가지를 잡고 매달렸다고 설명한다.[岸樹井藤]

앞서 언급한 의학적 추론에서 마치 아플 때 무엇이 잘못되었는지 진단을 받기 위해 의사에게 가는 일이 필요한 것처럼 불교도는 첫 번째 성스런 진리의 긍정적인 측면을 주장한다. 이런 종류의 상태, 즉 '괴로움이 편재한다'는 사실을 받아들이기 싫을 수 있다. 그러나 병이 너무 많이 진전되어서 아무런 치료도 할 수 없을 때까지 모르는 것보다는 가능한 한 빨리 발견해서 치료하는 것이 낫지 않은가?

첫 발자국을 내딛으려면 용기가 필요하다. 그러나 우리가 좋을 때 건강과 행복을 기대할 수 있기 때문에, 메시지는 궁극적으로 희망이다. 붓다의 가르침을 마음에 새기고 종교적 생활을 실천하는 이들은 기쁨과 행복뿐만 아니라 내면의 고요함과 평온을 경험한다고 한다.

두 번째 성스러운 진리: 일어남[集, samudaya]

만일 괴로움이 피할 수 없는 삶의 한 부분이라면, 이 괴로움은 어떻게 생겨날까? 두 번째 성스러운 진리는 괴로움의 원인이 갈애(tṛṣṇā/p. taṇhā) 때문이라고 설명한다. 둑카와 똑같이, '트르스나(tṛṣṇā)'라는 단어도 어떻게 번역할지 조심해야만 한다. 이것을 영어로는 'desire'('욕구' 혹은 '바람')로 번역하는 것이 매우 일반적이지만, 이는 불교가 모든 욕구를 잘못됐다고 본다는 오해와, 열반을 원하지 않으면서도 열반을 추구해야만 한다는 자기모순을 낳을 수 있다.

이러한 오해의 공통된 이유는 영어 'desire'가 나쁜 것을 원하는 데도 쓰이지만 좋은 바람에도 쓰이기 때문이다. 예를 들어 어떤 이는 금연하고 운동하며 건강한 음식을 먹기를 바랄 수 있다(좋은 경우). 어떤 이는 또한 흡연하고, 즉석 식품을 먹기를 바랄 수 있다(나쁜 경우). 그렇지만 산스크리트 어 '트르스나(tṛṣṇā)'는 다른 단어 '찬다(chanda; 열의)'가 선하고 유익한 욕망들을 위해 쓰이는 것과는 대조적으로 좀더 제한적인 범주의 의미를 지니고 단지 부정적인 욕망이나 집착을 가리키는 데에만 쓰인다. 이런 이유로 '트르스나'는 '갈애(渴愛, craving)'로 번역하는 것이 더 낫다. 왜냐하면 두 번째 성스러운 진리는 대체로 해로운 대상이나 결과로 치닫는, 과도하고 이기적이거나 불건전한 성질의 욕망을 언급하기 때문이다. 해로운 것에 대한 갈애는 반복적이고 제한적이며 순환적인 경향이 있는 반면, 유익한 것들에 대한 바람은 해방과 발전을 이룬다. 예를 들어 줄담배를 피우는 사람이 담배를 포기하고자 하는 바람은 충동적인 습관을 깨고 자신의 건강과 삶의 질을 증진시킨다.

갈애는 우리를 대상에 들러붙게 만드는 접착제와 같고, 벗어나기 어려운 나쁜 습관처럼 들러붙으면 쉽게 떼어버릴 수가 없다. 갈애를 포기하는 것은 담배나 마약에 중독된 사람이 그것들을 멀리하는 것과 비슷하고, 그렇게 하기가 쉽지 않다.

붓다가 갈애에 대해 잘 쓰는 비유는 불[火]이다. 〈불타오름 경(Āditta-Sutta)〉(S35:28)에서 붓다는 우리의 모든 경험은 욕망과 함께 "불타오른다."고 했다. 불처럼 갈애는 빠르게 하나에서 다른 하나로 번지고, 결코 만족하지 않고 그것이 부추기는 것들을 파괴시킨다. 담배 한 개비를 피우고 나면 또 한 개비를 피우고 싶고, 그 피우고 싶음은 계속 이어진다. 욕망은 끝이 없고, 만족은 짧다. 욕망의 만족을 통해 얻어지는 쾌락을 붓다는 가려운 종기를 긁어서 일시적으로 가려움을 해소하는 것에 비유했다.

일어남(samudaya)의 진리[集聖諦]

"비구들이여, 이것이 괴로움의 일어남의 성스러운 진리이다. 그것은 바로 갈애(tṛṣṇā/p. taṇhā)이니, 다시 태어남을 가져오고 즐김과 탐욕이 함께하며 여기저기서 즐기는 것이다. 즉 (1) 감각적 욕망에 대한 갈애[kāmataṇhā, 欲愛] (2) 존재에 대한 갈애[bhavataṇhā, 有愛]

(3) 존재하지 않음에 대한 갈애[vibhavataṇhā, 無有愛]가 그것이다."

(〈초전법륜경〉, S56)

두 번째 성스러운 진리는 세 종류의 갈애를 언급한다. 첫 번째는 '감각적 즐거움(kāma)에 대한 갈애(kāmatṛṣṇā)'이다. '까마(kāma)'란 단어는 관능적인 쾌락에 대한 고대 인도의 문헌인 《까마수트라(Kāma-Sūtra)》의 제목에서 보이는 바로 그 의미이다. 감각적 욕망(kāma)은 색이나 형태[色], 소리[聲], 냄새[香], 맛[味], 촉감[觸]의 즐거운 감각 대상을 경험하고 싶은 욕망으로, 감각을 통해서 경험되는 만족을 바라는 모든 종류의 욕망이다. 인도의 심리학은 마음을 감각의 하나로 포함하기 때문에 보통 다섯 감각[五感] 대신 여섯 감각[六感]으로 헤아리고 쾌락적인 환상과 몽상을 포함한다.(〈바른 견해 경sammādiṭṭhi-sutta〉, M9:36)

갈애의 두 번째 종류는 '존재에 대한 갈애(bhavatṛṣṇā)'다. 이것은 일종의 본능적인 충동이고, 존재하려는 깊은 열망이며, 새로운 쾌락과 경험을 찾고 또 찾아 반복해서 태어나도록 존재를 이 생에서 다음 생으로 몰아간다.

갈애의 세 번째 측면(존재하지 않음에 대한 갈애, vibhavatṛṣṇā)은 욕망의 전도된 형태로, 존재를 대상을 향해 몰아가는 것이 아니라 좋아하지 않는 대상으로부터 멀어지게 한다. 이것은 스스로를 부정적인 방법으로 드러내는 욕망이고, 소유하기보다는 파괴(vibhava)를 추구한다. 이 파괴적인 욕망은 자신과 타인 양쪽 모두를 향할 수 있다. 자기 자신을 향할 때 자기학대의 행동으로 드러나고, 극단적인 경우에는 자살을 한다. 이 '존재하지 않음에 대한 갈애'는 자존감이 낮은 사람들이 자신을 억누르고 자신을 비난하는 경우에 전형적으로 볼 수 있다.

두 번째 성스러운 진리의 체계적인 서술에서는 괴로움을 일으키는 원인으로 '갈애(tṛṣṇā)'를 유일하게 지목했지만, 다른 곳에서는 괴로움의 원인이 사실상 탐욕(rāga), 성냄(dveṣa), 그리고 어리석음(moha)의 세 '뿌리(hetu)'에 기인한다고 말한다. 또한 연기법과 같은 다른 체계적 논술들은 '무지(avidyā)'를 첫 번째 고리로, 그리고 '갈애(tṛṣṇā)'를 여섯 번째 고리로 포함시킨 12개의 연쇄 작용으로 고통의 일어남을 설명한다.

서로 다른 논술에도 불구하고 근본 문제는 무명 혹은 어리석음과 같은 인식의 오류와 과도한 집착이나 혐오 같은 부적절한 정서적 성향 혹은 감정적 반응 모두를 포함하는 복합체인 것이 명확하다. 그러므로 이 문제는 머리와 가슴 둘 다에 해를 끼치는 것이니, 통찰과 이해를 개발하는 것만이 아니라 해로운 대상에 고집스럽게 정서적으로 집착하는 것을 덜어내는 재교육이나 치료의 과정을 통해서 대처할 필요가 있다.

연기(緣起, pratītya-samutpāda/p. paṭicca-samuppāda)

연기법은 인과 관계에 관한 불교의 기본적인 가르침이다. 모든 현상은 원인과 조건에 의지해서 일어나는데, 그 원인과 조건 안에는 결과를 일으키는 고유의 실체가 없다는 이해이다. 연기법의 가르침은 단순한 형식의 빠알리 어 구절 "idaṃ sati ayaṃ bhavati(이것이 존재할 때, 저것이 일어난다)"로 나타난다. 명제는 A→B(조건 A가 있을 때, 결과 B가 일어난다), 혹은 그것의 반대 ~A→~B(조건 A가 존재하지 않으면, 결과 B가 일어나지 않는다)의 논리적 형태로 표현될 수 있다. 이 가르침의 중요한 추론은 자체의 힘이나 의지로 생겨나는 존재는 전혀 없다는 것이다. 그러므로 신(God)이나 영혼(soul)같이 인과 관계를 초월하는 어떤 실체나 형이상학적 실재들은 존재하지 않는다.

이런 측면에서 연기에 관한 가르침은 다음 장에서 논의할 무아(anātman)의 가르침과 긴밀히 들어맞는다. 초기 경전은 붓다가 보리수 아래서 연기법에 대한 심오한 진리를 완전히 이해했을 때 깨달음을 성취했다고 전한다. 즉 모든 현상은 조건에 의지해서(saṃskṛta), 일정한 연속에 따라 일어나고 사라진다.

초기 문헌에는 연기에 대한 다양한 가르침이 있지만, 가장 일반적인 것은 일련의 12단계 혹은 12고리의 연속(nidāna) 안에서 인과관계의 구제론적(救濟論的) 함의를 묘사하는 것이다. 즉, 어떻게 보편적인 괴로움이라는 문제가 갈애와 무명으로 인해 생기고, 윤회라는 벗어나기 어려운 함정에 빠진 상태가 어떻게 발생하는가를 보여준다. 종종 생(生)의 바큇살(bhavacakra)로 묘사되는 삶의 과정에 포함된 12가지 고리는 다음과 같다.

1. 무지[無明, avidyā/p. avijjā]
2. 의도적 행위[行, saṃskāra/p. saṇkhāra]
3. 의식[識, vijñāna/p. viññāṇa]
4. 정신과 물질[名色, nāma-rūpa]
5. 여섯 감각 장소[六入, ṣad-āyatana/p. saḷāyatana]
6. 접촉[觸, sparśa/p. phassa]
7. 느낌[受, vedanā]
8. 갈애[愛, tṛṣṇā/p. taṇhā]
9. 취착[取, upādāna]
10. 존재[有, bhava]
11. 태어남[生, jāti]
12. 늙음과 죽음[老死, jarā-maraṇa]

각 고리의 의미는 해석의 여지가 열려 있으나, 5세기 주석가 붓다고사(Buddhaggosa)의 해석이 가장 널리 보급되었다. 그는 과거, 현재, 미래라는 세 번의 생[三世]에 걸쳐 고리의 연속들이 확장되는 구조를 분석했다.

1, 2는 전생과 연관이 있고, 3~7은 금생의 조건, 8~10은 금생의 과보[45], 그리고 11, 12는 미래생과 연관이 있다. 다양한 후대의 분파들은 때로는 그들만의 급진적인 교의의 해석을 하기에 이르렀다. 이들 중 으뜸은 중관파(中觀派, Madhyamika)의 것인데, 중관파에게 연기법은 6장에서 설명할 공(空, śūnyatā) 사상과 동의어이다.

세 번째 성스러운 진리: 소멸[滅, nirodha]

세 번째 성스러운 진리는 두 번째 성스러운 진리에 따라 필연적으로 도출되는 결과다. 만일 갈애가 괴로움의 원인이라면, 갈애가 제거될 때 괴로움은 필연적으로 사라지게 될 것이다. 이것이 세 번째 진리가 정확히 천명하는 바이다. 괴로움으로부터 자유로운 이 상태는 '열반(涅槃, nirvāna)'으로 불리며, 불교도가 가야 할 궁극의 목적지다. 열반의 문자적 의미는 촛불의 불꽃이 꺼지는 것과 같이 '불어 꺼졌다'는 것이다. 불이 꺼지듯 꺼진 것은 갈애의 구성 요소들이자 '세 가지 불[火]' 또는 '삼독(三毒)'으로 알려진 탐욕[貪], 성냄[瞋], 어리석음[痴]의 불이다. 가장 단순한 열반의 정의는 "탐욕의 멸진, 성냄의 멸진, 어리석음의 멸진이다"(S38:1, 〈열반경(Nibbāna-sutta)〉). 이 세 가지 불이 계속 타고 있는 한 존재는 윤회에 갇히게 되고, 쾌락을 경험하고자 하는 갈애에 휩쓸려 재생의 바퀴를 돌리고 또 돌린다.

45 저자는 3~7을 현생의 조건(conditioning)이라고 하고, 8~10을 현생의 결과(fruits)라고 했지만, 5세기 주석가 붓다고사의 《청정도론》에서는 1, 2는 과거생에 지은 원인, 3~7은 그 원인에 따라 이번 생에 받은 결과, 8~10은 금생에 짓는 미래생의 원인, 11~12는 그 원인에 따른 미래생의 다시 태어남이라는 결과이다. 따라서 과거생(원인)-현생(결과)/현생(원인)-미래생(결과)으로 원인과 결과가 과거, 현재, 미래에 걸쳐 두 번 겹쳐 있다 하여 '삼세양중인과(三世兩重因果)'라고 표현한다.

불교의 길에 들어선 이들은 이 과정을 바꾸려고 한다. 헤아릴 수 없는 생을 반복하면서 불교의 가르침을 따름으로써 갈애와 무지의 부정적인 힘이 서서히 약해질 때, 개인은 마음의 긍정적 상태를 키우고 정신적 변화를 경험하기 시작한다. 덕이 있는 자질이 부정적인 자질을 압도함으로써 두려움, 의심, 걱정과 불안 같은 부정적인 상태를 떠나 더 강해지고, 더 자유롭고, 더 행복한 힘이 생긴다. 그런 존재들은 점차적으로 보통 사람들의 한계를 훨씬 뛰어넘어 역량을 개발한 성인(聖人), 즉 아라한(arhant)이나 붓다가 된다.

소멸[滅, nirodha]**의 진리**[滅聖諦]

"비구들이여, 이것이 괴로움의 소멸의 성스러운 진리[苦滅聖諦]이다. 그것은 바로 그러한 갈애가 남김없이 빛 바래어 소멸함, 버림, 놓아버림, 벗어남, 집착 없음이다." (〈초전법륜경〉, S56)

붓다의 일생에 대한 이야기는 붓다가 35세에 보리수 아래 앉았을 때 '열반'을 성취했고, 80세에 죽을 때 '마지막 열반[槃涅槃]'을 성취했다고 한다.

이 두 열반을 명확하게 구별하는 것이 중요하다. 첫 번째 열반은 살아 있는 사람이 탐욕, 성냄, 그리고 어리석음에서 벗어났음을 나타내며, 본질적으로는 윤리적이고 정신적인 변화를 뜻한다. 이런 의미의 열반은 종종 '바로 이 생에서의 열반[現生涅槃, diṭṭhadhammanīrvāṇa]' 혹은 "유여(有餘) 열반(sopadiśeṣa-nirvāṇa)'이라 인용되는데, 왜냐하면 열반의 성취 뒤에도 몸은 계속 살아 남아 있기 때문이다. 붓다는 이러한 열반을 성취하고서 45년 동안 가르침을 펼치면서 살았다. 80세에 육체의 수명이 다했을 때 그는 결코 더 이상의 다시 태어남이 없고, 이제는 더 이상 몸이 없거나 혹은 몸과는 분리된 상태인 '마지막 열반[槃涅槃, parinirvāṇa]' 혹은 '무여(無餘) 열반(anupādiśeṣa-nirvāṇa)'에 들었다.

첫 번째 종류의 열반은 비교적 이해하기 쉽다. 여기서 우리는 다양한 배경을 지닌 성인, 영웅, 그리고 닮고 싶은 인물들의 전기로부터 우리에게 친숙한 종류의 자질을 나타내 보이는 사람, 뛰어난 한 인간을 본다. 그렇지만 두 번째 종류의 열반은 좀더 알기 어렵다. 왜냐하면 붓다의 죽은 몸이 뒤에 남겨졌을 때 그에게 무엇이 일어났는지 명확하지 않기 때문이다.

우리는 붓다가 다시 태어나지 않은 것을 안다. 그러나 그는 어디로 간 것인가? 초기 경전에는 이 질문에 대한 명확한 답이 없다. 단지 붓다는 촛불이 꺼졌을 때 불꽃이 어디로 갔냐고 묻는 것과 같다고 말했다. 촛불이 꺼질 때 실제로 발생하는 일은 불꽃이 어디로 간 것이 아니고, 연소의 과정이 멈춘 것이 전부다. 마찬가지로, 갈애와 무지가 제거되면 다시 태어남이 멈춘다. 산소와 연료를 없애면 불꽃이 꺼지는 것과 같다.

여기서 요점은, 반열반에 들면서 붓다에게 무엇이 일어났는지에 대한 질문은 잘못된 개념에 바탕을 두었다는 것이다. 그러한 질문은 잘못된 이해에 기반해 있거나 혹은 잘못된 방식으로 질문되었기 때문에, 직접적으로 대답하기가 어렵다. 그러나 거기에는 제거할 수 있는 가능성이 적어도 두 가지가 있다. 그것은 마지막 열반이 ① '주체'의 완전한 소멸이라거나[斷見] ② 개인의 영혼이 따로 외부에 존재한다고 믿는[常見] '두 극단'으로 알려진 잘못된 견해[邪見]다. 이런 견해들은 모두 마지막 열반에 대해 잘못 이해하도록 한다. 왜냐하면 이 견해들은 죽음 뒤에 소멸하거나 계속 존재하는 자아 혹은 영혼(ātman/p. atta)을 전제로 하기 때문이다. 아래에서 보게 되듯이, 자아에 대한 붓다의 가르침은 이런 실재를 용납하지 않았다. 그러므로 열반에 대한 이런 해석들은 거부되어야만 한다.

대체로 붓다는 위와 같은 종류의 질문을 탐구하는 제자들에게 날카롭게 반응하지 않았다. 그는 다만 개인적인 경험을 통해서만 알 수 있는 것들에 대한 '관념적인 고찰[戱論]'을 단념하게 했다. 붓다는 마지막 열반의 성질에 대해 고찰하는 것이 이익 없음을, 어느 날 밖으로 일하러 나가서 뜻하지 않게 화살을 맞은 사람과 비교했다. 화살을 맞은 사람은 활 쏜 이의 정체, 이름과 종족, 그가 어디에 서 있었는지, 그리고 다른 많은 하찮은 세부 사항들에 대한 의문이 풀릴 때까지 화살을 뽑지 않겠다고 고집했다.[46] 붓다는 제자들에게 이 사람처럼 행동하지 말라고 했다. 고통스런 화살을 실제로 뽑아야 하는 급박한 행동이 명백히 필요한데도 무익한 고찰을 하느라 시간을 낭비하지 말라고 강조했다. 죽음 후 깨달은 존재(아라한)의 상태에 대한 유명한 시가 있다.

> 소멸해 버린 자는 헤아릴 기준이 없습니다.
> 그들이 언명할 수 있는 것은 그에게는 없는 것입니다.
> 모든 현상들이 깨끗이 끊어지면
> 언어의 길도 완전히 끊어져 버리는 것입니다.
> —〈학인 우빠씨와의 질문에 대한 경(Upasīvamāṇavapucchā)〉[47]

이 게송은 깨달은 사람을 사후에 알 수 있는 어떤 평가 기준도 없다는 것을 암시한다. 이런 기조 안에서 문헌은 일반적으로 '불어 꺼짐', '단절', '욕망의 부재', 그리고 '갈애의 소멸'과 같은 부정적인 용어를 써서 열반을 표현한다. 가끔은 '상서로운 것', '선함', '순수함', '평화', '진실', 그리고 '피안(彼岸)'과 같은 조금은 긍정적인 단어로 설명하기도 한다. 어떤 구절에서는 열반이 "태어나지 않은, 발원되지 않은, 창조되지 않은, 형태를 이루지 않은"[48] 불가해한 실재를 암시하는 것처럼 보인다. 그러나 이러한

---

46 〈말룽꺄뿟따 짧은 경(Cūḷa-Mālunkyaputta Sutta)〉 M63.

47 (저자 주) 《숫타니파타》 게송 1076, 전재성 역, 한국빠알리성전협회, 2005, 2nd ed, p.496.

48 (저자 주) 〈우다나〉 80(Tatyanibbānasutta, Udāna 80), "그리고 세존께서는 그 뜻을 헤아려 때맞춰 이와 같은 감흥 어린 시구를 읊었다. … 수행승들이여, 태어나지 않고, 생겨나지 않고, 만들어지지 않고, 형성되지 않은 것이 있다." (전재성 역주, 《우다나-감흥어린 시구》, 한국빠알리성전협회, 2013, 2nd ed, p.216)

진술을 어떻게 해석해야 할지는 이해하기 어렵다.

후대 어떤 분파의 사색가들은 그들 고유의 철학적 견해에 비추어 열반을 해석하며, 마지막 열반의 성격에 대해 더 깊게 숙고를 했을 것이다. 반면 다른 이들은 마지막 열반을 오직 그것을 경험한 이들만이 알 수 있는 초자연적 영역으로 보고, 이 주제를 신비롭고 어려운 것으로 남겨두었다.

네 번째 성스러운 진리: 길[道, mārga]

네 번째 성스러운 진리인 도(道, mārga)의 진리는 어떻게 괴로움을 끝내고, 어떻게 윤회에서 열반으로 넘어갈 수 있는지 설명한다. 팔정도는 '중도(中道)'로도 표현하는데, 탐닉의 생활과 거친 금욕의 생활 사이의 적절한 중간 길로 향하게 하기 때문이다. 팔정도는 계(śīla), 정(samādhi), 혜(prajñā) 삼학으로 분류되는 여덟 가지 구성 요소를 지닌다.[49]

> "비구들이여, 이것이 괴로움의 소멸로 인도하는 도 닦음의 성스러운 진리이다. 그것은 바로 여덟 가지 구성 요소를 가진 성스러운 도이니, 즉 바른 견해[正見], 바른 사유[正思惟], 바른 말[正語], 바른 행위[正業], 바른 생계[正命], 바른 정진[正精進], 바른 마음챙김[情念], 바른 삼매[正定]이다." (〈초전법륜경〉, S56)

49 (저자 주) 〈교리문답의 짧은 경(Cūḷa-Vedallasutta)〉 M44.

성스러운 팔정도

1. 바른 견해 2. 바른 사유	혜(慧, prajñā)
3. 바른 말 4. 바른 행위 5. 바른 생계	계(戒, śīla)
6. 바른 정진 7. 바른 마음챙김 8. 바른 삼매	정(定, samādhi)

여덟 가지 구성 요소에 대해 간략하게 서술해 보자.

1. 바른 견해(samyak-dṛṣṭi/p.sammā-diṭṭhi)는 근본적으로 사성제를 이해하고 받아들이는 것이다. 그러나 단순히 붓다와 그의 가르침을 수용하기 시작하는 신앙(śraddhā/p. saddhā)의 초기 단계에서는 사성제를 완전히 이해하기가 어렵다. 이 초기의 신앙은 시간이 지날수록 개인적인 경험을 통해서 확고해질 것이지만, 그 어떤 가르침도 맹목적으로 믿으라고 권장하지 않는다. 아울러 〈위대한 마흔 가지 경(Mahācattārisaka Sutta)〉(M117)에서는 바른 견해를 도덕적 업의 법칙, 부모님과 스승에 대한 존경, 그리고 개인의 정신적 진보의 가능성에 대한 믿음을 포함한 삶이라는 전통적인 종교관의 견지에서도 설명한다.
2. 바른 사유(samyak-saṃkalpa/p. sammā-saṅkappa)는 욕망으로부

터의 자유, 친절, 그리고 측은지심과 같은 바른 태도를 키우는 것이다. 이는 감각적 쾌락(kāma)으로부터 벗어나 만족할 줄 알고(naiṣkāmya), 증오를 버리며(avyābādha), 다른 이들에게 상처를 주는 어떤 원인도 피하고자(ahiṃsā) 진지하게 다짐하는 것이다.

3. 바른 말(samyak-vācā /p. sammā-vācā)은 거짓말을 하지 않고, 사람들 사이에 적의를 일으킬 수 있는 '이간질하는 말'을 피하고, 다른 이들에게 공격적이거나 상처를 주는 거친 말과 잡담이나 하찮은 수다 같은 경박한 이야기를 삼가는 것이다.
4. 바른 행위(samyak-karmanta/p. sammā-kammanta)는 살생, 도둑질, 혹은 감각적 쾌락과 관련해 부적절하게 행동하는 몸으로 짓는 잘못된 행위를 삼가는 것이다.
5. 바른 생계(samyak-ājīva/p.sammā-ājīva)는 사람이나 동물 등 다른 존재에게 피해나 고통을 주는 직업에 종사하지 않는 것이다. 즉, '무기나 살아 있는 생명, 고기, 술, 독약' 등 죽음이나 해를 일으킬 수 있는 어떤 거래나 직업을 피하는 것이다.[50] 아울러 생업을 영위하면서 고객을 속이지 않는 정직함을 포함한다.[51]
6. 바른 정진(samyak-vyāyāma/p.sammā-vāyāma)은 명상을 통한 내면의 계발과 마음 챙김의 수행과 같은 유익한 방법을 통해 자신의 마음을 발전시키는 것을 뜻한다. 부정적인 생각을 긍정적이고 유익한 생각으로 대체시킴으로써 자신의 마음을 서서히 변화하게 하는 것이다.
7. 바른 마음챙김(samyak-smṛti /p.sammā-sati)은 자신의 몸[身], 느낌[受], 마음의 상태[心]와 생각[法]의 네 부분에서 늘 깨어 있음을

50 (저자 주) 〈장사 경(Vaṇijjā-Sutta)〉(A5:177)

51 (저자 주) 〈위대한 마흔 가지 경(Mahācattārisaka Sutta)〉(M117:28)

향상시키는 것이다. 이것은 또한 '다섯 가지 장애(nīvaraṇa)', 즉 감각적 쾌락에 대한 욕망, 적의, 나태와 혼침, 걱정과 불안, 그리고 끊임없이 괴롭히는 의심과 같은 부정적인 사고를 제거하는 것이다.

8. 바른 삼매(samyak-samādhi/p.sammā-samādhi)는 명상 수행을 통해서 마음을 집중해 마음의 명료함과 고요함을 계발하는 것이다. 이러한 수행에 의해서 수행자는 붓다가 깨달음을 이루는 데 있어서 그토록 중요한 역할을 했던 청정한 초월상태(trance)인 네 단계의 선정(禪定, dhyāna)과 같은 상태를 경험할 수 있다. 인성을 통합하고 마음을 집중하는 데 사용되는 다양한 명상의 기법에 대해서는 7장에서 자세히 설명할 것이다.

앞서 언급했듯이, 도 닦음의 여덟 가지 구성 요소들은 계·정·혜의 세 부분으로 나뉘고, 이들은 삼각형의 구조로 그려볼 수 있다. 계(戒, śīla)는 토대이고 종교적 수행의 기초다. 왜냐하면 자기 규범과 덕망 있는 행실 없이는 어떤 노력을 하더라도 향상하기가 어렵기 때문이다. 정(定, samādhi)은 정신의 가장 깊은 단계에서 일어나는 자기 통합과 고요함의 과정을 의미한다. 반면에 혜(慧, prajñā)는 사물이나 사건의 특성 혹은 실재에 대한 지식과 이해, 그리고 어떻게 깨달음이 성취될 수 있는지를 명확하게 이해하는 능력과 관련이 있다.

이 세 부분은 삼각형의 세 면처럼 서로서로 버티고 지지하며, 하나는 다른 두 개와 항상 닿아 있다. 계가 정과 혜의 기초이듯이, 정과 혜 각각 역시 나머지 둘에 의해 강화가 된다. 내면의 고요함과[定] 명백한 이해[慧]는 옳고 그름 사이에서 좀더 확실하게 구별하도록 돕는 도덕적 감수성(계)을 강화시켜 주기 때문이다. 삼매[定]는 지적 능력들을 높여 주고, 지혜[慧]가 더 강하고 더 통찰력이 있게 만든다. 지혜는 명상의 상태들에 대한 경험을 더 이해할 수 있게 해주고 더 명백하게 해줌으로써 삼매를 지지

한다.

여행자가 여행을 할 때는 목적지에 도착하기 전까지 여러 마을을 차례로 지나쳐야 하지만, 팔정도는 열반을 향한 도정에서 그런 식으로 통과해야 하는 단계들의 연속과 같은 것이 아님을 깨닫는 게 중요하다. 여덟 가지 구성 요소는 도달한 뒤에 두고 떠나야 할 대상이 아니다. 오히려 이 길은 여덟 가지 구성 요소가 누적되듯이 개발되어야 하는 지속적인 프로그램이다. 또 다른 잘못된 해석은 열반을 사다리 꼭대기의 아홉 번째 발판처럼 생각해서 팔정도의 여덟 가지 요소를 열반에 도달하기 위해 올라가는 사다리의 발판으로 생각하는 것이다.

사실 열반은 팔정도에서 전혀 언급되지 않는다. 그 이유는 열반을 구성하는 것이 팔정도 자체의 경험이기 때문이다. 팔정도를 따름에 있어서 우리는 붓다처럼 행동하고, 붓다처럼 행동함에 의해서 우리는 점차적으로 붓다가 된다. 팔정도는 본질적으로 자기 변형, 변화의 계획, 혹은 정신적 변모의 수단이다. 팔정도는 깨닫지 못한 보통 사람을 붓다로 바꾼다.

고귀한 사람들[聖人, ārya]

모든 이들이 같은 수준에서 팔정도를 실천하지는 않는다. 문헌에서는 수행자들을 그들의 정신적 수행의 성취 수준에 따라 다양한 단계로 구분한다. 맨 처음은 '세속적인 보통 사람[凡夫, pṛthagjana]' 혹은 비불교인의 범주로 팔정도를 따르지 않는 사람들이다. 이런 사람들은 불교의 가르침을 듣고 반응하는 시간이 오기까지 계속 다시 태어나며 삼계를 떠돌 것이다.

다음은 '보통의 불교도'로서 '성인(ārya)'이라 불리는 높은 수준의 수행자들과 비교해 본다면 팔정도를 기본적인 수준으로 실천하는 사람들이다. 그들을 구별하는 기준은 불교 가르침에 대한 통찰의 정도와 관련이 있다. 가장 높은 수준은 '성인', 혹은 열반에 가까워서 가까운 미래에 열반을 성취하게 되어 있는 고귀한 존재들로 다음과 같이 네 부류로 나눈다.

네 부류의 '고귀한 사람(ārya-pudgala)'

1. 흐름에 든 자: 수다원(śrotāpanna)
2. (욕계에) 한 번 다시 태어나는 자: 사다함(sakṛdāgāmin)
3. (욕계에) 다시는 태어나지 않는 자: 아나함(anāgāmin)
4. 공양 받을 만한 자: 아라한(arahant)

네 부류의 '고귀한 존재(ārya-pudgala)' 중 첫 번째는 흐름에 든 자[預流]로 수다원(śrotāpanna)이라고 한다. 이들은 무상·고·무아의 삼법인에 대한 깊은 명상을 통해 열반을 일별하고, 최대 일곱 번의 생 안에 열반으로 틀림없이 인도할 '흐름'에 들어서 있는 존재들이다. 일곱 생은 모두 인간이나 천신으로 태어날 것이다.

두 번째는 한 번 돌아올 자[一來]로 사다함(sakṛdāgāmin)인데, 인간계에 많아야 한 번 더 태어날 것이고, 나머지 생은 천상에서 태어날 것이다.

세 번째는 인간계에 결코 다시 태어나지 않는[不還] 아나함(anāgāmin)이다. 갈애와 성냄으로부터 완전히 벗어난 뒤 더 이상 감각적 욕망의 세계(kāma-loka)에 대한 어떤 집착도 없어서 감각적 욕망이 지배하는 세계인 인간계에 다시 태어나지 않는 것이다. 그러나 어디에도 다시 태어나지 않을 만큼의 통찰은 부족하다. 그래서 인간계에는 돌아오지 않지만 천상의 '순수한 영역[淨居天]'에서 다시 태어나 그곳에서 윤회를 끝낼 것이다. 그곳은 아나함들을 위해 특별히 마련되어 있는 가장 높은 다섯 층위의 천상이다.

네 부류의 거룩한 존재 중 마지막은 아라한이다. 아라한은 자아에 대한 어떤 잘못된 신념에서도 벗어났고, 무지와 정신적 번뇌들을 모두 제거했으며, 어떤 수준의 존재로도 재생하고자 하는 모든 욕망을 부수어 버렸다. 아라한은 모든 괴로움을 끝냈고, 죽을 때 붓다처럼 마지막 열반을 성취할 것이며, 더 이상 다시 태어나지 않을 것이다.

무아(無我)의 가르침

불교에서는 인간이 '정신(nāma)'과 '물질(rūpa)'이라는 두 종류의 실체로 구성되었다고 본다. 인간 본성이 정신적이고 물질적인 두 특성이 함께 있다고 인식하는 점에 관해서 붓다는 인도 철학과 다른 어떤 새로운 것도 말하지 않았다. 그렇지만 붓다는 인간 본성의 두 특성에 대해 다섯 범주로 분석을 확대하고 규정하기를 계속했다.

이 상세한 분석은 첫 번째 성스러운 진리의 마지막에 등장하는 "취착의 대상인 다섯 무더기[五取蘊, pañca-upādāna-skandha]가 괴로움이다."라는 구절에 해당된다. 다섯 무더기(오온)에 대한 가르침은 붓다가 첫 설법 후 5일 뒤 설한 두 번째 설법 〈무아상경(Anattalakkhaṇa-sutta)〉(Vin.i.13: S22:59)에서 상세히 설명했다. 다섯 무더기는 집합적으로 '집착의 무더기들[取蘊, upādāna-skandha]'로 표현되는데, 쾌락을 얻는 경험을 위한 수단으로서 다섯 무더기 그 자체가 욕망이나 갈애의 대상일 뿐만 아니라, 이 생에서 저 생으로 이어가며 집착하는 내용이기 때문이다.

다섯 무더기를 각각 들여다보기 전에 알아야 할 중요한 점은 다섯 목록이 무엇을 포함하느냐가 아니라 무엇을 포함하지 않느냐에 있다. 이 가르침은 영원하고 불변하는 정신적 본질로 이해되었던 영혼이나 자아에 대해 특정적으로 언급하지 않는다. 이 점을 부각시킴으로써 붓다는 스스로를 브라흐만 교(Brahmanism)로 알려진 인도 정통의 종교적 전통으로부터 구별하였다. 브라흐만 교는 각 개인이 일종의 비인격적 신성인 브라흐만(Brahman, 梵)으로 알려진 형이상학적 절대자의 부분이거나 혹은 그와 일치하는 영원한 영혼 아트만(ātman, 我)을 갖고 있다고 주장했다. 붓다는 또한 자이나교의 지도자 마하위라(Mahāvira)와 같은 당대의 다른 스승들의 견해도 거부했다. 마하위라는 각 개인의 중심에는 '생명 원리(jīva)'로 불리는 영원하고 변하지 않는 정신적 원리가 있다고 가르쳤다.

붓다는 개인의 영혼인 아트만이나 그것의 우주적 등가물인 브라흐만의 존재에 대한 어떤 증거도 찾을 수 없다고 했고, 또한 자이나교의 생명 원리와 연관된 가르침도 거부했다. 붓다의 접근 방법은 실제적이고 경험적이며 신학보다는 심리학에 좀더 가까웠다. 붓다는 자동차가 바퀴, 엔진, 핸들, 변속기, 차축으로 구성되는 것과 마찬가지로 인간의 본성이 다섯 가지 요소로 구성되어 있다고 설명했다. 물론 과학과는 다르게, 도덕적인 연속성이 죽은 뒤에도 남아서 다시 태어나는 근본이 된다고 믿었다.

그렇지만 첫 번째 성스러운 진리에서 개인의 다섯 가지 요소들이 괴로움이라고 진술한 것처럼 붓다는 인간의 본래 성품이 영원한 행복을 위한 토대를 제공할 수 없다고 지적했다. 왜냐하면 다섯 무더기(오온)의 가르침은 개인에게 고정불변한 실체로서의 핵심(core)이 실제로 없다는 것을 보여 주기 때문이다. 인간이라는 존재는 이러한 다섯 가지 끊임없이 흔들리는 요소들로 구성되어 있기 때문에 빠르거나 늦거나 간에 괴로움이 일어나는 것을 피할 수가 없다. 마치 자동차가 점점 낡아져서 고장 나는 것과 같다. 괴로움은 우리 존재란 직물에 이렇게 직접적으로 배어 있는 것이다.

다섯 무더기[五蘊]

이제 오온(五蘊), 즉 다섯 가지 무더기를 차례대로 살펴보자. 다섯 중 첫 번째 무더기는 물질 또는 형상[色, rūpa]이다. 이것은 비록 '물체(matter)'와 정확히 일치하지는 않지만 몸의 육체적 물질을 뜻하는 것으로 생각할 수 있다. 두 번째 무더기는 느낌[受, vedanā]이고, 자극에 대하여 감정적으로 반응하는 능력을 뜻한다. 느낌은 즐거운[樂], 불쾌한[苦], 중립적인[不苦不樂] 세 가지 느낌으로 분류되고, 가장 기본적인 종류의 느낌은 자극-반응 종류의 단순한 지각이다. 불쾌한 느낌의 예는 핀에 찔렸을 때의 느낌과 같은 것일 수 있고, 즐거운 느낌은 추운 날 따뜻한 물로 목욕을 하며 긴장을 풀 때의 느낌과 같은 것일 수 있다. 느낌의 수용력에 덧붙여서 인간은 인식과 개념적 사고의 힘을 갖고 있다. 이것은 인식[想, saṃjñā]으로 알려진 세 번째 무더기를 구성한다. 이는 사물을 분별하고 이해하는 능력을 포함하는데, 예를 들면 서로 다른 색깔들에 이름을 붙이고 구별하는 것 등이다.

다섯 무더기[五蘊: pañca-skandha]

1. 색온[色蘊, rūpa-skandha]: 물질, 물질적 형태의 무더기
2. 수온(受蘊, vedanā-skandha): 느낌과 감각들의 무더기
3. 상온(想蘊, saṃjñā-skandha): 인식의 무더기
4. 행온(行蘊, saṃskāra-skandha): 심리 현상들의 무더기
5. 식온(識蘊, vijñāna-skandha): 알음알이의 무더기

너무 멀리서 그려진 그림은 추상적이고 2차원적이다. 그리고 한 사람을 다른 사람과 구별하는 용모에 대한 어떤 참고사항도 부족하다. 생각하고 느끼는 힘이 부여된 개인의 발달은 그의 경험과 그에 대한 반응에 따라 형성된 것이다. 이런 반응으로부터 특별한 성향, 특성, 습관, 그리고 점차적으로 '성격'이라고 부르는 기질의 복잡한 형태가 만들어진다. 이들

은 네 번째 무더기를 구성하는 요소다. 이는 사람을 개별적인 인격체로 규정하는 특성과 성격의 특별한 배열이다. 불교 주석가들은 '심리 현상들[行, saṃskāra]'이라고 불러온 이 네 번째 무더기를 철저히 설명하기 위해 선(善, kusala), 불선(不善, akusala), 그리고 다른 내면의 특성들의 긴 목록을 작성했다. 여기서 중심적인 역할은 의지 혹은 의도[意, cetanā]다. 내면의 기능인 심리 현상들[行]을 통해 우리는 신중히 생각하고 결정을 내리며, 이를 통해서 까르마(karma, 業)가 형성된다. 네 번째 무더기는 이전 생들에서 행한 까르마 혹은 도덕적 선택들의 집합이자 금생에 행한 몸과 말과 뜻의 모든 행위들이다.

다섯 번째 무더기의 '위즈냐나(vijñāna)'는 대체로 '의식'으로 번역되지만 오해를 낳을 수가 있다. 왜냐하면 이 단어는 보통 내면적인 '의식의 흐름'을 뜻하는 것으로 받아들여지기 때문이다. 그렇지만, 내면의 인식(awareness)의 흐름으로서의 '식(識)'을 경험하는 것은 단지 많은 양상 중 하나일 뿐이다. 이것은 유기적 조직체를 움직이는 것과 마찬가지로 깊은 단계에서 작동을 하는 것으로 이해하는 것이 낫다. 우리가 보고, 듣고, 맛보고, 만지고 생각하는 육체적 감각을 지닌 것은 '식'에 의해서다. '감각/지각 능력(sentiency)'이란 번역이 '의식(consciousness)'보다 나을 수 있다. 왜냐하면 이것은 내면의 범주에만 국한되지 않기 때문이다. '식'은 죽음과 다시 태어남의 연결에서 중요한 기능을 한다. 한 생의 죽음에 바로 이어서 새로운 '식'[52]이 새로운 생물학적 형태와 결합해서 새로운 물질적 몸을 지닌 존재가 되지만, 까르마(업)의 특성이 전생으로부터 전해진다. 불교 문헌은 이 과도기적 국면에서의 '식'을 '간다르바(gandharva)"[53]라고 한다.

불교에 따르면 인간의 실체는 이들 다섯 무더기(오온)로 남김없이 분해될 수 있고, 이 다섯 무더기가 영원한 영혼을 포함하지 않기 때문에 불

52 재생연결식(patisandhicitta)

53 잉태될 준비가 되어 있는 존재.

교는 '무아(無我, anātman)'의 교의를 가르친다고 전해진다. 이러한 가르침에 따르면, 영원한 자아에 대한 그릇된 믿음은 일반적이지만 정말로 잘못 받아들여진 정체성의 경우이다. 이 잘못 받아들인 정체성으로 인해 하나 혹은 그 이상의 무더기(skandhas/p. khandha)가 영혼으로 잘못 이해된다는 것이다.

그렇다면, '무아'의 가르침 안에서 붓다는 개체들이 존재하거나 혹은 어떤 유일한 인성이나 정체성이 있다는 것을 부정하는가? 아니다. 무아의 가르침은 개인의 정체성을 부정하는 것이 아니다. 위에서 설명했던 것처럼, 우리가 "이건 그의 전형적인 모습이야."라고 말하는 것과 같은 개체를 구성하는 특성과 성격은 네 번째 무더기인 행온(行蘊)에 속한다. 이것은 집합적으로 개인의 성격을 규정하는 다양한 성향과 행동 패턴을 발견한 것이다. 무아의 가르침은 애초에 거기에 없었던 어떤 것을 제거하는 것이 아니다. 무아의 가르침은 인간이라는 존재가 어떻게 작동하는지 설명하기 위해 변하지 않는 영원한 영혼의 개념이 굳이 필요하지 않다는 것을 단순히 지적할 뿐이다.

알아야 할 요점들

- '다르마(Dharma)'는 불교의 가르침과 교의(教義)를 뜻한다.
- 불교 가르침의 토대는 사성제다.
- 사성제는 1) 삶은 괴로움이다. 2) 괴로움의 원인은 갈애다. 3) 괴로움은 끝낼 수 있다. 이것이 열반이다. 4) 열반을 향한 길은 팔정도이다.
- 열반은 두 종류다. 즉, 살아서의 열반과 죽음과 함께하는 열반.
- 팔정도는 윤리[戒], 명상[定], 지혜[慧]의 세 부분으로 나뉜다.
- 팔정도의 목표에 가까이 도달한 사람을 '고귀한 사람(ārya-pudgala)'이라고 부른다.
- 불교는 인간 존재를 '오온'이라고 부르는 다섯 가지 구성물의 무더기로 분석한다. 다섯 가지 무더기는 물질의 무더기[色蘊], 느낌의 무더기[受蘊], 인식의 무더기[想蘊], 심리 현상들의 무더기[行蘊], 알음알이의 무더기[識蘊]다.
- 무아의 가르침에 따르면, 다섯 가지 무더기(오온)와 별개로 영원하고 불변하는 영혼이나 자아는 없다.

토론을 위한 질문

Q. 괴로움(duḥkha)이란 무엇이고, 괴로움의 원인은 무엇인가?

Q. 열반(nirvana)이란 무엇이고, 어떻게 얻을 수 있는가?

Q. 붓다는 어떤 의미로 "나라고 할 것이 없다(anātman)."라고 가르쳤는가?

Q. 연기법(pratītya-samutpāda)은 어떠한 가르침이며, 초기의 가르침에서 얼마나 중요한가?

나아가 읽을 거리

Sumedho, Ajahn. *The Four Noble Truth.*(Acrobat ebook) Available from http://www.buddhanet.net/pdf_file/4nobltru.pdf.

Santina, Peter. *Fundamentals of Buddhism.*(Acrobat ebook) Available from http://www.buddhanet.net/pdf_file/fundbud1.pdf.

Hamilton, Sue. *Identity and Experience: The Constitution of the Human Being according to Early Buddhism.* London: Luzac, 1996.

Johansson, Rune. E. A. *The Psychology of Nirvana.* London: Allen & Unwin, 1999.

Harvey, Peter. *The Selfless Mind: Personality, Consciousness and Nirvana in Early Buddhism.* London: Curzon Press, 1995.

Welbon, Guy R. *The Buddhist Nirvana and its Western Interpreters.* Chicago, IL: University of Chicago Press, 1988.

4. 상가

이 장에서는

이 장은 불교 공동체의 다양한 측면과 공동체 안에서의 행위를 제어하는 금욕적이고 윤리적인 규약을 조명해 본다. 또한 붓다의 유명한 몇몇 초기 제자들과 불교 공동체가 초기에 지리적으로 확산된 상황에도 초점을 맞춰볼 것이다.

이 장에서 다루어진 주요 주제들

- 상가(僧伽, saṃgha)의 정의
- 율장(Vinaya Piṭaka)
- 초정전적(paracanonical) 율장 문헌
- 정전적(canonical) 율장 문헌
- 비정전적(non-canonical) 율장 문헌
- 재가(在家)신도
- 초기 상가의 중요한 제자들: 승려, 재가신도, 왕족 후원자
- 사원 생활
- 초기 상가의 지역적 분포
- 불교 여성 출가자—비구니

상가(僧伽, saṃgha)의 정의

불교에서는 일반적으로 붓다가 깨닫고 나서 보리수 부근에서 49일 동안 머물렀다고 전한다. 붓다는 깨달음을 가르칠 것을 망설이던 중 사함빠띠 범천이 법을 전파해 달라고 간청하자 그렇게 했다. 맨 처음 붓다를 예경한 이들은 나중에 재가신자가 된 두 명의 상인이었다.

붓다는 바라나시로 가서 전에 6년간 고행 수행을 함께 했던 다섯 명의 늙은 유행승들에게 첫 설법을 했다. 앞 장에서 언급했듯이, 첫 설법에 이은 두 번째 설법을 듣고 유행승들은 바로 열반을 깨달았다.

다섯 유행승은 불교 승단에 입문하는 출가의식(pravrajyā)과 구족계(具足戒, upasaṃpadā) 모두를 요청했다. 붓다는 "오라, 비구여(ehi bhikṣu)!"란 단순한 격려의 말로 이 수계를 완성했다. 이렇게 출가자의 체제 혹은 상가[僧伽]가 생겼고, 이 상가는 짧은 시간 안에 광범위하게 성장했다.

사진 4.1 도봉산 인근 사찰의 법당, 서울, 대한민국

상가란 단어가 오늘날에는 원래의 뜻보다 좀더 넓고 포괄적인 형태로 사용되나, 붓다의 시대에는 불교와 관련된 대부분의 공동체나 집단을 막연하게 가리키다가 차츰 완전히 다른 의미로 사용되었다. 산스크리트어 단어 '상가(संघ, saṃgha)'는 원래 단순히 사회나 집단이나 어떤 목적을 위해 함께 모인 사람들을 뜻했다. 일반적인 유행승(遊行僧, parivrājaka)들로 구성된 공동체인 여러 종교적 상가들 속에서 붓다의 추종자들은 이 단어를 이제 막 생겨난 그들의 풋내기 공동체에 명확하고 독특한 정체성을 부여하는, 보다 구별된 의미로 사용했다. 외부인들은 붓다의 첫 번째 제자들을 '붓다를 따르는 탁발승들(Śākyaputrīya-śrāmaṇa; 샤꺄 족의 아들-사문들)'로 불렀을지도 모르지만, 그들 스스로는 첫 공동체를 '비구 상가(bhikṣu-saṃgha)' 혹은 '비구들의 공동체'라 불렀다. 후에 여성들의 상가가 설립되었을 때 그들은 '비구니 상가(bhikṣuṇī-saṃgha)'로 불렀고, 두 단체는 합해서 '이부 상가(二部 僧伽, ubhayato-saṃgha)'라고 알려졌다.

대부분의 현대 학자들이 불교 공동체에 대한 저술에서 지적하고 있는 것처럼, 테라와다불교 국가들에서는 상가란 단어의 이러한 좁은 용례가 아직도 주된 의미로 남아 있다. 가끔 초기 문헌들 속에서 붓다는 사방승가(四方僧伽, cāturdisa-saṃgha)[54]라는 단어를 사용하지만, 붓다가 직접 사용한 용례들을 보면 이 단어는 오직 비구들의 상가를 뜻했음이 명백한 것 같다.

사원의 공식적인 수계 과정은 상가의 급격한 성장으로 인해 어떤 조정이 필요해졌다. 시간이 지나면서 전 과정은 좀더 형식화되었다. 비구들은 비구, 비구니 양쪽 수계식에서 계를 수여하도록 정했고, 전 과정은 다음과 같은 세 가지 귀의문을 세 번 독송하는 것으로 시작했다.

부처님께 귀의합니다(Buddhaṃ saraṇaṃ gacchāmi)
불법에 귀의합니다(Dhammaṃ saraṇaṃ gacchāmi)
상가에 귀의합니다(Saṅghaṃ saraṇaṃ gacchāmi)

비구와 비구니 상가는 모두 다르마(법)를 가르치기 위해 꾸준히 떠돌아다녀야[遊行] 할 의무가 있었고, 인도에서 실제적으로 떠돌아다니기 어려운 비 내리는 계절[雨期] 동안만 한 곳에 머물렀다.

초창기에 붓다의 공동체 생활에 대한 계획은 훌륭하게 실행되었다. 비구와 비구니들은 우기에 두 종류의 거처 중 하나에 머물렀다. (1) 스스로 만든 오두막(āvāsa), 혹은 (2) 보시 받은 오두막(ārāma). 각각의 경우 모두 가구나 필수품들은 최소한으로 유지했고, 오두막에 머무는 수도승들은 대략 3개월의 우안거(雨安居: varṣa) 동안 진지한 공부와 명상 수행에 전념했다.

짐작할 수 있듯이, 붓다의 사후 얼마 되지 않아서 우안거는 제도화되었고, 공동체가 필요한 것들은 급격히 늘어났으며, 초기 불교에서 기본

---

54 불교 출가자 누구에게나 열려 있는 보편적인 교단.

적이고 바람직한 상이었던 유행승은 대부분 이상으로만 남게 되었다. 보통 위하라(vihāra)로 부르는 큰 단위의 사원들이 발달했고, 가끔은 '와이샬리(Vaiśālī) 상가', 혹은 '슈라와스띠(Śrāvastī) 상가' 등 지역에 의해 구분되기도 했다. 유행하며 전법하라는 붓다의 권고와는 멀어져서 머물러 정착하는 상설 거처로서의 사원이 늘었고, 승려들은 정착 생활하는 방향으로 대세가 흘러갔지만, 이러한 풍조는 불교가 종교적 전통으로 발달하는 기회가 되었다. 다양한 통치자들이 불교를 선교하면서 외국에 파견했던 것은 바로 이러한 사회적 단체로서의 상가였다. 다양한 불교 문화를 발전시켰던 사원들은 축제와 순례의 장소가 되었고, 종교적인 존경을 받을 뿐만 아니라 정치·경제적으로 지배하면서 영향력 있는 단체가 되어 갔다.

사원의 소명은 더이상 금욕적이지 않았고, 고행주의와 쾌락주의 사이의 '중도(中道)'에 대한 붓다의 가르침을 강조해 나갔다. 이는 실로 이루기 어려운 대단한 진전이었다. 불교의 역사는 또한 붓다가 평신도—남자 재가신자(upāsaka)와 여자 재가신자(upāsikā)—도 그의 공동체 안에 받아들였다고 기록한다. 재가신도들은 점차로 상가 공동체와 활발하게 공생하는 부분이 되었다. 그럼에도 불구하고 초기에는 재가신자 공동체는 상가와는 독립되고 구별되는 것으로 여겼다.

율장(律藏, Vinaya Piṭaka)

불교학자 미카엘 캐리더스(Michael Carrithers)는 "상가(승가) 없이는 불교가 없고, 계율이 없이는 상가가 없다."라고 말했다. 상가와 재가신자 공동체 모두 가장 높은 수준의 윤리적 행위를 유지하기 위해서 상가와 재가 각각의 규범이 제정되었다. 상가를 위해서는 율장으로 알려진 경전의 한 분야가 형태를 갖추었다.

율장은 비구와 비구니 상가의 생활 규범을 기록한 불교 경전의 한 분야이다. 경전화된 사원의 규범에만 초점을 맞추지 말고 일반적인 율장 문헌에도 주목해서 불교적인 삶의 사원생활에 대해 광범위하게 다룬다면, 우리는 붓다의 반열반 후 이어진 첫 몇 세기 안의 초기 불교 공동체에서 진행되었던 발전적 과정을 볼 수 있다. 그에 따라 다음과 같은 개략적인 틀을 얻을 수 있다.

- 초(超)정전적 율장 문헌(Paracanonical Vinaya Literature)
  - 바라제목차경(Prātimokṣa Sūtra, 別解脫經)
  - 갈마문(羯磨文, Karmavācanā)
- 정전적 율장 문헌(Canonical Vinaya Literature)
  - 경분별(經分別, Sūtravibhaṅga)
  - 건도부(犍度部, Skandhaka)
  - 부수(附隨, Parivāra)
- 비정전적 율장 문헌(Non-Canonical Vinaya Literature)
  - 주석서(註釋書, Atthakathā)
  - 기타 문헌들

초(超)정전적 율장 문헌

바라제목차경(Prātimokṣa/p. pāṭimokkha Sūtra, 別解脫經)

〈바라제목차경〉은 중대성에 따라 분류한 범주로 체계화된 범계(犯戒)의 목록이다. 많은 학자들은 이제 불교 고전어 사전 속의 전문 용어들을 통해 〈바라제목차경〉이 적어도 세 단계의 발전을 겪어온 것 같다는 데 동의한다. 즉, 초기에는 단순히 정기적으로 신앙을 점검하기 위해 비구와 비구니들에 의해 독송되었고, 차츰 사원 공동체의 계율을 상기시키는 적절한 장치로서 독송된 비(非)문학적인 규범문 역할을 하다가, 후대에는 비교적 잘 발달된 상가 안의 조직과 제도를 과시하는 사원의 의식으로 정착되었다는 것이다.

비구계목 안에서는 범계를 아래와 같이 분류한다.[55]

1. 바라이법(波羅夷法, Pārājika dharma): 상가에서 추방되는 범계
2. 승잔법(僧殘法: 僧伽婆尸沙, Sanghāvaśeṣa dhamma): 근신 기간 동안 잠정적으로 상가로부터 추방된 것으로 간주되는 범계
3. 부정법(不定法, Aniyata dharma): 신뢰할 만한 여성 재가신자에 의해 비구가 성행위와 관련한 계목을 범했다고 의심이 제기되었으나 확정할 수 없는 경우들
4. 사타법(捨墮法: 尼薩耆波逸提, Naiḥsargika-Pāyantika dharma): 몰수와 참회가 필요한 범계
5. 단타법(單墮法: 波逸提, Pāyantika dharma): 단순한 참회가 요구되는 범계
6. 회과법(悔過法: 波羅提提舍尼, Prātideśanīya dharma): 범계 내용을 자백하며 참회해야 하는 범계
7. 중학법(衆學法, Śaikṣa dharma): 상가의 예의 법도와 관련된 학습 계목들
8. 멸쟁법(滅諍法, Adhikaraṇa-Śamatha dharma): 분쟁을 해결하는 데 이용되는 법다운 절차

---

55 범계의 내용은《달라이 라마의 불교 강의》(달라이 라마·툽텐 최된 공저, 불광출판사, pp.127~128)의 설명이 보다 이해하기 쉽다. ①바라이법 : 가장 중대한 죄 ②승잔법 : 일시적인 파문을 받고 참회하면 승려 자격이 회복되는 죄 ③부정법 : 비구가 여성과 자리를 함께 한 죄로서, 비구의 자백에 의해 죄가 결정된다. ④사타법 : 소유가 금지되거나 제한된 물건을 소유했을 때, 그 물건을 포기하고 참회하면 되는 죄 ⑤바일제법(단타법) : 망어(妄語), 악구(惡口) 등 참회하면 죄가 소멸되는 가벼운 죄 ⑥회과법 : 받으면 안 되는 음식을 받아 먹은 죄로서, 청정비구에게 참회하면 죄가 소멸되는 죄 ⑦중학법 : 걸식, 설법 등의 행의작법(行儀作法)의 규정을 어겼을 때, 마음속으로 참회하면 되는 죄 ⑧멸쟁법 : 승가에 싸움이 벌어지면 승가의 규칙을 적용하여 말리는 방법.

비구니의 계목에는 세 번째 부정법이 제외된 일곱 범주만 포함된다. 명시된 계목의 숫자는 불교의 여러 분파에 따라 비구 계목은 218계부터 263계까지, 비구니 계목은 279계부터 380계까지 다양하다. 매월 두 번씩 초하루와 보름의 포살(布薩, Poṣadha)일에 참회의식으로서 독송되었던 〈바라제목차경(Prātimokṣa Sūtra)〉으로 정형화되었을 때 세 가지 새로운 특징이 첨가되었다. 계목의 앞과 뒤에 덕망 있고 규율 바른 삶을 칭송하는 일련의 운문들과, 상가를 모두 소집하고 참회 의식을 하기 위해 사용된 서문, 그리고 누가 청정하고 누가 청정하지 않은가를 밝히기 위한 목적으로 각 범계의 범주 뒤에 독송된 질문 형식 등이다. 이처럼 창시자 붓다의 사후 짧은 시간 안에 비구들은 상가의 청정함을 지켜 나가기 위한 체계화된 도구를 그들 스스로 규정해 나갔다.

갈마문(羯磨文, Karmavācanā)

갈마문은 상가의 공동체 생활을 단속하는 기능적이고 법다운 절차를 진행하는 문장들이다. 바라제목차 계목들은 비구와 비구니 각 개인에 해당하는 규범이고, 갈마문은 공동체로서의 상가에 해당하는 규범이다. 갈마문은 적어도 14가지로 분류된다.[56]

1. 출가입단법(出家入團法: 沙彌/沙彌尼戒, pravrajyā)
2. 구족계(具足戒: 比丘/比丘尼戒, upasaṃpadā)
3. 포살(布薩, poṣadha)
4. 자자(自恣, pravāraṇa)
5. 우안거(雨安居, vassa) 동안의 거주 의무(varṣopagamana)
6. 가죽[皮革]의 사용(carman; 가죽 신발의 허용)

56 대품(mahāvagga)과 소품(cullavagga)에 따라 나누는 전통적인 분류 방식과 대체로 비슷하나 약간의 생략과 차이가 있다.

7. 의약품[藥劑, bhaiṣajya]의 준비와 사용
8. 가치나의(迦絺那衣, kaṭhina; 안거 후 보시하는 가사)
9. 규율(規律: 羯磨kamma, 別住pārivāsika, 罪集samuccaya, 滅諍samatha)
10. 비구의 일상생활[小事, khuddakavatthu]
11. 거처 안의 침대와 의자[坐臥處, śayanāsana]
12. 상가의 분열[破僧, sanghabheda]
13. 제자와 스승이 서로에게 지켜야 할 의무들[法篇vatta, 遮篇pātimokkhaṭṭhapana]
14. 비구니의 규칙들[比丘尼篇, bhikṣuṇi]

이 모든 것들은 전체의 요청에 의하거나 분쟁에 의해서 발생하는 상가 까르마(sanghakarma; 문자적으로 '상가의 행위')[57]라 규정된 전반적인 절차에 따라 다루어진다. 공동체로서의 상가의 행위가 타당한지 숙고하기 위해 자격을 갖춘 적정수의 비구들이 모여야 한다. 모든 부재자들의 무기명 투표지를 모으고서 선언[白, jñapti/p. ñatti]이 실행된다. 선언은 크게 읽거나 공표되고, 이때 쓰이는 공식적 문장이 갈마문(Karmavācanā)이다. 심사에 따라 긍정적이거나 부정적인 결정이 나온다. 민주적으로 도출된 결정에 근거해서 상가는 통합된 체제로 유지된다.

정전적 율장 문헌

경분별(經分別, Sūtravibhaṅga)

'경분별(Sūtra-vibhaṅga)'이란 단어의 문자적 해석은 '경(sūtra)의 분석'이

57 상가에 속한 승려의 개인적 차원이 아니라 공동체로서의 상가 차원에서 이루어지는 행위, 의식들.

다. 이처럼 경분별은 〈바라제목차경(Prātimokṣa Sūtra)〉에 기록되어 있는 범계들에 대한 세부적인 분석이다. 짐작할 수 있듯이 〈경분별〉은 〈바라제목차경〉에 나열된 범계들의 체계를 대체로 동일하게 따른다.

그러나 〈경분별〉은 계목의 각 규칙과 관련해 네 종류의 체계를 더 가진다. (1) 계목이 제정된 배경을 설명하는 이야기 (2) 계목의 계율문 (3) 계율문에 대한 단어 대 단어의 주석 (4) 계율의 적용 예외나 처벌에서 제외되는 완화된 조건들을 알려 주는 이야기들이다.

〈경분별〉에서는 〈바라제목차경〉에 규정된 범계의 범주들에 덧붙여서 몇몇 새로운 카테고리가 보이는데, '무거운 범계[偸蘭遮, sthūlātyaya]', '가벼운 범계[突吉羅, duṣkṛta]', '그릇된 말의 범계[惡說, durbhāṣita]' 등이다. 이 새로운 단어들은 〈경분별〉이 편집될 때 첨가된 것으로 보인다. 왜냐하면 〈바라제목차경〉은 이미 새로 넣을 근거가 없어졌다고 여겨졌기 때문에(편집이 끝났기 때문에) 새로운 범계들에 대한 범주는 〈경분별〉로 넘겨져 편입되었을 것이다. 상황에 따른 윤리의 유연함이 반영되어서 〈경분별〉은 그런 방향으로 불가피하게 확장되었다. 〈바라제목차경〉처럼 〈경분별〉도 역시 비구와 비구니의 것이 각각 있다.

건도품(犍度品, Skandhaka)

〈건도품〉은 상가의 조직과 관련된 규칙을 담고 있다. 이것은 갈마문에 따라 거행된 의식과 행위들의 규범이다. 〈갈마문〉은 〈건도품〉에 해당하고, 〈바라제목차경〉은 〈경분별〉에 해당한다고 말할 수도 있다. 〈건도품〉에는 20항목이 있고, 각각은 품(品, vastu)으로 인용된다.

1. 출가입단법(出家入團法, pravrajyāvastu): 상가에 입단하는 법
2. 포살(布薩, poṣadhavastu): 매월 참회 의식(실제로는 월 2회)
3. 우안거(雨安居, varṣāvastu): 우기 동안 함께 머무는 의식
4. 자자(自恣, pravāraṇāvastu): 우안거의 끝에 열리는 자참(自懺) 의식

5. 가죽[皮革]의 사용(carmavastu): 신발과 가죽 제품의 사용
6. 의약품[藥劑, bhaiṣajyavastu]: 비구를 위한 음식과 의약품의 준비와 사용
7. 법의(法衣, cīvaravastu): 의복과 관련된 규칙
8. 가치나의(迦絺那衣, kaṭhinavastu; 안거 후 보시 가사): 가사의 제작과 분배에 관련된 규칙
9. 구섬미(拘睒彌, kośambakavastu): 꼬삼비의 두 무리의 비구들 사이의 분쟁
10. 갈마(羯磨, karmavastu): 상가의 법률적 절차
11. 규율 관련 문제를 바로잡기 위해 상가에 의해 세워진 기준(pāṇḍulohitakavastu)
12. 단순한 범계를 위한 보통의 절차(pudgalavastu)
13. 별주(別住) 기간과 근신 기간 동안의 행동거지(pārivāsikavastu)
14. 비구가 포살 의식에 참여하는 것을 금하는 조항(poṣadhasthāpanavastu)
15. 멸쟁(滅諍, śamathavastu): 분쟁을 해결하는 절차
16. 파승(破僧, sanghabhedavastu): 상가의 분열
17. 거처 안의 침대와 의자(坐臥處, śayanāsanavastu)
18. 여기까지 논의되지 않은 비구의 기타 행동거지에 관한 조항(ācāravastu)
19. 잡다하고 소소한 문제들(kṣudrakavastu)
20. 비구니들을 위한 규칙(bhikṣuṇīvastu)

〈건도부〉에는 이상 스무 가지의 항목에 덧붙여서 붓다의 족보, 붓다의 태어남, 사리뿌뜨라와 마우드갈리야야나의 개종 등 붓다의 개인사(個人史)를 기록한 서론과 붓다의 죽음, 라자그르하의 경전 결집, 장로들의 역사, 그리고 와이샬리의 경전 결집을 다룬 결론 부분이 포함되어 있다.

부수(附隨, Parivāra)

〈부수〉는 보충자료로, 일부 부파의 율장에서 보인다. 부수는 두 가지 기본 내용으로 구성되어 있다. 〈경분별〉과 〈건도부〉에서 보이는 규칙들의 '요약'과 '사원 역사의 흥미로운 짧은 단편들'이다.

비정전적 율장 문헌

다행히 율장의 주석서들이 폭넓고 다양하게 전해 오고, 그 중요성은 여기서 강조할 필요가 없을 것이다.

재가신도

많은 불교 학자들은 불교의 정신적 생활의 근간이 공덕(puṇya)이라고 지목해 왔다. 재가의 남신도(upāsaka)와 여신도(upāsika)들은 주로 두 가지 방법으로 공덕을 쌓는다. 첫째, 그들은 '공덕'이나 '선한 까르마[善業]'를 만들어 내는 유익한 행위들을 실천할 수 있다. 아울러 특별한 '공덕의 밭[福田, puṇya-kṣetra]'이라고 불리는 상가를 위해 사원을 건립할 수 있다. 상가에 대한 보시(dāna)와 관대한 행위를 함으로써 자신이 귀의한 신앙의 전문가인 승려들을 후원하면서 아울러 스스로의 정신적 성장을 키워 나간다. 재가신자들은 그러한 후원에 대한 보상으로 상가로부터 다르마[法]에 대한 가르침과 현명한 조언을 받는다.

그러므로 상가에 대해 계율을 엄정하게 준수할 것을 요구하는 일이 발생하는데, 이는 상가와 재가신자가 공생하는 관계라는 상황 맥락 안에서 볼 때 그리 놀라운 일이 아니다. 출가자의 소명은 세속적 생활을 멀리하고 은둔자의 이상을 추구하기 때문에, 비구와 비구니 개인은 재가신자의 후원을 유지하기 위해서 가장 높은 존경을 받을 만한 도덕적 자질을 지녀야만 했다.

재가신자들의 윤리적 행위는 일반적으로 오계(pañca-śīla)로 알려진 다섯 가지 서약에 충실함으로써 규정된다. (1) 생명을 해치지 않기 (2) 주어지지 않은 것을 갖지 않기 (3) 성적 불륜을 행하지 않기 (4) 그릇된 말을 하지 않기 (5) 정신을 흐리게 하는 술이나 약물을 복용하지 않기 등이다. 다른 상황에서는 이 형식이 8계나 10계로 늘어나기도 한다.

〈교계싱갈라경(Sigālovāda Sutta)〉(D31)과 같은 몇몇 유명한 빠알리 경들은 일반적인 사회적 교류 안에서 발생하는 다양한 관계 안의 윤리적 행위를 규정한다. 아시아의 다양한 문화에 뿌리내린 비교적 초기의 불교 공동체의 중심은 명백하게 사원적(monastic)인 것이었다. 반면에, 이 책에서 나중에 보게 되듯이 불교가 세계화되고 서양 문화로 전파되자, 지금까지 불교도들이 표준이자 이상적인 형태로 받아들였던 사원과 출가자 중심의 불교 생활 양식은 점차 바뀌었다. 재가의 생활 방식이 현대 불교도들을 위한 좀더 일반적인 선택으로서 새롭게, 그리고 심오하게 강조되는 중대한 변화를 겪게 된다.

초기 상가의 중요한 제자들

붓다가 깨달음을 성취한 뒤 바로 이어서 많은 제자들이 입문함으로써 최초기의 불교 공동체 역사에서 중요한 역할을 했다. 주요한 제자들에 대해 간단히 살펴보겠다.

아난다(Ānanda)

아난다는 붓다의 사촌으로서 붓다가 고향 까삘라와스뚜를 방문했을 때 불교에 귀의했다. 붓다가 법을 편 지 20년 되던 해에 시자(侍者)가

되어, 붓다의 나머지 삶 내내 붓다를 보필했다. 아난다의 가장 주목할 만한 업적은 첫 번째 결집에서 모든 경을 송출(誦出; 외워서 낭송함)한 일과, 최초의 비구니가 된 마하쁘라자빠띠(Mahāprajāpatī)를 지지해 줌으로써 비구니 상가의 설립을 도운 일이다.

우빨리(Upāli)

이발사 집안에 속했던 우빨리 또한 까삘라와스뚜에서 비구가 되었다. 점차로 율장에 정통하여 첫 번째 결집에서 율장 전체를 송출했다.

라훌라(Rāhula)

붓다는 깨달음을 얻은 뒤 마침내 가족을 보러 까삘라와스뚜로 돌아왔다. 붓다의 아내였던 야쇼다라는 아들 라훌라를 아버지 붓다에게 보내며 유산을 요구하라고 했다. 붓다는 유산을 주는 대신 겨우 일곱 살이었던 어린 소년 라훌라를 승단에 받아들이고 사미계를 주었다. 이후 라훌라는 사미승 중 으뜸으로 알려진다.

사리뿌뜨라와 마우드갈리야야나(Śāriputra and Maudgalyāyana)

사리뿌뜨라(舍利弗)는 원래 산자야(Sañjaya)란 유행승의 추종자였다. 어느 날 그는 아슈와짓(Aśvajit)이란 이름의 불교 사미승[58]을 만나 설법을 듣게 되었다.[59] 사리뿌뜨라는 그 가르침의 참된 의미를 즉시 이

---

58 빠알리 전승에 의하면, 아슈와짓은 앗사지(assaji)로 붓다의 최초의 제자인 다섯 비구 중 한 명이다. 첫 설법 후 붓다에게 귀의하고 붓다는 "오라, 비구여(ehi bhikkhu)!"라고 하여 제자로 받아들였기 때문에 (《마하박가-율장 대품》, 크나큰 다발, 전재성 역, pp.241~244), 비구라고 호칭하는 것이 맞다. 또한 사미승 제도는 훨씬 뒤에 붓다가 고향 까삘라와스뚜를 방문하여 어린 라훌라를 승단에 받아들이면서 시작되었기 때문에 이 시기에는 사미승이 없다.

59 아슈와짓(앗사지) 존자는 처음에는 "저는 출가한 지 얼마 안 되어 스승의 가르침을 자세히 전달할 수가 없습니다."라고 겸양했으나 사리뿌뜨라가 '간략한 뜻'만이라도 청하자 다음 게송을 읊어 주었다고 한다.

법들은 조건에 따라서 일어나니	Ye dharmā hetuppabhavā
그 조건을 선서(善逝)께서는 말씀하시네	tesaṃ hetuṃ tathāgato āha;
또한 그것(조건)의 소멸도 말씀하시니	Tesañca yo nirodho,

해하고 아라한이 되었다.[60] 사리뿌뜨라는 가까운 친구 마우드갈리야야나(目犍連)에게 이 법을 당장 전했는데 그도 역시 바로 깨달음을 얻었다. 두 수행자는 곧 비구가 되었고, 가장 가깝고 가장 현명한 제자로서 붓다의 곁을 굳건히 지켰다. 사리뿌뜨라는 종종 아비다르마(abhidharma)와 관련되어 등장하며, 마우드갈리야야나는 신통력으로 유명하다.

마하까샤빠(Mahākāśyapa)

나이가 많고 계율을 엄정히 준수했던 마하까샤빠(摩訶迦葉)는 붓다의 사후 첫 우안거에 라자그르하에서 개최된 첫 번째 결집의 의장이었다. 그는 결집에 참석했던 500명의 비구를 선정하고, 아난다에게는 경에 대해, 우빨리에게는 율에 대해 송출하도록 직접 질문함으로써 결집을 이끌었다.

데와닷따(Devadatta)

데와닷따도 붓다와의 인연으로 비구가 되었으나, 붓다의 다른 추종자들과는 달리 끊임없이 상가를 협박했고 붓다의 전법 기간 끝까지 상가의 지도자 자리를 차지하려고 노력했다. 몇 차례나 붓다를 살해하려 시도하다가 실패한 뒤에, 좀더 금욕적인 계율 수행을 주장하며 상가를 분열시키고 자신을 따르는 무리를 이끌었다.[61] 그러나 추종자

위대한 사문은 이렇게 가르치시네 evaṃvādī mahāsramaṇo

《율장 대품》, 크나큰 다발 (일창 스님, 《부처님을 만나다》, 이솔, 2014, pp.248~249에서 재인용; 빠알리 원문은 미얀마 6차 결집본).

60 "그때 이와 같은 법문을 듣고 유행자 사리뿟따에게 순수하고 때묻지 않은 진리의 눈이 생겨났다."(《율장 대품》, 위의 책, p. 159). 테라와다 전통에 의하면 이 표현은 수다원을 의미한다. 사리뿌뜨라는 출가 후 붓다가 그의 조카 디가나카에게 해주는 법문을 듣고 "취착이 없어져서 번뇌들에서 마음이 해탈"한 아라한이 되었다.(〈디가나카 경(Dighanakha Sutta)〉, M74)

61 데와닷따는 다음과 같은 다섯 가지 완고한 계율을 지킬 것을 주장한다. 비구는 1) 평생 숲에 머물러야 한다. 2) 평생 걸식으로 생계를 해결해야 한다. 3) 평생 버려진 옷감을 주워 모아 만든 옷만을 입어야 한다. 4) 평생 나무 밑이나 수풀 등 지붕이 없는 곳에서 자야 한다. 5) 평생 생선과 고기를 먹어서는 안 된다. 이

들이 점차로 그를 떠나 붓다의 상가로 돌아가자, 피를 토하고 죽었다.

아나타삔디까(Anāthapiṇḍika, 給孤獨)

아나타삔디까는 슈라와스띠(Śrāvastī)의 부유한 자산가였다. 붓다의 재가 제자가 된 후에 그는 기원정사(Jetavana)로 알려진 사원을 지었고, 그곳에서 붓다는 전법 기간의 후반 스물 다섯 해의 안거를 지냈다.

위샤카(Viśākhā)

위샤카는 부유한 집안의 딸이었다. 그녀는 불교 집안에서 태어났으나 불교와 경쟁 관계였던 다른 종교를 따르는 집안의 아들과 결혼했다. 시아버지가 다른 종교와 그 추종자들을 후원하라고 지시했지만 듣지 않았고, 마침내 시아버지를 불교로 이끌었다. 그녀는 상가를 위한 사회적 봉사를 실천하고, 비구들을 위해 매일 음식을 보시하거나, 환자들에게 의약품을 보시하고, 비구들에게 가사를 보시하는 등의 활동에 전념했다.

빔비사라(Bimbisāra) 왕

빔비사라 왕은 수도 라자그르하(Rājagṛha, 王舍城)에서 마가다(Magadha) 국을 통치했다. 붓다의 설법을 듣고 재가 제자가 되었다. 불교 상가 최초의 사원인 죽림정사(Veṇuvana Ārāma)를 지어서 보시했고, 붓다에게 매월 두 번의 참회 모임(포살)을 권유하였다. 아들 아자따샤뜨루(Ajātaśatru)와 잔인한 데와닷따가 모의한 음모로 자신의 궁에 갇혔고, 자유를 다시 찾지 못하고 감옥에서 죽었다.

에 500명의 비구가 동조하여 데와닷따를 따라 나섰으나, 얼마 지나지 않아 사리뿌뜨라와 마우드갈리야야나의 설득에 의해 다시 붓다의 승단으로 돌아간다.(《도표로 읽는 불교입문》, 이자랑, 민족사, p.111 참조).

빠라세나짓(Prasenajit)

꼬살라(Kośala) 국의 왕 빠라세나짓은 종종 상가에 공양을 보시했지만 빔비사라 왕과 달리 무조건적으로 후원하지는 않았다. 그러다가 마침내 붓다의 재가 제자가 되었고 열성적인 후원자가 되었다.

사원 생활

초기의 불교 승단은 단순히 '떠도는 수행자(parivrājakas)'로 알려진 유행승의 여러 무리 중 하나였다. 이러한 유행승 종파의 공통된 관습은 우기에 떠도는 생활을 잠시 멈추는 것이었다. 불교도들은 우안거(雨安居, varṣā)를 준수하기 위한 신중한 규칙들을 정함으로써 이 일시적인 정착 기간 동안 조화롭게 함께 모여 지내는 법을 계발했다. 이렇게 불교 승단은 사원 생활의 기초를 확립함으로써 다른 유행승들의 공동체와 구별되어 갔다.

우안거 동안 머무는 거처는 일반적으로 두 종류가 있다. 비구들 스스로가 결정하고 지어서, 유지하며 머무는 거처인 승방(僧房) '아와사(āvāsa)', 그리고 부유한 후원자가 보시해서 관리해 주며 비구들이 머물도록 하는 승원(僧園) '아라마(ārāma)'이다. 승방, 승원과 함께 '위하라(vihāra, 居處)'라는 작은 오두막이 비구들의 거처로 지어졌다. 후에 상가의 거처가 좀더 충분히 발달되었을 때, '위하라'라는 단어는 한 영역의 사원 전체를 의미하게 되었다. 이런 공간에 속한 비구들을 위한 거주 시설은 지극히 단순했다. 사원은 대개 읍이나 마을의 외곽에 지어졌다. 생계를 위해 쉽게 탁발하도록 마을과 너무 떨어져서는 안 되었고, 동시에 명상수행이라는 사명을 추구할 수 있도록 마을의 혼잡함으로부터 충분히 떨어져 있어야 했다.

위하라

위하라(vihāra)의 문자적 의미는 '머무는 곳'이고, 특히 불교의 사원과 연관이 있다. 원래 비구와 비구니들이 각 지방을 떠돌다가 우기 동안 임시로 정착하면서 우안거(雨安居)를 보내는 개인 오두막을 뜻하는 단어로 사용되었다. 후에 비구들을 위한 상설 거처가 설립되면서 위하라는 일반적으로 사원 전체 영역을 뜻하게 되었다. 이 포괄적인 단어는 사원으로 쓰이는 것이 관례지만, 태국과 같은 나라에서는 성골함(聖骨函)을 가리키는 용어로도 쓰고 있다. 초기에는 교의가 다른 비구일지라도 같은 사원에 함께 머물렀다. 대개 중앙의 안뜰 주변에 배치한 개인 방과 보리수나무, 법당과 경행 복도를 포함한다.

시대가 변함에 따라 승단의 필요는 성장하는 단체를 반영하기 시작했다. 일부 사원은 관리상의 정교한 위계 제도를 갖추면서 커지고 복잡해지며 부유해졌다. 날란다(Nālandā)와 소마뿌리(Somapuri) 같은 일부 사원은 수천 명의 기숙 학생들이 머무는 대학교로 발전했다. 현대 인도의 비하르(Bihar) 주는 그 지역에 위하라(불교 사원)가 많았던 데서 비롯된 명칭이다.

석 달 동안의 불가피한 공동생활은 불교 승가에 심오한 영향을 빠르게 미쳤다. 안거 동안의 다양한 제도들로 인해 승가는 점차 단결된 집단이 되어 갔다. 기본적으로는 매월 두 번씩 모두 모여서 〈바라제목차경〉을 독송하도록 정해졌다. 안거 후에 보시되는 가사(kaṭhina)를 위해 천을 준비하고 분배하는 일은 공적·집단적으로 수행되었고, 우안거를 마칠 때는 함께 머문 동안의 청정함을 확인하기 위해 '자자(自恣, Pravāraṇa)'와 같은 독특한 의식이 도입되었다. 출가입단(出家入團) 절차와 구족계를 받아 지니는 절차는 점차 개별 비구가 아닌 승가에 의해 집행되었다.

사원은 하나의 단위로서 처음부터 스스로를 외부와 구분하였다. 초기에 비구들은 우기가 끝날 때마다 모여 머물던 정착생활을 버리고 다시 본래의 유행(遊行)을 떠났다. 그러나 시간이 지남에 따라 비구들은 해마다 같은 사원으로 돌아오곤 했다. 그러다 비구들 스스로 자신을 보호하고자 하는 동기와 재가신자 공동체의 필요가 뒤섞여서, 결국 안거가 끝나도 비구들은 유행을 떠나지 않고 정착하게 되었다.

차츰 슈라와스띠의 상가처럼 개별적인 상가들이 성장했다. 유행하는 비구의 이상은 점차 이야기에 불과하게 되었고, 불교도들은 점차 붓다의 가르침과 계율로 묶인 특정 단체로 확립되어 갔다. 상가는 출가자 스스로의 열반의 성취에 전념할 뿐만 아니라 재가신자들의 정신적 성장도 도왔다.

이러한 개별 상가들이 출현하자 평범하게 이루어지던 공동체를 유지하는 일이 좀더 심각한 문제가 되었다. 각 상가는 점점 더 개별화되고 다른 상가들로부터 지리적으로도 떨어져 있게 됨으로써 종파주의(sectarianism)의 첫 씨앗이 심어졌다.

사원에서의 소임

다양한 사회적 배경과 직업을 가진 사람들이 출가자의 삶에 이끌려 상가에 들어옴으로써 각기 독특한 기여를 했다. 많은 이들이 세간으로부터 물러나는 기회에 매료되었고 명상에 몰두했지만, 어떤 이들은 경전을 연구하고 철학적 토론에 빠져들었다. 대체로 전체 불교 공동체 안에서 비구와 비구니들은 가장 많이 교육 받은 층에 속했고, 지식과 정보의 보물창고와 같은 역할을 하였으며, 그것을 제자들에게 전수했다. 설법하는 데 재능을 보인 이들은 가르침을 기억하고 설명하고 가르치는 데 헌신했다. 불교의 사원 공동체는 재가신도들에게 상징적인 관계로 존재했기 때문에 상가의 승려들은 재가신도들에게 다르마(법/가르침)의 구체적인 수행지침과 정신적 지도를 제공해야 했고, 그에 대한 보답으로 재가는 승가가 살아가는 데 필요한 필수품들을 공양했다. 어떤 비구들은 의학에 조예가 깊어서 지역의 약초에 대한 전문적인 지식이 있었고, 원래 병이 있거나 승원 생활의 어려움으로 병든 승려들을 치료하기 위해 약용식물을 기르기도 했다.

불교 사원 시설이 아시아 전역으로 퍼져 나갈 때 불교 사원들은 일상활동을 위한 건강센터로서의 대규모 예산과 시설을 가진 기관이 되었고, 또한 경제의 터전이 되기도 했다. 그런 경우에 사원 공동체의 다양한 구성원들이 사원의 다양한 기관에 종사함으로써 업무들이 일관되게 운영되었고, 사원과 결부된 모든 활동들이 부드럽게 유지될 수 있었다.

추가로 불교 사원들이 지방에서 도시로 옮기면서 사원생활은 일련의 복잡한 지원활동들과 관련되었고, 대개 사회 전반에 다르마를 전법하려는 포교활동으로 기우는 새로운 경향이 더해졌다. 더욱이나 많은 사원들은 현대 사회의 새로운 과학기술들을 열성적으로 도입하여 사원의 업무와 포교를 위해 사이버공간을 활용하게까지 되었다. 혁신의 관점에서 볼 때, 오늘날 불교의 '사원 중심' 체제는 불교가 인도에서 태동되던 시기와는 매우 다른 것이 되어 가고 있다.

초기 상가의 지역적 분포

불교와 승가는 붓다가 살아 있던 동안에는 그리 널리 전파되지 않았다. 붓다의 설법 대부분은 마가다 국과 꼬살라 국의 넓은 지역과 그 주변에서 이루어졌다. 마가다 국에서는 세 곳이 주목할 만하다. 첫 번째는 수도인 라자그르하(Rājagraha, 王舍城)다. 이곳에서 빔비사라 왕의 후원으로 첫 번째 승원(僧園)이 승가에 공양되었다.

빠딸리뿌뜨라(Pāṭaliputra)는 후에 인도 역사에서 아마도 가장 위대한 왕으로 꼽힐 아쇼카(Aśoka) 왕의 성채 수도가 된 도시이다. 이 두 도시 외에 라자그르하의 외곽에는 날란다(Nālandā)가 있었는데 후에 불교사 초기의 가장 중요한 사원대학교가 세워질 지역이었다. 마가다 국에는 보드가야(Bodhgayā)가 있는데, 붓다가 이곳에서 깨달음을 얻었기에 불교의 탄생지로 기록된다. 가르침을 위해 처음 유행하던 시절, 붓다가 큰 무리의 추종자들을 얻은 곳도 마가다 지역이었다.

쁘라세나짓 왕이 통치했던 꼬살라 국은 수도가 슈라와스띠(Śrāvastī, 舍衛城)로 붓다에게 가장 중요했던 곳이다. 붓다는 슈라와스띠에서 아나타삔디까와 위사카라는 초기의 두 후원자를 받아들였으며, 전법 인생 후반부의 우안거를 스물 다섯 해나 이곳에서 지냈다. 붓다의 고향인 까삘라와스뚜(Kapilavastu)는 꼬살라 국에 속한 지역이었다.

꼬살라 국의 동쪽과 마가다 국의 북쪽 지역은 비록 브라흐만 전통의 요새였지만 붓다의 영향이 미쳤던 곳이다. 몇 지역만 거론하자면 릿차위(Licchavi), 위데하(Videha), 그리고 꼴리야(Koliya)이다. 동쪽으로는 앙가(Aṅga) 지역이 있는데 까우샴비(Kauśāmbī)의 도시들이 초기 경전에 종종 등장한다. 초기의 불교도들은 갠지스 서쪽과 북쪽 지역에서는 훨씬 덜 활동했던 것 같다.

위에서 볼 수 있듯이 최초기에 승가는 다소 제한된 범위 내에서만 전파된 것으로 보인다. 불교가 인도에서뿐만 아니라 인도 국경 밖으로도 넓은 범위에 걸쳐 전파된 것은 붓다 사후 적어도 몇 백 년이 지난 뒤였다. 이러한 지역적 확장에 따른 불교의 세계화와 현대 불교 문화 속에서의 승가의 발달은 이 책의 뒷부분에서 다룰 것이다.

불교 여성 출가자 - 비구니

비록 불교가 최초로 여성 고행자들을 조직된 여성들의 종교 공동체(상가)로 수립했다고 종종 인정되지만, 최초로 여성 출가자를 받아들인 것은 자이나교였다. 불교에서 여성들을 위한 사원 수계 조직인 비구니 상가가 수립된 것은 남성 출가자들을 위한 사원 수계 조직인 비구 상가를 만든 지 5년 후였다. 붓다의 이모이자, 붓다를 키운 어머니인 마하쁘라자빠띠(Mahāprajāpatī)가 붓다를 찾아갔다. 마하쁘라자빠띠는 여성들을 위한 상가를 허락해 달라고 청했다.

붓다는 처음에는 거절했으나, 사촌이자 시자인 아난다의 간청에 따라 마침내 여성 상가를 허락했다. 허락이 떨어진 중대한 전환시점은 여성도 남성과 동등하게 열반(nirvana)을 성취할 수 있다는 붓다의 시인이었다. 그러나 붓다는 여성만을 위한 여덟 가지 추가 계율(garudharma; 비구니 팔경계)을 받아들여야만 허락하겠다고 했다. 이야기는 마치 곰팡이로 인해 논이 상하는 것처럼 불교 상가도 여성을 받아들임으로써 가르침이 유지되는 시간이 반으로 줄 것이라는 경고로 끝난다.

이 비구니 상가에 관한 이야기는 빠알리 《율장 소품(Cullavagga)》 10장에 근거하는데, 다양한 해석과 수없는 논제가 되어 왔으며, 때때로 논쟁의 여지가 있었다. 여성과 남성이 정신적으로 동등하다면 왜 붓다는 처음에 여성의 출가를 허락하지 않았는가? 왜 붓다는 심각한 의무(garudharma)를 추가로 부여하였는가? 그리고 마지막의 소름 끼치는 예언의 함의는 무엇인가? 이러한 주제에 대해서 이어서 토론하겠지만, 일반적으로 학자들은 여성을 출가시키는 데 대한 붓다의 반대가 당시의 문화적 편견을 반영하여 후대에 추가된 내용이라고 보고 있다.

불교의 시작부터 재가 후원자와 출가 수행자 양쪽 모두에서 불교를 받아들인 여성들이 등장했다. 재가 여성들의 보시는 경전 안에서 칭송되고 있고, 출가 여성들 역시 보시했음을 명문(銘文)들을 통해서 알 수 있다. 여성들은 아주 광범위한 이유로 비구니 상가로 출가했다. 사랑하는 이나 남편의 죽음으로, 종교적 삶으로 투신한 남편이나 아들을 따라서, 결혼을 피하기 위해서, 그리고 물론 종교적 삶을 추구하고 열반을 얻기 위한 열망으로. 비구니 스님들의 이야기는 《테리가타(Therīgathā; 장로 비구니들의 게송)》라는 시 모음집에 전해지고 있으며, 빠알리 니까야(Nikāya)들은 다양한 방편에 탁월했고 열반을 성취했던 출가와 재가의 여성들에 관해서 전해주고 있다.

낸시 아우어 팍(Nancy Auer Falk)은 이제는 고전이 된 1989년 저술 《사라진 여성 출가자의 사례(The Case of the Vanishing Nuns)》에서 3세기 이후에는 아주 급격히 여성 출가자들의 공양 기록이 사라지고, 모든 기록에서 여성 출가자에 대한 언급이 차츰 없어진 것을 지적하고 있다. 8세기 중국의 승려 의정(義淨)이 구법 순례할 당시에도 여성 출가자들은 극단적으로 가난했다. 일반적으로 불교가 인도에서 쇠퇴하던 시기에 비구니 상가는 훨씬 큰 비율로 소멸되고 있었던 것이다.

이러한 상황에 대한 가장 근접한 이유는 여성에 대한 사회적 인식과 종교적 공덕에 대한 개념과의 관련이다. 공덕의 크기는 받는 이의 지위에 비례한다. 즉, 더 높은 지위의 비구나 비구니에게 공양하는 것이 더 큰 공덕이 되는 것이다. 가장 큰 공덕이 되는 것은 '학자-비구스님'에게 올린 공양이다. 그러나 여성 출가자에게는 그러한 '학자-스님'을 길러내는 날란다(Nālanda)나 왈라비(Valabhī)와 같은 위대한 사원대학에서 교육받는 것이 허락되지 않았다. 심지어는 남성이 여성보다 '우월하다'고 간주되었고, 비구 상가는 비구니 상가보다 더 나은 '복밭(福田, puññākettа)'으로 받아들여져 더 크고 많은 공양을 받았다. 이러한 교육의 결핍, 부족한 물적 지원과 낮은 지위 등으로 인해 강하고 잘 교육받은 창의적인 비구니 상가가 되기 어려웠다.

이러한 상황은 지금도 여전히 여성 출가자들이 대부분의 시간을 자신들을 후원한 이들을 위한 축원에 할애하고 있는 지역에서는 지속되고 있다. 이러한 여성 출가자들은 자기 계발과 명상, 그리고 학습에 전념할 시간이 부족하다. 여성 출가자들이 주로 변방에 머무는 티베트와 같은 나라에서의 상황은 더욱 복잡하다. 출가 여성이 존재하는 많은 나라에서 여성 출가자들은 자신을 남성 출가자들의 하인처럼 느낄지도 모른다.

불교가 국교인 나라들에서는 비구니 상가의 온전한 계맥(戒脈)을 인정하지 않는다. 몇몇 국가에서는 비구니 계맥이 끊어져 있다고 공식화하지만, 불교가 존재하는 모든 나라에는 출가 형태의 삶을 사는 종교적 여성들의 집단이 있다. 이들은 독신의 삶을 받아들이고 8계나 10계, 혹은 더 추가된 계를 받고, 규정된 복식(服飾)과 종교적 삶을 실천하고 있다.

스리랑카에서는 '다싸 실라 마따오(dasasīlamātāvo; 10계 출가 여성)'라고 부르고, 태국에서는 '매치(maeji)', 미얀마에서는 '띨라신(thila shin; 계율을 지닌 여성)'이라고 부른다. 종교적으로 그들은 구족계(具足戒)[62]를 받은 것도 아니고, 그렇다고 재가 여성도 아니다. 그들의 모호한 지위는 태국에서 매치들을 종교인으로 간주해서 투표권을 주지 않는 데에서 드러난다.[63]

지위는 계속 낮았고, 경제적 후원은 아주 적었다. 재가신도들은 여성 출가자들을 공덕의 복밭으로 여기지 않아 왔다. 이들은 대개 가난한 시골

62 불교에서 출가자가 정식 승려가 될 때 받는 계율로 비구와 비구니가 지켜야 하는 계율. 예비 승려인 사미나 사미니가 될 때는 이 구족계를 다 주지 않고 기본적인 10계만 주며, 수습기간이 끝난 뒤 승려로서의 충분한 자격이 있다고 인정될 때 정식 승려로서 지켜야 할 계를 온전히 다 수계해 주기 때문에 구족계라고 한다.

63 태국에서는 여성의 출가가 인정되지 않기 때문이다. 태국 불교계 대표기구인 태국불교협회는 지금까지(2016) 여성에게 구족계 수계를 하지 않고 있다. …매치는 행정적으로 애매모호한 위치에 있다. 예컨대 태국 교통통신부는 매치들을 일반인으로 간주해 비구에게 부여하는 대중교통 무임승차권을 주지 않는다. 그에 비해 내무부는 그들을 종교인으로 간주해 투표권을 인정하지 않는다.(문윤홍, 〈여성출가 금지 태국,

출신의 여성들이었고, 미망인이었으며, 세속적으로나 종교적으로나 어느 쪽으로도 잘 교육받지 못했다. 그들은 종종 어릴 때 '남편을 못 얻을 것'이라거나 어쨌든 무언가 결함이 있다고 여겨졌다. 단지 여성이라는 이유로 그들은 정신적으로 잘 훈련되거나 종교적 성취를 할 수 없다고 간주되었다. 사찰이나 사원에 소속되어서 사원을 청소하고 비구들을 위한 하인과 같은 일들을 하루하루 해나갔다. 그들의 종교적 수행은 자신과 혹시라도 있다면 후원자들을 위한 헌신에 초점이 맞춰져 있다. 티베트의 여성 출가 견습생들의 처지 역시 많이 다르지 않다. 그러한 상황은 그들의 사원이 아주 외진 변방에 있다는 사실 때문에 더욱 악화된다. 이들 여성 출가자들의 교육과 건강 여건을 개선하고 수행을 지도하기 위한 체계를 조직하려는 시도들이 이루어지고 있다. 그 수혜를 받게 될 이들은 이러한 노력들을 여러 가지 반응으로 환영하고 있다.

비구니 상가가 없는 지역에서 이들 여성 출가자들의 조건을 연대하는 것은 비구니 상가를 재건하는 일과 관련된다. 재가신도들이 이러한 일을 받아들이기 위해서는 여성 역시 충분히 종교적 삶으로 훈련될 수 있고, 훌륭한 공덕의 복밭이 될 수 있다는 사실이 표명되어야 한다.

스리랑카에서는 구족계를 받고 비구니가 되고자 하는 여성들을 위한 훈련 프로그램이 재건되었다. 비록 아직까지는 논쟁 중이지만, 여성 출가자들의 수계를 지원하는 조직인 '샤꺄디따(Śākyadhītā; 붓다의 딸들)'가 1993년 개최한 컨퍼런스 이래로 큰 진전이 이루어지고 있다. 여성 수계를 지원하는 선도적인 지도자이자 1991년 방콕에서 개최된 샤꺄디따 컨퍼런스에서 여전히 재가의 이름인 찻쑤만 카빌싱(Chatsumarn Kabilsingh)으로 소개된 비구니 담마난다(Dhammananda)는 태국 재가신도들이 심지어는 출가 여성들이 존재한다는 사실조차 무시한다고 발표했다. 샤꺄디따가 대부분의 컨퍼런스를 아시아에서 여는 분명한 이유 중 하나는 온전히

'비구니 수행자' 바람 분다〉, 매일종교신문, 2016.4.5)

구족계를 받고 잘 훈련된 여성 출가자들이 사회에 얼마나 유익한가를 재가신도들에게 보여 주는 것이다. 물론 이 컨퍼런스는 구족계를 받은 출가 여성들을 위한 것이기도 하다. 티베트불교로 출가한 미국 여성인 까르마 렉쉐 초모(Karma Lekshe Tsomo)는 이 컨퍼런스가 멀리 떨어진 변방 지역에서 온 여성 출가자들이 다른 지역의 불교 전통에 속한 여성 출가자들을 만나는 기회를 제공한다고 발표했다.

같은 처지에 놓인 종교적 여성들이 모두 이러한 일들에 동의한다고 이야기하는 것은 아니다. 수계를 바라지 않는 이유도 다양하게 존재한다. 비구들보다 낮은 지위에 속하게 만드는 비구니 팔경계(garudharma)의 무거운 의무를 받고 싶지 않은 것도 그러한 이유 중의 하나다. 그들은 현재 대로의 비교적 독립적인 관계로 보다 지속적인 경제적 지원을 받을 수 있는 가능성을 선호한다. 그들은 또한 꼭 수계해야만 깨달음을 얻는 것이 아니라는 사실도 역시 지적하고 있다.

비구니 상가에 기대하는 현대적인 전망은 마치 대만의 많은 비구니들이 그러하듯이, 여성 출가자들이 상담 등 사회적 봉사에 기여하는 것이다. 반면 몇몇 종교적 여성들은 그들의 헌신을 사회로 향하기보다는 개인적인 계발을 위한 내면으로 향한 헌신에 몰두하고 싶어한다.

마지막으로 이러한 움직임에는 서구 출신 여성 출가자들과 아시아의 상류층 출신 여성 출가자들 사이에 일종의 긴장이 존재한다. 일부 아시아 여성들은 서구 출신 참여자들에게서 아시아에서의 상황을 개선하기 위해서는 자신들의 도움이 필요하다고 확신하는 식민주의적 태도와 공격적인 개인주의와 겸손함이 결여되었음을 본다. 어떤 서구 여성들은 아시아의 출가 여성들이 과도하게 수줍고, 겸손하고, 경의를 표하도록 훈련이 되어 있다고 비판하며, 그들이 자신들의 재능을 인지할 필요가 있다고 느낀다.

이러한 긴장에도 불구하고, 지난 15년간 동·서양의 여성 출가자들 및 다른 종교의 여성 교직자들 사이에 아시아 전역의 여성 종교인들을 위한 교육의 기회와 삶의 질 양쪽을 개선하는 엄청난 대화와 진보가 이루어졌다. 여성이 구족계를 받았는가와는 별도로, 일반적으로 교육이 지위를 상승시키는 데 결정적인 것은 명백하다. 교육이 장려되고 구족계를 수계하는 것이 가능한 나라들에서는 존경받는 비구니 스승들이 배출되고 여성 출가자들이 훨씬 높은 사회적 지위를 누리고 있다.

알아야 할 요점들

- 불교 상가는 비구, 비구니, 남성 재가신도, 그리고 여성 재가신도로 구성된다.
- 비구와 비구니는 《율장》으로 알려진 엄격한 계율을 따르고, 재가신도들은 오계로 알려진 다섯 가지 기본적인 윤리를 지킨다.
- 《율장》은 사원에 거주하는 상가 구성원들의 개별적인 생활 원칙과 상가 공동체를 운영하는 제도를 규정한다.
- 사원의 상가 공동체와 재가신도들은 공생관계로 상호 지지한다.
- 상가는 붓다가 열반한 뒤 수백 년에 걸쳐 인도 구석구석을 거쳐 그 너머로 전파되었다.

토론을 위한 질문

Q. 상가는 어떻게 시작되었는가? 그리고 출가자인 비구와 비구니의 일상을 지배하는 원칙은 어떤 것들이 있는가?

Q. 계율과 같은 불교의 행동 지침들은 현대 세계와 여전히 관련이 있는가, 아닌가? 아니라면 왜 그렇다고 생각하는가? 관련이 있다면 어떻게 관련이 있는가?

Q. 불교는 출가와 재가의 관계를 어떻게 고려하고 있는가?

Q. 왜 역사적으로 여성 출가자가 남성 출가자보다 열등하다고 생각되어 왔는가?

나아가 읽을 거리

Durt, Sukumar. *Buddhist Monks and Monasteries of India: Their History and their Contribution to Indian Culture.* London: George Allen & Unwin, 1962.

Holt, Jhon. *Discipline: The Canonical Buddhism of the Vinayapiṭaka.* Delhi: Motilal Banarsidass, 1981.

Prebish, Charles S. *Buddhist Monastic Discipline: The Sanskrit Prātimokṣa Sūtras of the Mahāsāṃghikas and Mūlasarvāstivādins.* University Park, PA: Pennsylvania State University Press, 1975.

Wijayaratna, Mohan. *Buddhist Monastic Life According to the Texts of the Theravada Tradition.* Translated by Claude Gangier and Steven Collins. Cambridge: Cambridge University Press, 1990.

2부:

불교의 발전

5. 인도불교

6. 대승불교

7. 명상

5. 인도불교

이 장에서는

붓다의 입멸 후부터 인도에서 불교가 점차 사라지기까지 인도불교의 주요한 발전을 다룬다. 또한 인도불교의 중요 종파와 학파의 형성을 설명하고, 교의적 차이점과 학문적 경쟁을 추적한다. 학문적인 논쟁들은 불교의 가르침에 지적 중추 역할을 제공한 중세 초기의 영향력 있는 논문들을 통해 완결되었다. 이어서 딴뜨라불교의 기원과 이슬람의 유입, 그리고 북인도의 거대한 사원대학교들이 파괴되는 역사와 함께 마무리하겠다.

이 장에서 다루어진 주요 주제들

- 붓다 입멸 후의 불교 발달
- 초기의 인도불교
- 초기의 경전 결집과 학파들
- 마우리아 제국과 아쇼카 왕
- 스뚜빠
- 불교 예술
- 서북아시아와 중앙아시아
- 밀린다 왕의 질문
- 아비다르마
- 바수반두
- 대승의 일어남
- 딴뜨라
- 사원대학교

붓다 입멸 후의 불교 발달

인도불교의 역사는 기원전 5세기부터 기원후 13세기까지 걸쳐 있다. 그 이후 불교는 일부 한정된 지역 안에서 주춤거리듯 머물렀으나 15세기 무렵 사실상 인도에서 사라졌고, 다시는 이전에 끼쳤던 영향과 명성을 누리지 못했다. 현대에 이르러 약간의 부흥이 있었는데, 부분적으로는 서양학자들이 불교를 '발견'한 데에 기인하고(이 책의 11장), 부분적으로는 힌두교의 하층 계급이 그들의 낮은 사회적 처지로부터 벗어나기 위한 수단으로 불교를 수용하고 개종한 것이었다. 현대 인도에서의 이러한 발달은 쇠퇴해 온 세기들의 배경을 잠시 거스르는 미미한 반등에 불과했다.

초기의 인도불교

비록 초기의 연대기에 대해 확실하게 알려진 것이 거의 없고, 2장에서 논의한 대로 붓다의 생애에 관한 정확한 연대조차 매우 불분명하지만, 붓다가 마가다 시대(Magadha era: B.C. 546~324)의 초기에 살았다는 것은 합리적으로 확신할 수 있다.

당시 북인도는 정치적으로 16개의 '큰 나라(mahājanapada)'들로 나뉘어 있었고, 그 중 하나가 마가다 국이었다. 갠지스 강 남쪽에 위치했던 마가다 국은 그 영토가 현재 비하르(Bihar) 주의 많은 부분에 해당되고, 수도는 라자그르하(Rājagṛha)였다가 나중에 빠딸리뿌뜨라(Pāṭaliputra)로 옮겼다. 마가다 국은 붓다의 재세 기간 대부분 동안 빔비사라(Bimbisāra) 왕이 통치했으며, 농업 사회에서 상업 사회로 변화함에 따라서 빠르게 성장하고 확장되고 있었다. 왕이 붓다를 헌신적으로 추종했기 때문에 마가다 국은 초기의 불교 운동의 중심이 되었다. 그러나 빔비사라 왕은 자신의 아들이자 후계자인 아자따샤뜨루(Ajātaśatru)에게 학대를 받다 죽었고, 왕이 된 아자따샤뜨루는 인근의 작은 나라들을 정복해서 마침내 마가다 제국으로 흡수 통합하였다.

초기의 경전 결집과 학파들

붓다는 아자따샤뜨루가 왕이 되어 마가다를 통치한 지 여덟 번째 해에 열반에 들었다. 붓다의 사후, 스승의 가르침에 대한 믿을 만한 기억 혹은 경전을 확립하고자 '1차 결집'이라 불리는 '라자그르하의 결집'이 신속하게 소집되었다. 불교 전승은 대체로 이 결집에서 붓다의 가르침이 '세 바구니(piṭaka)'로 편집되었다고 하지만(다음의 박스 참조), 테라와다불교 전승에서는 오직 두 가지 법을 언급한다.[1]

1차 결집에서 까샤빠(Kāśyapa, 摩訶迦葉)란 이름의 장로비구가 500인의 아라한(arahant) 혹은 깨달음을 이룬 제자들로 구성된 집회의 책임을 맡았다. 그는 붓다의 사촌이자 시자였던 아난다(Ānanda; 전하는 바에 의하면 그는 결집이 진행되는 기간에야 비로소 깨달음을 얻었다고 한다)에게 붓다의 설법(Dharma)을 암송하게 했고, 다른 비구 우빨리(Upāli)에게는 계율(Vīnaya)을 암송하게 했다. 그들의 암송은 500명의 아라한에 의해 정확한 것으로 인정되었고, 그때부터 정전(正典, canon)의 가르침으로 선포되었다. 현대의 연구는 그러한 전통적인 설명의 사실성에 대해서, 그리고 특별히 경전이 붓다가 입멸한 해에 확정되었다는 주장에 대해서 진지한 의문을 던진다.

불교의 문헌들

삼장(三藏) 혹은 '세 바구니(Ti-piṭaka)'는 불교 정전(正典)을 일컫는다. 이것은 성스런 문헌들을 세 종류로 나누어 모아서 우리에게까지 전해지고 있는 것이다.

경장(經藏, Sūtra Piṭaka): 붓다의 가르침과 설법
율장(律藏, Vīnaya Piṭaka): 승가의 역사와 계율
논장(論藏, Abhidharma Piṭaka): 붓다의 가르침을 분석한 학문적 논서

붓다가 입멸한 해에 라자그르하 결집에서 경전이 확정되었다는 전통은 어쩌면 사실이 아닐 것 같다. 왜냐하면 삼장의 본문 안에서

1 경(Sūtra), 율(Vīnaya), 논(Abhidharma) 세 바구니, 그리고 법(Dhamma)과 율(Vīnaya)이라는 두 가지 법.

진화와 변화의 증거가 보이기 때문이다. 특별히 셋 중에서 가장 늦은 것으로 암시되는 논장은 매우 다양한 변형을 보여 준다.

초기 학파들은 각각 고유의 삼장 판본을 보존해 왔는데, 빠알리 어 경전으로 알려진 테라와다(Theravāda)의 경전군(經典群)만이 유일하게 원형을 손상시키지 않고 유지해 온 것으로 보인다. 왜냐하면 산스크리트 어의 파생어인 빠알리 어로 기록되었기 때문이다. 이와는 대조적으로 다른 모든 판본들은 1세기가 끝날 즈음에 인도의 다양한 언어와 방언으로 기록되었다.[2] 각각의 원본은 일부분만 남았고, 비교적 긴 발췌본들이 중국어 번역본 안에 남아 있다.

초기의 학파들이 경전을 '완결'된 것으로 간주했던 반면, 대승불교는 경전이 여전히 열려 있다고 믿었다. 대승불교에서는 붓다 사후 천 년이 넘는 기간에 걸쳐 새로운 경과 계율 조항들을 추가하면서 그것에 경전적 위상을 부여함으로써 새로운 문헌이 계속 편입되었다. 그 결과 중국과 티베트의 삼장은 세 뼈대의 기본구조가 무너졌다.

소위 '2차 결집'은 라자그르하의 1차 결집 후 100년 혹은 110년 뒤에 와이샬리(Vaiśālī)에서 개최되었다. 이 결집은 승가의 계율, 특별히 비구가 돈을 취급하는 것과 관련된 분쟁으로부터 비롯되었다. 소수 그룹 중 하나인 왓지(Vajji) 족 비구들이 아홉 가지 사항들과 함께 돈을 공양 받아도 된

2 "붓다는 자신의 설법을 신성한 것으로 여기는 관습에 동의하지 않았으며, '문자화(산스크리트화, 계급화)하는 것과 베다 방식의 진언을 금지했던 것으로 여겨진다."와 "붓다는 자신의 가르침을 '각자의 언어(Sakanirutti)'로 기록하도록 허락했다. 주석서에는 이것이 마가디(Māgadhī)를 의미한다고 기록되어 있다."(Winternitz): "붓다는 자신의 가르침이 어떤 학문적 언어로 고정되는 것을 원치 않았으며, 서로 다른 지역의 고유어로 전해지길 바랐다.": "아마도 빠알리 어는 이러한 고대 언어 중 하나로 인도 중부나 데칸 고원의 고대 언어였을 것이다."(고빈드 찬드라 판데, 정준영 역, 《불교의 기원》, 민족사, 2019, p.42)와 같은 책 pp.685~686, (경전에 쓰인) "빠알리 어가 인도 중부의 말투 중 일부가 발달된 문어(文語)에 해당한다는 것을 시사한다."를 참조.

다고 주장했다. 보수적 정통파들은 새로운 사회 상황에 따른 이 열 가지 행위[十事]를 계율을 어기는 것이라고 판단해서 원래의 계율에 따라 금지했다. 레와따(Revata) 장로의 주관하에 존경받는 700명의 비구들로 구성된 경전 결집을 통해 왓지 비구들을 눌러 다스렸지만, 결과적으로 얼마나 그들의 행위가 고쳐졌는지는 명확하지 않다.

1차 경전 결집 이후 얼마 되지 않았는데 다시 결집을 개최했다는 것은 초기의 불교 공동체 안에서도 서로 다른 견해들이 심각하게 표면화되었음을 보여 준다. 공동체는 곧 분열되어 여러 부파로 나뉘었다.

B.C. 350년경, 후대의 불교 전통에 중대한 영향을 미친 또 다른 결집이 빠딸리뿌뜨라(Pāṭaliputra)에서 개최되었다. 현대 학자들에게 '빠딸리뿌뜨라의 결집'으로 알려진 이 결집에서 '상좌부(Sthaviras)'와 '대중부(Mahāsāṃgikas)' 사이의 '대분열'이 발생했다. 3차 결집을 둘러싼 배경은 명확하지 않고 많은 논쟁의 주제가 되고 있다. 초기의 학자들은 마하데와(Mahādeva, 大天)란 비구가 붓다가 다섯 가지 면에서 아라한보다 훨씬 우월하다는 취지를 주장한 것이 분열의 원인이 된 것으로 생각했다.[3] 이것은 혁명이었다. 이전까지는 붓다와 아라한의 깨달음(bodhi)은 본질적으로 같다고 여겼기 때문이다. 대중부는 마하데와의 다섯 가지 관점을 수용함으로써 붓다의 자비와 초능력을 강조한 반면, 상좌부는 다섯 가지 관점을 부정하고 붓다의 본성은 근본적으로 인간이란 견해를 지켰다. 그렇지만 프레비쉬(C. Prebish)와 나띠에르(Nattier)의 최근 연구에서는 마하데와가 대분열보다 한 세대 후에 살았고, 그래서 그의 다섯 가지 논제들은 분열의 원인이 될 가능성에서 제외해야 한다고 지적했다.

초기의 학자들이 제시한 분열에 관해 진전된 두 번째 설명은 대중부

3 1. 아라한도 천마(天魔)가 유혹하면 부정(不淨: 정액)이 흘러나올 수 있다. 2. 아라한에게 번뇌에 의한 무지는 없지만, 처음 보는 것에 대한 알지 못함은 있다. 3. 아라한은 번뇌의 의혹은 없지만, 옳고 그름을 즉각 판단하지 못할 수 있다. 4. 아라한이 깨달은 것은 타인이 알려주어야 한다. 5. 성스러운 도는 언어로 된 외침으로써 나타난다.

가 계율에 추가적인 내용을 도입하려 시도했고 상좌부는 이를 거부함으로써 분열이 일어났다는 것이다. 최근의 연구는 이 설명을 오히려 뒤바꿔서, 상좌부가 제시한 계율의 확장을 대중부가 거부해서 분열이 발생했다고 제시한다. 오늘날 테라와다불교에서는 이 빠딸리뿌뜨라의 결집을 인정하지 않으며, 이어서 보게 될 것처럼, 후대의 아쇼카 왕 통치하에서 이루어진 결집을 '3차 결집'으로 받아들인다.

대중부는 인도에서 가장 성공적이고 영향력 있는 형태의 불교가 되었고, 몇 년 안에 일설부(一說部, Ekavyāvahārika), 설출세부(說出世部, Lokottaravāda), 다문부(多聞部, Bahuśrutīya) 등 몇몇 하부 분파를 낳았다. 당시의 대중부 학파들에 의해 이루어진 붓다와 보살의 특질과 관련된 사상적 개혁은 후대 대승의 개념과 공통된 몇 가지 특징이 있다. 그래서 대승이 두드러진 실체로 떠오르기 전 대중부의 승려들이 대승의 형성에 기여했다는 가능성이 유력하게 제기된다.

상좌부(Sthavira)는 자신들이 붓다의 시대로 직접적으로 거슬러 올라가 찾을 수 있는 가장 오래되고 보다 정통적인 가르침을 대표한다고 주장했다. 그들은 자신들에게 반대하며 좀더 대중적인 단체로 나타난 대중부를 이단이라고 낙인찍었다. 현대의 테라와다(Theravādā)는 상좌부(Sthaviras)를 직접 이은 계승자라고 주장한다. 그러나 'Thera'와 'Sthavira'가 '장로(長老)'[4]를 뜻하는 같은 단어의 빠알리 어와 산스크리트 어 어형으로 결국 같은 명칭이라 해도, '근본분열(빠딸리뿌뜨라의 결집에서 비롯된 상좌부와 대중부 사이의 대분열)' 후 약 200년에 이르기까지 오늘날의 테라와다(상좌부)가 두드러진 실체로 부각되었던 역사적인 증거는 없다.

인도 전역으로 불교가 퍼짐에 따라서 다양한 부파가 기원후 첫 400년에 걸쳐서 발달했다. 일부는 주된 교의적 차이들에, 다른 부파들은 단지

---

4 장로(長老)라고 번역되는 빠알리 어 '테라(Thera)'는 출가한 지 10년 지난 비구를 지칭하고, '마하테라(Mahāthera)'는 법랍 20년 이상의 비구를 가리킨다.

지역적인 차이들에 기초했다. 소급해 보면, 비록 부파들 사이의 관계와 차이에 대한 대승학자들의 설명이 일관되지는 않지만, 대체로 18부파가 있었다고 확정한다. 위니따데와(Vinītadeva: 645~715)에 따른 단순한 분류는 아래의 네 가지 주요 부파와 함께 그들의 지파를 보여 준다.

(1) 상좌부(上座部, Sthavira)와 지다림파(祇陀林派, Jetavaniya), 무외산파(無畏山派, Abhayagirivāsin), 그리고 대사파(大寺派, Mahāviharavāsin)
(2) 대중부(大衆部, Mahāsāṃgika)와 동산부(東山部, Pūrvaśailika), 서산부(西山部, Aparaśailika), 설출세부(說出世部, Lokottaravādin), 설가부(說假部, Prajñaptivādin)
(3) 설일체유부(說一切有部, Sarvāstivādin)와 음광부(飮光部, Kāśyapīya), 화지부(化地部, Mahīśāsaka), 법장부(法藏部, Dharmaguptaka), 근본설일체유부(根本說一切有部, Mūlasarvāstivādin)
(4) 정량부(正量部, Saṃmitīya)와 계윤부(鷄胤部, Kaurukullaka), 수호부(守護部, Avantaka), 독자부(犢子部, Vātsīputrīya).

이들은 다음에 이어지는 설명에서 볼 수 있듯이 좀더 단순화할 수 있다.

대중부와 같은 이런 일부 부파들의 개념은 어쩌면 대승불교의 싹[萌芽]으로 간주될 수 있음을 주목해야 한다. 최근의 학문적 결과는 초기의 대승불교와 그보다 이른 초기 불교 사이에 이전에 생각했던 것보다 훨씬 차이가 적다고 지적한다.

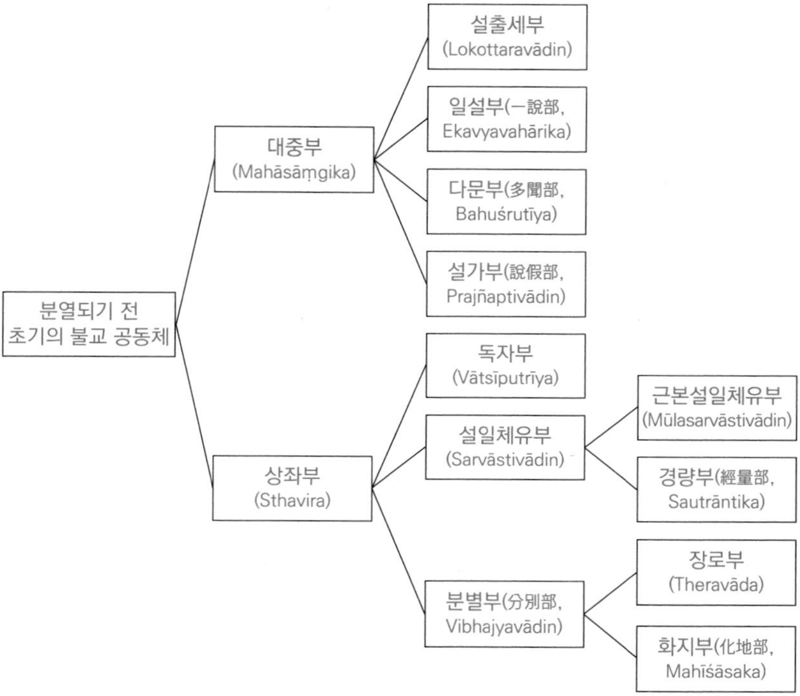

도표 5.1 초기의 인도불교, 주요 학파들

일부 초기 불교도들은 자아를 믿었을까?

독자부(Vātsīputrīyas)는 창설자 왓찌뿌뜨라(Vātsīputra)의 이름을 땄는데, 어떤 면에서 비불교도의 자아(ātman) 개념과 비슷한 '보특가라론(補特伽羅論, pudgalavāda)'을 신봉해서 다른 불교도들에게 두루 비난을 받았다. 이 이론은 오온과 "같지도 않고 다르지도 않으며", 재생과 업의 기초로써 작동하는 설명하기 어려운 어떤 것, 일종의 유사 영혼의 존재를 실체로 가정했다.

개인(pudgala)과 오온 사이의 관계는 불과 연료로 비유되었다. 비록 보특가라론의 입장은 비판을 받았지만, 조만간 극복될 것이었던 영원한 자아의 부재 안에서 업의 지속성을 설명하는 문제는 여전히 남아 있었다. 인도에서 궁리되고 제시된 이 문제에 대한 다른 해결책은 아뢰야식(阿賴耶識, ālaya-vijñāna)과 여래장(如來藏, tathāgata-garbha)을 포함하며, 6장에서 다룰 것이다.

마우리아(Maurya) 제국과 아쇼카(Aśoka) 왕

비구들이 교의상의 차이를 확립하는 데 전념하는 동안, 인도에서는 급속한 정치적 변화가 일어났다. 알렉산더 대왕에 의해 인도 북서부가 식민지화되었고, 마가다는 제일 먼저 초강국(超强國)이 되었으며 후에 마우리아 왕 통치하에 제국(帝國)이 되었다. 난다(Nanda) 왕조를 전복하고 빠딸리뿌뜨라에 수도를 세운 짠드라굽따(Candragupta)가 시작한 마우리아 왕조는 B.C. 324년부터 B.C. 184년까지 통치했다.[5] 짠드라굽따는 B.C. 305년에 그리스 왕 셀레우쿠스 니카토르(Seleucus Nikator)를 물리쳤고, B.C. 303년에 맺은 평화협정조약에 따라 메가스테네스(Megasthenes)라 알려진 그리스 대사를 그의 궁정에 머물게 했다. 메가스테네스는 당시 인도의 생활에 대한 자세한 기록을 남겼으나, 아쉽게도 현재에는 남아 있지 않다.

짠드라굽따의 아들 빈두사라(Bindusāra)는 B.C. 297년에 왕위를 계승했고, 제국을 마이소르(Mysore) 지역까지 확장했다. 깔링가(Kaliṅga; 현재 동해안의 오리싸 지역)를 제외한 인도 아대륙(亞大陸)의 대부분이 통합된 것은

5 (저자 주) 이 시기의 연대기는 전반적으로 불확실함을 기억하라. B.C. 184라는 연도는 단지 여러 추측들 중 하나이고, 어떤 권위자들은 왕조의 시작을 B.C. 313년이라고도 한다.

이들 마우리아 왕조의 통치 아래에서였다. 빈두사라 왕은 B.C. 272년에 죽었고 B.C. 268년에 그의 아들 아쇼카가 왕위를 이어 즉위했다.[6]

아쇼카는 깔링가까지 정복했고, 인도 아대륙의 남부를 뺀 거의 모든 지역을 포함하는 가장 거대한 인도 제국을 건설했다. 이 제국은 무굴(Mogul) 제국과 영국의 인도 식민지배 이전까지 굳건히 유지되었다. 역사가들은 아쇼카 왕을 모든 시대에 걸쳐서 가장 위대한 인도의 통치자들 중 한 사람으로 여기고 있다. 그는 대단한 국가적 영웅이다. 아쇼카 왕의 석주(石柱)에서 발견된 사자 기둥머리와 같은 다양한 상징들은 현대 인도의 공식적인 국가 상징으로 채택되어 사용되고 있다.

아쇼카 왕의 통치하에서 불교는 전에 없이 번창했다. 왕이 제국 곳곳에 있는 석주, 바위, 동굴에 새기라고 명령한 칙령들은 최초로 불교에 관한 명백한 역사적 증거를 제공한다. 총 33개의 명문(銘文)들은 인도의 여러 지역에서 발견되었고, 초기의 인도불교사에 대한 매우 귀중한 역사적이고 연대기적인 정보를 제공한다. 총 16개의 바위 칙령, 3개의 작은 바위 칙령, 7개의 기둥 칙령, 3개의 작은 기둥 칙령, 2개의 기둥 명문과 2개의 동굴 명문이 있다. 페르시아 제국에서는 이런 식으로 제국의 법령을 공표하는 일이 일반적인 관례였다. 아마도 알렉산더 대왕의 정복을 피해 도망온 페르시아의 장인에 의해 인도로 전파되었을 것이다.

아쇼카 왕의 석주는 종종 작은 바퀴를 새긴 기둥머리[柱頭] 위에 독특한 사자 형상을 얹고 그 위에 다시 큰 살의 바퀴를 얹었다. 사자와 바퀴 둘 다 잘 알려진 불교의 상징이다. 붓다의 설법을 '사자후(獅子吼)'로 비유하고, 수레바퀴는 '정의로운 왕' 혹은 '수레바퀴를 돌리는 성스러운 군주[轉輪聖王, cakravartin]'라는 인도인의 개념을 상징하기도 하며, 붓다가 '법의 수레바퀴(Dharmacakra)'를 굴린 첫 설법을 상징하기도 한다. 이 바퀴 상징으로 아쇼카 왕은 자신의 정체성을 전륜성왕이라고 분명하게 나타낸 것

6 (저자 주) 어떤 권위자들은 B.C. 277년이라고 말한다.

이었다.

칙령은 다르마(정의로움)에 따른 아쇼카 왕의 정책과, 이생과 다음 생 모두에 걸친 국민의 복지와 행복을 위한 수단으로서의 친절함, 인내, 그리고 올바른 행실이라는 미덕에 대한 믿음을 선언한다. 칙령에 쓰인 언어는 인도의 고전어인 산스크리트 어와 현대 인도유럽어족 언어 사이의 연결고리인 '빠라끄리뜨(Prakrit) 어'이며, 두 가지 다른 형태의 서체가 사용되었다.

칙령을 통해서 본 아쇼카 왕의 다르마의 내용은 본질적으로 재가불자에게 해당하는 것임을 알 수 있다. 그는 다르마는 "적은 죄와 친절함, 자유, 진실함, 그리고 청정함의 많은 선업으로 구성된다."라고 말한다(기둥 칙령 2). 아울러 평화로움, 신심, 종교적 인내, 열의, 부모와 스승에 대한 존경, 예의 바름, 자비, 감각의 통제, 그리고 평정심과 같은 도덕적 덕성을 국민에게 권장하면서 아버지처럼 충고한다. 사성제(四聖諦)를 상세히 설명하는 것과 같은 전문적인 불교 교리는 언급하지 않는다.

아쇼카 왕은 피비린내 나는 전쟁으로 인도 북동 지역 깔링가를 정복한 후에 자신의 호전적인 정복 방식을 후회하면서 재가불자가 되었다고 바위 칙령 13에서 고백한다. 그 이후로 아쇼카 왕은 '법의 왕(Dharma-rāja)' 혹은 '정의로운 왕(cakravartin)'으로서 다르마에 따라 통치하려고 노력했다. 아쇼카 왕은 종교를 전하기 위해 '다르마의 총리대신들(dharma-mahāmātra)'을 임명했고, 종교적인 지역들을 순례했다. 인도 왕권의 가장 훌륭한 전통에 따라 아쇼카 왕은 모든 종교의 교의를 후원했고, 종교적 관용을 베풀었다.

'분열칙령'이라 알려진 아쇼카 왕 통치 말기의 것으로 보이는 한 명문이 승가의 분열을 비난하고, 추방당하는 비구들에 대해 기록하고 있다. 이 명문은 빠딸리뿌뜨라에서 열렸던 결집에 아쇼카 왕이 연관되었다는 불교 연대기 안의 설명을 뒷받침해 준다. 테라와다 전통에 의해 '3차 결집'으로 간주되는 이 결집은 B.C. 250년경에 이루어졌고, 스리랑카의 전통적인 연대기인 《대사(大史, Mahāvaṃsa)》와 《도사(島史, Dīpavaṃsa)》 안에 언급된 사건들에 따르면 왕이 주도적인 역할을 했다. 사건의 중심은 빠딸리뿌뜨라의 사원이었다. 거기서 일부 비구들이 계율이 해이하고 정통이 아닌 비구들과는 보름에 한 번 거행하는 포살(poṣadha)을 함께할 수 없다고 거부한 데서 시작되었다. 아쇼카 왕은 이 문제를 해결하기 위해 사신을 파견했는데, 왕의 명령을 오해한 사신이 많은 비구들을 처형시켰다. 그러자 아쇼카 왕이 중재를 하며 원로이며 배움이 깊은 목갈리뿟따 띳사(Moggaliputta Tissa)란 비구의 주재하에 천 명의 비구들을 소집해서 경전결집을 개최했다.

결집에 앞서 붓다의 정통 가르침을 '분별론(分別論, Vibhajyavāda)'으로 규정하고, 비구 한 사람 한 사람에게 질문해서 만일 그들의 대답이 정통 가르침에서 벗어나면 추방했다. 질문에서 어떤 '분별'이 인용되었는가는 정확히 알려져 있지 않지만, 아마도 그것은 상견(常見)과 단견(斷見)의 양극단을 분별해 피하고 중도(中道)의 중요성을 강조했던 붓다의 실천철학이었을 것이다. 이 해석은 추측이지만, 정확한 의미가 무엇이건 간에 '분별론자들'이란 호칭은 상좌부 부파를 위한 대안적 의미로 사용되었던 것 같다.

결집에서 표출된 다른 여러 견해들은 일곱 권의 논장(Abhidharma Piṭaka)[7] 중 한 권인 《까타왓투(Kathāvatthu, 論事)》에 기록되어 있다. 이러한 기록들은 원래 통합되어 있었던 공동체 안에서 이때 이미 분파가 확고히 자리잡았음을 명백히 암시한다.

칙령에는 또한 아쇼카 왕이 헬레니즘 세계의 다섯 명의 유명한 왕에게 사절을 보냈다고 기록되었다. 이는 전륜성왕이 종교를 확산시키고자 많은 노력을 한다는 불교의 전통을 뒷받침하는 듯하다. 그는 아들인 비구

7 테라와다 전승의 논장 7론은 담마상가니(Dhammasaṅgaṇi, 法集論), 위방가(Vibhaṅga, 分別論), 다뚜까타(Dhātukathā, 界論), 뿍갈라빤냣띠(Puggalapaññatti, 人施設論), 까타왓투(Kathāvatthu, 論事), 야마까(Yamaka, 雙論), 빳타나(Paṭṭhāna, 發趣論)이다.

마힌다(Mahinda) 스님을 스리랑카로 보내 불교를 재건하게 했다고 전해지며, 또한 동남아시아의 다른 여러 지역에도 불교 포교를 위한 선교사들을 파견했다고 한다.[8]

스뚜빠(Stūpa)

칙령을 새긴 석주 외에, 아쇼카 왕은 스뚜빠로 알려진 또 다른 탑묘(塔墓) 양식의 건축 유물을 남겼다. 스뚜빠는 반구형의 무덤 둔덕인데 보통 종교적으로 중요한 인물, 예를 들어 붓다나 원로비구 등의 유해나 경전과 같이 종교적으로 의미가 깊은 자료들을 그 안에 넣었다. 스뚜빠를 만드는

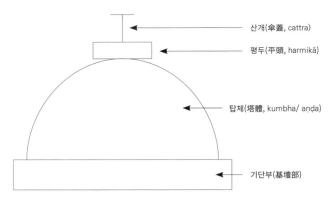

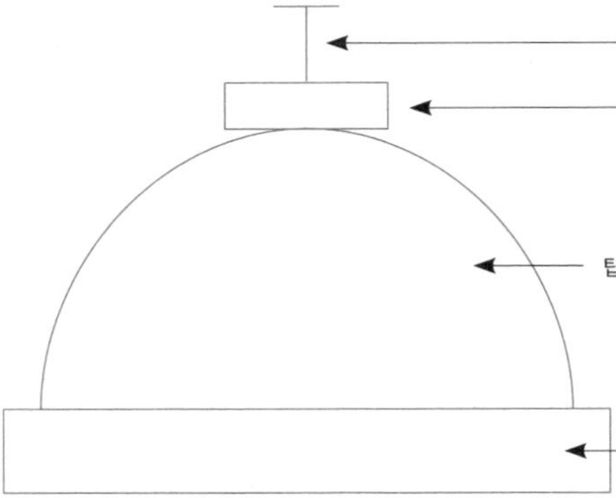

도표 5.2 스뚜빠의 기본 요소들

이러한 기본구조에 덧붙여서 스뚜빠 둘레나 평두(平頭, Harmikā)[9] 주위로 난순(欄楯, vedikā)[10]을 두르기도 하고, 돌 기둥문(toraṇa), 에두른 테라스(pradakṣinapātha), 성해함(聖骸函, bīja), 그리고 꼭대기에는 우산 모양의 산개(傘蓋, cattra, htī)가 추가되었다.

---

8 서북인도, 남인도, 데칸 서남부, 인도 서해안 지방, 데칸 서북부, 북인도 그리스인의 거주지역, 히말라야 지방, 벵골 지방 혹은 미얀마 남부, 스리랑카 등으로 파견했다.(이자랑, 이필원, 《도표로 읽는 불교 입문》, 민족사, p.125)

9 탑체 위에 올린 사각형 상자 모양.

10 사람들이 스뚜빠 주변을 돌면서 예경할 수 있도록 두른 난간.

전통은 선사시대로 올라간다. 원래 스뚜빠는 중요한 사람의 무덤을 표시하는 봉분과 같은 단순한 흙 무덤이었다.

붓다는 입멸에 들기 얼마 전, 자신이 죽은 뒤 시신을 어떻게 다루어야 할지에 대해 설명을 했다. 그는 자신의 유해를 넣어 두기 위해 스뚜빠를 지어야 한다고 했다.

빠알리 경전에서 인용한 다음 구절은 종종 스뚜빠 예배를 위한 문헌적 권위로 사용된다. 이는 붓다의 일생 중 마지막 몇 달을 묘사한 《대반열반경(Mahāparinibbāṇa Sutta, D16)》이다. 붓다의 사촌이자 시자인 아난다가 붓다의 입멸 후 그 유체를 어떻게 다루어야 할지에 대해 묻자 붓다가 대답한다.

"아난다여, 전륜성왕의 유체를 다루듯이 여래의 유체를 다루어야 한다. 그리고 큰길 사거리에 여래의 탑을 조성해야 한다. 그곳에 화환이나 향을 올리거나 색을 입히고 예경을 하거나, 거기 현존하는 고요함을 가슴에 두는 자들에게는 오랜 세월 이익과 기쁨이 있을 것이다. 아난다여, 탑을 조성할 만한 사람으로 네 사람이 있다.

어떤 것이 넷인가?

전륜성왕(cakravartin)의 탑은 조성할 만하다.

여래(Tathāgata), 깨달은 자(Buddha)의 탑은 조성할 만하다.

스스로 깨달은 벽지불(Prayekabuddha)의 탑은 조성할 만하다.

여래의 진정한 제자(śrāvaka)의 탑은 조성할 만하다.

아난다여, 어떤 이익이 있기에 여래와 다른 세 종류 사람의 탑이 조성할 만한가? 아난다여, '이것은 깨달은 이의 탑이다' […]라고 많은 사람들의 마음이 고요하고 행복해질 것이다. 그들은 거기서 마음이 고요하고 만족스러워지기 때문에 몸이 무너져 죽은 뒤 천상의 행복한 곳[善處]에 태어난다. 이런 사정으로 아난다여, 여래, 깨달은 자[…]는 탑을 조성할 만하다."

(리즈 데이비드 T.W. Rhys Davids 영역으로부터)

《아쇼카 이야기(Aśokāvadāna)》에 나오는 전설에 따르면, 아쇼카 왕은 그의 제국에 84,000개의 스뚜빠를 세웠다고 한다. 이 숫자는 명백하게 신앙적인 동기에서 나온 과장이겠지만, 아쇼카 왕이 스뚜빠를 조성했다는 내용은 대체로 사실일 것이다. 벽돌로 만들어진 3세기의 수많은 스뚜빠들은 아쇼카 왕의 시대로 거슬러 올라가는 것이 맞아 보인다. 룸비니에 있는 붓다의 탄생지 부근에 세워진 석주에 기록된 비문은 아쇼카 왕이 그 지역에 이미 있던 스뚜빠를 보강하고 확장했다고 진술한다. 이것은 아쇼카 왕과 스뚜빠 건립 사이에 관련이 있다는 역사적 증거이다.

돌을 사용한 건축과 조각은 당시에는 비교적 새로운 기술이었다. 마우리아 왕조 시대 이전 인도의 주된 건축재는 나무였다. 이것이 이전 시대로부터 남아 있는 건축 유물이 그토록 적은 이유이다. 돌을 이용한 건축기술이 발달하자, 석공들은 스뚜빠의 벽을 불교의 상징과 붓다의 일생에서 나온 장면들로 꾸미기 시작했다.

가장 유명한 초기의 스뚜빠는 산찌(Sāñcī)에 있다. 산찌에는 아쇼카 왕의 석주와 칙령도 남아 있다. 산찌는 오늘날 인도 중부의 보팔 시 근처 마디야프라데시 주에 있는 고대 종교의 중심지이며, B.C. 3세기부터 B.C. 1세기까지의 중요한 건축 유물들이 남아 있는 장소다. 그 중 가장 유명한 것은 아쇼카 왕의 시대로 거슬러 올라가는 가장 오래된 '대탑(the Great Stūpa)'으로 불리는 것인데, 이 스뚜빠는 서력기원이 시작될 때까지 끊임없이 확장되고 변형되었다. 이 스뚜빠는 높이가 약 16m이고, 붓다의 생애, 동물, 식물, 그리고 여신 등이 아낌없이 조각된 네 개의 커다란 돌기둥

사진 5.3 작은 스뚜빠와 돌기둥 문(toraṇa), 인도 산찌

문(toraṇa) 중 하나를 통해서 들어갈 수 있다. 같은 지역에 두 개의 스뚜빠가 더 있는데, 슝가(Śuṅga) 왕조 시대(B.C.185~72)로 거슬러 올라가는 오래된 것이다.

스뚜빠는 불교가 아시아 전역으로 확산됨에 따라 함께 전파되었고, 원래의 기본 형태는 해당 지역의 건축 양식의 영향을 받게 되었다. 최초의 반구형 지붕 구조에 더하여 첨탑이 첨가되었고, 마지막으로 동아시아 전 지역에서 보이는 파고다(pagoda) 양식의 탑과 결합되었다. 스뚜빠는 붓다의 장엄한 현존을 상징하는 사리나 다른 성스런 물건들을 안치했기 때문에, 네팔의 보드나트(Bodnath) 스뚜빠처럼 종종 순례와 대중 예경의 중심이 되었다.

불교 예술

불교 예술의 기원은 스뚜빠 주변을 감싸는 돌난간의 장식에서 보인다. 초기에 인간의 형상을 한 붓다가 묘사되지 않았다는 것은 놀라울 수도 있다. 깨달음을 얻을 자(Buddha-to-be)인 싯다르타는 '위대한 포기'를 하고 집을 떠나는 모습으로 자주 묘사되지만, 깨달음을 얻은 이후의 붓다는 오직 수레바퀴, 보리수나무, 혹은 발자국과 같은 상징으로만 나타난다.

붓다의 상은 그의 사후 몇 백 년까지 나타나지 않았다. 아마 천 년이 지날 무렵까지였을 것이다. 이러한 상황은 존경의 표시였거나 혹은 붓다 사후(死後)의 신비한 상태를 심미적으로 표현하기 어려웠던 결과일지도 모른다. 예술가의 딜레마를 동정할 수도 있다. 입멸 후 그의 육신이 화장되었을 때, 붓다는 더 이상 물질적 존재가 아니었다. 그러니 어떻게 붓다를 묘사해야 했을까? 붓다는 윤회의 영역을 초월했으니 시간

사진 5.4 붓다를 보리수나무 도상으로 표시한 벽 장식(Frieze)

과 공간의 관습적인 묘사를 할 수도 없다. 아마도 이 심미적 딜레마는 가시적인 신앙의 대상을 필요로 한 재가 후원자들의 압력과 힌두교의 예배의식이 널리 확산된 데 따른 영향으로 예술가들이 점차 인간 형태의 붓다를 묘사하기 위한 확신을 갖게 되기까지 몇 세기 동안이나 명백한 해결책을 찾지 못했던 것으로 보인다.

최초기의 불상은 하나는 인도 서북 지역인 간다라(Gandhāra)에서, 다른 하나는 마투라(Mathurā)에서 나왔다. 비록 까다로운 신자들 사이에서는 이런 상들이 단지 상징으로 간주되었지만, 대중적인 신앙의 수준에서는 종종 상 자체에 대한 존경과 완전한 헌신(bhakti)의 대상으로 삼는 태도가 널리 나타났다.

예술가들은 예술적 영감을 위해서 붓다의 외모에 대한 불교 문헌의 묘사를 참고했는데, 문헌에는 '위대한 인간의 32상'으로 알려진 다소 일반적이지 않은 육체적 특징의 목록이 있다. 이 목록에는 머리, 몸통, 팔, 그리고 사지의 비율에 대한 묘사뿐만 아니라, 머리 정수리에 작게 솟은 육계(肉髻, uṣṇīśa)나 두 눈 사이의 타래 모양으로 감긴 백호(白毫, ūrṇā)와 같은 특별한 특징들이 포함되어 있다.

이런 특징들은 예술가들에 의해 신심 깊게 형상화되었고, 다양한 양식의 불상을 통해서 널리 퍼졌다. 붓다를 표현하는 예술이 발달함에 따라서 굽따(Gupta) 왕조 시대(320~540)로 거슬러 올라가는 가장 탁월한 작품을 포함한 세련된 불상들이 많이 나왔다. 예술가들은 종종 위대한 표현력으로 붓다의 거룩한 고요함을 포착해 내었고, 세상에 속한 존재이면서 동시에 세상을 초월한 존재라는 붓다의 이중성을 표현하고자 애썼다.

서북아시아와 중앙아시아

B.C. 231년 아쇼카 왕의 죽음 이후 마우리아 왕조는 쇠퇴했다. 그 뒤를 이

은 슝가 왕조와 야와나(Yavana) 왕조(B.C. 187~30) 시기는 불교의 흥망이 교차하는 시기였다. 푸샤미뜨라 슝가(Puṣyamitra Śuṅga)의 통치 아래 갠지스 강 유역의 불교 중심지에 대한 차별과 박해가 있었지만, 동시에 산찌, 바르후트(Bhārhut), 그리고 아마라와띠(Amarāvatī)와 같은 거대한 스뚜빠 단지가 조성된 것도 같은 시기였다. 인도의 북쪽과 서북쪽 지방은 B.C. 2세기에 대규모로 박트리아(Bactria) 왕국과 파르티아(Parthia) 왕국에서 온 그리스 인들뿐만 아니라 불교에 어느 정도 호의적이었던 중앙아시아 유목민족에 의해 침략을 당했다.

이 지역에서 중요한 불교의 전초 기지는 현대의 아프카니스탄인 카불 계곡과 파키스탄에 속한 인더스 강 사이에 자리한 불교 왕국 간다라(Gandhāra)였다. 간다라는 B.C. 2세기부터 그리스 박트리아 왕조의 통치하에 번창했고, 후대에는 서북 지역에서 그리스 인들을 계승했던 샤까(Śaka) 족과 팔라바 왕조(Pahlava; B.C.100~A.D. 75)의 통치하에 번창했다. 이 왕조들은 불교의 후원자이며 보호자였던 중앙아시아에서 온 스키타이(Scythia) 계 쿠샨(Kushan) 족에 의해 이어졌다. 간다라는 불교 예술 특히 조각이 유명한데, 헬레니즘 양식으로부터 강하게 영향을 받았다. 붓다에 대한 가장 이른 묘사들 중 일부가 이 지역에서 나왔다. 간다라는 7세기경 더 이상 독립왕국으로 존재하지 못했고, 불교 역시 이 지역에서 사라졌다.

그 이전 불교는 이미 지금의 아프가니스탄, 이란, 우즈베키스탄, 투르크메니스탄, 그리고 타지키스탄으로 알려져 있는 중앙아시아 지역까지 멀리 퍼져 있었다. 위대한 아쇼카 왕 외에 불교를 후원했던 유명한 왕은 카니슈카 1세(Kaniṣka I: 1~2세기)다. 기원전 1세기에서 기원후 1세기에 걸쳐 쿠차(Kucha), 코탄(Khotan), 그리고 카슈가르(Kashgar) 지역 모두 불교도가 되었다.

중앙아시아 지역은 실크로드가 가로지르고, 그 길을 따라 대상(隊商)들이 온갖 종류의 상품들을 실어 날랐는데, 때때로 승려들이 그들과 함께 인도로부터 중국으로 오고 갔다. 서기 148년 쿠샨(Kushan)의 승려로서 중국의 낙양(洛陽)에 도착하여 불교 경전 번역을 위한 기관을 설립한 안세고(安世高)와 같은 수많은 불교 전법가들이 이들 대상의 일부가 되어 오고 갔다. 이러한 전파의 과정을 통해서 불교는 동투르키스탄(현 카자흐스탄 지역)까지 이르렀고, 중요한 불교 유적지인 코탄, 투르판(Turfan), 그리고 돈황(敦煌) 등이 건설되었으며, 4세기에 이르기까지 중앙아시아 동부의 터키족들 사이에서도 불교가 수행되었다. 이 지역에서 불교는 6~7세기에 이르는 전성기를 지나 아랍의 침공 아래 쇠퇴하기 시작했고, 파도처럼 밀려오는 무슬림 침략자들이 사원을 파괴하고 성보(聖寶)를 약탈했다.

밀린다 왕의 질문

간다라는 유명한 빠알리 어 문헌 《밀린다왕문경(Milindapañha)》의 배경이다. 경은 1세기 박트리아 왕 밀린다와 비구 나가세나(Nāgasena)의 대화를 기록한다. 밀린다(혹은 Menander)는 아마 B.C. 2세기부터 B.C. 1세기까지 통치했던 동편잡 샤칼라(Śākala)의 박트리아 왕이었을 것이다. 문헌의 대부분은 훗날 스리랑카에서 문자로 정착되었지만, 이른 부분은 1세기로 거슬러 올라간다. 비구 나가세나는 밀린다 왕이 질문한 불교 교의상의 문제와 딜레마들에 답하면서 생생한 대화 형식으로 예증과 비유와 은유를 사용했다.

비구 나가세나는 무아의 교리를 설명하기 위해 유명한 '마차의 비유'를 사용한다. 마차가 그 구성 부분인 바퀴, 멍에, 차축 등등의 종합인 것처럼, 인간 존재도 단순히 오온(五蘊)의 종합일 뿐이다. 비록 각 개인은 '나가세나'처럼 하나의 이름을 지니지만 궁극적 의미로는 그에 부합하는 자아 혹은 본질이 없다. 그밖에 "'자기(self)'가 없는데 다시 태어날 무엇이 있는가? '자아(ego)'를 인정하지 않는다면 도덕적 책임은 어디에 의지하는가? 왜 악인이 번창하고 무고한 이가 고통을 겪는가? 왜 문헌들은 종종 모순되는 것 같은가?"와 같은 질문에 대한 토론이었다. 결론에 이르러 밀린다 왕은 불교에 귀의하고 재가 제자가 된다.

아비다르마(Abhidharma)

'4차 결집'은 카니슈카(Kaniṣka) 1세의 통치 기간인 A.D. 1세기~2세기에 이 지역에서 개최되었다. 결집은 설일체유부가 주관을 했고 학문적 본질에 관한 쟁점에 대해 토론했다. 이 토의는 결집이 끝난 뒤에도 오래 이어진 끝에 '대안(代案)의 위대한 책' 혹은 '선택의 위대한 책'을 뜻하는《대비바사론(大毘婆娑論, Mahāvibhāṣā)》이라는 아비다르마 학술논문으로 발전되었다. 이 논문은 아마도 카니슈카 2세의 후원하에 간다라에서 A.D. 3세기 중에 편집되었을 것이다.

《대비바사론》은 아비다르마의 기초적 연구인 설일체유부 철학자 깟짜야니뿌뜨라(Katyāyanīputra)의《발지론(發智論, Jñānaprasthāna-sāstra; 지식의 기초)》에 대한 주석서이다. 또한《비바사론(毘婆沙論, Vibhāṣā)》으로 알려진 문헌은 비바사사파(毘婆沙師派, Vaibhāṣika)의 견해에 대한 전문사전이고, 교의에 관한 기술적 관점에 대해 다른 부파의 탁월한 스승들의 견해를 기록한다.《대비바사론》은 '소승(Hinayana)' 부파들과 몇 세기에 걸친 논쟁의 기초를 제공했고, 바수반두(Vasubandhu)의《아비다르마구사론(Abhidharmakośa)》같은 좀더 작은 많은 논문들이《대비바사론》을 비판하고 보충하기 위해 쓰여졌다.

바수반두(Vasubandhu, 世親)

아마도 4세기 후반에 태어난 것으로 보이는 바수반두는 인도 서북 지역의 원주민 중 가장 유명한 사람이다. 6장에서 언급되듯이 그는 만년에 대승의 추종자가 되었다. 여기서는 주로 그의 아비다르마 연구에만 관심을 기울이고자 한다.

바수반두는 처음에 《대비바사론》에서 제시된 설일체유부(說一切有部)의 아비다르마를 공부했으나, 나중에는 그 가르침에 만족하지 못하고 경량부(經量部, Sautrāntrika) 관점에서 《대비바사론》에 대한 중요한 요약과 비평을 썼다. 설일체유부는 현상(dharmas)들이 현재에만 존재하는 것이 아니라 과거와 미래에도 존재한다는 독특한 시간이론을 펼쳤다. 그들은 이러한 믿음으로부터 '모든 것이 존재한다고 믿는 이들'을 의미하는 '설일체유부'라는 자신들의 명칭을 이끌어 내었다. 그런 견지에서 과거, 현재, 그리고 미래는 분리되어 있는 존재론적인 범주라기보다는 오히려 '관계의 방식'이다. 현상들(dharmas)은 미래로부터 현재와 과거라는 '세 가지 시간'을 지나가는 여행 속에서 '존재'로 '들어오고 나가는[生滅]' 것이 아니라 '항상 존재[恒有]'하며, 단지 서로가 연관된 위치와 상태가 변화하는 것이라고 설일체유부는 주장했다.

한 주석가는 이것을 한 여인이 동시에 딸과 엄마로 불릴 수 있는 것과 같다고 비유했다. 엄마든 딸이든 그녀가 어떻게 분류되는가는 그녀 자신이 지닌 선천적인 어떤 본질보다는 다른 이들과의 관계로 인한 정황에 따른다. 마찬가지로 과거, 현재, 그리고 미래는 본질적으로 다르다기보다는 오히려 비슷하며, 다른 시간과 연관된 각 시간의 위치에 의존한다고 생각했다.

이런 질문들은 심오하게 들릴지 모르지만, '무아(無我, anātman)'와 같은 기본적인 교의가 함의하는 바대로, 지속되는 경험 주체가 없다면 시간이 지속되는 것을 어떻게 이해할 것인가 하는 모순 때문에 불교도들은 이 의문들과 어쩔 수 없이 씨름해야 했다. 만약 변하지 않는 자아를 지니고 있지 않다면, 10년 전과 지금의 나를 같은 사람으로 만드는 것은 무엇인가? 위에 설명한 이론들은 종종 적대적인 비불교도들의 날카로운 비판에 답하기 위해 붓다의 기본 가르침이 갖고 있는 복잡한 함의를 깊게 다루고자 한 시도로, 오늘날에는 그 연구결과가 나와 있다.

바수반두는 그의 가장 유명한 저술《아비다르마구사론(阿毘達磨俱舍論, Abhidharmakośa; 아비다르마의 寶庫)》에서 8장으로 구분한 약 600편의 시로 설일체유부의 교의를 요약한다. 이 시들은 '주석(註釋, bhāṣya)'과 함께 설명되고 있다. 아비다르마 철학의 중요한 논제들을 모두 다루고 있고, 경쟁파인 비바사사파(毘婆沙師派, Vaibhāṣika)의 견해들에 대해 많은 관점에서 반박하고 있다. 이 저술은 6세기와 7세기에 중국어로 두 번 번역되었고, 또한 티베트 어로도 번역되었으며, 현대에 이르기까지 영향력을 끼치고 있다.

대승의 일어남

서력 기원의 이른 세기에 재가불자의 확장된 역할과 포용성을 강조하는 보다 넓은 기반의 운동인 대승부(Mahāyāna)가 시작되었다. 붓다에 대한 초기의 이해는 '삼신(三身, trikāya)[11]'의 새로운 교의 속에서 다시 연구되었고, 아라한에 대한 초기의 이상을 대체하면서 '보살(菩薩, bodhisattva)'의 중요성이 현저해졌다.

알려진 대로라면, 역시 붓다의 가르침으로 간주되는 새로운 경전들, 특히《반야바라밀경(Prajñā-pārāmitā-sūtra; 지혜의 완성)》과《연화경(蓮華經)》[12]과 같은 심오하게 영향력이 있는 문헌들이 나타나기 시작했다. 새로운 철학적 부파들, 특히 중관파(Mādhyamika)와 유가행파(Yogācāra)는 이 문헌들을 해석하기 위해 생겨났고, 대승은 붓다의 초기 가르침에 대한 급

11 법신(法身), 보신(報身), 응신(應身) 또는 화신(化身)

12 묘법연화경(妙法蓮華經): 법화경(法華經, Saddharmapundarika sūtra)

진적인 재해석으로 나아갔다. 이러한 발전은 대승불교를 다루는 6장에서 다시 보게 될 것이고, 독자는 이 요점들에 대한 더 많은 정보를 그곳에서 참조할 수 있을 것이다.

딴뜨라[13]

불교 딴뜨라(Tantra)로 알려진 새로운 연구의 마지막 물결은 7세기경 정신적 진보를 촉진하기 위한 제의와 명상기법을 포함한 급진적인 수행을 더해 가면서 나타났다. 딴뜨라 문헌들에 포함된 불교의 형태는 '금강승(金剛乘, Vajrayāna)'[14]으로 알려졌다. 딴뜨라는 대승불교 안에서 특별한 길을 주장한다. 일반적으로는 대승과 같은 목표를 받아들이는 동시에 금강승만의 독특한 수행 기법들에 의해서 깨달음의 목표를 빠르게 성취하는 수단을 제공한다고 주장했다.

다음과 같은 독특한 특징들은 인도불교로부터 금강승을 구별하는 데 기여한다. 즉, 딴뜨라는 깨달음을 향한 대안적 길을 제시하고, 비구나 비구니들보다는 오히려 재가수행자들을 특별히 대상으로 한 가르침이다. 세간적 목표와 성취를 인정하고, 종종 정신적이기보다는 좀더 신비적인 성격의 수행을 다룬다. 또한 이생이나 혹은 짧은 생애의 뒤에 신성의 화신으로 전환되는 것을 목표로 하는 특별한 형식의 성취법(sādhana)을 깨달음의 길로 가르친다.

딴뜨라 명상은 실재의 본질에 대한 구체적인 표현으로서 다양한 종

---

13 산스크리트 어로 '베틀'이라는 뜻으로 힌두교, 불교, 자이나교 등 여러 종파에서 행해지는 밀의적 수행법을 다루는 다양한 종류의 경전을 지칭하는 말이다(톰 로웬스타인, 《붓다의 깨달음》, 2002, 창해, pp.216~217): 딴뜨라불교에 대해서는 제프리 홉킨스 편역 《달라이 라마, 죽음을 말하다》에 실린 옮긴이 이종복의 후기(pp.263~269)를 참조하면 파편화된 정보의 맥락을 파악하기 쉽다.

14 금강승은 대승불교의 사변적인 사상으로부터 개인의 삶에서 불교사상을 실현하는 전환을 의미한다.(로웬스타인, 위의 책, p.260)

류의 만다라(maṇḍala, 曼陀羅), 무드라(mudrā, 手印), 만뜨라(mantra, 眞言) 그리고 다라니(dhāraṇī, 呪文)를 광범위하게 사용한다. 그리고 명상하는 동안 창조적인 상상의 수단으로 다양한 신의 이미지를 시각화하는 것이 깨달음의 과정에서 핵심적인 역할을 한다. 딴뜨라 불교에서는 붓다와 신의 수와 유형이 급증하고, 구루(guru; 영적 스승)의 중요성과 구루로부터 성취법을 배우고 적절하게 기초 지도를 받아야 하는 필요성이 크게 강조되었다. 전환 과정의 일부분으로 정신생리학을 가르칠 뿐만 아니라, 성적 요가(sexual yoga)의 다양한 형태를 이용하기 위해 여성의 역할을 중요하게 강조한다.

불교 안의 딴뜨라 운동의 기원은 신비에 싸여 있지만, 현대의 많은 학자들은 딴뜨라불교가 오늘날의 오리싸(Orissa), 벵갈(Bengal), 구주랏트(Gujurat)와 카쉬미르(Kashmir)에 해당하는 지역에 기반을 둔 열렬한 신봉자 집단 가운데에서 독특하게 출현했다고 본다. 교의, 명상적 수행과 딴뜨라 의식을 이루는 많은 요소들은 불교 안팎에서 상당히 일찍부터 행해져 왔던 것이다.

명상 과정에서의 시각화는 《반주경(般舟經, Pratyutpanna Sūtra)》과 《무량수경(無量壽經 Sukhāvatīvyūha Sūtra)》 같은 문헌에서 알 수 있고, 만다라들은 이상화된 탑을 통해 볼 수 있다. 다라니 문헌들은 A.D. 1세기 전부터 사용되었으며, 수많은 딴뜨라 의식들은 널리 실행되었던 고대의 제의에서 유래한다.

위에서 나열했던 모든 딴뜨라불교의 특징을 포함하는 7세기 중반의 《대일경(大日經, Mahā-vairocana-abhisaṃbodhi Tantra)》과 같은 딴뜨라 문헌들이 출현할 때까지 성적(性的) 요가를 제외한 딴뜨라의 다양한 요소들은 몇 세기에 걸쳐서 점차로 합쳐진다. 7세기 말 《금강정경(金剛頂經, Sarva-ththāgata-tattva-saṃgraha)》과 다른 문헌들이 오지여래(五智如來) 체계를 언급하면서 만들어졌다.

오지여래

오지여래(五智如來, 五方佛)는 대승경전 전통 중기에 출현하여 후대에 딴뜨라에 의해 받아들여진 붓다와 보살들, 그리고 여러 성스런 존재들을 위한 분류 체계이다. 각 집단은 특정한 자질을 갖춘 특별한 붓다를 우두머리로 한다.

각 집단을 이끄는 붓다들은 비로자나불(毘盧遮那佛, Vairocana), 아촉불(阿閦佛, 不動佛, Akṣobhya), 보생불(寶生佛, Yatanasaṃbhava), 아미타불(阿彌陀佛, Amitābha), 그리고 불공성취불(不空成就佛, Amoghasiddhi)이다. 오지여래 체계는 초기의 삼신불(三身佛) 사상의 뒤를 이은 것이다.

이 체계의 몇 십 년 안에, 첫 번째 딴뜨라불교 문헌으로 알려진 《비밀집회(Guhyasamāja) 딴뜨라》[15]가 노골적인 성적 표현을 포함하며 구성되었다. 이어서 《비밀집회 딴뜨라》 계열을 통해서뿐만 아니라 내면의 정신생리학적인 초월을 위해 성적 요가를 더 많이 사용하는 《희금강(喜金剛, Hevajra) 딴뜨라》[16] 같은 문헌들이 나타나면서 딴뜨라불교 문헌의 양이 급증하였고, 여성의 역할도 크게 강조되었다.

또한 이 시대에는 '대성취자들(mahāsiddhas)'과 구생승(俱生乘, Sahajayāna)[17]과 연관된 도덕률 초월론자들의 수행법이 일어났다. 이들 딴

15 여기서 비밀(guhya)은 비장(秘藏)을 의미하는 말이 아니라 '실제를 인식해 가는 과정이 감춰되지 않음'을 지칭하는 말이다.(로웬스타인, 앞의 책, p.261)

16 헤바즈라는 금강승 불교에서 무서운 모습을 한 수호신의 하나이다. 수호신 헤루카가 그의 여성 배우자인 바즈라요기니와 성적 포옹을 하고 있는 '얍윰(父母)' 형태이다.(앞의 책, p.261)

17 안드라부티 왕의 여동생 락스밍카라(Lakṣmīmkarā)가 지은 《아드비야싯디(Advyasiddhi)》의 가르침. 비이원성(advya)의 성취(siddhi).

뜨라불교의 늦은 분파는 사라하(Saraha)[18] 등과 같은 '대성취자들'과 연관된 단순화된 딴뜨라 수행이었고, 나중에 티베트에서, 특히 까규(Kagyu)파에서 인기를 얻었다. 티베트 전통은 딴뜨라의 가르침을 인도에서 티베트로 전했던 84명의 엄청난 마법의 힘을 지닌 다채롭고 괴상한 대성취자들에 대해 말한다.

다양한 딴뜨라 문헌들이 생겨나자 그들을 분류하기 위한 체계가 함께 등장했다. 처음에 딴뜨라불교는 대승과 함께 대안적인 길로 보였고, '바라밀 방식(pāramitā-naya)'과 대조적으로 '진언 방식(mantra-naya)'이라 불렸다. 진언 방식은 의식을 강조하는 소작(所作) 딴뜨라(kriyā-tantra)와 명상수행을 강조하는 유가(瑜伽) 딴뜨라(yoga-tantra)로 분류되었다. 소작 딴뜨라는 《선다문경(善多問經, Subāhuparipṛcchā)》과 《소실지경(蘇悉地經, Susiddhikāra)》을 포함하고, 유가 딴뜨라는 《금강정경(金剛頂經, Sarvaththāgata-tattva-saṃgraha)》과 《비밀집회 딴뜨라》를 포함한다. 《대일경(大日經, Mahā-vairocana-abhisaṃbodhi)》은 두 집단의 특성을 모두 공유하는 경으로 간주되었고, 특별한 이원적(ubhaya) 범주 안에 자리를 잡았다.

이 체계는 훗날 지금의 표준적인 네 부류, 즉 소작 딴뜨라(kriyā-tantra), 행 딴뜨라(caryā-tantra), 유가 딴뜨라(yoga-tantra), 그리고 무상유가(無上瑜伽, anuttara-yoga) 딴뜨라로 다시 편제되었다. 무상유가 딴뜨라 자체는 세 개의 하부 체계로 더 나뉜다. 아버지 딴뜨라, 어머니 딴뜨라, 그리고 무이(無二) 딴뜨라다. 비록 대유가(大瑜伽, mahāyoga), 무상유가(無上瑜伽, anuyoga), 무비유가(無比瑜伽, atiyoga)처럼 다른 명명 체계 역시 사용되었지만, 닝마(Nyingma) 파의 수행 체계 안에서는 여전히 이 체계가 쓰이고 있다.

딴뜨라불교는 비록 비정통적인 요가 수행자들에 의해서 불교 사원

18 사라하(Saraha, 7세기 중엽~8세기?): 금강승 최초의 행자(行者).

바깥에서 시작된 것으로 추정되지만, 곧 날란다(Nālanda), 비끄라마쉴라(Vikramaśīla), 라뜨나기리(Ratnagiri)와 같은 여러 거대한 불교 사원대학에 소개되었다.

8세기 이후 인도의 많은 위대한 학승(學僧)들은 상당한 부피의 주석서와 독립적인 연구 논문을 낸 명망 높은 전문가들이었다. 그들의 영향으로 딴뜨라불교는 인도 전역과 주변 국가들로 널리 퍼졌다. 딴뜨라불교가 스리랑카, 미얀마, 태국 그리고 인도네시아로 전해졌지만, 인도 밖에서 딴뜨라불교는 일본의 두 번째 대중적인 종파인 진언종(眞言宗, Shingon)으로서, 그리고 티베트와 중국에서 크게 발달했다.

사원대학교

중세 시대 불교의 지적인 번창은 대다수 학생들을 사원의 학습센터로 이끌었다. 이 중 가장 유명한 것은 날란다(Nālandā)였다. 날란다에는 중앙 현관에서 구두(口頭)시험을 통해 허가를 받은 만 명의 학생들이 거주했다고 한다. 인도의 위대한 불교 사원대학교 중 하나인 날란다는 현재 비하르주인 빠딸리뿌뜨라와 라자그르하 사이에 위치했다. 날란다는 서기 2세기에 마가다의 샤끄라디띠야(Śakrāditya) 왕이 창건했다고 전하며, 후에 굽따 왕조(A.D. 320~647)와 빨라(Pāla) 왕조(A.D. 650~950)가 후원했다.

날란다에 상주하는 스승들의 엄청난 규모와 자질은 모든 불교국가들로부터 학생과 방문객들을 끌어들였고, 그 중에는 7세기 주목할 만한 중국 순례승 현장(玄奘)과 의정(義淨)도 포함되어 있다. 이들은 둘 다 그들의 순례기 안에서 날란다를 묘사한다. 또한 인도는 초기의 티베트 불교운동과 밀접하게 연관되어서 지도적인 티베트 승려들이 날란다를 빈번히 가고, 그에 대한 교환방문으로 인도의 불교 스승들이 티베트로 자주 방문하게 되었다.

지속적인 왕권, 특히 하르샤(Harṣa) 왕과 같은 빨라 왕조의 통치자들의 후원 덕에 비끄라마쉴라(Vikramaśīla)와 오단따뿌리(Odantapurī) 같은 여러 주요한 학습센터들도 번창했다. 이 학습기관들을 통해 산따락시따(Sāntarakṣita)와 까말라쉴라(Kamalaśīla) 등 위대한 인도 불교학자의 마지막 세대가 탄생하였다.

이들은 티베트로 불교를 전하는 데 핵심적인 역할을 했다. 사원 학습센터가 성장하는 과정에 따른 부정적인 영향은 비구들이 신비한 교의에 더욱더 전문화된 것과, 불교가 사원 밖 세상과의 접촉을 잃어버리기 시작했다는 것이었다. 항상 마을에 뿌리를 두었던 힌두교와 달리 불교는 좀더 높은 학문적인 극소수 핵심기관들에 집중되었다.

이것은 10세기 이후 수많은 무슬림 침입자들이 인도로 쳐들어오기 시작했을 때 불교가 소멸된 원인의 하나라고 판명되었다. 거룩한 전쟁이란 명분하에 노획물에 정신이 팔린 침입자들에게 때때로 가치 있는 보물을 지니고 있는 무방비의 불교 사원들은 저항도 못하는 목표물이었다. 불교도들이 불상과 보살상을 만드는 것이 정통 무슬림의 눈에는 우상숭배로 보였고, 귀한 금속과 보석이 박힌 귀중한 불상들은 수없이 파괴되거나 약탈되었다. 비슷한 태도가 2001년 이슬람 근본주의자 탈레반 정권에 의해 아프가니스탄의 바미얀(Bāmiyān)에서 거대한 불상들이 파괴되는 원인이었던 것 같다. 터키 장군 마흐무드 샤붇딘 고리(Mahmud Shabuddin Ghorī)는 1197년에 날란다를, 1203년에 비끄라마쉴라를 약탈해, 도서관을 불태우고 귀중한 문학과 예술의 보물들을 파괴했다. 날란다의 거대한 도서관은 6개월 동안 연기가 났다고 전해진다. 이 지역은 20세기에 완전히 발굴되어 지금은 많은 방문객들이 찾는다. 이러한 외상을 입힌 사건들로 인도불교는 치명타를 입고 다시 회복되지 못했다.

20세기 인도에서는 티베트에서 온 난민들의 유입과, 소위 '암베드카르 불교도'로 불리는 이들의 개종에 기인하는 제한적인 불교의 부흥이 있었다. 이들은 인도의 마할(Mahar)[19] 출신으로 카리스마 있는 '불가촉천민

(Dalit)' 지도자 빔라오 암베드카르(Bhimrao Ambedkar)의 추종자들이었다. 불가촉천민으로 태어난 암베드카르는 나그푸르(Nagpur)에서 1956년 10월 14일 불교로 개종했다. 암베드카르는 세기에 걸쳐서 인도를 괴롭혔던 신분 계급의 문제를 가장 잘 풀어낼 종교로 불교를 선택한 것이었다. 전 인도에 걸쳐서 수천의 불가촉천민들이 사회적 소외에 대한 저항으로 암베드카르의 개종을 따랐고, 오늘날 마하라쉬트라(Maharashtra) 주 대부분의 불가촉천민들은 스스로를 불교도로 여긴다.

---

19 마하라쉬트라 주와 주변 지역에서 발견되는 인도 공동체로서 대부분 20세기 중반에 암베드카르를 따라 불교로 개종했다. 2017년 기준, 16개 인도 주에서 카스트로 지정되었다.

알아야 할 요점들

- 붓다의 열반에 이어서 초기의 승가 공동체는 많은 종단과 부파들로 빠르게 분열했다. 라자그르하, 바이샬리, 그리고 빠딸리뿌뜨라에서 세 번의 중요한 결집이 있었다.
- 불교 경전은 삼장(Tripiṭaka)으로 알려지고, 전승에 따르면 붓다가 열반한 해 라자그르하 결집에서 완성되었다.
- 삼장은 경장(Sūtra Piṭaka), 율장(Vinaya Piṭaka), 논장(Abhidharma Piṭaka) 세 부분으로 나뉜다.
- '근본분열'은 빠딸리뿌뜨라 결집에서 발생했고, 상좌부(Sthaviras)와 대중부(Mahāsāṃghikas)라는 주요한 두 집단으로 나뉘었다.
- 불교는 아쇼카 왕의 후원 아래 인도에서 번창했고, 법을 전파하기 위해서 전법사들을 해외로 파견했다.
- 스뚜빠(탑묘)는 보통 종교적으로 중요한 인물, 예를 들면 붓다나 원로스님 등의 유해나 종교적으로 의미 깊은 물건이나 성스런 경전 등을 안치한 반구형의 고분이다.
- 초기의 몇 세기 안에 《대비바사론》과 《아비다르마구사론》 같은 문헌들을 낳은 위대한 학문적 논쟁의 시대가 도래했다.
- 딴뜨라는 인도불교의 마지막 국면을 드러냈다. 딴뜨라 문헌들은 7세기경에 나타나기 시작한다.
- 13세기 초에는 이미 무슬림 침입자들이 날란다와 비끄라마쉴라 같은 거대한 사원대학교들을 파괴했고, 인도불교에 치명타를 가했다. 인도에서 불교는 비록 제한된 부흥이 현대에 일어나긴 했으나 15세기 이후 사실상 소멸했다.

토론을 위한 질문

Q. 최초의 세 번에 걸친 경전 결집에서 지금까지 지속되는 어떤 중요한 점이 이루어졌는가?

Q. 아쇼카 왕은 인도불교 발전을 위하여 내적으로, 그리고 외적으로 어떠한 기여를 했는가?

Q. 스뚜빠는 불교에서 왜 중요한가?

Q. 인도 예술에서 불상의 발달에 관하여 평가하시오.

Q. 딴뜨라불교는 인도불교의 최고점인가, 바닥인가?

나아가 읽을 거리

Akira, Hirakawa. *A History of Indian Buddhism.* Honolulu. HI: University of Hawaii Press, 1990.

Cook, Elizabeth. *The Stupa: Sacred Symbol of Enlightenment.* Berkeley, CA: Dharma Press, 1977.

Dasgupta, Shashi Bushan. *An Introduction to Tantric Buddhism.* Berkeley, CA: Shambhala, 1974.

Lamotte, Étienne. *History of Indian Buddhism.* Louvain-la-Neuve: Université Catholique de Louvain, Institut Orientaliste, 1988.

Govinda, Lama Anagarika. *Psycho-cosmic Symbolism of the Buddhist Stupa.* Berkeley, CA: Dharma Publishing, 1976.

Nakamura, Hajime. *Indian Buddhism.* New Delhi: Motilal Banarsidass, 1980.

Snodgrass, Adrian. *The Symbolism of the Stupa.* Ithaca, NY: Cornell University, 1985.

White, David Gordon. *Tantra in Practice.* Princeton, NJ: Princeton University Press, 2000.

6. 대승불교

이 장에서는

대승불교의 문헌들, 교의, 주된 분파와 탁월한 사상가들을 조명하면서 대승불교의 발달을 기록한다. 이를 통해 유명한 천상의 붓다와 보살들을 살펴보고, 중앙아시아와 동아시아에서 발달했던 불교를 이해하기 위한 기초를 제공한다.

이 장에서 다루어진 주요 주제들

- 대승불교 문헌
- 반야바라밀다
- 그 밖의 대승불교 문헌들
- 대승불교의 주요한 교의: 불성, 공성, 보살, 바라밀, 연민, 방편
- 천상의 붓다와 보살들
- 대승불교의 종파: 중관, 유가행, 정토
- 대승불교 논사들

서문

'마하야나(Mahāyāna, 大乘)'는 산스크리트 어로, 인도에서 B.C. 200년경 시작된 스스로를 '큰(mahā) 수레(yāna)'로 규정한 불교 운동을 뜻한다. 이 운동의 기원에 관한 초기의 상황은 지금까지도 정확히 밝혀지지 않았고, 많은 논쟁적인 주제들이 재정립되길 기다리고 있다. 자체의 문헌에 따르면 이 새로운 운동은 지나치게 종교적이고 현학적이며 자족적이었던 당시의 주류 불교에 대한 반발로, 그리고 다수의 불교 수행자들을 해방으로 이끄는 탈것[乘]으로서의 불교를 재강조하는 수단으로 주요하게 나타났다.

일반적으로 이들은 새로운 경전군을 제시했는데, 처음에는 불성(佛性)과 새로운 목적을 향한 새로운 길과 관련된 새로운 이론인 '반야바라밀다(般若波羅蜜多, Prajñāpāramitā; 지혜의 완성)'로 드러났다. 주요한 철학적 내용을 초기 불교의 대중부와 설일체유부로부터 얻고, 공동체의 중심사상을 모든 중생을 향한 연민(karuṇā)의 강조에 기반을 두었다. 대승은 모든 현상들의 고정된 실체가 비어 있음[空, śūnyatā]과 붓다의 초월적 본성을 역설하면서, 모든 존재가 보살의 길(boddhisattva path)이라는 수행 과정을 통해서 붓다의 경지(buddhahood)를 성취할 수 있다고 강조했다. 초기의

불교를 전적으로 부정하지는 않았지만, 초기의 불교 집단을 통틀어 '작은 수레[小乘, Hīnayāna]'라고 부르며 열등한 것으로 폄하했다.

대승 이전의 부파들과 마찬가지로, 대승 역시 생겨나자마자 다시 분열이 시작되었다. 수백 년 안에 인도의 대승불교는 나가르주나(龍樹, Nāgārjuna)가 세운 중관(中觀, Mādhyamika)파, 무착(無着, Asaṅga)과 세친(世親, Vasubandhu)이 창설한 유가행(瑜伽行, Yogācāra)파, 그리고 정토종(淨土宗) 전통을 포함하게 되었다. 게다가 인도의 대승불교는 비의적(祕義的) 전통을 강조하는 금강승(金剛乘, Vajrayāna)으로 알려진 세 번째 부파와도 빠르게 결합했다. 불교가 중국으로 전파되면서 새로 생긴 개별 부파들의 압도적 다수는 이러한 대승 철학에 기초를 두었다. 한국과 일본으로 이동했던 불교의 전통도 마찬가지이다. 이렇게 동아시아에서는 대승에 기초한 불교가 지배적이다.

대승불교 문헌

반야바라밀다(般若波羅蜜多, Prajñapāramitā)

'반야바라밀다(지혜의 완성)'는 '반야부'라고 알려진 일련의 대승 경전에 대한 총칭이다. B.C. 100년경으로 거슬러 올라가는 대승불교 초기의 이 문헌들은 최초기의 대승 사상을 대표하고, '반야(prajña, 지혜)'의 특성을 이해하는 데 초점을 맞춘 대승 불교도들의 특별한 관심에 걸맞게 이름이 지어졌다. 반야경에 대한 최고의 학자 에드워드 콘즈(Edward Conze)는 이 반야계 경전군의 편집 시기가 약 1000년 정도 걸렸다고 언급한다. 천 년은 다음과 같이 네 시기로 나뉜다.

(1) 대승 운동 초기의 '추진력(impulse)'을 드러내는 기본 문헌의 확립
(2) 기본 문헌의 확장

(3) 기본 교의를 좀더 짧게 요약한 문헌과 재서술된 산문들

(4) 딴뜨라 전통에 영향 받은 시기

이중 가장 오래된 문헌은 《팔천송반야(Aṣṭasāhasrikā-Prajñāpāramitā Sūtra, 小品般若)》이다. 이 문헌은 나중에 《만팔천송반야》, 《이만오천송반야(大品般若)》, 그리고 점차 《십만송반야》의 개정판으로 확장되었다. 그런 뒤 좀더 짧은 판들로 줄어들었는데, 그 중 가장 유명한 것은 《금강반야바라밀경(金剛般若波羅密經, Vajracchedikā-Prajñāpāramitā Sūtra)》과 《반야심경(般若心經, Hṛdaya-Prajñāpāramitā Sūtra)》이다.

마침내 딴뜨라 문헌들이 연속적으로 나타났고, 그 중 하나는 '일자반야경(一字般若經)'이라 불렸다. 이들 문헌에 대한 다수의 주석서가 잇달아서 나타났고, 문헌과 주석서 모두 중국어와 티베트 어로 번역되었다.

반야경 양식은 수행의 성취 정도가 다양한 단계에 있는 제자들과 붓다가 주고받은 대화를 보여 주는 점이 흥미롭다. 대부분의 경우, 초기의 소위 '소승' 전통과 관련이 있는 사리불(Śāriputra) 같은 제자들은 대체로 낮은 수준으로 표현하고, 반면에 보살로 규정한 수보리(Subhūti) 같은 제자들은 높은 수준으로 표현한다. 달리 말하면, 새로운 대승의 길은 낡은 체제를 희생시킬 것을 강조한 것이다. 교리 문제와 관련해서도 그러한 경우가 있는데, 반야경 문헌들은 아비다르마(abhidharma) 접근법이 부적절하다고 끊임없이 비난하고, 공(śūnyatā) 사상의 유효성을 강조한다. 반야부 경전은 인도 밖으로 급속히 퍼져 나가서, 일찍이 A.D. 179년에 지루가참(支婁迦讖, Lokakṣema)이 번역한 《팔천송반야》와 함께 중국에 등장한다.

반야부 외 대승불교 문헌들

《유마경(維摩經, Vimalakīrti-nirdeśa Sūtra)》

대승경전 중 가장 중요한 하나는 '유마힐(維摩詰, Vimalakīrti)의 법문에 관한 경[維摩經]'이란 제목의 대승경전이다. 자주 인용되듯이, 이 문헌은 '유마힐'이라는 이름의 유명한 재가신도와 관련이 있다. 유마힐은 자산가로서 세속적인 생계활동에 전념함에도 불구하고, 보살의 모범적인 삶을 주도적으로 영위한다.

경전의 이야기는 바이샬리에서 붓다가 설했던 법문에 초점을 맞춘다. 붓다는 8천의 비구들과 3만 2천의 보살들에 둘러싸여 있었는데, 유마힐 거사가 병으로 참석하지 않았다. 붓다는 거사의 상태를 알고 싶어서 제자 한 명을 보내 문병하고자 한다. 여러 제자들은 유마힐 거사의 탁월한 지혜를 감당하기 어려워 정중히 거절하다가, 문수보살이 가겠다고 하자 모두 따라간다. 문수보살이 병세가 어떠하냐고 질문을 하자, 유마힐 거사는 대승 철학이 넘치는 답을 한다. 자신의 질병이 모든 중생의 아픔에 대한 연민 때문이며, 모든 중생들이 나아야 비로소 자신도 나을 것이라고 한다.[20]

이어진 것은 대승 교의의 다양한 주제들에 대한 긴 토론이다. 유마힐은 경전의 중요 부분으로 이끄는 질문을 점차로 제기한다. 보살은 어떻게 불이(不二, advaya)의 법의 문(dharma-door)에 들어갈 수 있는가를 묻는다. 31개의 대답이 이어지고, 각각은 전술한 것보다 좀더 통찰력이 있고 노련한 대답이지만, 모두 완전한 이해에는 이르지 못한다. 문수보살은 자신의 차례가 되자 단순히 말한다. "그대들의 말씀은 모두 옳습니다만, 거기에는 아직도 둘이라는 찌꺼기가 남아 있습니다. 어떠한 것도 논하지 않고

---

20 "이 세상에 어리석음이 남아 있는 한, 그리고 존재에 대한 집착이 남아 있는 한 제 아픔은 앞으로도 계속될 것입니다. 모든 중생들에게 아픔이 남아 있는 한 제 아픔 역시 앞으로 계속될 것입니다."(박용길 옮김, 《유마경》, 민족사, p.141)

말로써 이야기할 수 있는 것도 아니고, 설하여 나타내 보이는 것도 아니며, 설하지 않는다는 것도 말하지 않는 그것이 바로 불이(不二)에 들어간다는 뜻입니다." 그리고 나서 문수보살은 유마힐 거사에게 질문에 대한 답을 청한다. 유마힐 거사의 대답은 완벽하고 완전한 침묵이었다. 침묵함으로써 거사는 유일하고 완전한 대답을 한 것이다! 모든 대승불교와의 높은 관련성 때문에 《유마경》은 실질적으로 대승불교가 번창했던 모든 불교국가에서 중요한 경전이 되었다.

《능가경(楞伽經, Laṅkāvatāra Sūtra)》

다른 중요한 문헌은 《능가경》인데, 아마도 400년경 쓰인 것으로 보이고, 제목은 '능가(Laṅka)로 이어진 혈통'으로 번역된다. 이 경의 교의적 바탕은 불교 유가행파의 다양한 주제들에 초점을 맞춘 것이다. 이 경은 대혜(大慧, Mahāmati)란 이름의 보살이 능가산에서 붓다에게 물은 일련의 질문에 대한 붓다의 대답을 기록한 경전이다. 문헌은 대부분 산문이며 9장으로 구성되어 있고, 마지막에 게송편이 한 장 추가되어 있다.

이것은 공, 유가행파 교의의 중심인 8식(識, vijñāna)이론[21], 진여(眞如, tathatā)의 상태에서 완결되는 다섯 가지 법(dharmas),[22] 중관파의 두 가지 수준의 진리[23]에 대한 이론과 대비되는 세 가지 자성(自性, svabhāva)[24] 개념, 그리고 영원하거나 변형되는 두 형태의 붓다에 대해 토론한다. 이 경의 비판적 교의는 모든 중생들 안에 여래, 즉 붓다가 현존한다는 진술이고, 이렇게 모든 생명체는 '여래장(如來藏)' 안에 머문다는 것을 암시한다.

---

21 감각적 의식인 전5식(前五識: 眼識, 耳識, 鼻識, 舌識, 身識)과 종합하여 판단하는 의식인 제6식(意識, manovijñāna), '나'로 취착하는 제7식(末那識, kliṣṭamanas), 함장식(含藏識)·종자식(種子識)인 제8식(阿賴耶識, ālayavijñāna).

22 자량위(資糧位), 가행위(加行位), 견도위(見道位), 수도위(修道位), 구경위(究竟位). 본문 198쪽의 box 설명 참조.

23 세간 차원의 진리인 세속제(世俗諦, sammuti-sacca)와 궁극적 진리인 승의제(勝義諦, paramattha-sacca).

24 변계소집성(遍計所執性), 의타기성(依他起性), 원성실성(圓成實性).

그리고 불성(佛性)은 모두에게 기꺼이 유효하다는 명백한 결과를 추론한다. 문헌은 의식이 본질적으로 기본으로 되돌아가고, 의식 자체가 반전[轉依]됨으로써 모든 이원성과 구별이 끝나는 성취 과정을 개략적으로 설명한다. 《능가경》은 중국과 일본의 선(禪) 전통에 강한 영향력을 미쳤다.

《묘법연화경(妙法蓮華經, Saddharmapuṇḍarīka Sūtra)》

《법화경》은 《묘법연화경》의 친밀하고 대중적인 제목이고, 좀더 적절하고 완전하게 제목을 해석하자면 '흰 연꽃(puṇḍarīka)과 같은 좋은 가르침(saddharma)의 경'이다. 대승경전 중에서 가장 중요한 경전 중 하나로, 인도불교에서도 대단히 중요하지만 중국과 일본에서는 더 높게 인정받아 중국·일본 불교의 천태종과 니치렌(日蓮)이 창설한 일본 법화종의 소의경전(所依經典)이 되었다. 경전의 내용은 붓다가 독수리봉으로 알려진 유명한 장소에서 다양한 범주의 헤아릴 수 없이 많은 제자 대중에게 펼쳤던 법문이다.

문헌의 중요한 내용은 일반적으로 세 부류로 나누는 제자들, 즉 성문(聲聞, śrāvaka), 연각(緣覺, pratyekabuddha), 보살(菩薩, bodhisattva)에게 각각 효과적인 다양한 길이 있지만, 진정한 '수레[乘]'는 오직 하나라는 것이다. 이 '일승(一乘, Ekayāna)' 불교는 소승과 대승 모두를 포괄한다.[25] 이 사상의 핵심은 일련의 비유를 통해 드러나는데, 가장 중요한 것은 불타는 집, 눈먼 사람, 방탕한 아들의 비유다. 또한 여래의 본성에 대해 강조하면서, 방편 혹은 어떻게 지혜를 적절하게 이용하는지 아는 능력을 계발하고, 보살

---

25 대승불교 쪽에서는 대승과 소승을 다 포괄한다고 하지만, 소승이라 불리는 테라와다불교 전통의 경전 목록에는 법화경이 없다. 대승에서는 소승을 극복하고 대소승을 회통하려는 노력을 이어왔고, 소승 측에서는 '정통'을 주장하며 대승을 도외시해 왔다. 그러나 최근에는 초기불교에서 시작한 연구자들 중에서도 아날라요 비구(bhikkhu Anālayo) 등 교학뿐만 아니라 수행 측면을, 아울러 빠알리 어 경전과 산스크리트 어 경전, 티베트 어 경전, 그리고 한자로 된 아함경을 함께 연구하는 시도들이 늘어나고 있다. 14장에서 살펴보겠지만, 현대문명과 세계화, 서양으로의 불교 전파라는 새로운 불교 환경으로 인해 대승과 소승이라는 관념적인 패러다임이 더 이상 현실적이지 않기 때문이며, 고대의 정통성만이 아니라 현대에 대한 적합성이 더욱 중요해지기 때문일 것이다.

의 마땅한 특성으로 엄정한 도덕성과 공에 대한 이해, 이론적인 논쟁을 벗어나 중생을 향한 연민심을 닦아 나갈 것을 강조한다.

정토경(淨土經)[26]

《대무량수경(大無量壽經; (The Larger) Sukhāvatīvyūha Sūtra)》은 대승경전이고 정토종의 근본적인 기초 경전 중 하나로서 중요하다. 이 경은 독수리봉에서 헤아릴 수 없이 많은 성문(śrāvaka) 제자들과 보살들에 둘러싸인 붓다를 묘사하며 시작한다. 붓다는 아난다를 가르치기 위해 세자재왕불(世自在王佛, Lokeśvararāja)로 알려진 과거불 아래에서 48가지 서원을 했던 법장(法藏, Dharmākara) 비구의 이야기를 들려준다. 법장 비구는 보살행을 닦기 시작하면서, 모든 서원의 초점을 하나의 불국토(佛國土)에 맞추었고, 자신의 서원을 차례차례 실현하고 나서 서방 극락정토(Sukhāvatī)에 머무는 아미타불이 되었다. 경에 의하면 누구나 (1) 서방 정토에서 다시 태어나겠다고 서원을 하고 (2) 그렇게 하기 위해 선업을 닦으며 (3) 아미타불에 대한 명상을 한다면 서방 정토에 다시 태어날 수 있다고 한다. 경은 아미타불의 모습을 묘사하며 마무리된다.

보다 간략한 《아미타경(阿彌陀經; (The Smaller) Sukhāvatīvyūha Sūtra)》은 정토종의 근본적인 소의경전으로서 중요한 대승경전이다. 독수리봉의 붓다와 함께 시작하는 《대무량수경》과 반대로 이 경은 서방 정토에 머물고 있는 아미타불로부터 시작한다. 이 경에 의하면 정토에 다시 태어나는 것은 《대무량수경》에서 언급한 선업의 결과가 아니다. 선업은 아예 언급도 하지 않는다. 《아미타경》에서 중요시하는 핵심은 소리의 상징(metaphor)에 집중하는 것이다. 정토에 존재하는 소리들은 불(佛), 법(法), 승(僧) 중 하나를 떠올리기 위함이라고 하며, 이 소리들과 아미타불의 명

---

26 정토경은 정토 3부경인 《대무량수경(大無量壽經)》 2권, 《아미타경(阿彌陀經)》 1권, 《관무량수경(觀無量壽經)》 1권을 가리킨다. 《대무량수경》과 《아미타경》의 산스크리트 어 제목은 동일하게 'Sukhāvatīvyūha Sūtra'로 그 뜻은 '극락세계(Sukhāvatī)의 장엄(vyūha)'이라는 뜻이다.

호(名號)를 부르는 소리야말로 필수적인 명상이다. 따라서 구제되려면 이 소리들을 반복해야만 한다.

대승불교의 주요 교의

비록 대승이 불교 안에 새로 만들어진 문헌들의 중요성과 재가신도에 대한 강조를 종종 칭송하지만, 그러한 대승 문헌에 구현된 이론과 교의 역시 이후의 전통이 발달하는 데 있어서 똑같이 중요했다. 대승불교의 혁신적인 교의 중에서 가장 중요한 것은 붓다의 본성과 실재에 관한 새로운 이론뿐만이 아니라 새로운 이상으로 대두시킨 보살에 대한 강조였다. 이 새로운 길에는 '바라밀(波羅蜜, pāramita)'이라고 부르는 일련의 '완성'을 향한 수행과 그 바라밀들 중에서 중요한 두 가지인 '자비'와 '방편'에 대한 강조가 있었다.

공(空, Śūnyatā)

《반야바라밀경》을 시작으로 많은 대승경전들은 공 사상을 강조한다. 이는 현상들(dharmas), 경험적 실체의 순간적인 구성 단위들까지도 스스로의 힘[自性]으로 유지되는 존재론적 위상이 없음을 진술하면서 초기 불교의 무아(無我)의 자리를 넘어선다.

공 사상은 초기 불교의 연기법에 대한 적절한 이해인 존재의 '관계적' 측면을 강조하는 것 같다. 공은 우리 마음의 고정된 관념을 '녹이는' 데 사용되는 인식론적 도구가 된다. 공은 존재론적 상태가 아니며, 공조차도 비어 있음을 이해하는 것이 중요하다. 공 개념과 관련된 부정적 술어가 대승의 미묘한 허무주의를 나타낸다고 짐작하는 것은 옳지 않다. 모든 법이 공하다고 주장하는 것은 그들이 존재하지 않는다는 것이 아니다. 오히려 그들을 인지의 대상으로 인식해서는 안 되는 외관일 뿐으로 규정하는 것이다.

공 사상은 인도불교의 중관파와 유가행파뿐만 아니라, 지리적 차이와 고대와 현대를 뛰어넘어서 모든 대승 종파에게 최고로 중요한 가르침이 되었다. 공 사상은 또한 금강승[밀교]에서도 중대한 역할을 한다. 그러므로 공 사상이야말로 대승의 유일하고도 가장 중요한 혁신이라고 보아도 과언은 아닐 것이다.

불성

'불성(佛性, buddha nature)'은 모든 중생들에게 세간적으로나 우주적으로나 붓다와 같은 청정한 성품이 있다는 대승불교의 개념이다. 이 '진여[眞如, tathatā]'라는 개념은 '소승'과 '대승'을 구별하는 여러 개념들 중 하나로, '소승'에는 모든 중생이 붓다가 될 수 있다는 제안이 없다.

대승불교에 이르러서 수많은 천상의 보살들이 매우 중요하게 부각되었는데, 관세음보살(Avalokiteśvara), 문수보살(Mañjuśrī), 대세지보살(Mahāsthāmaprāpta), 그리고 보현보살(Samantabhadra)이 가장 주목할 만하다. 이 보살들은 이상적인 모델로 무한한 연민심과 지혜로 지상의 중생들을 위해 헌신한다. 보살에 대한 모든 개념은 대승 불교도들이 보기에 자기중심적이고 아상(我相)을 벗어나지 못한 수행으로 보이는 초기 불교의 이상인 아라한과 명백히 대조되었다.

《보살십지경(菩薩十地經, Bodhisattvabhūmi Sūtra)》, 《십지경(十地經, Daśabhūmika Sūtra)》, 그리고 유명한 경전들을 포함한 엄청난 문헌이 보살과 보살도(菩薩道)에 중점을 두고 발달했다. 보살도는 때로 '보살승

(Bodhisattva-yāna)'이라 불린다. 이는 대승 혹은 소위 '위대한 수레'라는 불교 전통을 가리키는 또 다른 명칭이다. 아울러 대승은 초기 불교 전부를 뭉뚱그려 폄하하는 '소승(Hīnayāna)' 혹은 '작은 수레'라는 표현을 새로 만들었다. 그러면서 '소승'이라는 명칭 안에 두 가지 개별적인 길을 나누었다. (1) 문자적으로 '듣는 자'를 의미하는 '성문승(聲聞乘, Śrāvaka-yāna)'으로, 붓다의 직계제자들과 그들의 정신적 후계자들 (2) 스스로 깨달음을 성취했으나[獨覺] 가르칠 능력은 없는 이들인 '벽지불승(辟支佛乘, Pratyeka-buddha-yāna). 그러나 위에서 보았듯이 대승의 길을 보살승으로 언급한 것은 단지 논리적인 차원이었다.

보살(菩薩, bodhisattva)

보살은 문자 그대로 모든 중생을 구하기 위한 연민 어린 노력을 하고자 자신의 성불을 미룬 '깨달은[覺, bodhi] 존재[有情, sattva]'이다. 초기 불교에서 이 보살이란 단어는 역사적 붓다 고따마 싯다르타를 가리키는 데 사용되었고, 오직 미래의 역사적 붓다들만 그들의 깨달음에 앞서 이 호칭을 받을 만하다고 간주되었다. 그러나 대승에서는 이 단어를 급진적으로 새롭게 해석했고, 완전하고 완성된 깨달음, 붓다의 경지를 열망하는 '모든 이'들을 위한 호칭으로 개방했다. 극도의 연민(karuṇa)심으로 발심(發心)하여 지혜의 완성이 적절해진 보살은 우선 다음과 같은 세 가지 기본적인 필수 전제조건을 갖춘다. 즉, '깨달음의 마음[菩提心, bodhicitta]'을 일으키고, 모든 중생을 위한 완전하고 완성된 깨달음을 얻기로 공식적으로 '서원(誓願, praṇidhāna)'을 하며, 그리고 미래에 반드시 깨달음을 얻을 것이라는 '수기(受記, vyākaraṇa)'를 받는다. 그런 뒤 10가지 수행의 단계[十地]를 포함하는 '보살도'라고 알려진 길을 닦아 나간다. 이 길은 개인적인 열반의 성취를 포기하고, 돌고 도는 윤회의 바퀴 안에서 계속해서 다시 태어나며, 자신이 쌓은 모든 공덕을 다른 존재들과 나누는 길이다.

바라밀(波羅蜜, Pāramitā)

산스크리트 어의 특별한 용어 '바라밀'은 대개 '완성'을 뜻하며, 정신적 진보를 위해 필수적이라고 여겨지는 일련의 수행에 적용된다. '빠라미타(pāramitā)'란 용어는 일반적으로 어떤 것의 다른 편, 즉 저 너머를 뜻하는 산스크리트 어 접두사 '빠람(pāram)'과 '간다'는 뜻의 동사의 과거분사형(ita)에서 파생되었다. 이처럼 빠라미타(pāramitā)는 '저편으로 가고 있는' 혹은 '저편에 가 있는' 것을 뜻하고, '완성(perfection)'이란 함의를 갖는다.[27]

비록 이 용어가 다양한 소승 부파들의 문헌 속에서도 나타나고, 특별히 설일체유부에서 중요했지만, 불교의 철학과 수행에서 바라밀의 개념이 중요한 구성요소가 된 것은 대승에 이르러서다. 이 개념은 육바라밀을 강조하는 《반야바라밀경》 속에서 일찍이 나타났다. 육바라밀이란 (1) 보시(dāna) (2) 지계(śīla) (3) 인욕(kṣānti) (4) 정진(vīrya) (5) 선정(dhyāna) (6) 반야(prajñā)다. 물론 의도된 궁극의 목표가 나타난다. 즉, 만약 어떤 종교적 원리들을 이해하고 엄밀한 종교적 수행을 한다면 모든 존재는 누구나 지혜를 완성할 수 있다는 것이다. 닦아야 할 수행은 초기 불교의 아라한의 길과 반대되는 길로서, 보살의 길을 따르는 것이다. 육바라밀에는 점차 네 가지 바라밀이 추가되었다.[28] (7) 방편(upāya) (8) 서원(praṇidhāna) (9)

---

27 산스크리트 원전 완역 《팔천송반야경》을 번역한 전순환 님의 해석은 다음과 같다. "바라밀다는 흔히 '완성(perfection)'이라고 번역하지만, 제가 생각하는 개념은 '감히 범접할 수 없는 경지, 상태'를 가리킵니다. 경전에서는 '극도(極度)'라고 표현합니다. 반야와 극도를 서로 맞물리면 극도의 진여지, 즉 '범접할 수 없는 경지에 오른 상태에서 모든 것을 있는 그대로(yathabhuta) 보는 것'이 되고, 이것이 반야바라밀다의 뜻이라고 생각합니다."(〈'반야바라밀다'의 진정한 의미는 무엇인가〉, 불교신문, 2019.8.30.)

힘(力, bala) (10) 지(智, jñāna). 이 십바라밀은 보살행의 10단계와 서로 연관되고, 각 바라밀은 특정의 지위(bhūmi)와 상응한다. 그 결과 대승불교 수행의 지침이 되는 매우 야심찬 길의 윤곽이 확실히 드러난다.

보살의 십지(十地)

1. 환희지(歡喜地, Pramuditā): 이 단계에서 보살은 보시(dāna) 바라밀을 완성하여, 지혜(bodhi)와 모든 중생을 이롭게 하겠다는 자신의 서원을 기뻐한다.
2. 이구지(離垢地, Vimalā): 이 단계에서 보살은 계(śīla) 바라밀을 완성하여, 모든 오염과 불선업으로부터 벗어난다.
3. 발광지(發光地, Prabhākarī): 이 단계에서 보살은 인욕(kṣānti) 바라밀을 완성하여, 전 세계를 향하여 자신의 통찰지의 빛을 비춘다.
4. 염혜지(焰慧地, Arciṣmatī): 이 단계에서 보살은 37보리분법(bodhipakṣya)과 정진(vīrya) 바라밀을 완성하여, 무지와 갈애를 태워버린다.
5. 난승지(難勝地, Sudurjayā): 이 단계에서 보살은 선정(dhyāna) 바라밀과 사성제에 대한 이해를 완성하여, 차츰 마라(Māra)의 유혹과 공격에 대해 흔들리지 않게 된다.
6. 현전지(現前地, Abhimukhī): 이 단계에서 보살은 연기법(pratītyasamutpāda)에 대한 직접적인 통찰지(prajñā) 바라밀을 완

28 대승불교의 십바라밀과 달리 테라와다불교에서는 보시, 지계, 출리(出離), 지혜, 정진, 인욕, 진실, 결의, 자애, 평온의 십바라밀을 꼽는다. 붓다고사의 《청정도론(Visuddhimagga)》(9:124)에는 "마하살(mahāsatta)들은 중생들의 복리를 소원하고…" 등으로 한 바라밀에서 다음 바라밀로 열 가지 바라밀을 실천하는 것을 설명하고 있다.

성하여, 이제 깨달음과 직면한다.

7. 원행지(遠行地, Dūraṅgamā): 이 단계에서 보살은 방편(upāya) 바라밀을 완성하여, 존재의 정상에 서서 모든 존재를 효과적으로 도울 수 있게 된다.
8. 부동지(不動地, Acalā): 이 단계에서 보살은 서원(praṇidhāna) 바라밀을 완성하여, 필요에 따라 마음대로 표현해도 선법에 어긋나지 않는다. 현상에 대한 사유나 공성에 대한 사유에 의해 동요하지 않는다.
9. 선혜지(善慧地, Sādhumatī): 이 단계에서 보살은 힘(力, bāla) 바라밀을 완성하여, 4분석지(四分析智, catu-pratisaṃvid)를 획득한다.
10. 법운지(法雲地, Dharmameghā-bhūmi): 이 단계에서 보살은 지혜(jñāna) 바라밀을 완성하여, 보석으로 충만한 빛나는 몸을 얻고, 이제 중생을 이롭게 하기 위한 여러 화신을 나투며 여러 가지 신통의 힘에 자재하게 된다.

또는 52계위의 보살 수행의 차제를 말하는 등 다른 조합으로 보살의 수행단계를 설명하기도 한다. 그러나 보살 수행의 차제를 보여 주는 지도를 구성하는 대승불교의 노력은 마지막으로 대승 설일체유부(Sarvāstivādin)의 가르침인 5위도의 수행과 결합한다. 결합된 수행도의 과정은 보리심(bodhicitta)을 일으키고 모든 바라밀을 닦겠다고 서원하는 자량도(資糧道, saṃbhāramārga)에서 시작된다. 다음 수행 차제는 공성(śūnyatā)에 대한 이해를 깊게 하는 가행도(加行道, prayogamārga)이다. 이것은 이어서 최고조에 달하여 직접적인 통찰지(prajñā)가 일어나고, 앞서 설명한 '보살(bodhisattva)'의 수행도인 10지의 첫 단계에 비로소 입문하는 세 번째 수행위인 견도도(見道道, darśanamārga)에 이른다. 네 번째는 수도도(修道道, bhāvanamārga)로 보살 10지를 모두 관통하게 된다. 그리고 마침내 붓다의 성품을 완성하는 무학도(無學道/究竟位, ásaikṣamārga)에 이른다.

연민[悲, Karuṇā]

'까루나(karuṇā)'는 연민을 뜻하는 산스크리트 어 불교 용어이고, 모든 불교 전통에서 중요한 개념이다. 붓다의 으뜸가는 덕성 중 하나로 여겨지며, 고따마 싯다르타가 깨달음을 추구하는 주요한 동기 중 하나다.

초기의 불교에서 연민은 그것이 소속된 네 가지 '고귀한 머묾[梵住, brahmavihāra]' 혹은 '천상의 머묾(devine abode)'의 하나라는 데에서 가장 잘 이해할 수 있다. '네 가지 고귀한 머묾' 혹은 '네 가지 한량없는 마음[四無量心]'에서 연민은 자애[慈, maitrī], 더불어 기뻐함[喜, muditā], 평온[捨, upekṣā]과 조화를 이루는 가장 높은 윤리적 기준의 표현이다. 이에 비해 대승불교에서의 연민은 보살이 종교적 실천을 해나가는 추진력의 하나로 역할을 할 때 가장 훌륭하게 계발된다. 연민은 보살의 두 가지 주요한 덕성 중 하나로 대개 지혜(paññā)와 함께 연결되어 나타난다. 연민은 특히 중국과 일본의 전통에서 주로 신앙되는 관세음보살로 구현되었다고 한다. 연민은 정토교의 기본사상으로도 무척 중요하다.

방편(方便, Upāya)

'우빠야(upāya)'는 문자적으로 방편을 뜻하는 산스크리트 어 불교 전문용어다. 이 용어는 초기의 불교에서는 잘 볼 수 없고 대체로 대승 전통에서 많이 사용되는데, 대승에선 바라밀 중 하나로 본다. '방편 바라밀'은 반야(지혜) 바라밀의 성취를 잇는 일곱 번째 바라밀이다.

보살로서 모든 존재들에게 연민심(karuṇā)을 가져야 하는 것이 대승 가르침의 중요한 측면이기 때문에 열렬한 대승 신봉자에게는 수행의 어떤 단계에 있든지 그들이 경험한 지혜를 어떻게 적용해야 하는가를 정확하게 아는 '방편'이 필수적이다. 방편은 가르침의 그런 측면을 제공한다. 방편은 가르치는 사람이 가르침을 받는 사람에게 적절한 방식을 명확하게 찾도록 한다. 방편은 스승이 법을 설하거나 소리를 지르거나, 혹은 명상을 지도하거나, 뺨을 때리거나 간에 깨달음의 진리를 순수하게 나타내 보이는 것이다.

천상의 붓다와 보살들

수많은 천상의 붓다[佛]들이 대승불교의 불단(佛壇)에 가득 차 있다. 그중 첫 번째는 서방 극락정토를 지배한다고 알려진 '아미타불(阿彌陀佛, Amitābha)'로 '무한한 빛의 붓다[無量光佛]'이다. 중국에선 '아미투오', 일본에선 '아미다'로 발음되는 이 천상의 붓다는 정토종의 세 가지 주요한 문헌인《대무량수경》,《아미타경》,《관무량수경》의 주인공이다.

아미타불을 둘러싼 전설은 법장(法藏, Dharmākara)이란 이름의 비구 이야기로부터 시작한다. 법장은 영겁의 시간 이전에 붓다의 경지를 이루고 싶은 열망으로 48가지의 서원을 세웠는데, 각각은 붓다가 되는 존재의 본성에 관한 것이었다. 셀 수 없이 많은 수행의 생애를 거쳐서 법장 비구는 아미타불이 된다.

아미타불은 일반적으로 명상의 대상이거나 연민심의 화신이라는 두 가지 방식으로 이해된다. 아미타불은 서방 정토의 지배자로서 그곳에서 다시 태어나기를 진정으로 원하는 모든 이들을 환영하는데, 조건은 단 하나로 아미타불의 서원에 대한 강한 믿음을 요구한다. 이 믿음은 산스크리트 어로 "나모 아미타바야 붓다야(Namo Amitābhāya Buddhāya, 南無阿彌陀佛)", 즉 "아미타불께 예경 올립니다"란 문구로 표현된다. 중국에선 '난모 아미투오포', 한국에서는 '나무 아미타불', 그리고 일본에선 '나무 아미다붓수'로 발음되는 이 문구를 반복하는 것은 정토에서 다시 태어나기 위한 필수 항목이었다.

사실 법장 비구의 서원 중에서 종종 가장 중요하게 인용되는 18번째 서원은 정토에 다시 태어나기를 원하는 이는 누구든 그들의 소망을 실현하기 위해 이 바람에 대한 생각이나 아미타불의 명호를 단지 10번만 암송해도 된다고 매우 직접적으로 설명한다. 이 전통은 명상보다는 신앙에 의존하기 때문에 가끔 '쉬운 길'로 인용된다. 아미타불은 대개 왼쪽에 관세음보살, 오른쪽에 대세지보살과 함께 모셔지며, 또한 다른 천상의 붓다들 중 약사여래(藥師如來, Bhaiṣajyaguru)와 함께 모셔지기도 한다. 아미타불은 종종 '한없는 수명'을 뜻하는 '무량수(無量壽, Amitāyus)'로도 불린다.

가장 초기의 비역사적인 천상 붓다들 중 또 다른 유명한 천상 붓다는 아촉불(阿閦佛, Akṣobhya)이다. 아촉불이라는 명호는 문자적으로 '움직이지 않음/확고부동함[不動]'을 뜻하고, 《유마경》에서는 '승열(勝悅, Abhirati)'이라는 동방의 극락을 지배한다고 나온다. 아촉불이라는 명호는 《반야바라밀경》에서 처음 등장하는 것 같다. 그러다 점차 광범위하고 다양한 대승과 금강승 문헌에서 언급되는 것을 볼 수 있다.

아촉불은 흔히 암청색으로 표현되지만 때로는 황금색이다. 보통 오른손에 금강저(金剛杵)를 쥐고 왼손은 '땅에 대는 수인[觸地印]'을 하고, 종종 코끼리 위에 앉아 있다. 전하는 바에 따르면 아촉불이 보살이었을 때 어떤 존재에게도 화를 내지 않겠다는 서원을 했고, 그 서원의 결과로 동방의 승열극락을 지배하게 되었다고 한다. 이 이야기는 아촉불의 모범을 따르는 수행자들이 승열극락에서 다시 태어나게 될 것임을 시사한다. 아촉불은 네팔과 티베트에서 두드러지게 신봉되는 반면, 중국과 일본에서는 덜 대중적이다.

또 다른 천상의 붓다 비로자나불(毘盧遮那佛, Vairocana)은 문자적으로 '두루 빛을 비추다'라는 뜻이다. 비록 7세기 무렵까지는 대중적이지 않았지만, 그 이후의 딴뜨라불교에서는 네 명의 천상 붓다들에 둘러싸여서 우

사진 6.1 미륵불

주 만다라의 중심으로 자리잡는다.

비로자나불의 상징은 종종 법륜(dharmacakra), 즉 '가르침의 수레바퀴'로 나타나고, 왼손으로 오른손 검지손가락을 잡은 '최고의 지혜' 수인[智拳印]을 보인다. 그는 어김없이 보현보살과 함께 나타난다. 어떤 전통에서는 비로자나불을 지상의 붓다인 구류손불(拘留孫佛, Kakusandha)[29]로 규정하기도 하고, 중국의 학문 전통에서는 대개 석가모니불의 법신(法身)으로 언급한다. 다른 전통에서는 본초불(本初佛, Ādi-Buddha)로 간주되기도 한다. 도상으로는 흰색으로 묘사된다.

아마도 천상의 첫 번째 보살은 문수(文殊, Mañjuśrī)일 것이다. 탁월한 이 보살의 명호는 '달콤한(Mañju) 영광(śrī)'이란 뜻이고 수많은 대승경전

29 과거7불 중 한 분.

에서 특별히 중요한 역할을 한다. 《법화경》에도 등장하고, 《유마경》에서는 경에 언급된 모든 보살들 중에서 유마힐 거사에 의해 현시된 탁월함과 지혜에 가장 가깝게 다가가는 중요한 질문자이다. 십지보살(十地菩薩)인 문수보살은 종종 반야바라밀 문헌을 상징하는 연꽃과 지혜를 상징하는 칼을 든 모습으로 나타난다. 연꽃과 칼은 문수보살이 중생을 돕기 위해 발휘하는 자비와 지혜를 상징한다. 문수보살은 가끔 사람들의 꿈속에 나타나곤 하며, 그를 예경하는 이들을 보호한다고 한다. 문수보살은 종종 '달콤한(Mañju) 목소리(ghoṣa)'를 뜻하는 '만주고사(Mañjughoṣa)'로도 불린다. 티베트불교에서는 여러 중요한 인물들을 문수보살의 화신으로 여겼다.

사진 6.2 천수천안관세음보살

미륵(彌勒, Maitreya)보살은 미래에 올 붓다의 명호이고, 문자적으로는 '자애로운 이'라고 번역된다. 사실상 미륵보살이라는 개념은 모든 소승 부파에도 존재했는데, 단지 붓다의 경지를 향해 나아가고 있는 보살로서의 존재였다. 이러한 관념은 대승에서 그 정점에 이른 뒤 나아가 실제적인 신앙의 대상으로 미륵보살을 받아들이게 되었다. 미륵보살은 다양한 대승경전에서 광범위하게 언급된다. 특히 금강승 불교에서는 중요한 역할을 하는데, 미륵보살이 거주하고 있는 천상을 정토(淨土)라고 한다. 미륵보살은 세밀하고 명백한 도상으로 나타나고, 지상의 다섯 붓다들 중 한 명으로 간주된다.

마지막으로 관세음보살(觀世音菩薩, Avalokiteśvara)은 '모든 것을 내려다보는 지배자'이며, 대승불교에서 가장 유명하고 중요한 보살 중 한 명이다. 중국, 일본, 한국과 베트남에서는 관세음보살이 여성 이미지로 변형되었는데, 중국에서는 '관인'으로, 일본에서는 '관논'으로 발음된다. 관세

사진 6.3 관세음보살상, 보문사, 경상북도, 대한민국

음보살의 대표적인 역할은 정토계 경전들 안에서 대세지보살과 함께 아미타불을 보좌하는 협시불 역할이다. 헤아릴 수 없는 세월을 통해 스스로를 정화해 가고 있는 관세음보살은 불성이 드러나는 주요한 품성인 '지혜와 함께하는 연민'의 화신(化身)으로 신앙된다. 관세음보살은 도움이 필요해서 자신을 부르는 모든 사람을 수없이 많은 연민의 팔로 도와준다. 불교미술에서 관세음보살은 종종 11개의 머리를 가진[十一面] 모습으로, 천 개의 팔[千手]로, 그리고 아미타불이 새겨진 면류관 등으로 다양하게 표현된다. 때때로 푸른 연꽃을 손에 들고 있다. 티베트에서는 관세음보살을 '쨴래지(spyan-ras-gzigs)'라 부르며 대지의 수호자로 우러러 공경한다.

대승불교의 종파

중관파(中觀派, Mādhyamika)

중관파는 나가르주나(Nāgārjuna, 龍樹)가 창설한 인도의 대승불교 종파이며, 경험적 실재의 모든 구성 요소들(dharmas)의 공성(śūnyatā)을 강조한다. 전 지구적으로 가장 중요한 불교 종파 중 하나인 중관파는 나가르주나의 저술로부터 시작되었다. 2세기나 3세기의 철학자 나가르주나는 반야바라밀에 영감을 받은 논리적 법문으로 유명하다. 이 종파의 이름은 본질적으로 '중도(中道)'를 뜻하고, 나가르주나의 《중론송(中論頌, Mūlamādhyamika-kārikā)》을 가장 중요한 문헌으로 사용한다. 이 문헌은 연기법(pratītya-samutpāda)과 공성의 진정한 의미에 대해 매우 자세히 설명한다. 보살행의 공덕과 대승의 윤리적 일반 원칙의 효력에 대해 동의하더라도, 나가르주나와 중관파는 궁극적 실재의 본성(paramārtha-satya)을 강조하는 불교의 관점에 훨씬 더 많은 관심을 기울였다.

중관철학과 중론파의 발달은 나가르주나의 가장 직접적인 계승자 아리야데와(Āryadeva, 提婆)에 의해 이루어졌다. 부정적 논법은 중론파의 상징이 되었고, 붓다빨리따(Buddhapālita, 佛護: 470~550)에 의해 계승되었다. 붓다빨리따는 귀류논증파(歸謬論證派, prāsaṅgika)로 알려진 중관파의 하부 분파를 이끌었다. 붓다빨리따는 또 다른 중관파 하부 분파이며 긍정적 논법을 사용하는 자재논증파(自在論證派, Svātantrika)를 창설한 바와위웨카(Bhāvaviveka, 淸辨: 490~570)와 맞수이다.

점차로 중관파는 짠드라끼르띠(Candrakīrti, 月稱), 샨띠데와(Śāntideva, 寂天), 샨띠락시따(Śāntirakṣita, 寂護), 까말라쉴라(Kamalaśīla, 蓮花戒) 등의 탁월한 불교 학자들에 의해 인도불교의 승자가 되었다. 인도의 대승불교에 막대한 영향을 미친 것에 덧붙여서 중관파는 중국과 일본의 삼론종(三論宗)의 기초가 되었을 뿐만 아니라, 티베트불교의 많은 부분에 철학적 핵심을 제공했다.

창설자: 나가르주나(Nāgārjuna, 龍樹)

철학자로서 나가르주나는 그의 작품이라 여겨지는 불교 문헌들로 잘 알려져 있다. 가장 유명한 문헌은 《중론송(中論頌, Mūlamādhyamika-kārikā)》이다. 또한 그는 열두 논모(論母)로 공의 개념을 논의한 《십이문론(十二門論, Dvādaśa-dvāra Śāstra)》, 논리적인 니야야(Nyāya) 학파를 공격한 《회쟁론(廻諍論, Vigrahavyāvartanī)》, 어쩌면 나가르주나가 쓰지 않은 것일지도 모르고 오직 중국어 판으로만 남아 있는 여러 권의 《대지도론(大智度論, Mahāprajñāpāramitā-upadeśa Śastra)》, 인도 왕에게 보낸 〈친우서(親友書, Suhṛllekha)〉, 그리고 엄청나게 다양한 부수적 문헌들을 썼다고 한다. 나가르주나는 귀류법(歸謬法)이라는 논리적 방법을 사용해서 자신의 주장을 토대로 상대의 논리를 해체하는 반면, 비판자들에게는 자신의 논리에 동일하게 접근하는 기회를 차단했다.

기본 문헌: 《중론송(中論訟, Mūlamādhyamika-kārikā)》

《중론송》은 나가르주나의 저술로 여겨지는 산스크리트 문헌이고 인도불교 중관파의 소의경전이다. 문헌의 원제는 문자적으로 '중도에 대한 근본 게송'으로 번역되는데, 아마도 나가르주나 자신의 철학적 입장을 반영하는 것 같다. 문헌은 약 450게송을 포함하는 27개의 매우 짧은 장으로 나뉘어진다. 이것은 다른 불교 학파, 특별히 설일체유부와 경량부, 그리고 비불교 학파의 관점을 논파하는 반론으로 이루어진 학술 연구서이다. 이 문헌의 특징은 산스크리트 어로 '프라상가(prāsaṅga)'로 불리는 반론 방식인 귀류법(Reductio ad absurdum; 불합리로의 회귀)에 의한 논쟁이다. 나가르주나는 반대자들 스스로의 근거 없는 가정에 의거한 논쟁을 귀류법을 사용해 물리쳤다.

이 문헌은 공성의 개념을 철저히 적용할 것을 주장한다. 어떤 현상(dharma)이나 '실제를 이루는 단위'가 고정되고 영원한 자성(自性, svabhāva)을 가질 수 있다는 가정을 물리치기 위한 인식론적 도구로서 공 개념을 철저히 적용할 것을 주장한다. 13장의 게송 7과 8은 공조차도 비어 있고, 공을 '견해'로 붙드는 자는 '구제불능'이라고 주장한다. 《중론》을 대승에서 중요한 철학적 지위를 확립하게 하는 본문의 핵심 구절은 "우리가 공이라 부르는 것은 연기(緣起, pratītya-samutpāda)다."라고 주장하는 제24장의 18번 게송이다. 그 다음 장에서 나가르주나는 어떤 현상도 독립적으로 존재하지 않기 때문에 공하지 않은 어떤 현상도 존재하지 않는다고 말한다. 후자의 관점은 불교 이론과 수행에 있어서 막대한 함의를 지닌다. 이 문헌의 중요성은 수세기에 걸쳐서 배출된 상당한 분량의 주석서들에 의해서 부분적으로나마 짐작할 수 있다.

주요 교의: 공(空, Śūnyatā)

나가르주나의 모든 저술에 깔려 있는 주제는 반야바라밀(지혜의 완성) 전통에서 확립된 '공' 사상이다. 나가르주나는 어떠한 '자성(自性, svabhāva)'의 개념도 거부하고, 끊임없이 '중도'라 부르는 것을 강조하며, 붓다의 인과론인 연기를 공 사상의 가장 명확한 표현이라고 주장하는 철저한 대승불교의 인물이다. 그는 비록 높은 성취를 이룬 보살로 추앙되었지만, 보살의 길을 강조하는 불교도의 실천에 대해서는 거의 말하지 않았고, 대신 열반과 윤회의 정체성에 초점을 맞추고, 열반과 윤회를 같은 실재의 두 가지 다른 형태라고 단언했다.

유가행파(瑜伽行派, Yogācāra)

유가행파는 아상가(Asaṇga, 無着)와 바수반두(Vasubandhu, 世親) 두 형제가 창설한 인도의 대승불교 학파이고, 현상적 실재를 알고 경험하는 기본 방식으로서 '유식(唯識, cittamātra)'의 교의를 강조한다. 4세기 초에 유가행파라고 불린 것은 그들이 '요가 수행'을 종교적 성취의 주요 수단으로 주장했기 때문이다. 그런 명칭에도 불구하고, 이 학파의 주된 태도는 두드러지게 철학적이고 심리학적이었다.

유가행파는 무엇보다 먼저 아상가의 《섭대승론(攝大乘論, Mahāyāna saṃgraha)》과 《대승아비달마집론(大乘阿毘達磨集論, Mahāyānābhidharma-samuccaya-vyākhyā)》, 바수반두의 《유식이십론(唯識二十論, Viṃśatikāvijňāptimātratāsiddhi)》과 《유식삼십송(唯識三十頌, Triṃśikāvijňāptimātratāsiddhi)》에 초점을 두고, 《해심밀경(解深密經, Saṃdhinirmocana Sūtra)》, 《능가경(楞伽經, Laṅkāvatāra Sūtra)》, 《변중변론송(辯中邊論頌, Madhyāntavibhāga Kārikā)》, 그리고 그 밖의 풍부한 대승 문헌들을 활용하며, 인식의 세계를 마음의 발현으로 보는 대담하고 새로운 교의를 주창했다.

유식의 주요한 교의와 아울러 유가행파는 새로운 8식 이론을 내놓았는데, 초기의 불교에서 전통적인 6식에 제7식 말나식(末那識, manas)과 제8식 아뢰야식(阿賴耶識, ālaya-vijñāna)을 더한다. 이런 이유로 흔히 '유식파(Vijñānavāda)'라고 불린다. 이 학파는 비록 공에 대한 대승의 전통적인 개념을 지지하지만, 속제(俗諦)와 승의제(勝義諦)라는 중관파의 진리에 대한 두 가지 수준의 이론을 '삼성(三性)'으로 대체했다. 삼성은 (1) 변계소집성(遍計所執性, parikalpita; 상상이나 마음으로 만들어낸 수준) (2) 의타기성(依他起性,

parantantra; 상대적 실재) (3) 원성실성(圓成實性, pariniṣpanna; 궁극적 실재)을 가리킨다.

붓다의 '삼신(三身)' 개념 또한 유가행파 문헌에서 발달한다. 이 학파의 종교적인 길에 대한 설명을 포함한 실제적인 가르침은 아상가의《유가사지론(瑜伽師地論, Yogācārabhūmi Śāstra)》이라는 저술 안에 보인다. 이 학파는 첫 번째 밀레니엄 중반에 날란다대학의 전성기에 보여지듯이 정점을 이루었으며, 중국과 일본 불교의 여러 종파의 발달에 큰 영향을 끼쳤다.

창설자들: 아상가(Asaṅga, 無着)와 바수반두(Vasubandhu, 世親)

아상가는 4세기 즈음, 현대의 페샤와르인 뿌루샤뿌라(Puruṣapura) 지역의 브라만 가문에서 세 형제 중 장남으로 태어났다. 그는 브라만교로부터 초기 부파불교의 화지부(化地部, Mahīśāsaka)로 개종했고, 화지부의 승려가 되었다. 아상가는 미래의 붓다 미륵(Maitreya)으로부터 명백한 환시를 통해 직접 가르침을 받았다는데, 미륵불은 '수호자 미륵(Maitreyanātha)'이란 이름 아래 수집되었던 일련의 문헌들을 아상가에게 주었다고 한다. 이 만남으로 인해 아상가는 대승으로 빠르게 개종하여 자신의 이름으로 된 문헌을 집필하기 시작했고, 불교의 유가행파를 창설했으며, 그 당시 설일체유부의 저명한 스승으로 명성을 쌓아 가고 있던 그의 동생 바수반두를 개종시켰다.

아상가는《섭대승론》과《대승아비달마집론》의 저자로, 그리고《해심밀경》에 대한 중요한 주석가로 인정받는다. 아마도 나가르주나의 논리보다 초기 부파불교의 설일체유부에게 더 영향을 받았을 아상가는 대승 개념의 다양한 측면을 종합하는 길을 찾으려는 이상을 펼쳤다. 그는 과거 업의 행위에 따른 종자들을 저장해 놓는 '아뢰야식' 혹은 '장식(藏識)'을 강조하면서 팔식(八識) 이론을 발달시켰다. 그 결과, 나가르주나의 두 단계 진리의 개념에 상응하는 대안으로 삼성설(三性說)을 제시하고, 보살행의 실천에 대한 강조, 그리고 모든 중생들이 불성을 증득할 잠재력이 있음을 강조하는 '여래장(如來藏)' 교의를 발달시켰다.

연대가 다소 불확실한 바수반두는 《아비달마구사론(Abhidharma-kośa)》의 저자이다. 또한 후에 유가행파의 발달에 중대하게 기여한 주요 인물로 유명하다. 일반적으로 일치된 의견은 바수반두가 아상가의 동생으로서 뿌루샤뿌라에서 4세기, 아마도 320~400년에 살았다는 것이다. 그는 캐쉬미르 근방에서 살았고 아유다(Ayodhyā)에서 죽었다고 전해진다.

바수반두는 원래 설일체유부에 속했는데 시간이 지남에 따라 《대비바사론(Mahāvibhāṣā)》에서 주장하는 견해에 대해 비판적이 되었다. 그는 문자적으로 아비다르마의 '저장소'를 뜻하는 《아비달마구사론》을 통해 그 위치를 비판했다. 바수반두는 이 저작으로 경량부(Sautrāntika) 철학의 지지자가 되었으나, 후에는 그의 형 아상가를 따라 대승불교 유가행파로 개종한다.

유가행파로서의 바수반두는 주요한 두 문헌 《유식이십론》과 《유식삼십송》의 저자로 알려져 있다. 이들 문헌 각각은 유가행파 철학의 핵심인 유식 이론의 발달을 보여 준다. 그런데 어떻게 한 개인이 일생 동안 그렇게 열정적으로 이토록 많고 다양한 관점들을 받아들일 수 있었는지 이해하기가 매우 어렵다. 독일 학자 에릭 프라우월너(Erich Frauwallner)는 실제로 두 명의 바수반두가 있었다는 가능성 있는 해석을 제안한다. 그는 젊은 바수반두는 A.D. 320~380에 살았고 아상가의 형제며 오로지 대승 철학자였고, 나이 많은 바수반두는 A.D. 400~480년에 살았으며 철저한 소승 부파불교의 사람으로 《아비달마구사론》의 저자였다고 제시한다. 이러한 관점은 흥미롭기는 하지만 크게 신뢰를 얻지는 못하고 있다.

주요 교의: 아뢰야식(阿賴耶識, Ālaya-vijñāna)

문자적으로 '의식의 저장소[藏識]'로 번역되는 아뢰야식은 유가행파의 중심 개념이다. 초기의 불교에서 여섯 가지 의식[30]은 당연하게 인정되었고,

각 의식은 개별 감각기관에 해당되었다. 유가행파, 특별히 아상가와 바수반두의 저술에서는 그 목록에 두 가지를 더해서 여덟 가지 의식으로 확장한다. 둘은 (1) 다른 여섯 의식으로부터 정보를 받고 배열하는 기능을 하는 예민한 정신적 요소인 '말나식(manas)'과 (2) 업 행위의 종자들을 받아들이고, 종자가 익어서 스스로 '훈습(薰習, vāsanā)'하는 과정 속에서 발현될 때까지 종자를 저장하는 소위 '저장식'이라 불리는 아뢰야식(ālaya-vijñāna)이다.

이렇게 함으로써 유가행파의 의식 이론은 더 전통적인 의식 이론으로는 설명하기 어려운 기억과 같은 정신적 행위를 설명한다. 스스로 무르익고 구현하는 막대한 수의 종자들이 실재에 대해 미혹된 인식을 낳으면서 '오염되는[有漏種子, āsrava-bījas]' 동안에, 아뢰야식은 또한 아뢰야의 가장 깊은 층(param-ālaya)으로부터 떠오르는 얼마간의 무구(無垢)한 종자[無漏種子, anāsrava-bījas]들을 포함한다. 명상을 통해서 문자적으로 '전의(轉依, āsraya-parāvṛtti)'로 알려진 경험의 완전한 재구성을 위한 잠재력을 확립하는 것은 이 무루종자들의 무르익음이다. 아뢰야식이 저장소 역할을 하기 때문에 때로는 '여래의 모태'라는 의미로 여래장(如來藏, Tathāgata-garbha)이라고도 불린다.

주요 교의: 삼신(三身, Trikāya)

삼신 사상은 붓다의 '세 가지 몸'을 의미하는 대승불교 개념이다. 유가행파와 관련된 《능가경》과 같은 문헌들에서 현저하게 발달했던 이 교의는 현학적인 대승불교 철학이 반영된 것이다. 유가행파는 붓다가 여러 가지 방식으로, 정신적 발달의 특별한 수준을 반영하는 다양한 개인의 모습으로 드러난다고 주장한다.

가장 낮은 단계는 화신(化身, nirmāṇa-kāya) 혹은 '허깨비 몸'이다. 화

30 안식(眼識), 이식(耳識), 비식(鼻識), 설식(舌識), 신식(身識), 의식(意識)

신은 대승불교의 길을 시작하는 데 고취된 평범하고 일반적인 사람들에게 보이는 역사적 붓다로 묘사된다. 화신은 궁극적 실재의 허깨비 같은 현현으로서 존재한다. 일단 대승불교의 길에 들어서면 수행자는 보살로 불리며, 그 길을 가는 다른 형태의 붓다인 보신(報身, saṃbhoga-kāya) 혹은 '향유하는 몸'을 만난다. 보신은 섬세하게 육체화된 준 물질적(quasi-material)인 대승경전의 설교자로 완전한 인간도 아니고 완전한 절대자도 아닌 존재다. 보살의 길을 완성함으로써 수행자는 진실한 불성, 궁극적 실재 자체, 모든 이원성의 추상적 분석이나 어떤 개념화, 명칭을 넘어선 법신(法身, dharma-kāya)을 얻는다.

성숙한 삼신사상은 불성(佛性)에 대한 본질적인 개념과 관련된 세 가지 수행의 길을 제시한다. 각각은 수행자의 심리적 발달을 반영하고, 어떤 이원성이든 모두 텅 빈 궁극적인 실재 자체로서의 불성에 대한 적절한 경험으로 절정에 도달한다.

대승불교 종파: 정토종

정토종은 천상의 붓다들이 머무는 불국토를 인정하는 대승불교의 개념에 기초한다. 대승불교의 우주관에는 셀 수 없이 많은 천상의 붓다가 존재하고 이런 붓다들이 머무는 셀 수 없이 많은 '청정한 국토-정토(淨土)'가 있다.

이 정토들은 본질적으로 갖가지 혜택과 아름다움으로 눈부시게 빛나는 천상이고, 따라서 다시 태어나기 위한 이상적인 장소다. 그럼에도 불구하고 정토에 태어난 존재는 영원하지 않고, 정토는 단지 해탈에 이르는 길을 추구하기에 보다 유리한 장소일 뿐이다. 그러나 지상의 조건이 영적 발달과 진보에 유리하지 않은 '법의 쇠퇴기[末法時代]'에는 정토가 특별히 중요하고 위안이 되는 장소다.

어떤 정토들은 대승 발달에 매우 중요했다. 특히 주목해야 할 것은 극락정토(Sukhāvāti)로 알려진 아미타불의 정토인데, 다양한 대승 문헌에서 칭송된다. 아미타불의 정토에 다시 태어나기를 추구하는 전통은 동아시아 불교에서 광범위하게 신앙된 공식적 불교 종파인 정토종으로 발달했다. 아울러 대승 문헌 전체를 보면 치유의 붓다인 약사불(藥師佛, Bhaiṣajyaguru-Buddha)의 동방 유리광정토 등 다른 정토들도 언급되는 것을 주목해야 한다.

대승불교 논사(論師)들

바와위웨카(Bhāvaviveka, 淸辯: 490~570)

바와위웨카는 남인도의 불교인으로서, '바브야(Bhavya)'라고 불렸다. 그는 인도 중관파의 두 분파 중 하나인 자재논증파(自在論證派, Svātrantrika)를 창설했다. 바와위웨카는 마가다로 가서 중관파의 창설자인 나가르주나의 저술을 연구했다. 그는 나가르주나의 저술을 연구한 동시대의 붓다빨리따(Buddhapālita, 佛護: 470~540)보다 약간 젊었다. 붓따빨리따는 중관파의 귀류논증파(歸謬論證派, Prāsaṅgika)를 창설하기 위해 나가르주나의 잘 알려진 부정적 변증법을 사용했다. 바와위웨카는 붓따빨리따의 부정적인 변증법에 반대해서 긍정적인 변증법을 사용했는데, 그것은 부정적인 변증법이 불교의 긍정적인 목표를 표현하는 데 효과적이지 않다는 비판에 따른 대응이었다. 그는 또한 '궁극적 실재(paramārtha)'와 '개념(saṃvṛti)'의 특성과 관계에 대한 견해도 붓따빨리따와 달랐다.

바와위웨카의 저술은 나가르주나의 《중론송》에 대한 주석서 《반야등론(般若燈論, Prajñāpradīpa)》이 있고, 《대승장진론(大乘掌珍論, Karatalaratna)》으로 알려진 유가행파 입장에 대한 반박은 《장진론(掌珍論)》이라는 중국어 판으로만 보전되고 있다. 또한 경쟁적인 철학적 체계들을 반박하는 게송으로 구성된 《중관심론(中觀心論, Madhyamaka-hṛdaya)》과 《중관심론》에 대한 주석서인 《논리염론(論理炎論, Tarkajvālā)》 등이 있다. 바와위웨카의 연구는 그의 연구를 깊게 확장했던 8세기 철학자 샨띠락시따(Śāntirakṣita, 寂護)와 까말라쉴라(Kamalaśīla, 蓮華戒)가 특별히 체계화시켰다.

짠드라끼르띠(Candrakīrti, 月稱: 650년경)

짠드라끼르띠는 중관파의 귀류논증파를 지지했던 대승 철학자이다. 그는 스스로를 붓따빨리따의 계승자로 보았고, 바와위웨카의 자재논증파와 명백한 맞수였다. 짠드라끼르띠는 바와위웨카가 사용했던 긍정적 변증법에 강하게 맞서 논쟁했고, 나가르주나의 의도와 접근법을 고수하고자 했다. 그는 매우 중요한 철학적 연구서를 많이 저술했는데, 가장 주목할 만한 것은 《명구론(明句論, Prasannapadā)》과 《입중론(入中論, Madhyamakāvatāra)》이다.

어떤 면에서 짠드라끼르띠는 논리의 형식적인 훈련이나 디그나가(Dignāga, 陳那)의 저술을 활용하는 능력 때문에 나가르주나를 능가할 수 있었다. 짠드라끼르띠의 궁극적 진리[眞諦, paramārtha-satya]와 세속적 진리[俗諦, saṃvṛti-satya]의 두 단계에 대한 주해는 귀류논증파에서 매우 중요한 이론이다.

다르마끼르띠(Dharmakīrti, 法稱: 650년경)

다르마끼르띠는 대표적인 고전 불교 철학자로 간주되었던 인도인 불교 논사(論師)였다. 그는 날란다대학에서 공부했고 좀더 이른 시기의 위대한 불교 논사였던 디그나가(陳那)에 의해 제창된 논리학과 인식론을 상세하게 설명했다. 그는 특히 디그나가의 《집량론(集量論, Pramāṇasamuccaya)》에 관하여 주석한 《석량론(釋量論, Pramāṇavārttika)》이라 불리는 저작으로 잘 알려져 있는데, 디그나가의 연구를 보완한 보다 더 정확한 논문이었다.

이 문헌에서 다르마끼르띠는 추론과 직접적 인식, 그리고 지식에 대한 일반적인 이론에 특히 관심이 있었다. 다르마끼르띠는 또한 높이 평가받는 논리학 문헌 《정리일적론(正理一滴論, Nyāyabindu)》을 써서 후대의 불교 논사들에게 많은 영향을 미쳤다.

디그나가(Dignāga, 陳那)

디그나가는 소위 정리학파(正理學派, Nyāya school)로 불리는 오래된 논리학을 버리고 새로운 불교 논리학을 세우는 데 역할을 한 중요한 불교 논사다. 5세기에서 6세기까지(400~485년 혹은 480~540년의 두 가능성이 제시된다) 살았던 디그나가는 두 개의 유명한 논리서인 《집량론》(티베트 어로 보전)과 《인명정리문론(因明正理門論, Nyāyamukha)》(중국어로 보전)으로 유명하다.

그는 다섯 가지 요소의 낡은 논리인 오분작법(五分作法)[31]을 새로운 세 가지 요소의 다양성으로 대체했다. 디그나가는 유가행파의 이상주의에 해당되는 논사로서 날란다대학에서 많은 시간을 보냈고, 그의 수석 제자로 다르마끼르띠가 있다.

31 인도에서 1세기 이래 여러 학파에서 쓴 변론(辯論) 형식의 하나. 곧 종(宗)이라 하여 단안(斷案), 인(因)이라 하여 이유, 유(喩)라 하여 실례, 합(合)이라 하여 적용, 결(結)이라 하여 결론의 다섯 단계로 성립하는 논증 형식을 이른다. 오지법(네이버 국어사전)

알아야 할 요점들

- 대승불교는 승려들이 붓다의 가르침을 전파하는 새로운 방법들을 실험하기 시작하면서 기원전 약 200년경 시작되었다.
- 대승은 《반야바라밀경》을 시작으로 풍부하고 새로운 불교 문헌들을 창조했다.
- 불성에 대한 급진적이고 새로운 해석, 현상적 실재를 이해하는 대담하고 새로운 방식, 그리고 목표를 향한 새로운 길(보살행)을 제안하는 새로운 개념들이 대두되었다.
- 수세기 안에 몇몇 중요한 대승 종파들이 발달했고, 각각은 고유의 철학적이고 구제론적인 관점을 지녔다.
- 대승의 사상을 발달시키는 데 수많은 중요한 대승 철학자들이 기여했다.
- 대승 철학은 인도로부터 전 아시아로 퍼져 나갔다.

토론을 위한 질문

Q. 대승불교 사상을 형성하는 데 반야바라밀(prajñāpāramita)계 문헌은 어떻게 기여했는가?

Q. 불성(佛性)에 관한 초기의 개념들을 조명함으로써 대승의 불교학(Buddhology)을 설명하시오.

Q. 보살도(菩薩道)의 지위는 어떤 것들이 있으며, 다양한 바라밀과 어떻게 결합하고 있는가?

Q. 학자들이 나가르주나(龍樹)를 위대한 불교 철학자라고 생각하는 이유는?

Q. 요가행파(Yogācāra)의 '의식(consciousness)'에 관한 이론과 다른 불교 학파의 '마음(mind)'에 관한 이론을 비교해 보시오.

나아가 읽을 거리

Conze, Edward. *Buddhist Thought in India: Three Phases of Buddhist Philosophy.* London: George Allen & Unwin, 1962.

Dayal, Har. *The Bodhisattva Doctrine in Buddhist Sanskrit Literature.* London: Routledge and Kegan Paul, 1932.

Nagao, Gadjin. *Mādhyamika and Yogācāra: A Study of Mahāyāna Philosophies*. Albany, NY: State University of New York Press, 1991.

Streng, Frederick. *Emptiness: A Study in Religious Meaning.* Nashville, TN: Abingdom Press, 1967.

Thurman, Robert(trans.). *The Holy Teaching of Vimalaktrti.* University Park, PA: Pennsylvania State Uniersity Press, 1976.

Williams, Paul. *Mahāyāna Buddhism: The Doctrinal Foundations.* London: Routledge and Kegan Paul, 1989.

7. 명상

이 장에서는[32]

모든 불교 전통의 다양한 명상 체계를 논의한다. 이는 초기의 불교 체계에서 시작해 대승불교의 전통으로 나간다. 또한 정토종과 딴뜨라 전승 및 선불교 방식도 간단하게 다루겠다.

32 (저자 주) 이 장은 펜실베니아대학의 허락 하에 다시 쓰여진 스테판 베이어(Stephan V. Beyer)의 글이다. 〈소승불교 명상수행 원칙(The Doctrine of Meditation in the Hīnayāna)〉과 〈대승불교 명상수행 원칙(The Doctrine of Meditation in the Mahāyāna)〉 두 논문은 이 책의 저자인 프레비쉬 교수가 편집 출간했던 《불교: 현대적 관점(Buddhism: A Modern Perspective)》에 수록됐던 것이다.

이 장에서 다루어진 주요 주제들

- 테라와다불교 수행 개설
- 테라와다불교 - 고요함 수행
- 테라와다불교 - 통찰 수행
- 대승 명상의 개요
- 대승 명상 - 관상(觀相)과 황홀경의 기법들
- 대승 명상 - 자발성 혹은 자연스러움의 기법들

테라와다(Theravāda)불교[33] 수행 개설

결집된 불교 정전(正典)은 명상을 위한 경전을 많이 포함하고 있다. 불교 발전의 초기에는 불교도들이 동시대의 다른 종파들로부터 명상 기법을 자유롭게 가져오고 각 개인 명상가의 역량에 맞는 기법을 다양하게 받아들였던 것이 명백하다. 붓다가 한 비구에게, 그리고 완전히 서로 다른 모든 비구들에게, 그들 모두를 해탈의 목표를 향해 이끌어 가는 여러 가지 명상 수행을 어떻게 가르쳤는지에 대해 여러 경전에서 설명한다.

몇몇 수행법들은 경전 본문에 붓다의 설명으로 기술되었고, 다른 기법들은 단지 토론 과정 속에서 이따금 언급되었다. 이들 수행법들 중 예를 들어 〈사문과경(沙門果經, Sāmaññphala Sutta)〉에서 설명한 바와 같은 선정(jhāna)의 진행 상태에서 감각으로부터 물러나는 과정과 〈염처경(念處經, Satipaṭṭhāna Sutta)〉에서처럼 '마음챙김(sati)'을 진행하면서 감각을 관찰하는 과정 두 가지는 모든 명상 수행법에서 중심이 되었다.

33 저자는 소승(Hīnayāna)이라고 표현했으나, 최근의 불교계는 동남아시아 지역에서 행해지는 불교를 가리킬 때는 테라와다불교로 칭하고 있으므로 테라와다불교라고 번역했다.

일찍부터 다양한 아비다르마(abhidharma) 학파들에게 다량의 정보들이 뒤죽박죽으로 종종 겹치고 때로는 모순되게 비슷비슷한 순서로 전해지다가, 5세기 붓다고사(Buddhaghosa)의 간결한 저작인 《청정도론(淸淨道論, Visuddhimagga)》에 의해 고전적인 테라와다(상좌부)불교의 수행 방식이 정착되었다. 즉 '감각으로부터 벗어남'과 '감각의 관찰'이라는 두 가지 상반되는 과정은 오늘날까지도 밀접하게 상호 연관되어 있는 전체 수행의 양 축으로 조화를 이루며, 대승에서도 명상의 표준 구조로서 중국과 티베트 양국의 불교 전문 교육기관에서 사용되어 왔다.[34]

여기서 감각으로부터 벗어나 보다 높은 추상적인 무아지경으로 단

사진 7.1 벽에 조각된 명상 자세의 붓다, 산찌, 인도

34 지관겸수(止觀兼修), 정혜쌍수(定慧雙修)

계적으로 상승해 가는 과정은 '고요함 수행(samatha)'이라고 불리었고, 이는 사건들을 마음 챙겨 관찰하기 위한 필수 전제 조건이 되는 마음의 수련이라 여겼다. 이에 비해 마음 챙겨 사건들을 관찰하는 과정은 '통찰 수행(vipassanā)'이라 부르며, 반복적으로 무아경의 상태로 이끌어서 궁극적으로는 진행중인 세속의 과정으로부터 명상자를 해탈하게 한다.

테라와다불교 - 고요함 수행(samatha)

붓다고사는 마음을 고요하게 하는 과정에서 사용되는 명상의 대상을 40가지로 열거했다.[35] 이들은 직접적으로 선정을 일으키는 수행과 명상 과정에서 산만함과 장애를 제거하는 기능을 하는 수행이라는 두 분류로 나뉜다.[36]

보조 기법들

명상자는 일반적으로 탐욕, 성냄, 혹은 어리석음 중 어떤 번뇌가 우세한가에 따라 세 가지 기질로 나눌 수 있다. 이 세 가지 번뇌가 종교적 수행을 통해 바뀌면 믿음, 지성, 혹은 열의에 기초한 기질을 낳는다. 명상 스승의 역할은 제자가 걷고, 서고, 먹고, 가사를 입는 방식을 관찰하는 것이다. 스승은 이러한 일상의 단서들을 통해 제자의 기본적 기질을 판단하고 그의 특정한 번뇌를 가라앉히거나 종교적 미덕에 상응하는 수행을 격려할 보

---

35 40가지 명상주제: 열 가지 까시나(kasiṇa), 열 가지 부정(不淨, asubha), 열 가지 계속해서 생각함[隨念, anussati], 네 가지 거룩한 마음가짐[梵住, brahmavihāra], 네 가지 무색(無色, ārupa)의 경지, 한 가지 인식(saññā), 한 가지 분석(vavatthāna)(붓다고사, 대림 스님 옮김, 《청정도론》 제1권, 초기불전연구원, p.316)

36 "'몸에 대한 마음 챙김'과 '들숨날숨에 대한 마음 챙김'을 제외한 여덟 가지 계속해서 생각함과 '음식에 대해 혐오하는 인식'과 '사대에 대한 분석'의 열 가지 주제는 근접삼매를 가져오고, 나머지는 본삼매를 가져온다"(위의 책, p. 317). 명상 과정에서 산만함과 장애를 제거하는 것은 근접삼매까지만 일으키고, 직접적으로 선정을 일으키는 것은 본삼매에 들 수 있는 수행을 가리킨다.

조적 명상 기법을 처방해 준다.[37]

열 가지 '부정(不淨, asubha)'과 '몸에 대한 마음 챙김(kāyagatāsati)'

욕망으로 인한 번뇌를 가라앉히기 위해서 스승은 부정에 관한 명상을 처방할 수 있다. 여기서 부정은 특별히 시체가 썩어 가는 열 단계를 뜻한다. 명상자는 시체에 대한 혐오감을 체험하게 될 것이다. 그는 부풀어오르고 보라색으로 썩어 가는 시체를 명상하고, 숙고한다. "나의 몸도 이와 같다. 나의 몸도 이와 같이 될 것이며, 이러한 상태를 피하지 못할 것이다."

다시 비구는 스스로의 몸을 대상으로, 자신의 몸이 살갗으로 둘러싸여 있고 갖가지 오물로 차 있는 자루로 바라보면서 마음 챙김(sati)을 수행한다. "이 몸에는 머리털, 몸 털, 손발톱, 이, 살갗, 살, 힘줄, 뼈, 골수, 콩팥, 염통, 간, 근막, 지라, 허파, 창자, 장간 막, 위 속의 음식, 똥, 담즙, 가래, 고름, 피, 땀, 굳기름, 눈물, [피부의] 기름기, 침, 콧물, 관절 활액, 오줌 등이 있다."라고.

이런 명상들은 어느 것도 감각으로부터 벗어나는 삼매 상태로 이끌지 못한다. 그러나 욕망으로 인한 번뇌를 제거함으로써 명상자가 삼매에 들 때 욕망으로 인한 산만함이 반복적으로 끼어들지 못하게 한다. 이처럼 이 명상들은 선정 수행의 준비 단계로서, 혹은 탐욕으로 인한 산만함이 일어날 때 해결하는 특별한 방법으로서 처방된다.

네 가지 '무량(無量, appamaññā)에 대한 숙고'

스승은 수행자의 '미움'이라는 번뇌를 가라앉히기 위해서, 범천에 있는 천신들의 정신적인 거주처로 이끌기 때문에 '고귀한 머묾[梵住, brahmavihāra]'이라 불리는 '무량' 명상을 처방할 수 있다. 명상자는 자애[慈, mettā], 연민[悲, karuṇā], 더불어 기뻐함[喜, muditā] 그리고 평온[捨,

---

37 앞의 책, pp.299~315.

upekkhā]의 감정을 네 방향으로 모든 중생들을 향해 방사(放射)하면서 차례로 집중한다.

'자애'는 모든 존재들에게 우정과 형제애를 느끼는 것이다. 그러나 자애는 쉽게 탐욕으로 변질될 수 있어서, 존재들이 무지로 인해서 타락해 있는 측은한 상태를 인지하는 '연민'이 이어서 나와야 한다. 그러나 연민은 영적인 자만과 우월감으로 이끌 수 있어서, 명상자는 타인의 행복을 공유하고, 그들이 쌓은 공덕을 함께 기뻐하는 '더불어 기뻐함'을 수련해야 한다. 마침내 그는 '평온'의 상태에 도달함으로써 친구나 적을 구분하지 않으며 모든 생명체들을 동등한 마음으로 대하게 된다.

기술적으로 말하자면, 비록 이러한 숙고함이 선정 상태로 이끌 수 있더라도 그것들은 사실 실제로 이용되지는 않는다. 왜냐하면 무량 수행에서 일어난 감정은 세속적인 특성이기 때문이다. 이 수행은 명상 과정에서 미움으로 인한 산만함을 미리 막기 위해 처방되거나, 선정 상태에서 의식이 떨어질 수 있는 미움의 감정을 중화시키기 위해 처방된다.

호흡에 대한 마음 챙김(ānāpānasati)

어리석음의 번뇌로 고통을 겪거나 열정이 과도한 명상자에게 스승은 '호흡에 대한 마음 챙김'이라 불리는 고요한 명상을 처방할 수 있다. 명상자는 숨이 몸 안으로 들어오고 몸 밖으로 나갈 때 호흡의 움직임에 대해 알아차리기 위해 스스로를 훈련시킨다. 점차 차분하게 진정되는 호흡에 집중되어 몸과 마음이 고요해지면 생각한다. "몸을 고요히 하면서 나는 숨을 들이쉬리라. … 몸을 고요히 하면서 나는 숨을 내쉬리라. …"

호흡에 대한 마음 챙김 명상은 초기 문헌의 주석가(註釋家)들에게 약간의 문제가 되었다. 호흡에 대한 마음 챙김의 확립은 '마음 챙김의 확립[念處, satipaṭṭhāna]'이라 불리는 보다 큰 수행의 일부분이었는데 네 가지 마음 챙김의 확립[四念處]에 속한 한 부분이기도 했지만, 호흡에 대한 마음 챙김 그 자체만으로도 열반을 향한 길이 될 수 있기 때문이었다. 네 가지 마음 챙김의 확립 수행은 호흡에 대한 마음 챙김에서 시작해서, 몸에 대한 마음 챙김[身隨念, kāyānupassanā], 느낌에 대한 마음 챙김[受隨念, vedanānupassanā], 마음에 대한 마음 챙김[心隨念, cittānupassaā], 그리고 마지막으로 법에 대한 마음 챙김[法隨念, dhammānupassanā]으로 나아간다. 이처럼 고요함과 통찰 모두를 포함하는데, 주석가들은 이 구조 안에서 고요함과 통찰 수행을 분리된 과정으로 유지하기 위해 애를 썼다.

실제 수행에서는, 실제로 혹은 짐작되는 기질에 대응하는 특별한 처방으로서 호흡에 대한 마음 챙김의 확립이 대개 단독적으로 사용되고 있다. 그러나 삼매와 통찰이라는 표준 구조에 편입되어서는 흥분하기 쉬운 개인들을 위한 보조적 명상으로, 삼매의 이전 단계로, 혹은 수행 과정에서 나타날 수 있는 골치 아픈 어리석음에 대한 해결책으로 사용되곤 한다.

여섯 가지 '계속해서 생각함[隨念, anussati]'

'계속해서 생각함' 수행의 도움을 받아 수행자는 탐욕의 번뇌를 믿음의 덕으로 변형시킬[38] 수 있다. 수행자는 붓다(불), 다르마(법), 그리고 상가(승)라는 삼보의 덕성에 대하여, 계와 보시의 과보에 대하여, 그리고 천신들의 행복한 상태에 대하여 반복적으로 생각한다. 그럼으로써 수행자는 비록 곧바로 감각에서 물러난 선정 상태를 얻지는 않지만 가르침에 대한 믿음을 키우고, 굳건해진 믿음을 통해 선정 수행을 위한 동기와 힘을 얻는다.

죽음에 대한 마음 챙김(maraṇasati), 고요함을 계속해서 생각함(upasamānussati), 음식에 대해 혐오하는 수행(āhārepaṭikkūlabhāvana), 그리고 사대(四大)를 구분하는 수행(catudhātuvavatthānabhāvana)

다시, 성냄의 번뇌를 지혜라는 미덕으로 변형시키고자 하는 이에게[39] 처

38 "탐하는 기질의 사람에게 유익한 업이 일어날 때에 믿음이 강해진다. 믿음은 탐욕에 가까운 특성을 가졌기 때문이다."(앞의 책, 《청정도론》 1, p.229)

39 "성내는 기질의 사람에게 유익한 업이 일어날 때에 통찰지가 강해진다. 통찰지는 성냄의 특성을 가졌

방될 수 있는 보조적 명상법이 있다. '죽음에 대한 마음 챙김' 수행은 수행자 자신 역시 죽음을 피할 수 없음에 대하여 지적으로 분석한다. 혹은 '고요함을 계속해서 생각'하여 이 세상의 끊임없는 고통 가운데서 열반의 안전함을 떠올린다. 두 경우 모두 수행자는 믿음에 반대되는 성품인 자신의 지성을 선정 수행을 촉발하고 강화하기 위해 사용한다. 또는 삼매 단계에서 발생할지도 모르는 산만함을 줄이기 위해 비슷한 지적 수단들을 사용할 수도 있다.

음식이 준비되고 소화되어 없어지는 구역질 나는 과정을 떠올리면서 '음식에 대해 혐오하는 수행'을 할 수도 있다. 이런 수행들을 통해 수행자의 마음은 탐욕과 감각적 쾌락으로부터 돌아서게 된다. 또한 애지중지하는 자신의 몸이 단지 지, 수, 화, 풍이라는 사대(四大)의 우연적 조합에 불과하다는 사실을 조사하고 구분하는 수행을 할 수도 있다.

이 보조적인 수행의 목록은 주석가들이 경전에서 보이는 여러 다양한 명상을 정리한 것이었다. 그러나 수행 체계에서 보면 보조적이라고 규정한 수행이 실질적으로는 해탈로까지 이끌었다고 특정적으로 진술하고 있는 경전 내용 때문에 주석가들이 수행법을 체계화하는 데 종종 어려움을 겪었던 것을 알 수 있다. 그러나 주석가들은 이 수행법들이 인간의 본성과 자가치유 기법의 효력에 대한 예리한 통찰력을 담고 있는 것을 지적한다. 보조 명상 체계는 오늘날까지 이어져 사용되고 있고, 선정의 정밀함을 추구하는 광범위하고 다양한 개인들의 수련에서도 성공적으로 쓰이고 있다.

선정(禪定, jhāna) 수행 기법들

붓다고사는 40가지 고요함 명상의 대상 중에서 열 가지 부정(不淨), 네 가지 무량심(無量心), 그리고 여섯 가지 계속해서 생각함[隨念]뿐만 아니라 몸

기 때문이다."(앞의 책, 《청정도론》 1, p.300)

에 대한 마음 챙김, 호흡에 대한 마음 챙김, 죽음에 대한 마음 챙김, 고요함을 계속 생각함, 음식에 대한 혐오, 그리고 사대 요소의 구분이라는 26가지를 현격하게 자세히 다루었다.

나머지 14가지 명상 대상은[40] 모두 삼매를 직접적으로 유도하는 데 포함되고, 감각으로부터 물러나는 몰입의 더 높은 단계까지 나아간다. 이어서 이 14가지 대상을 기반으로 한 선정 수행을 다루고자 한다.

열 가지 도구들

테라와다 명상 수행의 표준 체계에 따르면, 선정(jhāna) 상태는 까시나(kasiṇa; 원반)라고 불리는 일종의 도구를 사용한 명상을 통해 주로 성취될 수 있다. 붓다고사는 땅, 물, 불, 바람, 푸른색, 노란색, 붉은색, 흰색, 광명, 그리고 허공 등 열 가지 까시나를 나열한다. 예를 들어 땅 까시나는 흙을 채운 동그란 판이다. 물 까시나는 물로 채워진 동그란 그릇일 수 있다. 푸른색 까시나는 한 조각의 푸른색 천이거나 파란색으로 칠해진 동그란 판, 동그랗게 묶은 푸른색 꽃 한 다발일 수도 있다. 이들 까시나는 명상의 기초이자 토대이다.

예비 표상(parikamma-nimitta)

명상자는 조용하고 한적한 장소에서 가부좌 자세로 앉아 까시나를 세워 두고 바라본다. 까시나를 보면서, 모든 어려움에도 불구하고 과거의 거룩한 이들 모두 명상을 통해 해탈을 성취했다는 사실과 명상의 미덕을 떠올린다. 그런 다음 까시나를 계속 응시한다. 대상에 대한 그의 마음의 인식을 '예비 표상(parikkamma-nimitta)'이라고 한다. 예비 표상이 떠오르면 계속해서 그것을 좀더 응시한다.

40 10종류의 까시나(kasiṇa) 수행과 4종류의 무색계 선정 수행.

익힌 표상(uggaha-nimitta)

까시나를 보면서 계속해서 앉아 있을 때 수행자는 그 형태를 기억하기 시작하고, 눈을 뜨든 감든 그의 앞에 있는 대상의 모든 세세함을 정확하게 나타나는 대로 명확히 본다. 대상과 완전히 닮은 잘 기억된 이 모습을 '익힌 표상(uggaha-nimitta)'이라 부르며, 이 익힌 표상과 함께 선정에 들어가기 시작한다.

명상자는 까시나를 그 자리에 두고 즉각 자리에서 일어나 처소로 가서 대상 자체에 대한 인식인 예비 표상보다 강한 익힌 표상에 대해 집중하도록 한다. 익힌 표상에 대해 집중하다가 그의 마음이 불가피하게 산만해지거나, 혹은 단순히 표상 자체가 희미해지면 자리에서 일어나서 까시나가 있는 곳으로 되돌아가서 익힌 표상을 다시 확립해야 한다.

닮은 표상(paṭibhāga-nimitta)

포착하기 어려운 익힌 표상에 대한 초조한 집중의 과정에서 명상자의 마음에 다섯 가지 장애(nīvaraṇa)가 일어나기 쉽다.

1. 감각적 욕망(kāmacchanda): 집중이 흩어지면서 좋아하는 대상의 상이 나타나거나, 과거의 감각적 쾌락이 떠오른다.
2. 악의(vyāpāda): 싫어하는 사람이나 사물에 대한 생각이나 과거 상처받은 이미지들이 마음에 떠오른다.
3. 해태와 혼침(thīnamiddha): 매우 일반적으로 잠에 떨어지거나, 지금 하고 있는 마음의 노력에 대해 스트레스를 받고 지루해한다.
4. 후회와 들뜸(uddhaccakukkucca): 감각에 대해 극도로 민감해지고 쉽게 산만해지며, 과도하게 조급해져서 명상을 포기하기 쉽다.
5. 혼란과 의심(vicikicchā): 수행이 성공적이지 않은 데 혼란스러

워하고, 명상이 실제로 효과가 있을지에 대한 의심을 하기 시작한다.

그러나 수행자가 익힌 표상에 집중함에 따라서 이 다섯 가지 장애는 줄어들기 시작한다. 집중이 점점 나아짐에 따라서 그는 더 긴 시간 동안 근접삼매(upacārasamādhi)에 머무른다. 이 근접삼매에서 익힌 표상이 변한다. 익힌 표상은 빛나는 모양인 닮은 표상(paṭibhāga-nimitta)이 되는데, 그것은 더 이상 실제 까시나의 복제된 상이 아니라 까시나의 정수가 관념적 눈에 보이는 것이다.

땅 까시나의 닮은 표상은 나뭇가지와 잎사귀가 여기저기 있는 실제 땅의 한 부분이 아니라 떠오르는 달처럼 빛나는 원반이다. 물 까시나의 닮은 표상은 하늘에 있는 거울과 같다. 푸른색 까시나는 꽃과 꽃잎들로 만들어진 것처럼 보이지 않고 맑고 선명한 푸른 보석같이 나타난다.

익힌 표상이 고정되고 변하지 않는 데 비해서 닮은 표상은 무한히 유연해서, 빛나는 점으로 응집될 수도 있고, 온 우주를 채우도록 확장할 수도 있다. 명상자는 닮은 표상인 대상에 집중하며 선정 몰입(appaṇā)과 근접한 상태에 머문다. 장애들은 억압되고 삼매 상태로 접근한다. 명상이 더욱더 안정되면 닮은 표상을 대상으로 본삼매(jhāna)에 들고, 수행자는 자신이 '증득(證得)'한 초선(初禪, 1st jhāna)에 머문다.

네 가지 선정

초선(初禪)에서는 다섯 가지 장애가 완전히 떨쳐진다. 왜냐하면 그것들이 선정의 다섯 요소로 대체되기 때문이다.

1. 일으킨 생각(vitakka): 명상자는 아직 선형적(linear) 사고[41]에 매

41 선형성(線型性, linearity)은 직선처럼 똑바른 도형, 또는 그와 비슷한 성질을 갖는 대상이라는 뜻으

여 있으며, 선정의 성취에 대해 숙고할 수 있다.

2. 지속적인 고찰(vicāra): 수행자는 현재의 상황 안에서 스스로를 알아차리고, 앞선 상황과 이어질 결과들에 대해 숙고할 수 있다.
3. 희열(pīti): 수행자는 삼매의 상태를 즐기고, 모든 애씀 뒤의 성취를 기뻐하며, 이 상태를 유지하기를 바란다.
4. 행복(sukhā): 수행자의 몸과 감각들은 즐거운 느낌으로 가득하게 된다.
5. 마음의 하나됨(ekaggatā): 수행자는 완전히 대상에 집중되어 있고, 더 이상 산만하지 않다.

제2선(二禪)에서 명상자는 일으킨 생각과 지속적 고찰의 성품이 산만하다는 것을 깨닫는다. 그래서 그들로부터 벗어나고자 한다. 그는 더 이상 자신의 삼매 상태에 집착하지 않고, 단순히 내면의 고요함과 마음의 집중, 그 집중에 의해 생긴 희열과 행복과 함께 2선정에 머문다.

그런 뒤 명상자는 이 상태에서의 희열 역시 산만한 성품임을 깨닫는다. 그래서 그는 이 희열로부터 벗어나고자 한다. 그는 행복과 집중만 있는 삼매의 상태에 머문다. 제3선(三禪)은 가능하게 달성될 수 있는 육체적 행복의 가장 높은 상태라 전해진다.

마지막으로 명상자는 행복 역시 산만하다고 인지한다. 그래서 그는 행복에서조차 벗어나고자 한다. 그는 고통과 행복을 모두 초월하고, 더 이상 세속적 유혹에 동요되지 않는다. 닮은 표상에 대해 순수하고 절대적으로 집중된 상태에 머물고, 마음은 순수하고 투명하며, 깨끗하고 오염되지 않았으며, 민첩하고 유연하며, 확고하고 흔들림이 없다[四禪定, 4th

---

로, 이러한 성질을 갖고 있는 변환 등에 대하여 쓰이는 용어이다. 선형 사고는 원인과 결과를 일련의 선(line)에 따른 과정으로 해석하는 사고방식. 그러나 현실은 훨씬 다양한 조건들이 상호 복합적인 영향을 주고 받으며, 결과가 다시 조건에 영향을 미치기도 하는 복합적인 비선형(nonliner) 방식으로 일어난다. 《화엄경》의 인드라 망 참조.

jhāna].

네 가지 무색계(ārupāvacara)

붓다고사의 40가지 수행법 목록 중에서 열 가지 까시나를 제하면, 이제 네 가지 명상 대상이 남는다. 네 단계의 무색계(無色界, ārupāvacara) 수행은 명상자를 훨씬 더 감각으로부터 멀어지도록 이끌어 가고, 색계(色界, rūpāvacara)로부터 더욱 물성(物性)이 제거된 상태로 이끌어 간다. 이 수행은 무색의 경지에 대한 체험이고, 명상자의 마음을 전에 없이 순수하고 유연하게 한다.

1. 공무변처(空無邊處, Ākāsānañcāyatana): 명상자는 명상의 대상인 물질적인 것들에 싫증을 내고, 그것을 초월하길 바란다. 그는 색계의 정점인 제4선정에서 위험이 가득한 것을 본다. 색계 제4선정은 물질적인 것을 대상으로 삼기 때문이다.[42] 명상자는 닮은 표상을 취해서 우주의 끝까지 확장한다. 그런 다음 대상 자체를 제거하고 남아 있는 무한한 공간에 집중한다.
2. 식무변처(識無邊處, Viññāṇañcāyatana): 명상자는 공무변처를 대상으로 한 선정에서 위험을 깨닫는다. 그것은 충분히 고요하지 않고, 색계로 떨어져 퇴보할 수 있기 때문이다. 명상자는 선정의 대상이었던 무한한 공간을 버리고, 그 공간을 대상으로 몰입해 있던 무한한 의식에 집중한다.
3. 무소유처(無所有處, Ākiñcaññāyatana): 명상자는 식무변처를 대상으로 한 선정에서 위험을 깨닫는다. 이것 역시 충분히 고요하지 않고 공무변처로 떨어져 돌아갈 수도 있기 때문이다. 그래서 식무변처에 몰입해 있던 상태에서 벗어나 오로지 텅 비어 아무것

42 까시나의 물적 토대들 즉, 흙으로 만들어진 원반, 원형 물통, 호수, 꽃다발, 천 등등.

도 없음에 집중한다.[43]

4. 비상비비상처(非想非非想處, Nevasaññānāsaññāyatana): 마침내 명상자는 무소유처를 대상으로 한 선정의 위험 역시 깨닫는다. 왜냐하면 그것 역시 충분히 고요하지 않기 때문이다. 그는 '인식은 병이고, 인식은 종기이고, 인식은 화살이다'라고 생각한다. 그래서 무소유처에 대한 인식조차도 제거하고 오로지 고요함에 대해서만 집중하며, 인식이 있는 것도 아니고[非想] 인식이 없는 것도 아닌[非非想] 몰입상태에 머문다.

우리는 명상자가 단지 순수한 '마음의 하나됨[心一境性, ekaggata]'만 남아 있을 때까지, 한 번에 한 가지씩 선정의 요소들을 제거함으로써 네 단계의 색계 선정 상태를 차례로 올라가는 것을 알 수 있다. 나아가 명상자는 하나의 무색계로부터 그 다음 무색계로 각 무색계 선정의 대상을 진취적으로 놓아버림에 따라서 진전하고, 현상적 세계로부터 더욱더 벗어난 몰입의 상태를 체험한다.

테라와다불교 - 통찰 수행(Vipassanā)

붓다고사의 《청정도론(Visuddhimagga)》은 주요한 일곱 단계 청정[七淸淨]의 체계에 기초하는데, 그 중에서 마지막 다섯은 특별히 통찰 수행과 관련이 있다. 이 일곱 가지 청정은 계청정, 심청정, 견청정, 의심을 극복함에 의한 청정, 도와 도 아님에 대한 지(知)와 견(見)에 의한 청정, 도 닦음에 대한 지와 견에 의한 청정, 그리고 지와 견에 의한 청정이다.

43 정확히 표현하면 바로 앞의 무한한 의식에 몰입해 있던 그 마음이 사라지고 없음에 집중하는 것이다.

계청정(戒淸淨, sīlavisuddhi)

첫 번째 계청정은 명상에 앞선 윤리적 수련을 의미한다. 수행자는 자신을 세상에 얽어 매는 장애물들을 점차로 끊어 나가며 세속적인 것들로부터 초연한 윤리적인 자세를 개발한다.

심청정(心淸淨, cittavisuddhi)

두 번째 심청정은 마음의 유연함과 명확성의 상태이고, 단계적 선정을 계발해 가며 이루는 사유의 청정이다. 소위 건조한 아라한[44]이라 불리는 특별한 경우를 제외하면, 욕망에 치우쳐 있는 동안에는 실재에 대한 진정한 통찰을 얻을 수가 없다. 따라서 명상자가 욕망이 없이 실재의 객관성을 체험할 수 있는 것은 오직 색계 선정과 무색계 선정을 통해서다. 이 객관성과 함께 수행자의 마음은 통찰 수행으로 전환할 준비가 된다. 그리고 욕망이나 어리석음 등의 번뇌에 의해 휘둘리는 눈 먼 상태를 벗어나 사물을 있는 그대로 볼 준비가 되는 것이다.

견청정(見淸淨, diṭṭhivisuddhi)

명상자는 자신의 몸의 32가지 구성요소들, 감각과 감각의 대상들, 혹은 자신의 오온(五蘊)을 객관적으로 조사하면서 통찰 수행을 시작한다. 그는 순수하고 유연한 마음으로 명칭(name)과 형태(form)[45]로부터 분리된 어떤 실재도 없음을 보고, 이 정신(mind)과 물질(matter)의 연결 속에 '나'도 '나의 것'도 없음을 깨닫는다. 그는 자신의 감각적 체험이 그것을 일으키는 외부 대상만큼이나 영속적이지 않음을 본다. 그럼으로써 그는 자아에 대

---

44 선정 수행(의 촉촉함) 없이 통찰 수행만으로 아라한과를 증득한 경우를 가리킨다.

45 저자가 명칭(name)과 형태(form)라고 한 빠알리 어 원어는 'nāma/rūpa'인데, 바로 아래 문장에서는 정신(mind)과 물질(matter)이라고 다르게 표현하고 있다. '명칭/형태'인 경우와 '정신/물질'인 경우가 함의가 다소 다르고 강조점이 다르다. 테라와다 전통은 대체로 '정신현상'과 '물질적 형성물'로 보고, 대승불교 한자문화권에서는 명색(名色)으로 옮기며 대체로 저자와 같이 명칭과 형태로 해석한다. 서양 영어권 해석도 빠알리 어 계통 테라와다 경전 해석인 경우는 'mind/matter'로 하고, 산스크리트 어 계통 대승경전인 경우는 'name/form'이 많다.

한 모든 집착에서 자유로워진다.

의심을 극복함에 의한 청정[度疑淸淨, kaṅkhāvitaraṇavisuddhi]

그런 뒤 수행자는 질병의 원인을 진단하는 의사처럼 자신의 몸과 마음의 근원에 대한 명확한 주의를 기울인다. 그는 명칭과 형태가 원인[46]을 통해서 존재함을 깨닫는다. 수행자는 자신의 몸이 무지(avijā)와 갈애(taṇhā)와 움켜쥠(upadāna)에 기인하고, 업에 따라 과거에서 현재로 던져졌음을 본다. 그리고 지·수·화·풍 사대로 이루어진 이 육체적 몸이 존재하면, 감각기관과 거기에 상응하는 대상과의 접촉에 의존해서 정신적 사건들이 발생하는 것을 본다. 이처럼 그는 연기(緣起)의 열두 고리를 깨닫고, 모든 것들은 무상(aniccā)·고(dukkha)·무아(anatta)임을 꿰뚫어 본다. 이렇게 과거와 현재와 미래에 대한 모든 의심들로부터 벗어난다.

도와 도 아님에 대한 지와 견에 의한 청정[道非道知見淸淨, maggāmaggañāṇadassana-visuddhi]

명상자는 삼계(욕계·색계·무색계) 안의 모든 존재들의 나타남과 사라짐을 객관적으로 조사한다. 그리고 그들의 상호 인과관계를 파악한다. 눈앞에서 벌어지는 모든 사건을 무상·고·무아로 본다. 수행자는 '18가지 중요한 위빳사나(mahāvipassana)'[47]의 통찰지를 얻고, 조건 지어진 것들에서 '영원함(nicca, 常)'이나 '행복(sukha, 樂)', 혹은 '자아(atta, 我)'를 보는 어떤 개념도 영원히 거부한다.

그러나 여기엔 위험이 도사리고 있다. 왜냐하면 이제 자라기 시작하는 위빳사나의 통찰지와 함께 '열 가지 위빳사나의 경계(vipassanupakki-

46 문맥상 《청정도론》에 의하면 '원인(cause)'이라기보다는 빠알리 어 'paccaya'에 해당하는 '조건(condition)'이라고 하는 것이 더 적합하다.

47 '열여덟 가지 중요한 위빳사나'란 무상의 관찰로부터 시작되는 통찰지 수행이다. 자세한 내용은 《청정도론》, pp.260~261.

lesa)[48]'에 사로잡힐 수도 있고, 아직 증득하지 못한 과(果, phala)를 증득했다고 착각하면서 흥분하거나 더 나아갈 데가 없다는 어리석음에 빠질 수도 있기 때문이다. 만일 명상자가 스승에게 적절하게 지도를 받고 있다면 그는 여기서 얻어지는 즐거움과 신비한 힘의 유혹에 빠지지 않을 것이고, 해탈을 향한 바른 '도'와 '도 아님'에 대해 구분할 수 있을 것이다.

도 닦음에 대한 지와 견에 의한 청정[行道知見淸淨, paṭipadāñāṇadassanavisuddhi]

'도 아님'의 위험으로부터 벗어나서, 명상자는 위빳사나의 체계적이고 진보적인 발달을 체험해 간다. 점차로 이해의 정점으로 이끌 '아홉 가지 지혜'를 얻는다.

1. 일어나고 사라짐을 관찰하는 지혜(udayabbayānupassanāñāṇa): 무상에 대한 깨달음을 완전히 내재화하고, 괴로움이 자아가 아님을 이해하며, 모든 것을 있는 그대로 본다.
2. 무너짐을 관찰하는 지혜(bhaṅgānupassanāñāṇa): 모든 조건 지어진 것은 쇠약해지고 사라진다는 것을 보고, 더 이상 존재에 대해 집착하지 않는다.
3. 공포로 나타나는 지혜(bhayatupaṭṭhānañāṇa): 모든 조건 지어진 것들을 공포스럽고 위험으로 가득 차 있으며, 경솔한 이를 위한 덫, 길을 잃게 이끄는 사막의 헛된 신기루로 본다.
4. 위험함을 관찰하는 지혜(ādīnavānupassanāñāṇa): 사물들의 한가운데서 보호되지 않음을 깨닫고, 재난의 한가운데서 안전한 열반을 향해 돌아선다.
5. 역겨움을 관찰하는 지혜(nibbidānupassanāñāṇa): 안전함과 행복

---

48 '바르게 수행하고 지속적으로 명상주제와 함께하는 위빳사나를 시작한' 수행자에게 일어날 수 있는 수행의 진전을 방해하는 열 가지 경계들. 광명, 희열, 경안, 결심, 분발, 행복, 지혜, 확립, 평온, 욕구 등. 자세한 내용은 《청정도론》, pp.269~276. 참조.

이 사물에 집착하지 않음에 있음을 깨닫고 위험한 세상으로부터 등을 돌린다.

6. 해탈하기를 원하는 지혜(muñcitukamyatāñāṇa): 더 이상 세속적인 존재의 어떤 형태에도 집착하지 않고, 덫에 갇힌 사람처럼 자신을 자유롭게 하는 것만을 추구한다.
7. 깊이 숙고하여 관찰하는 지혜(paṭisaṅkhānupassanāñāṇa): 단지 자유에 대한 갈망만 지니고, 모든 것들을 재난과 파멸로 보며, 그로부터 도망치기 위해서 사물의 진정한 본성을 분석한다.
8. 상카라에 대한 평온의 지혜(saṅkhārupekkhāñāṇa): 이처럼 분석함에 따라서 어떤 것도 두려워하거나 바랄 필요가 없음을 깨닫는다. 왜냐하면 더 이상 '나'라거나 '내 것'이 없기 때문이다. 그래서 어떤 것도 생각의 대상으로 취하지 않고 오직 열반을 향해서만 돌아선다.
9. 수순(隨順)하는 지혜(anulomañāṇa): 사물에 대한 통찰의 완성과 함께 열반을 향한 길을 따르기[隨順, anuloma] 시작한다.

지와 견에 의한 청정[知見淸淨, ñāṇadassanavisuddhi]

이제 명상자는 예류자, 일래자, 불환자, 그리고 아라한이라는 네 가지 성스런 길에 대한 지혜를 얻는다. 수행자는 '과의 성취[果定, phalasamāpatti]'나 '인식과 느낌의 소멸의 성취[想受滅/滅盡定, nirodhasamāpatti]'라는 열반(nibbāna)의 체험으로 데려가는 두 가지 더 깊은 명상적 증득을 성취하기 위해서 자신의 통찰을 사용한다.

과(果, phala)의 성취

이 몰입의 상태에서 명상자는 명상의 대상으로 아무것도 잡지 않는다. 그는 어떤 것에 대해서도 생각하기를 멈추고 오직 열반에만 주의를 기울인다. 이는 마음의 자유로 일컬어지는데, 왜냐하면 어떤 '표상(nimitta)'도 갖지 않기 때문이다. 이는 완전한 초월이고 현상적인 것으로부터의 완전한 분리이다. 이처럼 명상자는 통찰 수행에서 얻은 일련의 지혜를 경험한다. 이런 지혜들이 일어남에 따라서 그는 완전히 열반에 고정된 마음과 함께 성스러운 자로 다시 태어났음을 깨닫는다. 그리고 상응하는 '성스러운 길(ariya-magga)'의 열매(phala)를 증득하면서 출정한다.

멈춤의 증득(nirodhasamāpatthi)

이 몰입의 상태에서 명상자는 '내가 생각이 없이 존재하기를, 그리고 더 없는 행복에 머물기를, 내가 지금 여기서 열반인 소멸을 체험하기를'이라고 숙고하면서 세간으로부터의[49] 마지막 도약을 한다. 이는 궁극적으로 초월적인 경험이고, '지금 이 생에서의 열반[現法涅槃, diṭṭhadhamma-nibbāna]'이라고 부른다.

이처럼 명상자는 모든 무색계를 거쳐 올라가면서 각 무색계 단계에서 존재하는 모든 것들이 무상·고·무아였음을 지혜로 깨달으며 출정한다. 마침내 비상비비상처의 선정에 들어가고, 하나나 둘의 심찰나 후에, '인식도 느낌도 완전히 멈춤[想受滅]'을 체험한다. 개인적으로 경험된 이 열반은 모든 번뇌의 마지막 소멸이다. 존재와 함께했던 모든 '술취함[酩酊, drunkenness]'은 파괴된다. 아라한이 죽을 때 그는 오온의 마지막 소멸에 이를 것이고 결코 다시 태어나는 윤회에 들지 않을 것이다.

번뇌의 소멸은 유여열반(有餘涅槃)이라 불리는데, 아라한은 아직 살아야 할 생(生)과 몸[肉身]이 남아 있기 때문이다. 아라한은 생을 마치는 순간에 무여열반(無餘涅槃)을 성취하는데, 육체가 무너지고 마지막 인식이 멈추면서 현상적인 세계를 완전히 초월한다. 그의 오온은 소멸하고 마지막 열반으로 들어간다.

49 정확히는 세간의 마음(kāmāvacāracitta)으로부터 출세간의 마음(lokuttaracitta)으로의 도약이다.

의례(儀禮)

개인적인 내적 성찰[內省]과 주요하게 연관되어 있는 '지성에 호소하는' 종교로서의 불교적 관점은 모든 종파에서 규칙적으로 이루어지고 있는 광범위한 의례(儀禮)들을 간과한다. 물론, 불교도의 종교적인 삶의 거의 모든 측면이라고까지는 말하기 어렵지만, 의례는 불상에 머리 숙이고 두 손을 올려 모아 합장(añjali)하고 예경하는 비교적 단순한 행위에서부터 중요한 국가적인 경축행사로 대규모로 개최되는 대중적인 불교 축제에 이르기까지 늘 함께한다. 심지어는 홀로 하는 명상과 같은 사적인 활동에서조차 대개는 의례와 함께하는 준비 과정이 포함된다.

모든 의례 중에서 가장 보편적인 것이 꽃 한 송이나 촛불 하나, 음식이나 때때로 적은 액수의 공양금 등 작은 공양을 올리며 하는 '붓다 예경(Buddha-pūja)' 혹은 '붓다를 찬탄'하는 것이다. 이런 의례는 승려들의 염송(念誦, chanting)과 함께 집이나 사원 어디에서든 이루어질 수 있다. 가장 기초가 되는 것은 붓다와 그의 가르침인 다르마에 '귀의(歸依)'하는 의례이다. 이것은 불교도가 되는 의례로서 "붓다께 귀의합니다", "다르마에 귀의합니다", "상가에 귀의합니다"라고 귀의문을 염송하는 형식으로 구성되어 있다.

이 염송에 이어서 대개 '수계(受戒)'문이 뒤따르는데, 이 수계문은 재가의 모든 불교도들이 준수하는 다섯 가지 도덕적 원칙을 자신의 계로 받아 지키겠다는 다짐의 말로 시작한다. 전적으로 종교적 삶에 헌신하고자 하는 이는 사원의 수계 의례를 거치게 되는데, 삭발하고 가사를 수(垂)하고, 출가자의 계율[Vinaya]을 받음으로써 공식적으로 상가에 받아들여지는 허락을 구하는 절차이다. 수계식은 두 종류가 있다. 예비승인 사미와 사미니를 위한 승가 입단 수계식

(pravrajyā)과 정식 승려가 되는 구족계(具足戒, upasampadā)이다. 이상적인 승려는 태도가 바르고 성실하며, 입고, 먹고, 말하고, 걷는 모든 면에서 법답게 정해진 승가의 의례적인 예절을 일상에서 보여 주는 사람이다. 승려들은 매 보름마다 계목(Prātimokṣa)을 암송하기 위해 모여서 사원 계율을 준수하는지 확인한다. 사원의 또 다른 의례는 가을에 열리는 우안거(vassa)를 마치는 행사이다. 대부분의 사원에서 매일의 예불 의례가 이루어지고, 이 의례는 붓다 예경 - 설법 - 찬탄 - 명상에 이어서 승려들에게 끼니를 공양 올리는 순서로 진행된다.

아시아 지역에서는 성스러운 장소나 불교 사원을 찾아 예경하는 성지순례가 여러 가지 의례와 관련된 신앙 행위와 연관된 또 다른 활동이다. 붓다가 직접 와서 커다란 발자국을 남겼다고 전해지는 스리랑카의 시리빠다(Siripada)라는 산을 포함한 열여섯 곳의 전통적인 성지가 발달했다. 신성한 의미가 부여되어 성지순례의 중심이 된 또 다른 산들은 중국의 우타이 산(五臺山), 일본의 후지 산(富士山), 그리고 티베트의 카일라쉬(Kailash) 산 등이다. 또한 많은 성소가 붓다나 붓다의 유명한 제자들의 유골이나 사리를 보관한 장소로 명성을 얻고, 이러한 장소들을 중심으로 사리 숭배 신앙이 발달했다.

딴뜨라불교는 연민을 상징하는 다이아몬드 혹은 번갯불을 의미하는 바즈라(vajra, 金剛杵)와 같은 의례를 위한 도구들을 사용하는 전례와 의례가 풍부하게 발달했다. 금강저는 지혜를 상징하는 작은 요령과 함께 사용된다. 이 둘과 함께 쓰이는 세 번째 의례 도구는 금강저 모양의 단검 바즈라낄라(vajrakila)로 악마를 물리치는 힘이 있다고 믿어진다.

불교 의례는 태어남이나 성인식, 결혼식 등 인생의 통과제의를 위한 방식으로 따로 발달하지는 않았다. 아마도 이것은 붓다의 인생을 본받고 세속적인 삶을 벗어나는 것을 장려하는 불교의 가르침 때문일 것이다. 그러나 서양의 불교도는 그런 삶의 계기에 종교적인 의례와 함께하는 것에 익숙해 있기 때문에, 결혼식과 같은 사회적 행사를 축하하는 새로운 의례가 고안되었다. 어떤 지역의 불교에서는 죽음과 다음 생에 다시 태어나기까지의 중간 단계를 둘러싼 의례가 발달했다.[50] 아시아 전역에서 불교는 이 분야의 전문가로 여겨졌고, 다른 종교의 신도들조차도 그들의 장례식은 다른 종교의 것보다 불교 의례를 선호했다. 또한 일본에서는 낙태나 유산에 따르는 '미즈코 쿠요(Mizuko kuyō)' 의례[51]와 같이 새로운 의례가 계속 고안되었다. 미즈코 쿠요는 1960년대에 시작되어서 매우 대중적이 되었지만, 일부 불교 집단 사이에서 논란이 되었던 것은 고대에 선례가 없던 의례이기 때문이다. 이런 종류의 새로운 의례들은 불교가 지속적으로 지역의 요구에 적응해 온 사례이다.

대승 명상의 개요

대승은 종교 사회적 복합 현상이었다. 종교적인 활력을 새롭게 불어넣는 운동이었고, 고대의 명상 방식이 다시 조명되고 종교적 우열이 재편되는 형이상학의 개정이었다. 명상의 진정한 분위기는 '고요와 평정'에서 '행위와 배려'로, '초월'에서 '내재성'으로 변화했다.

대승 운동 안에서 이미 수행되어 오던 명상 기법들이 복합적으로 재

50 티베트의 바르도퇴돌, 우리나라의 49재 등.

51 Mizuko kuyō(水子供養): 유산, 사산 또는 낙태를 경험한 사람들을 위한 일본식 의례로 1970년대부터 이 의례에 전념하는 신사가 창설되면서 특히 눈에 띄게 되었다.(위키백과)

배치되었다. 이들은 세 가지 주요한 형태로 분류되기도 한다.

1. 경전 자료들을 체계화한 초기의 시도로부터 물려받았던 표준 명상 구조인 고요함(사마타)과 통찰(위빳사나)의 두 수행은 여전히 보편적인 열정으로 고취되어 세속의 윤리적 행위를 위한 기초와 새로운 형이상학의 수레로 재편되었다.
2. 경험 세계를 지배하는 신통력의 증득과 대안적 실재를 건립하는 오래된 환시적이고 황홀한 기법들을 부활시켰다.
3. 공공연한 현실 속에서 자유를 직접적으로 체험하기 위한 자연스럽고 새로운 기법들이 발달했다.

대승 명상의 표준 체계

고대로부터 물려받은 명상 체계를 다루는 대승 문헌이 수없이 많은데, 이들은 인도뿐만 아니라 중국과 티베트의 전문 불교기관에서 구성되었던 명상 수행의 차제(次第)를 설명한다. 이 체계가 기본적으로는 여전히 남아 있으나, 중국 지의(智顗: 538~597) 대사의 《마하지관(摩訶止觀)》이나 티베트 쫑카빠(Tsoṅ-kha-pa: 1357~1419) 대사의 《보리도차제광론(菩提道次第廣論, Lam-rim-chen-mo)》처럼 세부적으로는 매우 다르게 나타난다. 여기서는 인도 학자 까말라쉴라(Kamalaśīla)가 그의 저술 《명상의 단계(Bhāvanākrama, 修習次第)》에서 소개했던 길을 따를 것이다. 이 문헌은 9세기부터 명상에 관한 모든 안내서의 전형으로 티베트에서 사용되어 오고 있다.

대승 명상

명상은 지혜의 궁극적 원천이고, 모든 보살행의 중심이다. 명상자는 이론적으로 공부를 해서 명상을 준비함으로써 그의 명상이 잘못되지 않도록 한다. 진정한 명상의 열매는 명확할 것이고 실재에 대한 지혜가 나타날 것이다.

고요함 수행[止]

집중되지 않은 마음으로는 현상을 있는 그대로 볼 수 없으므로 명상자는 우선 자신의 마음을 고요하게 해야 한다. 이 목표를 위해 그는 명상 대상과 하나가 되도록 집중함으로써 사선(四禪)과 사무색계(四無色界)를 단계적으로 거쳐 올라간다.

선정의 과정은 이 장의 앞부분 테라와다불교에서 제시했던 선정 체계와 정확히 같다. 세상에 행위로 되돌려 주어야 하는 통찰지라는 보편적 구제에 대한 약속의 기초가 형이상학적 명상 체계라는 것은 사실이다. 그러나 그 체계는 여전히 고요함과 통찰이라는 두 요소를 기초로 삼는다. 왜냐하면 통찰은 명상자가 오직 객관적으로 타당한 '집착 없음(detachment)'에 도달했을 때에 비로소 일어나기 때문이고, 이 객관 타당성은 오직 선정 상태에서만 발생하기 때문이다. 이 되먹임[再歸的] 관계는 선정[止]과 통찰[觀]의 결합이라 불린다.

통찰 수행[觀]

까말라쉴라는 통찰 수행 과정에 대한 기본 윤곽으로 《능가경(楞伽經, Laṅkāvatāra Sūtra)》의 게송을 인용한다.

> 마음에 오른다, 오롯이.
> 외부의 대상들은 실제로 존재하지 않는다고 생각한다.
> 그러나 앞에 놓인 실재와 더불어
> 초월한다, 마음을. 오롯이.
> 드러나지 않음을 초월하여
> 드러나지 않음에 머물며

대승(Mahāyāna)을 본다.
서원에 의해 순수해진 이 평온하고 자연스러운 상태,
아무것도 드러나지 않는 곳에서
가장 높은 지혜
무아를 보네.[52]

명상자는 먼저 외부 현상들을 조사한다. 그것들은 정말로 지각의 외부에 있는 어떤 것인가? 아니면 꿈처럼 단순한 인식 자체인가? 그는 논리적으로 외부 현상들의 개념을 분석하고, 개념에는 불합리한 예외가 어쩔 수 없이 존재한다는 것을 발견한다. 이처럼 그는 고정된 실체로서의 외부 대상이 없음을 깨닫는다. 모든 사건은 마음의 사건이다[唯識/唯心].

그러면 명상자는 객체의 부재 속에서 주체라는 것도 있을 수 없다는 것을 숙고하고, 실재는 단지 주체이거나 단지 객체가 아니라 나눌 수 없는[非二元, 不二] 것이라고 확실히 깨닫는다. 이렇게 객체의 개념을 초월하고, 같은 방식으로 주체의 개념도 초월함으로써 비이원성의 지혜에 머문다.

명상자는 어떤 사건도 그 자체에 의해 일어날 수가 없고, 그 자체와는 다른 어떤 것에 의해서도 일어날 수 없다는 것을 숙고한다. 그리고 그는 주체와 객체 모두가 허구임을 깨닫는다. 그러나 만일 주체와 객체가 존재하지 않는다면, 그들의 비이원성에 대한 지혜 또한 존재할 수 없다. 명상자는 비이원성의 지혜 같은 무엇이 있다는 개념을 초월하고, 비이원성의 지혜조차 없는 지혜 속에 머문다.

명상자는 사건들이 존재하지도 않고, 존재하지 않는 것도 아니라는

52 티베트 어로부터 직접 번역한 게송은 다음과 같다.
"오직 마음에 의지해야지 외부 대상을 분별해서는 안 된다. 진여의 소연경에 머물러서 유심에서도 벗어나야 한다. / 유심에서 벗어난 후에는 무현(無現)에서 벗어나야 한다. 무현에 머무는 요가행자, 그는 대승을 보게 될 것이다. / 적정을 저절로 성취하는 토대를 서원에 의해 청정하게 하였으니 무아의 수승한 본래지를 무현으로 보게 될 것이다." (오기열 옮김, 《까말라실라의 수행의 단계》, 지영사, pp.80~81

깨달음 속에 머문다. 그는 경험에 대해 어떤 생각도 전혀 강요하지 않는 명상인 가장 높은 실재의 상태에 들어간다. 그는 모든 사건들을 지혜의 눈으로 보고 그것들이 전혀 본질을 갖고 있지 않음을 안다.

명상자는 그의 마음을 견고하게 대상에 고정시키고 선정에 들어, 통찰지로 있는 그대로 본다. 그러면 지혜의 빛이 어둠을 없애며 밝아 온다. 마치 그의 눈이 등불의 도움으로 사물을 보는 것처럼 선정과 통찰지의 결합은 진정한 깨달음을 일으킨다. 이 상태의 명상은 노력이 필요 없다. 왜냐하면 그에게는 그것을 넘어서서 볼 것이 아무것도 없기 때문이다. 이 상태는 '평온'인데 그는 이미 존재와 비존재의 구조를 실재에 덧씌워 바빴던 마음의 모든 일들을 잠재웠기 때문이다.

세상으로 돌아옴

숙고의 상태에서 나올 때, 명상자는 결가부좌한 다리를 풀기 전에 먼저 이렇게 생각한다. '절대적 관점에서 볼 때 이 모든 사건들은 본질이 없으나, 관념적 실재 안에서 그것들은 여전히 존재한다.' 그는 사람들이 모든 것이 실재라고 생각함으로써 그로 인한 온갖 슬픔을 경험하는 어리석음에 대해 가엾게 여기는 대연민심을 일깨운다. 그 자신은 실재를 보지만, 대연민심으로 자신의 통찰력을 모든 중생들에게 베풀기 시작한다.

여기서 그의 방편은 지혜에 의해 완전해지고, 세상에서의 그의 모든 행위는 오직 다른 이들의 안녕과 행복을 발원하는 데에서 솟아나는 연민심에 의해 일어난다. 그는 사물의 비어 있음[空]을 깨닫고 있지만, 고통을 겪고 있는 어린 아이(중생)들을 위해서 사건들 가운데서 산다. 이는 수행의 궁극적 단계인 방편과 지혜의 결합이다. 일체중생을 위해서 완전한 불지(佛地)를 추구하지만, 붓다의 경지나 중생이라는 고정된 실체가 아무것도 없음을 내내 알고 있다.

도의 단계들

보살이 이처럼 애를 씀에 따라서 그의 지혜와 방편은 점점 더 완전해지며 성장한다. 그는 불지(佛地)를 향한 다섯 단계의 수행을 통해 진보하며, 보살의 10단계 경지[十菩薩地]를 거친다.

자량위(資糧位)

깨달음을 향한 첫 마음부터 보살은 다른 이들을 위해 세상 속에서 행동하면서 많은 공덕과 지혜를 쌓기 위해 노력한다. 명상이 충분히 익숙해지면서 지혜의 빛이 내면에서 빛나기 시작한다.

가행위(加行位)

이 단계에서 보살은 사건들에는 어떤 본질도 전혀 없다는 확고한 신념으로 수행을 한다. 신념이 깨달음으로 바뀔 때 그는 실재에 대한 네 가지 꿰뚫음의 양식을 통과한다. ① 지혜의 빛이 빛나기 시작함에 따라 따뜻함 혹은 깜박이는 빛을 본다. ② 지혜의 빛이 더 밝아지면서 최고조에 이르거나 혹은 퍼져 나간다. ③ 지혜의 빛이 너무 밝게 빛나 외부 대상이 더 이상 보이지 않으면, 오직 마음만 남고 아무것도 존재하지 않음을 체험한다. 수용 혹은 통합의 명상을 얻는다. ④ 주체와 객체 모두로부터 자유로운 비이원성의 지혜에 도달하여 세간법으로는 가장 높은 단계인 심상속(心相續, immediate succession) 상태를 체험한다. 왜냐하면 그는 즉각적으로 이어서 보살의 십지(十地) 중 첫 번째 지위인 통달위에 오를 것이기 때문이다.

통달위(通達位)

세간법에서 가장 높은 증득을 달성한 바로 뒤에 현시(顯示)적이고 초월적인 지혜가 빛을 내기 시작하고, 수행자는 직접적으로 모든 사건의 본질 없음을 본다. 통달위에 오름에 따라 그는 보살행 열 단계의 첫 번째인 초지(初地)를 얻는다.

수습위(修習位)

명상자가 자신이 체험한 경지를 점차 계발함에 따라 나머지 아홉 단계의 보살지(菩薩地)를 닦으면서 전에 없던 위대한 지혜와 힘을 얻어 간다.

구경위(究竟位)

마침내 그는 금강과 같은 명상 속으로 들어가고, 붓다가 되어 출정한다[佛地]. 그는 알 수 있는 일체를 아는 지혜와, 집착 없고 장애 없는 완전한 지혜를 얻는다. 그는 자신과 타인을 돕는 바라밀을 완수하고, 고통의 모든 원인들을 던져버렸다. 신통으로 창조한 여러 화신의 주체로서 세상이 지속되는 한 고통받는 일체중생을 돕는 데 헌신한다. 그는 최상의 완벽한 깨달음에 다다른다.

관상(觀想)과 황홀경의 기법들

붓다의 깨달음은 환시(幻視)적인 경험이었고, 그 뿌리는 고대의 베다(veda) 문헌에 있었다. 베다 현자의 환시와 말은 신들의 빛나는 영역을 시적이고 신비로운 주술로 열어 보였다. 소마(soma)를 마시고 영감을 받은 사제는 희생제의 신비한 단계들을 우주와 일치시켰고, 황홀경 상태에서 신들과 우주를 지배했다. 소마가 사실은 향정신성 광대버섯(amanita muscaria)이라는 믿을 만한 증거가 있다. 소마의 비밀이 사라진 후에도 세상을 초월하여 빛나는 환시를 보게 하는 관상(觀想) 기법과 신비한 힘들이 전승되고 있었다.

이런 기법들은 시각화 과정이 중심이었고, 빛나는 환시 안에서 명상자는 실제로 자신을 위한 대안적(代案的) 실재를 창조했다. 그 실재는 우리가 아는 현실적인 (그리고 비현실적인) 실재이거나, 다른 이들과 공유할 수도 있는 실재이다.

정토 전통

정토 문헌들은 종종 독실한 불교의 산물로 보이지만, 또한 관상(觀想) 수행의 범주로도 분류된다. 예를 들어 《관무량수경(觀無量壽經, Amitā yurdhyāna Sūtra)》에서 이것은 매우 명백하게 보인다. 이 경에서는 행복한 서방 정토에서 다시 태어나는 것을 보장하는 신비한 진언(mantra)의 암송뿐만 아니라, 명상자가 자신을 위해 이 극락세계를 창조하는 일련의 명상 기법들을 소개한다. 환시는 정토의 모습과 명상자가 그곳에서 다시 태어나는 모습을 신비롭게 불러내는 것이다. 진언은 '나무아미타불(南無阿彌陀佛, Namo Amitabha)'로, 신심 깊은 수백만의 사람들에 의해 오늘날까지도 염송(念誦)되고 있다.

염불(念佛)

수행의 두 번째 요소는 '나무아미타불' 진언을 끊임없이 반복해서 부르는 염불(念佛)이다. 한 번 한 번의 염불마다 수행자는 팔만 겁 동안 다시 태어나는 윤회로 이끄는 죄로부터 벗어나게 된다. 이 염불을 하는 사람은 누구든 사람들 사이의 하얀 연꽃이 된다. 그는 죽은 뒤 정토에서 다시 태어나, 그곳에서 반드시 깨달음을 얻게 된다.

관상(觀想)[53]

명상자는 서쪽을 향해 앉아서 '지는 해[夕陽]'를 눈을 뜨든 감든 간에 볼 수 있을 때까지 떠올린다. 이어서 물을 응시하고, 물이 얼음이 되고, 얼음이 수정이 되고, 이 수정 바닥 위로 솟은 찬란히 빛나

53 영어 원문은 'vision'이다. 이 단어는 정토 불교에서의 관상(觀像)과 관상(觀想) 두 개념 모두에 걸리지만, 관상(觀像)은 아미타 부처님의 대자대비한 모습을 마음으로 깊이 간직하는 것이고, 이하 본문의 설명은 관상(觀想)에 해당한다.

는 빛의 탑을 시각화한다. 황금과 빛나는 보석으로 가득 찬 정토를 마음속에 떠올리는데, 각 보석들은 참으로 맑아서 결코 본 적이 없는 것들이다. 빛나는 잎과 꽃, 보석이 달린 나무들이 있고, 천신의 아이들의 집이 있다. 황금과 다이아몬드 모래가 강바닥으로 흐르고 있는, 연꽃으로 가득 찬 수정의 시내와 호수를 시각화한다. 진리를 칭송하는 천상의 음악을 연주하는 천신들로 가득 찬 오백만의 보석으로 지은 저택이 즐비한 정토 전체를 시각화한다.

이어서 8만 4천 꽃잎 위에 무량수불(無量壽佛)이 앉아 있는 연꽃을 마음에 떠올린다. 그 중심의 연화좌에 앉은 붓다의 모습을 마음에 떠올리고, 물과 나무로 둘러싸인 붓다를 마치 자신의 손바닥을 들여다보듯이 선명하게 본다. 이어서 붓다의 몸에 나타난 위대함의 각 표상이 하나하나 눈부신 빛으로 빛나는 것을 본다. 붓다의 좌우에, 후광에 둘러싸여 빛나는 보관을 쓴 관세음보살의 아름답고 빛나는 모습과, 수많은 수행원들에 둘러싸여 지혜의 빛으로 빛나는 대세지보살(大勢至菩薩)을 마음에 떠올린다. 하나하나의 영상들이 모두 명상자 앞에 선명하게 나타나야 하고, 아주 밝고 구체적이어서 마치 실제로 나타난 것처럼 분명히 보여야 한다.

마침내 명상자는 자신이 연꽃 속에 앉아서 행복한 서방 정토에 태어나는 장면을 마음에 떠올린다. 그를 덮고 있던 연꽃 꽃잎들이 서서히 열린다. 연꽃 속에서 그가 눈을 뜨고 하늘을 가득 채운 붓다와 보살들을 보자 찬란한 빛이 그의 몸을 비춘다!

딴뜨라 전통

위와 같은 종류의 환시와 황홀경의 기법들이 딴뜨라(tantra) 전통의 복잡한 관조(觀照) 수행의 기초다. 딴뜨라 수행에서 명상자는 스스로가 중심 붓다인 하나의 세계를 창조하고, 만다라(maṇḍala)라고 불리는 지혜의 거룩한 대저택에 머문다. 이 새로운 명상적 세계 안에서 명상자 자신이 변형된 힘찬 성적(性的) 상징들을 신비하게 다루고, 불성을 증득한다.

생기차제(生起次第)

여기서 명상자는 먼저 모든 과거의 죄에 대해 스스로 정화하고, 명상의 장소 주위에 새로운 자신의 신성한 실재의 윤곽을 그리는 보호 결계(結界)를 세운다. 그는 경험적 세계를 공으로 분해하고, 생성의 단계에 따라 붓다의 몸 안의 공의 영역으로부터 스스로를 출현시킨다.

1. 공의 영역으로부터 그는 신의 상징적 형태인 만다라의 중심 왕좌 위로 나타난다. 수많은 손에 권력을 상징하는 무기를 들고, 배우자 여신과 성적 교합을 하고 있다. 우주의 모든 붓다가 이 '원인의 신(causal deity)' 속으로 들어간다. 붓다들은 그의 에너지 중심 통로를 내려가서 배우자의 자궁으로 들어가, 위대한 은총 속에 함께 녹아든다. 이 은총의 덩어리는 신들의 노래에 의해 깨어나며, 즉각적으로 '결과의 신(resultant deity)'이 된다. 붓다들은 만다라의 거룩한 대저택에서 그의 수행원으로 자리잡기 위해서 배우자의 자궁으로부터 빛을 앞으로 방사한다.
2. 그런 뒤 명상자는 자신의 새롭고 신성한 몸 위에 만다라의 모든 신들을 놓음으로써 그의 몸 자체가 모든 붓다의 거처가 되고, 그의 감각이 곧 신성함이 될 때까지 감각을 일깨운다.
3. 신성한 붓다는 실재 자체의 영역으로부터 그에게 내려오고, 그는 신의 형상을 한 지혜를 받아들이며 붓다의 경지와 분리할 수 없는 일체가 된다.
4. 그는 이제 자신의 거룩한 상태가 시작되는 것을 시각화한다. 다섯 가지 지혜의 감로수로 가득 차 있는 작은 병을 잡고 있는 여신들이 감로수로 그의 온몸을 채운다. 그의 정수리 위에서 진

언(mantra) ‘옴(OṂ)’, 목에서는 ‘아(ĀḤ)’, 그리고 심장에서 ‘훔(HŪṂ)’이 나타나고, 이 진언들이 그의 몸과 말, 그리고 마음을 깨트릴 수 없는 금강석으로 만든다.

이 네 단계는 그가 스스로를 현존하는 거룩한 붓다로 만들어 가는 과정으로 구성된다. 그런 다음에 그는 신으로서, 신에게 바치는 봉헌을 받고, 천상의 여인들이 내려와서 붓다가 받을 만한 모든 공경을 자신에게 바치는 것을 시각화한다. 마지막으로 그는 성스러운 설법을 하고 신의 진언을 암송하며 진언의 음절들이 그의 중심 통로를 돌며 배우자의 자궁으로 들어가고, 위로는 입에서 입으로 둘러싸는 것을 본다. 그는 네 가지 거룩한 신의 권능, 즉 진정(pacifying), 증가(increasing), 복속(subjugating), 그리고 파멸(destroying)을 완성할 것이다.

원만차제(圓滿次第)

환시의 몸 속에서 명상자는 붓다의 힘과 깨달음을 제어하고, 완성의 과정

사진 7.2 간댄(Ganden)의 샤르째 강원(Shardzay College)의
승려들이 완성한 모래 만다라

에서 공의 거룩한 이해 속으로 몰입한다. 그는 자신의 몸을 공의 맑은 빛 속으로 해체한다. 진언으로 만들어진 그의 몸은 사라지고, 그는 깨달음의 지혜 몸을 대상으로 한 마지막 명상으로부터 출정한다.

자발성 혹은 자연스러움의 기법들

명상의 표준 체계와 관상의 기법들 모두 투철한 규율과 오랜 수련을 요구한다. 그러나 인도 사원대학교들 안에서는 경험과 행동 모두로부터 분리된 지적인 절차[典禮法規]로 경직화시키는 경향이 있었다. 인도불교의 명상 풍조의 마지막 개화기는 전문 학원의 바깥, 굽따 왕조와 그 이후에 머리를 기른 광적인 유행자(遊行者)들 사이에서 발생했다. 그들은 세상 속에서의 깨달음의 문제를 직접적 목표로 하는 기법을 탐색했다. 그것은 공공연한 실제 사건들 사이에서 자유로운 행위의 방식을 성취하는 길이었고, 기본적으로 심리적인 기법들이었다. 그러한 기법들의 목표는 자발성과 자유, 통제된 이해보다는 반응의 순수함을 성취하는 것이었다.

마하무드라(Mahāmudrā) 전통

자발성의 추구는 여러 가지 방식으로 딴뜨라 전통과 밀접하게 관련이 있었던 것 같다. '마하무드라(위대한 상징)'란 단어는 복합적인 명상 기법 전체를 가리키는 일반적인 단어로 사용되었다. 명상자는 외부의 대상에 집중하기보다는 차라리 어리석음의 근본 원인인 자신의 생각에 집중한다. 그는 생각들이 휙 스쳐 지나가는 것을 보고, 그것들을 통제하려고 하지도 않고 그것들의 마력에 굴복하지도 않으려고 노력한다. 점차로 명상자는 자기 마음을 자연스런 흐름에 머물게 두는 법을 배운다. 그는 모든 호칭(label)들을 옆으로 밀어 두고, 집중의 행위도 놓아 버린다. 그의 마음은 '순수한 상태'로 지속된다.

명상자는 이외에도 여러 다른 수행을 통해 자신의 마음으로부터 자유로워진다. 그는 일어나는 각각의 생각을 자를 수도 있고, 일어나려는 내면의 모든 사건들을 가라앉힐 수도 있다. 어쩌면 자신의 생각이 원하는 무엇이라도 하도록 내버려둘지도 모른다. 그러나 스스로를 더 이상 생각에 의해 움직이도록 두지는 않는다. 명상자는 이 두 갈래의 수행을 번갈아 한다. 먼저 일어나는 생각들을 자르고, 그런 뒤 모든 생각을 제대로 형성되지 않은 상태로 내버려둔다. 마침내 자신의 모든 수행 역시 생각일 뿐이었음을 깨닫고, 모든 노력으로부터 자신의 마음을 자유롭게 유지하면서 자연스럽고 자발적으로 고요의 강물 속에서 흐르도록 둔다.

이처럼 마음의 진정한 본성, 즉 공성 안에서 각 내면의 사건들을 인식하는 것을 배운다. 각각의 생각을 인식함에 따라 명상자는 자발적으로 각각의 생각으로부터 자유로워진다. 그는 자신이 경험하는 각 사건이 고유하고 자발적임과, 실로 비어 있는 모든 사건은 그 자체가 깨달음인 것을 깨닫는다. 그는 더 이상 명상하지 않고, 더 이상 생각하지 않는다. 그러나 자연적이고 자발적인 흐름 속에서 세상이라고 부르는 마술 쇼 안의 자신의 온전한 존재와 함께 산다.

선(禪) 전통

그와 같은 자연스럽고 자발적인 것에 대한 추구는 선 전통에서도 특성이 된다. 초기 스승들은 그들의 수행을 마하무드라 수행과 매우 유사하다고 생각했던 것 같다. 그러나 중국에서 발달한 전통에서 보다 중요했던 것은 스승들이 그들의 내재된 불성을 세상 안에서의 직접적인 행동으로 나타냈다는 것이다. 스승의 이상하고 멋진 행동에 대한 이야기들은 처음엔 본받을 만한 순수성의 사례가 되었고, 다음엔 명상의 주제가 되었다. 왜냐하면 그 이야기들이 진리의 열쇠를 담고 있기 때문이었다.

선 전통은 두 가지 주요 흐름으로 전승되어 왔는데, '조동(曹洞)' 전통에서 명상자는 그저 앉아 있는 수행[只管打坐]을 한다. 반면에 '임제(臨濟)'

전통에서는 스승들의 불가해하고 순수하게 자발적인 행위를 설명하는 수수께끼인 '공안(公案)'에 대한 명상을 한다.

여기서 우리는 가장 극단적인 형태로 자발성을 추구했던 역사를 본다. 스승은 명상자에게 소리지르고, 때리고, 잔인하고 불합리한 것처럼 보이는 것을 요구한다. 목적은 명상자가 그의 경험 위에 확립해 온 정신적 구조를 가능하면 가장 직접적으로 부숴버리고, 진정한 그의 본성으로부터 분리시키는 '존재와 비존재의 개념'을 제거하기 위해서다. 때로 선병(禪病)으로까지 나타나는 절망 속에서 명상자가 자신의 알아차림조차 문득 버릴 때까지, 스승은 제자들을 습관적인 반응들로부터 떼어놓는다. 제자는 종종 파안대소하면서 불현듯 요점을 이해하고, 그리고 실재를 본다.

결론

불교의 명상 전통에 관해서는 또 하나의 요점이 있다. 만일 삼매를 통해 감각으로부터 물러나는 선정 수행 과정을 대안적 실재를 창조하는 관상 수행과 구조적으로 상응하는 내용으로 이해하고, 감각을 관찰하는 통찰 수행을 자발성의 기법에 대한 구조적 상응으로 받아들인다면, 우리는 불교 문화가 대개 항상 삼자간의 구조로 명상 기법을 확립하는 경향이 있음을 발견할 수 있다. '사적 실재를 창조하는 과정(환시적이고 황홀한 기법들)'은 '주어진 공적 실재 안에서 자각된 참여의 과정(자발성 혹은 자연스러움의 기법들)'과 대립하여 수립된다. 이 대립은 모든 경우에 '표준 명상 구조(사마타/위빳사나, 고요함/통찰, 止/觀)'에 의해 조정된다. 이 세 갈래의 구조가 사실 명상에 대한 불교적 접근을 구체적으로 정의한다고 믿을 만한 각각의 이유가 있다.

알아야 할 요점들

- 초기 불교의 명상 전통을 이해하기 위한 중요한 문헌은 빠알리 경전의 〈염처경(念處經, Satipaṭṭhāna-sutta)〉과 붓다고사의 《청정도론(淸淨道論, Vishddhimagga)》이다.
- 붓다고사는 명상 과정에서 산만함과 장애를 제거하는 것과 직접적으로 선정을 얻는 것, 두 가지 범주 안에서 40가지 명상 주제를 열거한다.
- 주된 대승 명상 문헌은 인도의 까마라쉴라의 《명상의 단계(Bhāvanākrama)》와 중국 지의 대사의 《마하지관(摩訶止觀)》이다. 티베트의 가장 표준적인 문헌은 쫑카빠(Tsong-kha-pa) 대사의 《람림첸모(Lam-rim chen-mo, 菩提道次第廣論)》이다.
- 대승은 초기 불교와 마찬가지로 고요함[止] 수행과 통찰[觀] 수행을 강조하지만, 또한 환시(幻視)와 황홀경의 기법도 사용한다.
- 딴뜨라불교 전통은 만다라와 만트라 같은 다양한 상징을 사용하며 대승의 환시와 황홀경 기법을 적용하고, 마하무드라로 알려진 전통에 따르는 자발성의 기법도 활용한다.
- 선(禪)은 가장 극단적인 형식으로 자발성을 추구하는 수행이다.

토론을 위한 질문

Q. 고요함 수행(samatha)과 통찰 수행(vipassanā)의 차이점은 무엇인가?

Q. 붓다고사가 발전시킨 깨닫지 못한 이를 깨달은 상태로 이끄는 체계에 관하여 설명하시오.

Q. 만다라(maṇḍala)는 딴뜨라 수행에서 어떻게 사용되는가?

Q. 초기불교와 대승불교, 그리고 딴뜨라불교(금강승)의 명상 수행 체계를 비교, 대조하라.

Q. 다양한 불교 전통에서 수행 지도 스승의 역할에 관하여 논해 보시오.

나아가 읽을 거리

Maguire, Jack. *Waking Up: A Week Inside a Zen Monastery.* Woodstock, VT: Skylight Paths Publishing, 2000.

Powers, John. *Introduction to Tibetan Buddhism.* Ithaca, NY: Snow Lion Publications, 1995; pp. 70-85, 219-82.

Sīlananda, Venerable U. *The Four Foundations of Mindfulness.* Boston, MA: Wisdom Publications, 2002.

Suzuki, Shunryu. *Zen Mind, Beginner's Mind.* Reprint. Tokyo: John Weatherhill, 1973.

Swearer, Donald K.(ed.). *Secrets of the Lotus.* New York: MacMillan, 1971.

Vajirañāṇa, *Mahāthera. Buddhist Meditation in Theory and Practice.* Colombo: M.D. Gunasena & Co., 1962.

3부:

불교, 인도를 넘어서

8. 동남아시아의 불교

이 장에서는

동남아시아 불교는 역사·지리·정치·문화적인 환경이 얽힌 매우 복잡한 체계의 산물이다. 이 장은 불교가 번성하고 있는 지역의 네 나라, 즉 스리랑카, 미얀마, 태국과 베트남을 개별적으로 들여다보기 전에 동남아시아 불교의 일반적인 특징들을 개관하는 것으로 시작한다.

이 장에서 다루어진 주요 주제들

테라와다불교
동남아시아 불교의 일반적 성격
스리랑카
미얀마
태국
베트남

테라와다불교

특별히 스리랑카, 미얀마, 태국, 라오스와 캄보디아 지역에서 우세했던 불교의 형태는 장로들의 가르침이라는 뜻의 '테라와다(Theravāda)'불교다. 역사적으로 스리랑카에서 3세기에 생겨났던 상좌부(上座部, Sthavira)에서 기원하는 테라와다는 현대까지 살아남은 초기의 불교 부파 중 유일한 것이다.

이 테라와다 부파는 자신들의 기원을 대중부(大衆部, Mahāsāṃghika)와 분리되기 전 고대의 '상좌부(Sthaviras; 장로들)'라고 주장한다. 그러나 이 주장을 뒷받침할 만한 역사적 증거는 없다. 그렇다 해도 빠딸리뿌뜨라의 2차 결집에서 아쇼카 왕에 의해 정통파로 선언되었던 고대 분별론자(Vibhajyavādin)들과 테라와다 사이에는 매우 가까운 유사성이 있다(제5장 참조).

테라와다불교는 최초의 완성된 불교 경전 모음을 단 하나의 글자도 손상하지 않은 채 그대로 보전하고 있다는 빠알리(pāḷi) 어 경전에 충실한 것이 특징이다. 불교 교의에 대한 태도와 사회적 쟁점에 대한 테라와다의 견해는 대체로 보수적이지만, 현대에는 정치와 사회적 쟁점들에 대한 전통적 태도에 도전하기 위해 승려들이 앞으로 나서기도 한다.

동남아시아 불교의 일반적 성격

전통에 따르면 테라와다불교는 처음에 인도의 아쇼카 왕의 아들 마힌다(Mahinda) 비구에 의해 스리랑카로 전해진 뒤 그들의 선교 활동의 결과로 퍼져 나갔다. 스리랑카 승려들로부터 미얀마, 태국, 라오스, 그리고 캄보디아로 붓다의 가르침이 전해졌고, 그들 나라에서 국민이 믿어 왔던 이전의 토착 종교 수행들과 섞여서 현재 존재하는 각 지역의 변형된 테라와다불교를 낳았다.

동남아시아 초기의 불교 역사는 이러한 변형들과 아울러 지금까지 서술해 온 다른 곳의 불교에 대한 설명보다 더 단편적이라는 사실에도 불구하고, 어떤 공통된 특징이 있다. 예를 들면 이 지역에서 불교의 확산을 촉진한 요인 가운데는 불교가 통치자들에 의해 채택되었다는 사실이 있다. 이들은 불교의 확산을 크게 후원했던 인도 황제 아쇼카 왕에게서 '불교도 왕' 혹은 '이상적인 통치자 전륜성왕(轉輪聖王, cakravartin)'의 개념을 본받았다.

동남아시아에서는 승가와 국가 사이의 밀접한 관계로 인해 왕들이 자국의 승가를 단속할 의무를 스스로 떠맡아서 《율장》에 제정된 규율을 확실히 지키도록 고무했다. 국가적 승가의 정통성과 정당성에 대한 왕의 관심은 승가와 그 지역뿐만 아니라 다른 테라와다불교 국가들에서 발달했던 왕권 사이의 특별한 연결에 기인한다. 한편으로 승가는 왕의 권위를 정당화하고 왕권이 의지하는 상징들을 합법화했다. 이는 여러 가지 방법으로 행해졌고, 가장 주목할 만한 것은 역사적 문학 작품의 편찬을 통해서 이루어졌다. 다른 한편, 왕실은 붓다의 재세 기간부터 승가의 주요한 후원자였다. 공덕을 쌓기 위해서뿐만 아니라, 여러 승단(nikāya)에게 호의를 베풂으로써 어느 승단도 왕의 통치에 위협이 될 힘을 지니지 못하게 견제하기 위해서였다.

동남아시아의 나라들은 식민지로 전락함과 동시에 국가의 정치적 힘과 종교적 힘 사이의 관계가 바뀌었는데, 특별히 미얀마에서 눈에 띄게 그러하였다. 종교적 현안을 처리할 때 재가신도들이 훨씬 더 참여하게 되었으며, 종교가 국가에 통합되어 강력하게 상호 연대하는 '현대 승가'가 탄생되었다. 현대의 집중화된 승가는 대개 민족국가의 발달과 중앙집권화의 필연적인 결과이다. 모든 종교적 현안에 재가신도들이 훨씬 더 참여하게 된 계기는 승가의 주요한 후원자인 왕권이 사라지고, 인쇄된 문헌이 보급되고 불교 가르침을 읽고 배우는 교육이 늘어남에 따라 좀더 불교에 접근하기 쉬워졌기 때문이다.

종교적 업무에 재가신도가 참여한 것은 근세에 승려들이 관련되었던 사회사업으로부터였다. 20세기의 마지막 10년 동안 동남아시아의 여러 사찰은 시골 빈민들의 빈곤에 맞춘 프로그램 개발을 우선적으로 이끌어 왔다. 이런 활동은 많은 대중적 논란의 중심이 되었고, 승려로서 무엇이 적절한 행동인가에 대한 논란을 일으켰다.

불교에 대한 재가신도들의 보다 깊은 관심은 특별히 식민지 지배를 받은 나라들에서 국가 정체성의 의미를 찾게 했다. 예를 들어 미얀마에서는 승가가 종종 왕의 지배 아래 있곤 했다. 대대로 왕이 임명한 승왕(saṅgha-rāja)이 이끄는 승가를 거대한 행정기관이 지배하곤 했다. 영국이 미얀마를 식민지화하자 이 제도는 무너졌고, 그 결과 새로운 집단과 새로운 움직임이 미얀마 승가와 재가 후원자들의 공동체 안에서 발생했는데, 이는 다시 독립 운동과 밀접하게 연결되었다.

태국도 역시 19세기에 사회 정치적 개혁의 시작과 함께 불교가 부흥되었다. 태국은 역사상 식민 통치를 받지 않았다. 태국은 불교 왕조 챠크리(Chakri) 왕가가 불교의 부흥과 사회 개혁을 후원했다. 태국의 왕들은 국민들에게 거의 신성한 존재였다. 그러나 그들을 시대에 뒤떨어진 존재로 만들려고 위협하는 현대화 운동에 직면하면서, 태국의 왕들은 자신의 전통적 역할을 기반으로 사회를 개혁하는 운동을 이끌어 가기로 결심했다.

더 독립적이었던 근대의 동남아시아 승가들은 더 개방적으로 모든 종류의 사회 정치적인 문제에 개입했다. 최근 라오스와 캄보디아에서 1970년대 정치적 사건들로 인해 불교 승려들의 활동이 심각하게 억압당한 경우를 빼면, 거의 모든 동남아시아 지역에서 그러했다. 미얀마에서는 승려들이 이전과 다르게 전후(戰後)의 정부들에 대한 지지를 거부했다.

이에 덧붙여서, 동남아시아 불교의 성격에 대해 세 가지 측면이 더 주목된다. 첫째, 동남아시아에는 구족계를 받은 비구니 승단이 없다. 이 지역에서의 비구니 수계 전통이 초기에 끊어졌기 때문이라고 한다. 여성들은 단지 재가불자를 위한 5계(pañca-śīla)와 사미니(śrāmaṇerī)가 받는 10계 사이의 중간 수준으로 계를 받을 수 있는 대안이 마련돼 있다. 만의(縵衣)[1]를 입는 이런 여성들은 태국에선 '식카맛(sikkhamat)' 혹은 '매치(maechii)'로, 스리랑카에서는 '다사 실마따(dasa silmātā)'로, 그리고 미얀마에선 '띨라신(thilashin)'으로 불린다.[2]

두 번째는 오로지 동남아시아 테라와다불교 국가들에서만 실행되는 성년식인 단기 출가의 수행이다. 동남아시아의 모든 남성은 결혼 전 인생의 어느 시점에 한 번은 계를 받고 사원에서 얼마간 지낼 것을 요구받는다. 붓다 재세기에는 없던 관습으로, 동남아시아에서 언제 시작되었는지는 불확실하다.

---

1 잘라서 이어 붙이지 않은 옷. 구족계를 받지 않은 예비승려인 사미·사미니 혹은 재가자의 법복. 비구나 비구니의 법복인 가사(cīvara)는 원래 시체를 싸고 버렸거나 재가자가 쓰고 버린 천을 주워 빨고 자르고 다시 꿰매 입던 분소의(糞掃衣)만이 허락되었다. 후에 재가자가 공양한 새 천으로 만들어 입는 것이 붓다 재세 시에 허락되었으나, 새 천일지라도 잘라서 이어 붙여야 했다. 이는 《율장》에 명시된 계율 조항으로, 의식주에 대한 탐욕에서 벗어나 출세간법에 매진하도록 한 붓다의 근본 철학과 관련된 내용이다. 따라서 구족계를 받지 않으면 정식 가사를 입을 수 없는 것이다.

2 모두 계율을 배우는 여인—학계녀(學戒女)라는 뜻이다. 그러나 '학계녀'는 율장 안에서 사미니가 비구니 구족계를 받기 전 2년간 6계를 엄격히 지키며 학법(sikkhāpada)을 배우는 식차마나(sikkhamāna)를 지칭한다. 이들은 엄연히 승가 안에서 생활하지만, 테라와다 승가는 정식으로는 이들을 승가로 인정하지 않는다.

마지막 특징으로는 불교 교의와 지역 고유의 신앙 관행의 공존을 언급해야 한다. 거의 드물게 만날 수 있는 '순수한' 불교 전통과 아울러 지역 특유의 신앙 관습과 전통의 범주가 동남아시아에서는 나란히 공존한다. 이러한 정황에 따라 불교는 다른 신앙을 가진 이들을 박해하거나 토착 신앙을 짓밟으려 하지 않았고, 그 대신 각기 고유하게 기능할 수 있는 영역을 나눔으로써 토착 신앙과의 타협점을 찾았다.

이러한 노력에 따른 결과로 학자들이 '위대한 전통'과 '작은 전통'이라고 부르는 환상적인 혼합이 이루어졌다. 위대한 전통은 불교 교의와 철학을 포함하고 인간의 운명에 대한 궁극적 질문과 관련이 있다. 작은 전통은 그와는 대조적으로 건강, 부, 결혼, 아이들과 가정 생활, 농업과 축산, 그리고 '불행 막기'와 같이 일상생활에서 주기적으로 일어나는 실제 문제들을 해결하기 위한 세속적 일들에 집중한다. 이런 낮은 수준의 신앙은 종종 정령신앙(animism)이어서, 행운과 불행을 가져오는 다양한 지역의 신들과 정령의 세계가 좋은 관계를 유지한다. 미얀마의 '낫(nat: s. nātha, 神)'들은 지역의 정령을 숭배하는 예로서, 동남아시아 각국과 지역마다 그들 고유의 토속신앙들이 있다. 많은 인류학 연구가 동남아시아의 위대한 전통과 작은 전통들 사이의 공생 관계를 밝혀 냈다. 이러한 일반적인 성격에 관한 개괄에서 나아가 이제 동남아시아 각국 불교의 독특한 특징들을 살펴보겠다.

민간 신앙

비록 현대 사회에서는 패턴이 변화되고 있지만, 전통적인 나라들에서의 재가 불자들은 일반적으로 경전을 공부하거나, 명상이나 불교 철학과 원리들을 체험하는 기술적인 면으로 나아가지 않았다. 그 대신에 재가 불자들은 불교 센터나 매일매일의 일상에서 실질적으로 해야만 하는 보다 세간적인 일들인 건강과 부, 결혼, 아이들, 가정사, 그리고 농업이나 축산 등에 관심이 있었다. 이러한 분야에서 불행에서 벗어나고 성공을 이루기 위해서는 불교 승려에게 가기보다는 이러한 일들에 더욱 영향력이 있다고 믿어지는 지역 신들이나 정령들을 찾았다. 애니미즘적인 신앙과 신행들은 아시아의 불교와 많은 측면에서 공존하고 있고, 인간의 운명과 관련된 보다 궁극적인 질문에 대한 붓다의 고귀한 가르침들을 보조하는 역할을 하고 있다. 미얀마의 낫(Nat; 산스크리트 어의 '주인님'이란 뜻의 'nātha'에서 파생) 신앙은 지역 정령들에 대한 대중적 숭배의 한 예인데, 그와 같이 모든 나라, 모든 지역과 마을에 고유의 토속 신앙이 있다. 많은 수의 인류학 연구들이 불교와 지역 정령 숭배의 공존을 탐구하고 있고, 그 중 몇몇은 이 장의 끝에 제시하는 '나아가 읽을 거리'에 포함되어 있다.

스리랑카(Sri Lanka)

스리랑카는 인도 남쪽 끝에 위치한 실론 섬에 세워진 현대 국가의 이름이다. 빠알리 어 경전에는 이 섬이 '땀바빤니-디빠(Tambapaṇṇi-dīpa; 구리잎 섬)'로 나온다. 스리랑카는 인도 밖에서 불교로 개종한 첫 번째 지역이었다.

불교는 B.C. 240년경에 아쇼카 왕의 아들인 마힌다(Mahinda) 비구에 의해 이 섬에 전해졌다. 마하위하라(Mahāvihāra, 大寺)로 알려진 사원이 수도 아누라다뿌라(Anurādhapura) 부근에 지어졌고, 거기에서부터 불교가 섬 전체로 확산되었다. 섬 북부에 위치한 아누라다뿌라는 B.C. 4세기경부터 수도였으며, 마하위하라 근처에는 아바야기리위하라(Abhayagirivihāra,

無畏山寺)와 제따와나라마(Jetavanārāma) 같은 다른 중요한 사원들도 있었다. 마힌다 비구의 여동생 상가밋따(Saṅghamittā) 비구니가 인도에서 붓다가 깨달음을 얻었던 자리의 보리수 가지를 잘라 이 섬으로 가져와 아누라다뿌라에 심었고, 이 나무가 자라서 현재 세계에서 가장 오래된 보리수 나무라고 믿어지고 있다. 상가밋따는 또한 이 섬에 비구니 상가를 세웠다. 10세기에 반복되는 인도의 침략으로 인해 수도는 뽈론나루와(Polonnaruwa)로 옮겼지만 수계식은 13세기와 14세기에도 여전히 아누라다뿌라에서 이루어졌다. 사원으로서의 도시는 포르투갈의 침략으로 인해 마침내 포기되었고, 사지(寺址)는 한동안 순례지로 남아 있다가 잊혀져 19세기까지 정글 속에 묻혀 있었다.

스리랑카의 고대 정치사는 인도 따밀 족(Damiḷas: Tamils)의 잦은 침략으로 혼란스러웠고, 종종 중단되었다. 부처님의 가르침이 사라질지도 모른다는 두려움에서 왓따가마니 아바야(Vaṭṭagāmaṇi Abhaya) 왕의 통치 기간(B.C. 29~17 추정) 중에 빠알리 어 경전을 문자로 기록했다. 같은 무렵, 왕은 아바야기리위하라를 세웠고, 이곳은 마하위하라와 필적하는 곳이 되었다. 웃따라위하라(uttara vihāra)로도 불린 마하위하라는 주된 사원 단지였지만 세워진 지 1, 2세기까지는 비중이 없었다. 원래는 사원과 스뚜빠(塔墓)로 구성되었으나 지금은 스뚜빠만 남아 있다.

전승에 따르면, 왕은 따밀 족으로부터 피난하던 어느 때에 자신에 대해서 모욕적인 비판을 했던 자이나교 수행자 니간타 기리(Nigaṇṭha Giri)를 마주쳤다 한다. 왕은 만일 왕위를 되찾으면 이 자리에 불교 사원을 짓겠다고 서약을 했다. 왕은 서약을 지켰고, 자신의 이름과 니간타의 이름을 합쳐서 사원의 이름을 지었다[Abhaya+Giri]. 데와남삐야 띳싸(Devānampiya Tissa) 왕의 통치 기간(B.C.247~207)에 세워져 승가에 봉헌됐던 마하위하라와 달리, 아바야기리위하라는 승려 개인에게 보시된 사원이었다. 그 결과, 후대의 많은 출처들에 따르면, 비록 그다지 신뢰할 만하지는 않더라도, 마하위하라(大寺)와 아바야기리위하라(無畏山寺) 비구들 사이에 일반적으로 부(富)를 의미하는 금이나 은을 공양물로 받아도 되는가에 관한 첨예한 논쟁이 있었다고 한다. 아마 실제로는 이 섬의 불교를 지배하기 위한 주도권 다툼이 반영된 것으로 보인다.

비록 꽤 오랜 시간 동안 두 사원은 형제애로 사이 좋게 지낸 것 같으나, 아바야기리 비구들이 이단으로 취급되던 대안적인 경전 문헌군인 방등부(方等部, Vaitulya Piṭaka)[3]를 공개적으로 받아들였을 때 우호적이었던 두 사원의 비구들의 관계는 매우 나빠졌고, 이단으로 취급된 책들은 불태워졌으며, 마침내는 마하위하라 건물이 파괴되기까지 했다. 두 사원은 각자의 분파를 발달시켰고, 천 년 이상 다시 화합하지 못했다.

마하위하라 거주자들은 테리야 파(Theriya Nikāya)로 알려졌고, 아바야기리위하라 거주자들은 담마루찌(Dhammaruci) 파로 불렸다. 약간의 흥망성쇠에도 불구하고 담마루찌 비구들은 몇몇 왕들이 양식을 공급하고 사원을 봉헌함으로써 스리랑카에서 오래도록 사랑을 받아 왔다. 1165년에 아누라다뿌라에서 결집이 개최되었고, 대립된 부파들 사이에 중재가 이루어졌다. 그러나 이러한 중세 연대기의 설명과는 대조적으로 3세기 이후 두 집단 사이에 실제적 갈등이 있었다는 실질적인 증거는 없다. 13세기경 수도인 아누라다뿌라가 버려졌을 때 아바야기리위하라의 역사도 사실상 끝났다.

이 섬의 주민 중 가장 유명한 사람은 빠알리 어 경전의 가장 위대한 주석가로 여겨지는 학자 붓다고사(Buddhaghosa)였다. 그의 주석서들은 대개 5세기에 쓰였다고 여겨지지만, 최근의 연구는 그가 4세기에 살았을 것이라고도 추측한다. 그의 생애에 대한 성인열전(聖人列傳) 식의 설

3 "Vedulla는 vaitulya(〉vetulla〉vedulla)에 해당하는 중세 인도형으로, '같은 종류'가 아닌(vi), 즉 '비정상적인, 특이한'을 의미했을 것이다. 이 vedulla(p. vedalla)'라는 명칭은 인드라 신과 부처님, 혹은 제자들 사이처럼 아랫사람과 윗사람 사이의 반복되는 문답으로 구성된 '비정상적인' 경전을 지칭하는 데 사용되었다. 아마도, 새로운 경전을 창작한 자들은 그들이 전통적인 경전에서 발견할 수 없는 내용과 형태를 가진 독특한 문헌을 창작하고 있다고 생각했을 것이다. 그리고 이러한 문헌을 '필적할 데 없는, 비할 데 없는'을 의미하는 'vedulla, vaitulya'로 명명했을 것이다."(가라시마 세이시(辛嶋靜志), 정주희 역, 〈누가 대승(mahāyāna) 경전을 창작하였는가?—대중부 그리고 방등 경전〉《불교학리뷰》 16(2014.12) pp.9~96)

명을 빌리면, 그의 연설은 붓다처럼 심오했고 그의 말은 전 세계를 통해 퍼졌기 때문에 그가 문자적으로 '붓다의 음성(ghosa)'을 뜻하는 붓다고사로 불리게 되었다고 한다. 그는 팔정도의 세 분류 체계인 계(戒), 정(定), 혜(慧)에 따라 구성된 테라와다 가르침의 종합개론서인 《청정도론(Vishuddhimagga)》을 포함한 많은 중요 주석서를 저술했다. 후대의 전통은 과장된 숫자의 문헌들을 그의 저술이라고 받아들인다.

그는 인도에 머무는 동안 《냐노다야(Ñāṇodaya)》라는 논서(論書)와 《앗타살리니(Atthasālinī)》라는 주석서를 썼고, 삼장에 대한 사전적인 주석서 《빠릿땃따까타(Parittaṭṭhakathā)》를 저술했다고 한다. 그는 자신의 임무를 완성하기 위해 스리랑카로 가서 마하위하라에서 싱할리 주석서들을 공부했다. 테라와다 전통에 의하면 3세기의 첫 불교 선교사들과 함께 주석서들이 스리랑카로 전해졌다고 한다. 싱할리 주석서에 대한 검토를 마치고 나서 붓다고사는 《청정도론》을 썼고 마하위하라 비구들의 인가를 얻었다. 그는 싱할리 주석서들을 빠알리 어로 되돌려 번역했다. 이 임무를 완수한 뒤 붓다고사는 인도로 돌아갔다.

위에 언급한 저술 외에도 율장 주석서 《사만따빠사디까(Samanta pāsādikā)》와 《깡카위따라니(Kaṅkhāvitaraṇī)》, 그리고 경장 주석서 《마노라타뿌라니(Manorathapūraṇī)》를 지은 것으로 믿어진다. 또한 그는 《쿳다까빠타(Khuddakapāṭha)》와 《숫따니빠따(Sutta Nipāta)》, 《담마빠다(Dhammapada, 法句經)》의 주석서를 저술했다고 전해진다. 어떤 이는 《자따까(Jātaka, 本生經)》의 주석서인 《자따까앗타까타(Jātakaṭṭhakathā)》도 그의 저술에 속한다고 하기도 했다. 사실 율장의 주석서는 아마도 그의 저술이 아닐 것이고, 논장 주석서의 저자는 붓다고사의 요청에 의해 그것을 쓰는 중이라고 진술한다. 《청정도론》과 4부 니까야(Nikāyas) 혹은 아함부(āgamas)에 대한 주석서들만 붓다고사가 저술한 것이라고 보는 것이 아마도 가장 안전할 것이다. 나머지는 '붓다고사 학파'의 작품으로 보는 것이 최선이다. 문헌의 정확한 저자가 누구든 이 저술들은 스리랑카 정통 테라와다의 교의와 우리가 오늘날 알고 있는 '테라와다'불교에 주된 영향력을 미쳐 왔다. 붓다고사의 시대 즈음에 대승 부파들 또한 대중적인 인기를 얻고 있었음에도 불구하고, 테라와다는 점차 자신들이 우세한 전통이라고 거듭 주장했다.

정치적 문제와 교의적 논쟁이 뒤섞인 탓에 스리랑카의 승가는 쇠퇴했고, 비구와 비구니들의 수계 전통이 끊어졌다. 그러자 오늘날 미얀마 남부 지역인 몬(Mon)으로부터 승려들이 파견되었고, 비구 수계식 전통은 다시 이어졌다. 미얀마 전설에 의하면, 몬 비구 차빠따(Chapata)가 이끌었던 다섯 비구가 1180년경에 스리랑카의 마하위하라에서 수행되던 테라와다불교를 공부하기 위해 미얀마에서 건너갔다고 한다. 그들은 캄보디아 앙코르와트의 설립자였던 자야와르만 7세(Jayavarman VII)의 아들이었을 왕자와 원래 남인도의 콘지와람(Conjeevaram) 출신이었던 한 사람, 그리고 동남아시아의 다른 지역 출신 두 사람이었다. 나중에 '싱할리 파'로 알려진 이들은 스리랑카에서 계를 받고 10년 동안 그곳에서 지냈다. 그 때문에 그들은 계를 줄 수 있는 장로(長老, thera)가 되었다. 그들은 1190년에 싱할리 형태의 테라와다불교를 확립하기 위해서 미얀마로 돌아갔다. 이 전설이 사실이건 아니건 간에 13세기 초에 싱할리 형태의 테라와다불교가 동남아시아로 확산된 것은 확실하다. 《율장》에 엄격한 충실함과 수계 전통의 순수한 정통성 강조, 그리고 정치적 권위와의 강력한 연대가 특징인 이 불교 양식은 근대에 이르기까지 스리랑카 불교의 특징이었다.

근대 초기에 포르투갈, 독일, 그리고 영국에 의해 차례로 지배되었을 때 스리랑카에서는 더 많은 정치적 혼란이 있었다. 수계식 전통은 다시 끊어졌고, 끊어진 수계식을 잇기 위해 태국에서 비구들이 파견되었다. 스리랑카는 1948년에 영국으로부터 독립했지만 근대 내내 정치적 문제와 인구의 70% 이상인 싱할리 불교도와 북부 지역의 소수 따밀 족 사이의 간헐적인 내전으로 인해 고통을 겪어야만 했다. 때때로 불교 승려들은 분쟁을 성스러운 전쟁으로 비유하고 차별적인 헌법으로 바꾸려는 운동을 벌임으로써 불길에 부채질을 했다. 이는 따밀 사람들에 대한 총리의 입장이 너무 회유적이라고 느꼈던 한 불교승려에 의해 1959년에 총리 반다라나이께(S.W.R.D.Bandaranaike)가 암살되었을 때 극에 달했다. 이 책이 쓰여질 즈음에 싱할리 정부는 폭력적으로 LTTE(Liberation Tigers of Tamil Eelam)[4]를 제압했지만, 이 나라의 정치적 문제들은 빠른 해결의 징후를 보여주지 못하고 있다.

불교의 전파

불교를 고향인 인도로부터 인도 밖의 아시아 지역으로 실어 나르는 세 갈래의 주요한 흐름이 있었다. 한 갈래는 북쪽으로, 두 번째는 동남아시아로, 그리고 세 번째는 동아시아로 향했다. 이들 불교의 현격한 성격은 3부에서 설명될 것이다. 불교가 아시아로 전파되고, 현대 세계의 모든 부분으로 스며든 주요한 기제는 다음과 같다.

1. 종교적이고 외교적인 포교
2. 학자와 지식인들의 연구
3. 무역과 상업
4. 이민
5. 미디어와 통신 네트워크

4 LTTE: 타밀일람 해방 호랑이. 스리랑카의 무장 반군 단체이다. 1970년 이래 스리랑카에서 탈퇴해 스리랑카 북동부에 독립국가를 세우기 위해 스리랑카 정부에 맞서 싸워왔지만, 2009년 5월 18일 최고 지도자 벨루필라이 프라바카란이 스리랑카 정부군에 의해 사살되고, 타밀 호랑이가 정부군에 항복하면서 스리랑카 내전은 종결되었다.(위키피디아)

1. 불교는 포교적인 종교이지만, 그럼에도 불구하고 불교로 전향하려는 사람을 적극적으로 찾아 나서진 않는다. 붓다는 자신의 가르침이 우주적인 가치에 기초하고 있다고 믿었고, 그래서 누구나 수행하면 이익을 얻을 수 있다고 믿었다.

붓다는 추종자들에게 다르마를 "인류의 행복과 안녕을 위해서" 전파하라고 격려했고, 승려들은 아시아로, 그리고 현대 세계에서는 서양으로 붓다의 가르침을 전파하기 위해 여행했다. 기원전 3세기쯤의 이른 시기에 위대한 인도의 군주 아쇼카 왕은 중동 지역을 다스리는 다섯 명의 왕에게 사절을 보냈다고 석주(石柱)에 새겨놓았다. 다른 곳의 왕들도 아쇼카를 본받아서 외교적 사절을 보낼 때 승려들이 동반하는 것이 관례가 되었고, 점점 더 많은 나라들이 불교를 받아들이고 나서 그들도 차례로 이웃나라에 사절을 파견했다. 이런 방식으로 불교는 최고의 수준으로 영향력 있는 엘리트 층으로 전파되었다. 종종 불상이나 경전, 그 밖의 여러 종교적인 물건들이 선물로 전달되었고, 그것은 받은 이들의 호기심을 자극했다. 그와 같이 불교는 538년 한국으로부터 일본 궁정에 전해져 쇼토쿠(Shōtoku) 황태자에 의하여 열정적으로 받아들여졌고, 같은 방식의 선교가 다른 여러 곳에서 반복되었다.

2. 수세기를 걸친 학자와 철학자들의 연구에 의해 불교는 지적으로 역동적인 전통이 되었고, 풍부한 사상과 이론의 유산으로 아시아 다른 지역 사색가들의 호기심을 자극했음이 입증되었다. 그들이 노력한 주요 형식은 문헌의 구성이었지만, 그럼에도 불구하고 어떤 가르침들은 구전(口傳)으로만 보전되고 있다. 특정 주제에 대한 지식을 보유한 전문적인 스승에게서 배운 학자들이 세대를 이어 가며 문헌에 주석을 달고 해석을 하며, 애매한 구전 가르침을 설명해 왔다. 불교가 전파됨에 따라 문헌들이 작성된 인도와는 매우 다른 지역의 언어로 미묘한 인도의 철학적 개념들을 번역하는

새로운 도전이 대두되었다. 번역은 때로는 수세기에 걸쳐 이루어졌고, 불교 문헌의 세계관을 공유하고 있지 않은 사람들에게 불교적인 사유를 명료하게 전할 수 있는 적절한 단어들이 고안되기까지는 수없이 오해되었다. 불교 사색가들과 다른 문화의 지식인들, 즉 중국과 같은 정교한 문화의 지식인들과의 논쟁과 토론은 종종 불교와 토착문화 양측에 담론(談論)을 부흥시켰다.

3. 불교가 전파된 주요 통로는 대륙과 바다를 십자로 관통하는 고대의 무역로였다. 승려들은 종종 오아시스에서 오아시스로 이동하며 무역을 하는 사막의 대상(隊商)들과 함께 대륙을 넘나들거나, 아시아의 해안을 따라 여행했다. 이들 무역로를 따라 건립되었던 상업도시들, 특히 무역로의 시발점과 종착지가 되었던 마을들은 여러 인종과 다양한 국가에서 온 무리들로 북적거리는 활기 넘치는 곳이었고, 분명 이러한 조건들로 인해 새로운 사상이 급격히 전파될 수 있었을 것이다. 많은 상인들은 부유했고, 새로운 믿음에 대한 호기심을 따라가 볼 수 있는 여가와 함께 종교적 활동을 후원할 수 있는 재력이 있었다. 많은 상인들이 불교의 후원자가 되었고, 경건한 신앙심이거나 혹은 선행을 통한 선한 까르마(업)의 공덕을 기대하면서 사원을 건축하고 보시하고 부양했다. 또 다른 이들은 장인들을 고용해서 불상이나 보살상 등 종교적 예술을 나무나 돌에 새기고, 동굴을 장식하고, 불교적 이미지 가득한 성소를 만들었다.

4. 역사적으로 인구 이동이 계속되었지만, 불교가 광범위하게 전파되는 데 이러한 인구 이동이 주는 충격은 현대에는 제트비행기와 같은 운송수단의 발달이라는 현대적인 기술의 혁신이 가장 강력했다. 게다가 현대에는 지역 갈등이나 경제적 필요 등의 결과로 고향 땅 아시아로부터 대규모의 불교도들이 다른 지역으로 옮겨 정착했다. 지난 200여 년간 많은 수의 중국과 일본의 불교도들이

미국과 유럽으로 자신들의 종교를 가지고 이주했다. 보다 최근에는 베트남이나 남아시아의 다른 지역에서 온 집단들이 합류했고, 20세기 후반에는 '티베트 인의 집단탈출'이라고 알려진 대규모의 난민이 티베트로부터 도망쳐 나왔다. 수많은 티베트 고승들이 이제는 서양에 그들의 '집'을 만들었고, 이들의 독특한 형식의 불교를 보전하고 연구하고자 헌신하는 커뮤니티들과 조우하게 되었다.
5. 신문, 사진, 전화, 텔레비전, 팩스, 개인 컴퓨터와 인터넷 등의 기술혁신으로 인해 정보의 세계에 접근하는 방식은 철저히 변했다. 선박에 실려 석 달이나 걸렸던 소식은 이제 몇 초면 전달된다. 기술의 폭발로 인해 이전에는 극소수의 전문가들만이 접근할 수 있었던 불교와 같은 주제에도 사실상 누구든지 접근할 수 있게 되었다. 웹사이트들은 광범위한 문헌과 정보의 저장소이며, 초보자들에게 불교의 가르침을 설명하고 토론하는 온라인 커뮤니티들이 존재한다. 베르나르도 베르톨루치 감독의 '리틀 붓다(Little Buddha)'와 같이 불교에 관한 인식을 훨씬 더 고양시키는 영화들도 만들어졌다. 붓다 역시 일종의 대중적인 아이콘이 되었고, '붓다 바(Buddha Bar) 그룹'과 같은 여러 상업적 브랜드들은 보수적인 불교도들을 불편하게 하고 있다.

미얀마(Myanmar)

현재 공식적으로 미얀마로 알려진 이 나라는 예전에 버마(Burma)로 불렸다. 불교는 아마도 아쇼카 왕의 선교단에 의해 미얀마에 전해졌을 것이고, 초기 몇 세기부터 토착 몬 주민들 사이에 전파되어 왔다. 미얀마 연대기들은 붓다고사가 이 나라를 방문했고 빠알리 어 학풍의 전통을 확립했다고 주장한다.

몬 지방 남부의 빠알리 어 이름은 라만냐(Rāmañña)이고, 싱할리 연대기들은 싱할리 수계식 전통이 끊어졌을 때 스리랑카의 왕 위자야바후 1세(Vijayabāhu I: 1059~1114)가 승가를 다시 세우기 위해 라만냐로 승려들을 보냈다고 언급한다. 5세기부터 15세기까지 이 지역의 우세한 권력은 크메르 제국이었고, 다양한 형태의 대승불교가 인기를 얻었다. 크메르 제국은 대략 오늘날 캄보디아에 해당하는 고대 왕국이었다. 비록 인도와 중국 모두와 접촉했었으나, 크메르는 불교보다는 다양한 형태의 힌두교를 선호했고, 12세기 초에 앙코르와트를 건설한 자야와르만 7세의 통치 시절까지 주목할 만한 발전을 이루지 못했다. 크메르에는 테라와다불교가 존재했지만, 1970년대 후반에서 1980년대 초까지 크메르루주(Khmer Rouge) 정부에 의해 사원 사람들 역시 대량 학살되었다.

미얀마는 아노라타 왕(Anawrahtā: 1044~1077)이 남부 몬 지역을 정복함으로써 통일되었다. 왕이 테라와다불교에 헌신함으로써 테라와다불교는 그 어느 때보다도 지배적이 되었다. 아노라타 왕의 수도 바간은 1287년에 몽골에 의해 약탈되었고, 수많은 탑과 사원들은 버려졌다. 그로부터 미얀마는 1752년까지 다시는 통일되지 못하다가 결국 영국에 강점되었다.

미얀마에서 가장 큰 사원 종파(sect) 혹은 '가잉(gaing)'은 '뚜담마(Thudhamma, p. Sudhamma)'이다. 어떤 학자들은 '종파'는 적절한 번역이 아니라고 주장한다. 왜냐하면 미얀마의 다양한 가잉들은 별개의 교의를 발전시키지 않았고, 단지 대체로 서로 다른 수행 전통에 따라 나뉘었을 뿐이기 때문이다. 가잉의 주요한 특성은 독특한 사원 계보, 위계적 조직 구조, 서로 다른 청규와 의식, 실참되는 수행들, 지역 경계를 넘어선 제휴, 그리고 세속적 권력과의 유착 등이다.

역사적으로 차빠따(Chapata)의 스리랑카 선교 이후, 바간의 미얀마 승가는 '뿌리마 가나(Purimagana)'와 '빳짜 가나(Paccagana)'로 불리는 두 분파로 나뉘었다. 바간 왕조의 몰락 이후에 여섯 가잉이 미얀마의 남쪽 몬 지방에서 14세기 초까지 번창했다고 한다. 그러나 '재통일의 시기' 후에 미얀마 남부의 승가는 쇠퇴했다. 마을에 거주하는 승려들은 저물어 가는 17세기의 수십 년 동안 영향력이 커졌으며, 특유의 모자를 쓰기 시작함으로써 숲에 거주하는 승려들과의 갈등을 유발했다.

또한 소위 똔 가잉(Ton-Gaing)과 욘 가잉(Yon-Gaing) 사이의 분쟁도 일어났다. 이 분쟁은 대중 앞에서 가사를 입는 방식에 관해 집중되었는데, 즉 가사를 한쪽 어깨만 걸쳐도 되는지[右肩偏袒], 아니면 양쪽 어깨를 다 가려야만 하는지[通肩]에 관한 것이었다. 군주들이 잇달아 논쟁에 끼어들다가, 이윽고 1782년 보도페야(Bodawpaya) 왕의 중재하에 욘 가잉의 양쪽 어깨를 가리는 전통을 정통으로 재확립하고 나서야 비로소 분쟁이 해결되었다. 이후 19세기 중반에 더 엄격하고 보수적인 집단인 '쉐진 니까야(Shwegyin Nikāya)'가 뚜담마 가잉으로부터 분리되어 나오기까지 승가는 공식적으로 약 70년 동안 통합된 상태였다. 국가적 성격의 통합된 승가를 이루려는 시도로 1980년도에 정부 후원의 '전(全) 승가연합회'가 성공적으로 개최되었을 때 공식적으로 승인되었던 가잉은 9개였다. 1980년도에는 전체 승려의 89% 정도가 뚜담마 가잉에 속했고 쉐진에 비해 12 : 1을 넘는 비율로 수가 많았다.

19세기 후반, 미얀마는 1852년부터 1877년까지 25년간 지속된 민돈(Mindon) 왕의 통치 아래서 '황금기'를 누렸다. 민돈 왕은 모든 면에서 계몽된 통치자였으나 끊임없이 영국으로부터 합병 위협을 받았다. 결국 미얀마는 1886년도에 영국에 합병당했다. 이에 앞서 민돈 왕은 수도를 만달레이로 옮기고 해이해진 승가의 규범을 정화하는 절차를 시행했다. 그는 또한 1868년에서 1871년 사이에 모든 테라와다불교 경전을 독송하고 갖가지 필사본을 비교하여 삼장을 정립하는 '5차 결집'을 주재했다. 민돈 왕은 최종 합의된 삼장의 판본을 729개의 대리석판에 새기게 하고, 결집을 기념하기 위해서 수도 양곤의 쉐다곤(Shwedagon) 파고다 꼭대기에 새로운 산개(傘蓋, htī)를 얹었다.

1948년, 미얀마는 영국의 식민지배로부터 독립하여 우 누(U Nu)가 첫 번째 수상이 되었다. 국교로서의 불교를 기반으로 '불교 사회주의'를 발전시키려는 시도들은 1962년 네 윈(Ne Win) 장군의 군부 쿠데타로 실패로 돌아갔다. 그 뒤로 미얀마는 군사정권인 국가평화발전평의회(SLORC)가 통치해 왔다. 군사정권은 불교에 적대적이지 않았기 때문에 불교는 여전히 강력하게 남아 있을 수 있었다. 미얀마는 전 인구의 85%가 테라와다 불교도이다. 그렇지만 1991년 노벨평화상 수상자 아웅 산 수찌(Aung San Suu Kyi)와 같은 친 민주주의 옹호론자들은 가택연금에 처해 있고 인권 침해가 공공연하다. 이 나라는 현재 국제사회로부터 고립되어 있다.[5]

태국(Thailand)

전에는 '시암(Siam)'으로 알려졌던 태국은 1932년에 입헌 민주주의 국가가 되었다. 대부분이 테라와다인 불교는 국민 생활의 모든 측면에서 주도적인 역할을 하며, 1902년의 '불교승가법(The Buddhist Order Act)' 이후로 공식적인 국교로서의 헌법적 지위를 누려오고 있다. 이 법안에 따라 왕

---

5 미얀마는 1962년 네 윈 장군의 쿠데타로 사회주의를 표방하는 군정권이 들어섰다. 1988년 민주화를 요구하는 전국적 시위가 일어나자 미얀마 군부는 지도부를 교체하며 정치 전면에서 물러난 상황에서 신군부가 다시 쿠데타를 일으켜 전권을 장악하고 SLORC를 내세웠다. SLORC는 1997년 SPDC로 개편되었다가 2010년 11월 총선을 통해 민간에 정권을 이양했다. 1998년 민주화 시위 속에서 미얀마의 독립 영웅이었던 아웅 산 장군의 딸 아웅 산 수찌를 총비서로 '민족민주동맹(NLD)이 결성되었고, 수찌는 2010년까지 군사정권에 의해 가택연금을 당하다가 2010년 민족민주동맹의 선거 승리로 미얀마 국가자문역이 되었다. 미얀마는 2011년 대외 개방 이후 연간 7~8% 고속 경제성장을 하다가, 2010년대 후반기에 성장세가 둔화되었다. 2021년 2월 1일, 민 아웅 흘라잉이 이끄는 미얀마 군은 2020년 치러진 총선 결과를 부정하며 군부 쿠데타를 일으켜 선거로 집권하고 있는 국가고문 아웅산 수찌와 대통령 윈 민 및 여당 지도자들을 축출하고 가택 연금했다. 미얀마 군은 1년간의 비상사태를 선포했으며, 국민들은 이에 저항하여 비폭력 시민불복종운동(CDM)을 펼쳤다. 군부가 시위대를 진압하기 위해 비무장 시민들을 향해 실탄 사격을 하면서 시민들은 화염병 등으로 무장하기 시작했고, 2021년 4월 현재 최소 720여 명 이상의 사상자가 나오고, 3천3백여 명 이상 체포 구금되고, 25만 명 이상이 난민 상태에 처해 있다. 소수민족 반군과 민주화 시위대의 결합으로 '미얀마 국민통합정부(NUG; National Unity Goverment)'를 결성함으로써 내전 상황으로 치닫고 있다. 미얀마 국민들은 국제사회를 향해 '국제사회개입(R2P)'을 요청하고 있다.

이 임명하는 상가라자(sangharāja, 僧王)의 주재하에 교단의 위계질서가 만들어졌다. 불교와 국가주의 사이의 이런 연결 때문에 모든 젊은이들은 대개는 석 달 동안의 우안거(雨安居) 기간에 승려로서 단기 출가를 하는 것이 전통이다. 태국의 대부분의 부모들은 아들이 승려로서 오랜 기간 머물수록, 나아가 평생 승려가 되기를 원한다면 큰 영예로 생각할 것이다. 그러나 단기 출가는 대체로 전문적인 직업으로 나아가기 전에 치러야 하는 일종의 '국역(國役)'이다.

빠알리 연대기들은 태국을 '사민다 위사야(Sāmindavisaya)'로 부르고 중세기부터 스리랑카와 가까운 관계였다고 말한다. 이 지역 원주민은 몬족이었는데, 인도에서 아쇼카 왕이 파견했던 선교사들이 그들에게 초기 몇 세기 동안 테라와다불교를 소개했을 것이다. 하리뿐자야(Haripuñjaya)와 드와라와따(Dvāravatā)로 알려진 몬 왕국에서 불교는 확고하게 자리를 잡았다. 5세기부터 15세기까지 이 지역을 다스린 중요한 정치세력은 크메르 제

사진 8.1 치앙마이의 스뚜빠, 태국

사진 8.2 아유타야의 붓다상, 태국

국으로, 다양한 형태의 힌두교와 대승불교 역시 대중적으로 신봉되었다.

12세기에 미얀마로부터 테라와다 선교사들이 파견되어 왔고, 타이(Thai) 주민들이 몽골족에 의해 중국으로부터 추방되어 이 지역으로 들어왔다. 그들은 테라와다불교가 성정에 맞는 것을 발견했고, 그에 따라 대승불교 계열을 몰아내기 시작했다. 1260년경에는 수코타이(Sukhothai) 왕국이 크메르로부터 독립을 했고, 라마 캄헹(Rama Khamheng; 1275~1317) 왕은 테라와다불교를 국교로 선언했다. 수코타이는 1492년에 몰락했고 아유타야(Ayutthaya) 왕국에 의해 대체되어 1767년까지 이어졌다. 이 시기에 송다름(Songdharm; 재위 1610~1628) 왕에 의해 빠알리 어 경전의 편집이 이루어졌고, 승가와 왕 사이의 관계는 더욱 가까워졌다. 차끄리(Chakri) 왕조를 세우고 승가의 정화에 헌신했던 라마 1세(재위 1782~1809)에 의해 아유타야는 전복되었다.

라마 1세의 후계자 중 대중적으로는 몽꿋(Mongkut: 재위 1851~1868)이라고 불리던 라마 4세는 왕이 되기 전 27년간이나 승려였다. 1833년에 몽꿋은 태국 승가를 개혁하기 위해 '땀마윳(Thammayutj; P. Dhammayutika)' 승단을 창설했다. '법을 지닌 자들'을 뜻하는 명칭의 이 승단은 주류 승단인 '마하니까이(Mahānikai)'에 비해 율장을 보다 더 엄격하게 준수할 것을 주장했다.

땀마윳 종단의 중심 사찰이었던 왓 보보르니베스(Wat Bovornives)의 수장으로서 몽꿋은 수계식과 관련된 엄격한 규율들, 예를 들면 한쪽 어깨 대신 양쪽 어깨 위로 가사를 입을 것과 우안거 후 가사 보시 의식(Kaṭhina)을 실행할 것을 선포했다. 그는 또한 주류인 마하니까이 승려들을 포함한 모든 승려들의 왕[僧王]이 되기를 사절하고, 왕이 된 이후로도 더욱 엄격하게 계율을 준수했다. 몽꿋은 불교로부터 미신적 요소를 제거하는 데 관심이 있었고, 불교가 과학 및 현대적인 태도와 양립할 수 있도록 이성적인 측면을 강조했다. '땀마윳' 운동 단체는 태국에서 훈련된 승려들에 의해 1850년경 라오스 남부와 1864년 캄보디아에도 설립되었고, 오늘날에도 현대 태국불교의 공식적인 적자(嫡子)의 지위를 누리고 있다. 비록 종교적 권위의 주요 근원은 승려들이지만, 최근에는 재가자 단체들 또한 설립되고 있다. 태국인들은 고대의 가르침을 보다 현대적인 견해와 현대 생활에서 발생하는 문제와 더 관련이 있도록 업데이트해 줄 것을 승가에 요구하고 있다.

베트남(Vietnam)

지정학적 위치 때문에 베트남은 두 주류의 불교를 접해 왔다. 대승불교는 중국의 영향이 강력했던 북부에서 지배적이고, 동남아시아 지역의 불교와 더 강하게 연결되어 있는 캄보디아 국경 부근 등 남부의 일부 지역에서는 테라와다불교도 존재한다. 불교는 역사적으로 서로 다른 시대에 서로 다른 지역으로 전래되어 절충적으로 발달했으며, 종종 도교, 유교와 섞이기도 하였다.

현대 베트남의 국경 안에 존재하는 불교의 역사는 최소한 A.D. 2세기로 거슬러 올라간다. 중국으로부터 남쪽으로 당시 자오저우(膠州)로 불리던 이 지역에 불교가 전래되었다. 분명히 존재했고 아마도 번창했었던 이 지역 최초기의 불교에 대해, 후대의 역사가들은 이 지역이 10세기까지는 중국의 패권이 미치는 영역에 속했기 때문에 '중국의' 불교로 도외시하는 경향이 있으며, 베트남으로 독립된 시기 이후에 대해서만 관심을 둔다.

중국 지배기의 이 지역 불교의 역사와 관련된 자료는 드물다. 그나마 전해진 자료를 통해 사원 중심의 불교를 짐작할 수 있고, 경전 독송, 불상 건립과 승려들의 초자연적인 중재에 대해 엿볼 수 있는데, 이런 일들은 충분히 일반적이어서 약간만 언급해도 굳이 많이 설명할 필요가 없다는 것을 알 수 있다. 오래된 기록들은 후한(後漢) 왕조의 자오저우 통치자 '시 히엡(Si Nhiep, 士燮)'이 대다수의 중국인과 중앙아시아인 승려들을 그의 측근자로 두었다고 한다.

중국 황실의 공식 기록은 탁월하고 학식 있는 승려들이 북쪽 수도로 나아갔다고 하는데, 이 기록은 승려들이 그곳에서 교의, 경전, 그리고 명상에 대한 구체적인 교육을 받을 수 있는 충분한 자료들이 있었음을 보여준다. 또한 자오저우에서 번역 활동을 하기 위해 정착한 외국 승려들이 있었다는 기록도 있다. 후에 인도를 순례했던 다른 승려들의 이야기를 쓴 의정(義淨: 635~713)은 그들 중 몇몇이 남쪽의 해상 루트를 오가던 중에 자오저우에 들렀다고 언급한다. 달리 말하면 어떤 면에서 이 시기의 베트남불교는 단순히 중국불교의 확장이었고, 당시 이 지역에서 발생한 많은 일들은 중국 제국 여러 곳의 발전을 반영한 것이었다.

그렇지만 같은 시기, 이 지역에서 또 다른 불교 활동이 있었다. 인도 문화의 전파 물결은 동남아시아를 지나 인도네시아까지 다다랐고, 테라와다불교가 그 가운데 있었다. 베트남 남부의 많은 사람들이 대승불교보다는 테라와다불교에 더 영향을 받았고, 그래서 베트남은 불교의 두 주류가 만나는 장소가 되었다. 대승불교는 인도로부터 북쪽으로 실크로드를 따라 전해져서 중국으로 내려간 뒤 베트남으로 더 내려왔고, 테라와다불교는 태국, 라오스와 캄보디아의 해안을 통해서 남쪽으로 전래되어 베트남에 도달했다. 그 결과, 베트남에서는 대승불교와 테라와다불교가 독특하게 결합되었다.

10세기에 베트남이 중국으로부터 독립할 때까지 800년 이상 불교는 베트남 문화를 통합하는 요소였다. 중국으로부터 독립한 베트남의 첫 번째 황제 딘 보 린(Dinh Bo Linh)은 968년에 권좌에 오른 뒤 왕실의 행정관과 불교 승려, 그리고 도교 사제들을 통합한 위계조직 체계를 만들었다. 그로부터 불교 승려들은 국정에 참여하였고, 통치자의 조언자로 봉사했다. 위기의 시기에 사람들을 결속시켰으며, 대중의 정신적 필요를 돌보는 데 기여했다.

리 왕조(Lý Dynasty: 1010~1225)는 그보다 앞선 딘(Dinh)과 레(Lê) 왕조들보다 더 안정적이고 오래갔다. 리 왕조는 문화와 국가적 정체성을 세우는 과제를 위해 중국, 인도, 그리고 6세기에서 15세기까지 번창했던 참파(Champa) 왕국의 참(Cham) 문화 등 많은 요소들을 기꺼이 받아들였다. 그래서 개방된 종교 장터 안에서 많은 불교 부파들이 나란히 존재하며 경쟁할 수 있었고, 나아가 대승불교와 테라와다불교의 혼합도 촉진되었다. 또한 주문이 새겨진 돌기둥은 고고학적 증거로서 딴뜨라불교 역시 베트남으로 전래되었음을 암시한다. 이 시대에 불교는 보통 사람들 사이로 널리 보급되었고, 승려들은 마을로 들어가 지역 신과 조상신, 그리고 숭배되는 문화영웅 신들을 불교로 '개종'시키면서, 이제는 그들이 '불법의 수호자들'이라고 선언했다.

이런 조치는 각 지방의 이질적인 이교 집단을 불교의 보호 아래 통합시키는 효과가 있었고, 왕국의 통일에 도움이 되었다. 그 보답으로 리 왕조의 왕들은 불교를 아낌없이 후원했다. 탁월한 승려들에게는 연금을 주고, 사원을 짓거나 개축하였으며, 경전을 구하기 위해 중국으로 사절을 보냈다. 이런 식으로 특별히 찬(Chan, 禪) 계통의 《경덕전등록(景德傳燈錄)》과 같은 중국불교 안에서의 새로운 발달이 베트남에서 주목되었다.

이런 새로운 경향이 도래하자 모든 주장을 통섭하는 성격으로 많은 이질적 요소들을 받아들여서 불교라는 이름 아래 수행을 해온 비교적 '오래된 불교'와 보다 중국적이고 대체로 선에 집중하는 '새로운 불교'(9장에서 더 자세히 논의됨)로 양분되었다. 비록 오래된 불교가 여전히 생명력이 있었지만, 찬(禪) 연구와 수행은 트란 왕조(Tran dynasty: 1225~1400)하에서 더욱더 확고하게 되었다. 세속적 일을 판결하는 유교와 형이상학적이고 구제론적인 틀을 인간의 삶에 제공하는 불교 사이에 일종의 노동 분업이 일어났다. 많은 트란 황제들이 국가 통치자로서 유교인의 경력을 쌓은 뒤 퇴임해서는 얀 뚜(Yan Tu) 산으로 가서 종일 불교 수행을 했다.

트란 통치자들은 또한 세 번째 트란 왕에 의해 창설된 최초의 실질적인 종파인 '툭람찬(Truc Lam Chan, 竹林禪)'을 시작으로 베트남불교의 '종파들'을 확립하도록 후원했다. 또한 선교사 승려들이 중국에서 끊임없이 들어오면서 임제종과 조동종 모두를 베트남으로 가져왔다. 그들은 트란 상류 귀족사회 가운데서 준비된 청중을 발견했다. 불행히도 남아 있는 문헌은 계보와 사원의 목록만 보여 주는 경향이 있고, 이를 통해 가르침과 수행의 실제적인 내용을 판단하기는 어렵다. 남아 있는 문헌들은 선문답, 오도송, 깨달은 마음의 직접적인 전수 등 중국에서 활약한 '찬(禪)의 조사(祖師)들'을 연상하게 하는 기사들을 여럿 보여 준다.

5세기에 베트남은 캄보디아의 일부를 정복하고 병합하기 시작했고, 크메르 족의 종교를 베트남으로 옮겨 왔다. 이로 인해 테라와다불교 가르침에 따른 베트남 지식 계급의 찬(禪)과 캄보디아 인들의 수행이 두텁게 공존했다. 18세기에 베트남은 지금의 국가 형태를 갖추었고 이때부터 불교 종파들의 독특한 혼합이 이루어졌다. 프랑스가 베트남을 점령하고 이 땅의 서로 다른 소수 민족들에게 공용어를 쓰게 하자 서로 다른 불교 형태들 사이에서 상호 교류가 촉진되었다.

20세기 초에 동아시아와 동남아시아의 여러 문화들처럼 베트남의 문화 역시 현대과학과 서구식 사고, 마르크스주의 형태라는 근대성과 마주쳐야만 했다. 이 시기에, 수많은 교육받은 베트남 사람들이 대승과 선불교를 버리기 시작했는데, 이는 이들 불교의 많은 신들, 신비한 의식들, 그리고 정토에서 다시 태어나기 위해 하는 수행들이 미신과 같았기 때문이다. 따라서 비교적 더 실용적이고 세속적인 것 같은 테라와다불교를 선호하게 되었다.

이런 진화의 디딤돌이 된 인물은 르 반 지앙(Le Van Giang)이었다. 그는 캄보디아 스승 호 똥(Ho Tong)으로부터 테라와다불교 명상을 배우고 베트남으로 돌아와 사이공 근교에 첫 공식 테라와다불교 사원을 지었다. 이 본원을 중심으로 그는 적극적으로 테라와다불교를 자국어로 확산시키기 시작했고, 빠알리 어 경전을 베트남 어로 번역했다. 1957년에 '베트남 테라와다불교 승가위원회(The Vietnamese Theravāda Buddhist Sangha Congregation)'가 공식적으로 설립되었다. 위원회는 중국식 선불교에 맞서서 이전부터 널리 확산되어 있었던 신앙 형태를 공식 종파로 확정했다. 1997년까지 이 위원회는 온 나라에 흩어져 있던 64개의 사원들을 통합했다. 1960년대에 창설된 불교도 연합은 '베트남 통합불교 교회(The Unified Buddhist Church of Vietnam)', '불교협회 연합(The United Buddhist Association)', 그리고 '사회 봉사를 위한 청년학교(The School of Youth for Social Services)'를 포함한다.

7세기에 전래된 임제선(臨濟禪)의 '람떼(Lamte)' 계보는 오늘날 가장 큰 불교 승단이다. 서구에 참여불교를 이끄는 주창자로 잘 알려진 틱 낫 한(Thich Nhat Hanh)의 지도하에 베트남의 참여불교(12장)는 많은 지역공동체를 개선하도록 헌신하는 개혁적 자원봉사자 조직이 되어 왔다. 베트남 전쟁 동안 불교 승려들은 적대행위를 종식시키기 위한 노력에 적극적이었고, 그들 중 많은 이들은 공개적으로 전쟁에 저항하기 위해 스스로를 희생시켰다(13장). 틱 낫 한을 포함한 여러 승려들이 베트남 찬(禪)의 포교를 위해 해외로 나갔다.

알아야 할 요점들

- 동남아시아에는 테라와다불교가 지배적이고, 그럼에도 불구하고 베트남의 몇몇 지역에서는 대승불교 역시 영향력이 있다.
- 붓다의 가르침은 스리랑카로부터 미얀마, 태국, 라오스, 캄보디아, 그리고 베트남 남부로 퍼져 나갔고, 또한 중국을 통해 베트남의 북부에 다다랐다.
- 동남아시아에서 테라와다불교는 약 2000년의 역사를 지니는데, 스리랑카와 같은 일부 지역에서는 약간 더 오래되었다.
- 빠알리 어 경전은 스리랑카의 왓따가마니 아바야 왕의 통치기(B.C. 29~17재위)에 문자로 기록되었다.
- 동남아시아에서 활동한 가장 유명한 학자는 A.D. 4세기의 붓다고사(Buddhaghosa)로서, 원래 인도에서 살다가 스리랑카로 건너와 몇 년간 머물렀다. 그의 주요 저작은 《청정도론(Visuddhimagga)》이다.
- 동남아시아 전역에 걸쳐 '위대한 전통'으로서의 불교는 지방의 정령 신앙이나 영혼 신앙(애니미즘)인 '작은 전통'과 함께 나란히 존재한다.
- 동남아시아에서 승가는 종종 왕들에게 국정에 관한 자문을 하는 정치적 역할을 해오고 있다.
- 동남아시아 지역의 비구니 수계식 전통은 중세기에 끝났다.
- 태국에서 단기 출가는 매우 일반적이다. 젊은이들이 직업에 종사하기 전에 사원에서 시간을 보내는 것은 흔한 일이다.

• 테라와다불교 국가들의 승가 우두머리는 '상가라자(sangha rāja, 僧王)' 혹은 '최고 원로'라고 한다.

토론을 위한 질문

Q. 당신은 동남아시아 불교의 특색을 무엇이라고 말하겠는가? 어떠한 다양성과 어떤 공통점들로 특정할 수 있는가?

Q. '위대한 전통'과 '작은 전통'이 의미하는 바는 무엇인가? 어느 쪽이 더욱 중요한가? 작은 전통과 관련된 수행이나 간략한 사례를 제시해 보시오.

Q. 이 장에서 토론한 네 나라 중에서 당신에게 '예외적'으로 보이는 경우가 있는가? 그것은 어느 나라이며, 왜 그러한가?

나아가 읽을 거리

Bischoff, Roger. *Buddhism in Myanmar: A Short History.* The Wheel, No. 399/401.

Bunnag, Jane. *Buddhist Monk, Buddhist Layman: A Study of Urban Monastic Organization in Central Thailand.* Cambridge: Cambridge University Press, 1973.

Gombrich, Richard. *Precept and Practice: Traditional Buddhism in the Rural Highlands of Ceylon.* Oxford: Oxford University Press, 1971.

Gombrich, Richard. *Theravāda Buddhism: A Social History from Ancient Benares to Modern Colombo.* London: Routledge, 1988.

Hazra, Kanai Lal. *History of Theravāda Buddhism in South-East Asia: With Special Reference to India and Ceylon.* New Delhi: Munshiram Manoharlal, 1982.

Lester, Robert C. *Theravāda Buddhism in Southeast Asia.* Ann Arbor, MI: University of Michigan Press, 1973.

Reynolds, Frank E. and Mani B. Reynolds. *The Three Worlds according to King Ruang: A Thai Buddhist Cosmology.* Berkeley, CA: Asian Humanities Press, 1982.

Spiro, Melford E. *Buddhism and Society: A Great Tradition and its Buddhist Vicissitudes.* Berkeley, CA: University of California Press, 1982.

Tambiah, Stanley J. *World Conqueror and World Renouncer.* Cambridge: Cambridge University Press, 1976.

9. 동아시아의 불교

이 장에서는

중국, 한국 그리고 일본의 불교 발달에 대해 개괄적인 설명을 한다. 각 나라의 역사적 개요, 주요 불교 종파들과 현대 불교 전통의 설명, 또한 각 문화의 주요 특징과 중요한 불교 문헌들의 예가 포함된다.

이 장에서 다루어진 주요 주제들

- 한(漢) 대로부터 현대에 이르기까지 중국불교에 대한 역사적 개괄
- 창시자와 주요 문헌을 중심으로 살펴본 중국불교 종파들
- 현대 중국의 혁신을 포함한 중국불교도의 종교 생활
- 불교가 전래된 4세기로부터 현대에 이르기까지 한국불교에 대한 역사적 개괄
- 창시자와 주요 문헌을 중심으로 살펴본 한국불교 종파들
- 현대의 한국불교의 발달
- 불교가 소개된 6세기로부터 현대에 이르기까지 일본불교에 대한 역사적 개괄
- 창시자와 주요 문헌을 중심으로 살펴본 일본불교
- 최근의 일본불교의 발달

중국불교: 간략한 역사

일찍이 1세기에 중앙아시아에서 불교의 존재는 확실히 뚜렷했다. 불교는 인도에서 출발하여 페샤와르(Peshāwār)로부터 북서쪽으로 이동하면서 무역 통로를 따라 움직였고, 비단길[실크로드]을 따라 점차로 중앙아시아로 확장되었던 중국 후대 한(漢) 왕조 변방의 작은 지역사회들과 접촉하게 되었다. 이 지역사회들의 많은 가족 안에는 두 개의 언어와 두 개의 문화가 공존했고, 이는 특별히 돈황(敦煌)이라는 통로를 통해 중국에 영향을 미치게 된 불교의 이상적인 기반이 되었다.

중국에 처음 불교가 들어온 것이 1세기 중반 후한(後漢)의 황제 명(明)의 꿈에 관한 유명한 신화적인 이야기로부터인지, 혹은 다른 경우를 통해서인지는 확실하지 않다. 그러나 2세기 중반에는 이미 불교 수행을 하는

중국 황제에 대한 역사적 기록이 명백히 있다. 덧붙이면, 148년까지 안식국(安息國, Parthian)의 안세고(安世高)라는 승려가 인도의 불교 문헌들, 특히 명상에 대한 문헌들을 중국어로 번역하려는 목적으로 역경 팀을 이끌기 위해 뤄양(洛陽)에 정착했다. 이러한 고대의 번역물 대부분은 소승 문헌들이었지만[6], 첫 대승 선교사였던 로까크셰마(Lokakṣema, 支婁迦讖)는 168년에서 188년 사이에 뤄양에서 다양한 대승 문헌들을 번역했다.[7]

후한 왕조가 2세기 후반에 중국 북부와 남부로 분열된 상황에도 불구하고, 불교에 대한 중국인들의 관심은 줄어들지 않았다. 스키타이 족 출신의 중국 태생 불교도 다르마락샤(Dharmarakṣa, 竺法護)와 같은 혁신적인 인물들의 연구에 힘입어 중국어로 불교 문헌들을 번역하는 과정이 서진(西晋: 265~316)과 동진(東晋: 317~419)에 이르기까지 계속되었다. 이 시기에 사원이 곳곳에 세워졌고, 승려들의 수계식이 이루어졌으며, 중국의 남부 전역에서 여러 경전들이 논의되었다.

북중국에서는 이러한 일들이 그렇게 번창하지 않고 고요했음에도 불구하고, 불교에 대해서는 대체로 호의적이었다. 한족이 아니었던 북중국의 여러 이민족 통치자들에게는[8] 지배자 훈(Hun) 족이 중국이 아닌 외래의 세력인 것처럼, 불교 역시 자신들과 같은 '외래의' 종교로 받아들여졌기 때문이었다. 이들 이민족 통치자들은 승려들의 명상에 대한 지식과 소위 거기서 발생하는 힘을 얻는 데 열성이어서, 불교가 필요로 하는 것들을 제공하는 데 호의적이었다.

310년 무렵 어느 때에 불도징(佛圖澄: 232~348)이란 이름의 구자국

---

6 "설일체유부의 소승불교가 왕성했던 안식국 출신의 안세고는 선관(禪觀)과 아함(阿含), 아비담학(阿毘曇學)에 정통해 있었다. 선관에 관한 경전으로는 〈안반수의경(安般守意經)〉 …, 아함에 관해서는 …〈전법륜경(轉法輪經)〉 등을 번역하였고, 또한 아비담학에 관해서는 … 〈아비담 98결경(阿毘曇九十八結經)〉 등을 번역해 냈다.(기무라 기요타카(鎌田茂雄) 저, 정순일 역, 《중국불교사》, 경서원, p.40)

7 〈도행반야경(道行般若經)〉 〈수능엄경(首楞嚴經)〉 〈반주삼매경(般舟三昧經)〉 〈아촉불국경(阿閦佛國經)〉 등을 번역하였다(앞의 책, p.41).

8 흉노족의 침입 후 한족은 남쪽 건강(建康) 지방으로 내려가 동진(東晋)을 세웠고, 북 중국은 다섯 오랑캐[五胡: 匈奴, 鮮卑, 羯, 氐, 羌]라 불렸던 한족이 아닌 여러 민족이 지배하는 나라들이 흥망을 거듭했다.

(龜兹國) 출신 신출내기 승려가 북중국에 나타나 후조(後趙)의 영향력 있는 지위를 얻은 것은 우연한 일이었다. 그는 20년 이상 왕정 고문으로 있으면서 불법을 크게 보호했다. 불도징은 또한 으뜸가는 두 제자 도안(道安: 312~385)과 혜원(慧遠: 334~416)에 의해서도 유명하다. 호족 통치자들은 넓고 다양하게 대승 문헌의 번역을 격려하고 집행했으며, 비구 승단뿐만 아니라 비구니 승단까지 형성되어 성장하고 있는 불교 승가를 후원했다. 그들은 흥미로운 지적 분위기를 육성했다. 구자국의 위대한 불교 번역가 쿠마라지와(Kumārajīva, 鳩摩羅什: 344~413)가 도착할 때까지, 중국의 승가는 인도로부터 새로운 불교 사상을 받아들일 준비를 했던 것이다. 이들 고대 불교 번역가들은 대개 '불교-도교도'로 불리는데, 왜냐하면 그들은 대체로 불교 메시지를 전하기 위해 도교의 용어를 빌려 썼기 때문이었다.

북위(北魏: 386~534) 왕조 시대에 대부분의 불교 지식층은 남쪽으로 달아나 그들의 문학 활동을 유지했다. 북위 왕조 아래에서 승가는 성장하고 번창하다가 매우 부패했으며, 446년부터 8년 동안 지속되었던 광범위한 불교 박해에 희생되었다.[9] 더 나아가 중국불교는 일련의 '고전적' 종파들이 등장하면서 파벌이 매우 심해졌다. 대두된 종파로는 (1) 빠라마르타(Paramārtha, 眞諦)가 세운 섭론종(攝論宗) (2) 쿠마라지와가 세운 삼론종(三論宗) (3) 현장(玄奘)이 체계화한 법상종(法相宗) 등이 있었다. 아울러 '학문적' 종파들로 (1) 혜사(慧思)가 창설한 천태종(天台宗) (2) 두순(杜順)이 창설한 화엄종(華嚴宗)이 있었으며, '대중적' 종파들로 (1) 보리달마(菩提達磨, Bodhidharma)가 세운 선종(禪宗) (2) 담란(曇鸞)이 세운 정토종(淨土宗) 등이 있었다. 수(隋: 589~617) 왕조까지는 중국이 재통일되고도 불교는 통합되지 않았다.

---

9 "태평 7년을 효시로 하여 불법을 훼멸하여 군병을 풀어 사원을 분탕질하게 하고 통내(統內)의 승니로 하여금 모두 환속케 하였다. 사원 근처에 방황하는 자가 있으면 모두 사람을 파견하여 체포하고 잡히면 참수하였다. 그러므로 사원 경내에 두 번 다시 사문이 존재하지 않았다."(《양전(梁傳)》 권10, 앞의 책, 《중국불교사》, p.105에서 재인용).

845년의 불교도 박해

중국불교는 당(唐: 618~906) 왕조 시대에 정점에 도달했다. 사원들은 성장하고 번창했으며 비구와 비구니들은 부유해졌다. 불교는 중국 문화에 매우 깊은 영향을 미쳤다. 그러나 정쟁(政爭)이 한창이었던 845년, 불교와 도교 사이의 경쟁은 중국 역사상 가장 심각한 불교 박해를 낳았다.[10] 1년 동안 모든 절이 실질적으로 파괴되었고, 비구와 비구니들은 환속(還俗)당했으며, 경전은 불태워졌고, 쇠로 된 물건들은 몰수되어 녹여졌다.

박해는 비록 짧았지만 결과는 중국불교를 황폐화시켰다. 중국불교의 주류를 이루었던 지성적 종파들이 사라졌고, 사원의 경제적 기반은 완전히 황폐되었으며, 사원 도서관과 그곳에 보전되어 오던 문헌의 역사는 소실되었다. 수행 중심의 선종과 정토종조차도 심각한 손실을 겪었고, 불교는 중국 역사에서 결코 이전의 지위를 회복하지 못했다.

11세기 초에는 중국의 전통 종교들이 힘차게 다시 출현했는데, 특별히 유교와 연관이 있었다. 1280년 무렵 시작된 원(元: 1279~1367) 왕조 시대에 중국은 몽골의 통치하에 있었고, 그 결과, 티베트불교가 중국에서 강력한 영향력을 갖게 되었다. 후에 명(明: 1368~1643) 왕조하에서는 불교 종파들의 통합을 위한 움직임이 있었다. 만주족이 세운 청(清: 1663~1911) 왕조가 1911년 혁명으로 몰락하고 중화인민공화국(中華人民共和國: 1949~)이 세워지자 불교 공동체는 영향력을 크게 잃었다. 비록 1929년에 탁월한 승

10 회창(會昌)의 폐불(廢佛).

려 개혁가 태허(太虛: 1889~1947)에 의해 '중국불학회(中國佛學會)'가 창설되었지만, 불교는 이전의 힘을 다시 얻지 못했다. 1953년 5월에 '중국불교협회(中國佛教協會)'가 결성되었지만, 중국공산당 정부는 종교 수행을 실질적으로 금지하고 주요 불교 사원을 모두 폐쇄했다.

중국불교의 종파들

중국불교의 학문 종파들은 본질적으로 불교적 사유의 범주 안에서 다양한 철학적 견해를 연구하고 발달시켰던 승려 집단으로 구성되었다. 이 종파들은 서구에서 쓰이는 전통적인 의미 그대로의 종파가 아니었다. 그들은 일련의 특정한 사상이 진리를 가장 정확하게 표현한다고 믿는 개인들의 모임으로 구성되었다.

달리 설명하자면, 중국불교의 다양한 종파들은 인도에서 중국으로 전해진 불교 문헌들, 그리고 그들이 특별히 신봉했던 대승의 교의와 다양한 테라와다 교의들이 왜 그렇게 심각하게 서로 모순되는지를 설명하기 위한 방법을 찾으려는 시도였다. 중국불교의 10대 주요 종파 중 구사(섭론)종, 성실종, 율종, 진언종, 삼론종, 법상종 여섯은 본질적으로 중국으로 이식된 인도불교 종파들이었고, 나머지 넷 중에서 천태종과 화엄종 둘은 매우 학문적이었던 반면에 선종과 정토종 둘은 좀더 대중적인 성격이었다.

구사종(俱舍宗)

구사종은 6세기에 빠라마르타(Paramārtha, 眞諦: 499~569)가 개창했고, 현장(玄奘: 596~664)에 의해 체계가 잡혔다. 종파의 이름은 《아비달마구사론(阿毘達磨俱舍論, Abhidharmakośa)》으로 알려진 산스크리트 어 문헌의 중국어 음역의 축약이다. 이 종파는 인도 설일체유부(說一切有部, Sarvāstivāda) 아비다르마 학파가 중국에 전래된 것이었다. 구사종은 다르마(dharma)라

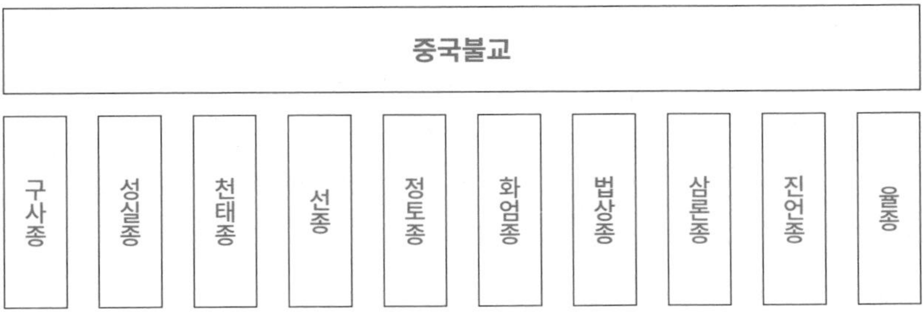

도표 9.1 중국불교의 주요 종파들

는 기초적 구성물들이 실재한다고 강조했고[法有], 실재론적인 불교 우주관을 제시했다. 비록 아비다르마 철학이 중국불교의 필수적 부분이었지만, 구사종은 중국불교 안에서 결코 높은 인기를 얻지 못했다.

성실종(成實宗)

성실종은 하리바르만(Harivarman, 訶梨跋摩: 250~350)이 쓴 《성실론(成實論, Satyasiddhi Śāstra)》으로 알려진 인도 문헌에 기초한다. 이 책은 유명한 중국어 번역가 쿠마라지와가 중국어로 번역했다.

이 문헌은 기술적으로는 소승 문헌이었지만, 법의 공성(空性)에 관한 개념은 대승 전통과 매우 유사하다. 이 종파는 점차 중국의 중관파(Mādhyamika) 전통과 연결되었다.

율종(律宗)

율종은 당(唐) 시대에 나타났고, 교의적·철학적 논쟁들과 대립해서 율장(律藏, Vanaya) 전통을 강조했다. 도선(道宣: 596~667)이 주창했고, 412년에 붓다야사(Buddhayaśas, 佛陀耶舍)와 다르마락샤[竺佛念]가 《사분율(四分律)》이란 제목으로 중국어로 번역했던 법장부(法藏部, Dharmaguptaka)의 율장에 기초했다. 비구 250계율과 비구니 348계율을 포함한 이 특별한 율장은 중국불교의 소승과 대승 양쪽 모두에게 다양한 인도불교 종파들이 가졌던 다른 어떤 완전한 율장보다도 더 중요했던 것 같다.

비록 대부분의 학자가 율장을 엄격히 준수하려는 이러한 강조가 중국불교에서 계율과 교의적 가르침을 모두 요구 받은 도선의 지위를 반영한다고 암시하는 경향이 있으나, 그들은 왜 굳이 법장부의 율장이 중국에서 선택된 판본이 되었는지는 설명하지 못한다. 서기 600년까지의 중국불교의 중요한 부분이던 불탑 신앙에서 준수해야 할 규범을 포함한 유일한 율장이 부파불교 율장들 중에서 단지 법장부의 율장이었기 때문이라고 추측할 수 있다. 이 종파는 또한 754년에 감진(鑑眞)이 일본으로 전파한 일본 율종의 토대가 되었다.

진언종(眞言宗)

진언종은 8세기에 중국으로 소개된 딴뜨라불교이다. 720년경 선무외(善無畏, Śubhākarasiṃha)가 소개했다고 하며, 당 왕조의 궁정에서 인기가 있었다. 이 종파의 이름인 '진언(眞言)'은 진실한, 혹은 효력 있는 말을 뜻하는 산스크리트 어 만트라(mantra)에 상응하며, 중국 금강승(金剛乘)의 가장 명확한 형태를 대표한다. 하나의 독립된 불교 종파로서는 단지 2세기 남짓한 짧은 기간 동안 인기가 있었던 것 같다. 이 종파는 구카이(空海: 774~835)에 의해 일본으로 전해져 일본 진언종이 되었다.

삼론종(三論宗)

삼론종은 세 개의 논서에 의거한 중국불교의 고전적인 종파이다. 이는 나가르주나(Nāgārjuna, 龍樹)의 《중론(中論, Mūlamādhyamika-kārikā)》과 《십이문론(十二門論, Dvādaśa-dvāra)》, 그리고 아리야데와(Āryadeva, 提婆)의 《백론(百論, Śata śāstra)》에 기초해서 쿠마라지와가 개창했다. 그래서 이름이 '삼론종'이다.

쿠마라지와는 그의 제자들, 특별히 도생(道生: 360~434), 승조(僧肇: 374~414), 그리고 승랑(僧朗: d. 615)에게 가르침을 전했다. 쿠마라지와가 죽고 나서, 삼론종의 가장 위대한 스승으로 여겨지는 길장(吉藏: 549~623)에 의해 다시 관심이 일깨워졌으나, 곧 이어서 쇠퇴했다. 삼론종은 길장 이후 중국에서 중요성을 잃었으나, 길장의 한국 제자를 통해 일본으로 전달되었다.[11]

법상종(法相宗)

법상종은 현장과, 빠라마르트타(진제)가 개창한 섭론종에서 온 현장의 제자 규기(窺基: 632~682)[12]에 의해 만들어진 중국불교 종파다. 종파 이름은 '법의 특성[相]'을 뜻하는 산스크리트 어 '다르마 락사나(dharma-lakṣaṇa)'의 중국어 의역이다. 이 종파 이름은 아상가[無着]와 바수반두[世親]의 저술에 기초하고, 인도의 유가행파에 상응한다. 이 종파의 주요 문헌은 현장의 《성유식론(成唯識論, Vijñaptimātratā-siddhi)》이다.

유가행파의 기본 이론과 일치하면서, 법상종의 중심 개념인 "모든 것은 관념일 뿐이다.[一切唯識/一切唯心 idam sarvamvijñaptimātrakam]"라는 바수반두의 사상을 발전시킨 것이다. 법상종은 아뢰야식 혹은 장식(藏識)에 저장된 업의 종자들과 함께 팔식(八識) 이론을 지지한다. 명백하게 존재하는 모든 실재를 다섯 가지 범주로 구성된 100가지 법들(dharmas)로 분류하고, 중관파의 두 가지 수준의 개념에 대립해서 진리의 세 가지 수준을 확언한다.[13] 법상종은 현장과 규기 이후에 잘 발달하지 못했고, 845년 반불교도 박해에 의해 심각하게 쇠퇴했다.

---

11 길장의 한국인 제자 혜관(慧灌)은 일본으로 건너가 스이꼬(推古) 천황기에 일본 삼론종의 초조(初祖)가 된다.

12 "기(基)의 자는 홍도이고 성은 위지(尉遲) 씨로서 선조는 중앙아시아 출신으로 보통 자은대사(慈恩大師)라고 한다."(앞의 책, 《중국불교사》, p.207)

13 이 책의 pp.190~191을 보시오.

천태종(天台宗)

천태종은 중국불교의 한 종파로 혜사(慧思: 515~576)가 개창하고[14] 지의(智顗: 538~597)가 체계를 잡았다. 대체로 《법화경(法華經)》의 가르침에 기초한다. '천태'란 종파의 명칭은 지의가 수련했던 천태산에서 따왔다. 지의가 직접 저술한 것은 사실 매우 적었지만, 그의 제자 관정(灌頂: 561~632)이 가르침을 모으고 보전했다. 이들 가르침은 주로 《법화경》에 초점을 맞추었는데, 《법화현의(法華玄義; 법화경의 심오한 뜻)》, 《법화문구(法華文句; 법화경의 주석)》 그리고 《마하지관(摩訶止觀; 큰 선정과 통찰)》이라는 세 권의 위대한 작품(천태 3부작)이 포함됐다.

천태종의 체계는 다섯 연대기[五時]로 설명된다. 첫 번째, 혹은 《화엄경(華嚴經, Avataṃsaka Sūtra)》을 설한 화엄시(華嚴時)는 단 3주 동안 지속되었다고 전해지며, 붓다가 깨달음을 성취했던 때로 거슬러 올라간다. 제자들이 붓다의 가르침을 이해하지 못했기 때문에 붓다는 《아함경(Āgama)》을 설하며 아함시(阿含時)로 알려진 두 번째 시기를 시작했다. 이 시기는 12년간 지속되었는데 이 시기에 붓다는 기본적이지만 최종적이거나 완전하지는 않은 가르침을 펼쳤다. 세 번째 《대승방광총지경(大乘方廣總持經, Vaipulya)》을 설한 방등시(方等時)는 8년간 지속되었고 기본적인 대승의 가르침을 내놓았다. 네 번째는 《대반야바라밀경(大般若波羅蜜經, Mahāprajñāpāramita)》을 설한 반야시(般若時)로서 22년간 지속되었다. 붓다는 반야경에서 가르쳤듯이 공성(śūnyatā)을 강조했다. 마지막 다섯 번째 시기는 《법화경》을 설한 법화열반시(法華涅槃時)로, 붓다의 일생의 마지막 8년에 해당한다. 여기서 붓다는 일승(一乘, Ekayāna)의 교의를 가르쳤는데, 진실로 오직 하나의 수레바퀴만 있고, 성문승(聲聞乘, Śrāvaka-yāna), 연각승(緣覺乘, Pratyeka-yāna), 그리고 보살승(菩薩乘, Bodhisattva-yāna)은 단지

14 초조를 혜문(慧文) 선사로 보고, 혜사는 2조로 보는 것이 일반적이다.(앞의 책, 《중국불교사》, p.170 참고)

명백한 비유일 뿐이라고 했다.

나아가 천태종은 붓다의 교법 4가지를 한 묶음으로 해서 두 묶음의 가르침으로 분류한다. 첫 묶음은 화의(化儀)의 4교로 (1) 갑작스런 교의[頓教] (2) 점차적인 교의[漸教] (3) 비밀 교의[祕密教] (4) 불확정의 교의[不定教]를 포함한다. 갑작스런 교의는 《화엄경》에서 가르쳤다. 점차적 교의는 두 번째, 세 번째, 네 번째 연대기를 지나면서 가르쳤다. 비밀 교의와 불확정 교의는 붓다가 서로 다른 능력들을 지닌 제자들을 동시에 가르칠 때 사용되었다.

두 번째 묶음은 화법(化法)의 4교로 (1) 정전(正典, Piṭaka)의 교의[藏教] (2) 일반적 교의[通教] (3) 특별한 교의[別教] (4) 원만하고 완벽한 교의[圓教]를 포함한다. 화엄시에는 특별한 교의와 원만하고 완벽한 교의가 설해졌다. 아함시에는 오직 정전의 교의만 설해졌다. 방등시에는 네 가지 교의가 모두 설해졌고, 반야시에는 대부분 원만하고 완벽한 교의가 설해졌지만, 일반적인 교의와 특별한 교의 또한 설해졌다. 오직 법화시에만 완전히 원만하고 완벽한 교의가 설해졌다.

화엄종(華嚴宗)

화엄종은 중국불교의 한 종파이고 《화엄경》에서 유래했으며 당(唐) 시대에 중요한 역할을 했다. 화엄종이 택한 문헌의 기원은 아마도 420년경 붓다바드라(Buddhabhadra, 覺現)가 중국어로 번역했던 것으로 본다.

화엄종 자체는 두순(杜順: 557~640)에서 비롯되었고, 법장(法藏: 643~712)이 확립했다. 기본 신조는 종종 "완전무결한 불교 가르침"이라고 인용되는데, 왜냐하면 모든 현상들의 상호 침투에 대해 강조하기 때문이다. 이 개념은 법계연기(法界緣起) 혹은 상호연기(相互緣起)의 교의를 통해 표현된다. 원리[理]와 현상[事]이 상호 의존한다는 개념이다. 다른 대승 종파들처럼 화엄종도 공 사상을 확언하고, 이상적 깨달음을 진여(眞如, tathatā)로 규정한다. 화엄종도 중국의 다른 학문적 불교 종파들처럼 845년의 반불교도 박해의 여파로 위축되었다. 8세기에 일본으로 전파되어 일본 화엄종이 되었다.

선종(禪宗)

중국불교 선종의 용어 '찬(chan, 禪)'은 추측하건대 산스크리트 어로 '명상'을 뜻하는 디야나(dhyāna)에서 유래했으며, 이 종파의 취지를 드러낸다. 선종은 516년과 526년 사이의 어느 날 북중국에 도착했던 인도의 스승 보리달마(菩提達磨, Bodhidharma)에서 그 시작을 찾는다.

보리달마는 인도불교의 제28대 조사로서 중국 선종의 초조(初祖)가 되었다고 여겨진다. 그는 가르침의 계보를 제자인 혜가(慧可: 487~593)에게 물려주었고, 이로써 법을 전수하는 맥[法脈]이 중국에서 확립되었다. 선종의 역사에서 6대 조사가 누구인가에 대해 한 집단은 신수(神秀: 606~706)라 하고, 다른 집단은 혜능(慧能: 638-713)이라고 주장하는 논쟁이 있다. 5대 조사의 질문에 혜능이 자질을 보여 주는 더 나은 게송으로 답을 제출하고 후계자 경쟁에서 이겼다. 혜능의 선은 완전한 대승이고, 공성과 갑작스런 깨달음의 경험[頓悟]을 강조한다. 점차 선종만을 위한 사원 전통이 백장 회해(百丈懷海: 720~814)의 규율에 기초해서 일어났고, 인도불교의 생활방식과는 다른 중국의 생활방식에 맞추어 나갔다.

당 시대에 선종은 오가(五家)로 나뉘었는데, 그 중에서 임제 의현(臨濟義玄)이 개창한 임제종과 동산 양개(洞山良价: 807~869)와 조산 본적(曹山本寂: 840~901)이 개창한 조동종(曹洞宗) 둘만 남았다가 명 대에 점차 병합되었다. 임제종은 에이사이(榮西)에 의해 린자이젠(임제선)으로, 조동종은 도겐(道元)에 의해 소토젠(조동선)으로 일본으로 전파되었다.

선 수행은 명상을 강조하며, 종파에 따라서 실재에 대한 직접적인 경험으로 논리를 초월하는 마음을 갖도록 고안된 '공안(公案)'이라 부르는 불가사의한 말을 사용한다. 스승과 제자 사이의 관계에 큰 강조를 두며, 스승은 능숙한 방편과 깊은 자비심으로 제자를 독려한다.

정토종(淨土宗)

'징뚜'는 중국 정토종의 공식 명칭이다. 여산 혜원(廬山慧遠: 344~416)은 이

전에는 불교 안에서 선택적인 수행이었던 아미타불에 대한 헌신을 독립적인 수행으로 확립했고, 402년 백련사(白蓮社)를 만들어서 염불을 수행하는 새로운 불교 종파를 발달시켰다. 그의 제자 담란(曇鸞: 476~542)이 이 종파를 조직함으로써 정토종의 제1대 중국인 조사로 추증되었다.

정토종은 모든 신심 있는 존재들이 아미타불의 극락에서 태어나도록 아미타불에 귀의할 것을 강조하고, 문자적으로 "아미타불에 예경드립니다"를 뜻하는 염불(念佛) 구절 "난모 아미투오포(Nanmo Amituofo)"의 반복적인 염송에 집중한다. 이 수행은 일본불교 정토종에서도 이루어지며 '넴붓수[Namu Amida Butsu]'라 불린다.

정토종 수행은 아미타불의 가피를 쌓는 데 의존하기 때문에, 밖으로부터의 도움에 의존하는 '쉬운 길'로 불리며 중국은 '탈리(他立)', 일본은 '타리키(他力)'라고 표현한다. 《무량수경(無量壽經, Sukhāvatīvyūha Sūtra)》과 《관무량수경(觀無量壽經, Amitāyurdhyāna Sūtra)》을 소의경전으로 채택한다.

정토종은 도작(道綽: 562~645), 선도(善導: 613~681), 자민(慈愍慧日: 680~748) 등의 조사들을 통해서 전승되었다. 수행의 단순함으로 인해서 불법의 쇠퇴기[末法時代]에도 이어질 수 있었고, 사실상 다른 모든 불교 종파들보다 845년의 불교도 박해[會昌廢佛]를 잘 견뎠다. 호넨(法然: 1133~1212)에 의해 일본에 전해져 가장 대중적인 종파로 남았다.

중국불교도의 종교생활

중국불교는 전 역사를 통해 중국 고유의 토착적인 수행, 특별히 도교 수행의 영향을 받아 왔기 때문에 인도와 중국불교도의 생활은 명백하게 달랐다. 인도의 사원들과 달리 중국의 사원들은 일반적으로 승려들이 음식을 탁발하지 않고, 재가신도들로부터 정기적으로 공양을 받았다. 육식이 《율장》에 의해 명확히 금지되지 않았음에도 불구하고 중국에서는 채식주의가 규범적인 수행이 되었다. 사원들은 종종 토지 소유권자가 되었고, 그들 중 일부는 상당한 부를 축적했다. 중국의 사원 안에서 승려들의 일상생활은 대체로 전통적인 중국의 가정생활을 반영했는데, 이것은 대부분의 중국 사원들이 삭발 순서에 따른 승랍(僧臘)을 엄격히 존중하는 관계와 위계질서로 드러났다.

사원과 재가자 공동체는 인도와 마찬가지로 불교 달력에 따른 중요한 날들을 기리는 일련의 축제와 의식을 통해서 하나가 되었다. 이런 축제들 중 일부는 인도불교로부터 물려받은 기념일들, 예를 들면 붓다의 탄생일과 같은 날이고, 그 외에는 채식주의자 축제와 같이 뚜렷하게 중국적이었다. 중국 문화는 죽음 뒤에 이어지는 생[來世]에 깊은 관심을 갖고 있었기 때문에, 내세에 대한 세속적인 기대의 기초가 되는 '공덕의 책들(merit books)'이 보관되었다. 샤머니즘이 인도와 중국의 불교 전통 모두에서 중대한 역할을 했기 때문에 중국의 불교도들 역시 다양한 신들과 일반적이지 않은 신비한 힘에 관심이 있었다.

현대 중국불교의 개혁

비록 중국 본토에선 불교 활동이 거의 없었으나, 대만에서는 수많은 불교 조직이 지난 수십 년간 광범위하게 일어났다. 이들 중 불광산(佛光山)은 '불광국제회(Buddha's Light International Society)'를 통해 전 세계에 거대한 불교 사원들을 지었고, 법사 증엄(證嚴) 비구니스님이 1966년에 창설한 '자제공덕회(慈濟功德會)'가 눈에 띈다. 이 조직들은 현대 세상에 중국불교의 메시지와 존재를 다시 일깨워 주고 있다.

한국불교: 간략한 역사

불교가 전래되기 이전 고대 한국의 종교는 샤머니즘이었다. 불교는 372년 중국 전진(前秦)의 왕이 한반도의 북부를 통치했던 고구려 소수림왕(371~384)에게 보냈던 승려 순도(順道)에 의해 전해졌다. 순도를 위해 이불란사(伊不蘭寺)가 지어졌고[15], 그에 이어서 인도의 세레스 인(Serindian) 마라난타(摩羅難陀)가 384년에 한반도의 남부 백제 왕국에 불교의 가르침을 전파했다.[16]

삼국 중 한반도 동남부에 있었던 신라는 다른 두 왕국보다 덜 발달했고, 불교는 법흥왕 통치 시기인 527년까지 공인되지 않았다.[17] 그럼에도 불구하고 6세기 초까지 불교가 종교로서의 지배적인 지위를 확립했고, 경전과 가르침을 구하기 위해 승려들을 중국으로 파견하는 일이 널리 이루어졌다. 천태종, 율종, 삼론종, 성실종, 열반종, 그리고 화엄종이 일반적이었다.

신라 왕국은 663년에 백제를 정복하고 668년에는 고구려까지 정복하여 통일신라시대(688~935)를 열었다. 이 시대에 불교는 비로소 한국에서 주된 종교가 되었다. 선불교는 한국인 승려 법랑(法朗)에 의해 중국으로부터 소개되었고[18] 사원 중심의 불교가 가장 우세한 형태가 되었다. 신라

---

15 "372년에 전진(前秦)의 왕 부견(符堅)이 사신과 순도 스님을 시켜 불상과 경문(經文)을 보내왔다. 이에 왕은 사신을 보내 답례하고 토산물을 보냈다. 또 374년에는 아도(阿道) 스님이 진(晋)나라에서 왔다. 375년 2월에는 초문사(肖門寺)를 지어 그곳에 머물게 하고, 또 이불란사를 지어 아도 스님을 머물게 하였다."(대한불교조계종 포교원, 《한국불교사》, 조계종출판사, pp.13~14)

16 남중국 동진(東晋)에서 인도승 마라난타가 전라도 영광 법성포로 들어왔다. 법성(法聖)이란 지명은 백제에 불교를 전해준 마라난타가 맨 처음 들어온 곳이란 데서 유래한다.(앞의 책, 《한국불교사》, p.23)

17 "5세기 중반 경부터 신라에도 불교가 이미 들어와 있었다. 눌지왕(417~458) 때 묵호자(墨胡子)라는 스님이 일선군(一善郡; 구미시) 모례(毛禮)의 집 뒤꼍 굴속에 숨어 살면서 향의 이름과 용도를 알려 주고 왕녀의 병을 고쳐 주었다. 또 아도 스님이 전법 활동을 펼쳤으며 이름을 밝히지 않은 스님들의 활동도 있었다."(앞의 책, 《한국불교사》, p.31)

18 "우리나라에 선을 처음 전한 사람은 신라 선덕여왕 때에 당나라에 건너가서 4조 도신의 법을 이은 법랑이다. 그러나 법랑의 선법은 남종선이 아닌 북종선이었으며 그 활약이 미미하였다. 본격적으로 조사선인 남종선을 전래한 최초의 인물은 도의(道義) 국사이다."(앞의 책, 《한국불교사》, p.78)

사진 9.2 언덕 위에 새겨진 미륵불상, 갓바위, 한국

시대에 계율종, 화엄종, 해동종, 법상종, 열반종 등 다섯 불교 종파가 확립되었고, 이들을 모두 합해서 학문적 불교 전통인 '교학(敎學)' 전통으로 부른다.[19]

한국불교는 고려시대(918~1392)에 왕권에 의해 후원 받은 상당한 건축불사를 통해 그 정점에 다다랐다. 10세기에 불교경전이 인쇄되었고, 13세기에 새로운 편집본이 인쇄되었다.[20] 11세기에 위대한 불교학자 승려 의천(義天: 1055~1101)은 중국에 갔고, 선종(禪宗)과 교종(敎宗)을 천태종 가

19 "통일신라시대에는 미륵·관음·미타·밀교 신앙 등이 널리 유행하였다. 이 중에서 미륵신앙이 크게 각광받았다."(앞의 책, 《한국불교사》, p.47)

20 "거란의 침입을 막기 위해 1011년 조성하기 시작하여 1087년에 완성했다. 이 대장경을 처음 새긴 것이라고 해서 초조대장경(初雕大藏經)이라고 부른다. 대구 부인사에 보관된 이 대장경은 안타깝게도 1232년 몽골의 침략 때 불타 없어졌다. 현재는 송광사와 일본 등에 간행본만 일부 남아 있다. 고려는 몽골의 침략을 피해 수도를 강화로 옮겼다. 부처님의 가피로 국민의 정신적 일치를 이루어 몽골을 몰아내고자 1236년부터 16년 동안 두 번째 대장경을 조성하였다. … 이 대장경은 다시 새긴 대장경이라 해서 재조대장경(再雕大藏經)이라 부른다. 이것이 오늘날 잘 알려진 팔만대장경(고려 재조대장경)이다. 팔만대장경은 현재 국보 제32호로 목판본이 1,496종에 6,568권으로 총 8만 1,258매이며, 이 가운데 후대에 판각한 15종의 문헌이 보유판이다."(앞의 책, 《한국불교사》, pp.148~149)

사진 9.3 조계종의 고승, 조계사, 한국

르침에 기초해서 새로운 종파로 병합하고자 했다. 한국불교의 가장 위대한 개혁가 중 한 사람인 지눌(知訥: 1158~1210)이 의천의 뒤를 이었다. 지눌은 교종 경전들 안에서 보이는 위대한 지혜와 선종 명상수행에 의해 일어나는 깊은 지혜와 통찰을 조화시키는 길을 찾으려 했다. 지눌의 새로운 종파는 조계종(曹溪宗)으로 알려졌다.

조선시대(1392~1910)에는 중국으로부터 들어온 신-유교주의(新儒教主義)가[21]가 채택되면서 불교는 고통을 겪었다. 불교는 조선시대 수백 년에 걸쳐 심각하게 억압되었고 국가적 후원을 받지 못했으며, 다수의 사원과 종파가 위축되었다. 점차 여러 종파들이 선종과 교종 둘로 통합되어 남게 되었다. 그러나 후대에 조계종이라는 하나의 집단으로 합

21 신-유교주의(Neo-Confucianism): 중국에서 서기 1000년부터 등장한 '성리학'과 '양명학'을 가리킨다.

병되기까지 교종과 선종이라는 두 개의 공식적인 종파로 나뉘어 있었던 것은 아니었다. 1623년까지 승려들은 도성 안에서 거주하는 것조차 금지되었고, 이런 악조건들은 1895년까지도 효력이 남아 있었다.

조선 왕조 이후에 일본은 한국을 식민지화했다. 한국에 대한 일본의 강점은 제2차 세계대전의 종전과 함께 끝이 났고, 피폐화된 불교는 서서히 회복되었다.[22] 근래에는 종전 후 분단된 남쪽 대한민국에서 6백만 불교도가 그들의 믿음을 실천하고 있다.

한국불교 종파들: 창시자와 주요 문헌

한국의 불교 전통은 처음엔 중국에서 들여왔던 불교 종파 전통들을 다양하고 풍부하게 발달시켰고, 많은 '학자-수행자' 승려들의 노력에 의해 풍요로워졌다.

선종(禪宗)

한국의 선종은 중국 선종의 제4대 조사 도신(道信: 580~651)에게 선을 배운 법랑(法朗) 스님이 전했다. 그는 한국에서 선 수행을 가르쳤고 선종을 확립했다. 9세기까지 한국 선종의 계보가 차례로 세워졌고, 그다음 세기에 고도로 조직화되었으며, 점차 '구산선문(九山禪門)'이 자리잡았다. 구산선문의 각 종파는 산지에 자리잡았으며, 그들이 머물렀던 산의 이름으로 종파의 이름을 삼았다.[23]

22 "억불의 시대 도성 출입마저 제한된 승려에게 정치활동이란 엄두도 못 낼 일이었지만, 이미 19세기의 불교는 내재적 발전의 힘을 회복하고 있었다. 왕실의 불사 지원, 유학자의 불교신앙, 서민의 생활불교 등 다양한 방면에서 회생의 싹이 트고 있었다."(앞의 책, 《한국불교사》, p.244)

23 "신라 말기와 고려 초기에 걸쳐 성립된 선종 산문을 구산선문이라 부른다. 가지산문(迦智山門)을 비롯하여 실상산문(實相山門), 사굴산문(闍堀山門), 동리산문(桐裏山門), 성주산문(聖住山門), 사자산문(獅子山門), 희양산문(曦陽山門), 봉림산문(鳳林山門), 수미산문(須彌山門)의 9개 산문을 말한다."(앞의 책, 《한국불교사》, p.84)

계율종(戒律宗)

계율종 혹은 율종은 계율종, 화엄종, 해동종, 법상종, 열반종 등 오교(五教) 중에서 한국에 첫 번째로 도착한 종파이다.[24] 이 종파는 불교가 단순한 명상 수행 또는 교의 이상의 것임을 나타내기 위해 제도적으로 출가자의 계율을 강조했으며, 불교의 성공은 도덕적으로 숙련된 수행자들의 승가에 의존한다고 믿었다.

화엄종(華嚴宗)

화엄종은 의상(義湘: 625~702)이 종파를 열었다. 그는 중국으로 가서 중국 화엄종의 2대 조사인 지엄(智儼: 602~669) 문하에서 공부했다. 의상은 670년에 신라로 돌아와서 676년에 부석사(浮石寺)를 창건했다. 이 절은 중국 화엄종의 한국 지부가 되었다.

해동종(海東宗)

해동종은 의상의 친구였던 원효(元曉: 617~686)의 가르침에 기초했다. 위대한 학자였던 원효는 《화엄경》의 중요성을 강조했으나, 근본적으로는 한국불교 종파들 간의 통일성을 제공하는 길을 찾길 원했다. 그의 새로운 종파는 '모든 분쟁을 화합'하는 '화쟁(和諍)'의 실천을 추구했다.

법상종(法相宗)

신라시대의 네 번째 학문적 종파는 원측(圓測: 613~696)에 의해 개창되었다. 그는 중국 장안(長安)의 유가행파 불교를 공부하기 위해 중국으로 갔던 승려학자다. 원측은 모든 현상은 마음에 기반한 것이며, 확고해 보이지만 사실은 불확실한 마음과 현상계의 대상 사이의 구별을 초월하는 것이 진

---

24 "계율종은 선덕여왕(632~680) 때에 자장(慈藏)이 통도사를 근본도량으로 삼아 개창했다. 중국의 도선(道宣: 596~667)이 개창한 계율종을 받아온 것인데, 《사분율》을 중심으로 하면서 《범망경》을 참조해 대승적으로 계율을 해석하는 종파이다."(톰 로웬스타인, 서장원 역, 《붓다의 깨달음》, 창해, p.168)

정한 깨달음이라는 전통적인 유가행파의 접근방식을 유지했다.

열반종(涅槃宗)

열반종은 《열반경(Nirvāṇa Sūtra)》을 소의경전으로 하고, 모든 존재가 적절한 불교 수행에 전념함으로써 깨달을 수 있는 고유의 순수함인 불성(佛性)을 지니고 있다는 믿음을 강조한다.

한국불교의 근대적 발달

일본이 1910년 8월에 한국을 강점하면서 조선 왕조는 공식적으로 끝이 났다. 수백 년 만에 처음으로 승려들의 자유로운 여행과 성내 출입이 허락되면서 초기에는 불교의 여건이 완화되어 보였지만, 1911년의 사찰령(寺刹令)에 의해 종교적 열광은 빠르게 식었다. 사찰령은 모든 불교활동을 일본 총독의 통제하에 둠으로써 전 한국 승가를 일본불교 조동종에 의한 통제의 과녁으로 삼은 것이었다. 승려들은 결혼하도록 강요당했고, 일제는 1926년 법령으로 수도승들의 결혼을 금지하는 공식 계율을 제거하는 만행을 저질렀다.[25] 점차로 선종과 교종 종파들은 1935년에 조계종(曹溪宗)으로 통합되었다.[26]

25 "일제 식민지 정책이 한국 불교계에 남긴 가장 큰 폐해는 비구승 중심의 승단 전통을 파괴한 것이다. 일제강점기 동안 급속히 진행된 승려의 대처화와 세속화 경향은 한국불교의 전통과 비구 승단의 존립을 크게 위협하였다."(앞의 책, 《한국불교사》, p.290)

26 "1935년에 조계종으로 통합되었다"는 것은 한국불교사에 대한 세부정보가 부족한 필자의 오류로 보인다. 대한불교조계종에서 최근에 발간한 《한국불교사》의 조계종사에 의하면, "1929년에 일제의 사찰령과 31본산이라는 식민지 불교 체계를 벗어나 불교계의 자율적인 교정을 실현하겠다는 의지의 표명으로 '조선불교선교양종 승려대회'를 열었다. … 1940년 11월 본사주지회의에서 '조선불교선교양종'이라는 종명 대신 '조선불교조계종'이라는 종명이 담긴 사법, 즉 태고사법을 확정하여 총독부의 인가를 받았다."(앞의 책, 《한국불교사》, p.273)

2차 세계대전이 끝나고 한국이 독립했을 때, 승가는 독신승려들[比丘僧]과 그렇지 않은 승려들[帶妻僧]로 다시 분열되었다. 거의 십 년 뒤에 정부가 독신승가를 후원하자 폭력이 발생했고, 1962년에 남한에서는 1935년 창설되었던 본래의 독신 조계종과 결혼을 인정한 태고종이라는 두 개의 뚜렷한 승가를 규정했다.[27] 비구니 승가가 다시 확립되고, 강하고 활기찬 불교문화를 증진하려는 진지한 시도들이 이어졌다. 게다가 선 수행에서 평신도를 중시하는 형태를 강조하면서 서구 세계 전역에 한국인 불자 집단이 나타나기 시작했다.

여기까지 설명한 종파들이 대체로 활발하지만, 밀교와 중국식 천태종 역시 한국에 존재한다. 또한 원불교(圓佛教)로 알려진 현대적인 불교 형태가 발달했는데, 1916년에 소태산(小太山)으로 알려진 박중빈(1891~1943)이 창시했다. 원불교는 '개량'된 불교로, 법신(法身)을 나타내는 검은 원을 상징으로 삼아 예배한다. 그래서 원불교라 부른다. 원불교는 성직자들에게 결혼을 허용하므로, 완전히 금욕적이지만은 않다. 원불교는 1953년 이후 1975년까지 한국에서 50만 이상의 신도들과 200개의 교당을 보유하면서 발전하고 있다. 또한 많은 서양 국가들에서도 인기를 얻고 있다.

일본불교: 간략한 역사

일본의 토착신앙 전통은 '신또(しんとぅ, 神道)'이며, 일반적으로 '신(神,

27 1962년 4월, 오랜 분쟁 끝에 비구·대처 측의 상호 합의하에 통합종단(대한불교조계종)이 출범되었으나, 비구 중심의 종단 운영은 통합종단에 들어온 대처 측의 반발을 사고, 대처 측 일부는 결국 1970년에 독자적으로 태고종을 창종하였다.(앞의 책, 《한국불교사》, p.292 참조)

kami)들의 길'로 부른다. 이런 환경에 불교는 538년에 한국으로부터 사절들이 불상과 경전을 지니고 오면서 전래되었다. 반세기 안에 쇼토쿠(聖德) 태자는 불교를 국교로 선언했다. 일부 출처에서는 쇼토쿠 태자를 아쇼카 왕에 비교하기도 한다. 이처럼 불교 승가와 세속적 권력 사이의 긴밀한 관계가 확립되었다.

나라(奈良: 710~784) 시대에 쇼무(聖武: 701~756) 천황에 의해 대규모 사원 건축이 촉진되었다. 쇼무 천황의 딸 쇼토쿠(稱德: 718~770)는 불교에 호의적인 노력을 이어갔다. 이 시대에 불교의 여섯 가지 학문적 전통[六宗]인 성실(成實), 구사(俱舍), 삼론(三論), 법상(法相), 율(律), 화엄(華嚴)이 본질적으로 아무런 변형 없이 중국으로부터 들어왔다.[28] 불교의 철학적 사안에 대해 크게 강조했을 뿐만 아니라 불경에 대해 연구하고 주석을 달았다.

수도를 794년에 헤이안(平安; 지금의 교토)으로 이전했을 때 일본은 불교를 꽃피울 준비가 되어 있었다. 헤이안 시대(794~1185)는 일본불교 역사에서 정점으로 여겨질 수 있다. 중국으로부터 두 개의 중요한 불교 종파가 들어왔다. 운교 대사로 불리는 사이초(最澄: 767~822)가 805년에 들여온 천태종(天台宗)과 홍법 대사 구카이(空海: 774~835)가 816년에 소개한 진언종(眞言宗)이다. 사이초는 히에이(比叡) 산에 수행 사찰을 세웠고, 그와 함께 공부하고 명상하려고 왔던 승려들에게 12년의 수련기간을 요구했다. 사이초의 사원은 번창했고 3만 명이나 되는 많은 승려들을 수용했다. 반면에 구카이는 수도에서 80km 정도 떨어진 고야(高野) 산에 진언종의 본찰을 세웠다. 그는 개인적으로 예술과 회화에 탁월했고, 그에게 배우려는 제자들이 모여들었다. 구카이는 서예와 체계화된 불교 교의를 예리한 미적 감각으로 결합하여, 황궁에서 가장 좋아하는 승려가 되었다. 어느덧 고야산은

---

28 육종(六宗): 대승 계통의 삼론·법상·화엄과 부파불교 계통의 구사·성실, 그리고 복합적인 율종을 '남도육종'이라고 한다. 이 중 구사·성실종은 나중에 각각 삼론종과 법상종에 통합된다. '남도'란 나중에 수도가 된 교토를 '북경(北京)'이라고 일컫은 데 대하여 나라(奈良)를 가리키는 말이다.(앞의 책, 《붓다의 깨달음》, p.236)

천여 개나 되는 사원들의 본산이 되었고, 진언종은 천태종보다 더 인기가 있었다. 그러다 헤이안 시대의 말기에 이르자 두 종파는 쇠퇴해 갔다. 11세기 중반까지 법의 쇠퇴기[末法時代]가 일본에 닥쳤다는 것이 확연했다.

이어진 가마쿠라(鎌倉: 1192~1338) 시대는 쇼군의 군대와 사무라이라고 불리는 전사계급에 의해 통치되었다. 이 시대에 새로운 불교 종파가 여럿 일어났는데, 아마도 권력이 수도에서 지방으로 이동했기 때문일 것이다. 지방의 사찰들은 후원을 받았고, 소작인 계급이 처음으로 권력과 문화 분야로 진출하기 시작했다.

첫 번째로 나타난 새 종파는 호넨(法然: 1133~1212)이 시작한 정토종(淨土宗)이었다. 호넨은 말법시대의 사상에 심취해서 아미타불 염불을 하면 사후 서방 정토에서 다시 태어나는 것이 보장된다며 논쟁을 했다. 호넨의 제자 신란(親鸞: 1173~1263)은 개인의 노력으로는 서방 정토에 들어갈 수 없고, 오히려 그런 결과를 낳게 하는 것은 모든 존재를 구원하려는 아미타불의 서원 때문임을 암시함으로써 이 개념에서 한 걸음 더 나아갔다. 신란의 개혁은 '정토진종(淨土眞宗)'이라고 부른다. 거의 비슷한 시기에 어부의 아들 니치렌(日蓮: 1222~1282)이 자신의 이름을 딴 새로운 종파를 세웠다. 그의 기본 전제는 불교의 진실은 《법화경》 속에서 찾을 수 있고, 다른 모든 형태의 불교는 틀렸다는 것이었다. 니치렌에게 구원은 다이모꾸[題目]라는 도상을 열심히 바라보면서 "나무묘호렌게쿄(南無妙法蓮華經; 법화경의 훌륭한 가르침에 예경합니다)"라고 기도문 속의 《법화경》 명칭을 염불함으로써 얻어지는 것이었다. 그의 강령은 사회정치적 혼돈과 폐허로부터 일본 국민들을 구하려는 의도로 심각히 국가주의적이었다.

또한 가마쿠라 시대에는 선의 중요한 두 종파가 소개되었다. 1191년 중국 여행에서 돌아온 에이사이(榮西: 1141~1215)는 임제종(臨濟宗)을 열었다. 임제선(禪)의 깨달음을 성취(satori)하는 주된 방식은 직접적인 실재의 인식을 위해 개념화를 넘어선 마음으로 가도록 코안(公案)으로 알려진 비상식적 말들을 사용하는 것이었다. 임제선은 사무라이들에게 특별히 인기가 있었다. 대중에게 더 인기 있었던 것은 1227년 중국에서 돌아온 도겐(道元: 1200~1253)에 의해 시작된 조동종(曹洞宗)이었다. 조동선은 좌선을 할 때 자신이 이미 붓다임을 드러내는 '그저 앉음[只管打坐]'의 의도와 함께 하는 것이다. 이런 단순함 때문에 종종 '농부의 선'이라고 불렸다. 가마쿠라 시대에는 불교 안에서 예술 역시 발달하여 탁월한 다도(茶道), 가무극 노(能), 그리고 하이꾸(俳句) 등의 불교 예술을 볼 수 있다.

아시카가(足利: 1333~1573) 시대엔 전국이 봉건군주들로 분열되어 끊임없는 혼란이 일어났고 점차 내전으로 이어졌다. 이 시대에는 오직 선원(禪院)만이 평화로운 장소였다. 그 밖의 일본불교 종파들은 노골적으로 호전적이었다. 불교의 호전성은 쇼군 오다 노부나가(織田信長)에 의해 커졌는데, 그는 1571년에 히에이 산에 있던 사찰들을 파괴했고, 나중에 네고로(根來)에 있던 진언종 사원과 오사카의 정토진종 단지를 초토화했다. 1603년에 도쿠가와 이에야스(德川家康)는 사무라이 독재정권을 세워서 1867년까지 집권했다. 도쿠가와 시대로 불리는 이 시기는 외부 세계로부터 일본 스스로 완전히 격리되었던 때로 기록된다. 이 시기에는 종교의 자유가 거의 없었지만, 다양한 불교 종파들이 애써 전통과 학풍을 보전했다. 이어서 신또(神道) 국가주의에 고무된 메이지유신(明治維新)이 1868년에 시작되어서 2차 세계대전까지 계속되었다. 1945년 이후에는 거의 200개의 새로운 불교 종파가 일어났고, 이들은 일반적으로 '신코슈쿄(新興宗教)'라 불린다.

일본불교의 종파들

위에서 언급했듯이, 불교 종파는 일본 역사의 주요한 세 시대에 걸쳐서 전파되었다. 나라 시대에는 여섯 가지 학문적 종파[六宗]들이 들어왔다. 헤이안 시대에는 천태종과 진언종이 등장했고 가마쿠라 시대엔 정토종, 선종, 일련종이 나타났다. 전체적으로 불교 종파들은 일본 문화를 형성하는

데 도움이 되었고, 종교생활에서부터 섬세한 예술과 건축에 이르기까지 모든 것에 영향을 미쳤다.

구사종(俱舍宗)

구사종은 인도불교 문헌《아비다르마구사론》에 기초하고, 종파의 이름도 여기에서 왔다. 중국 구사종의 가르침이 반영되어서 구사종은 실재를 구성하는 요소[法, dharma]들에 대한 상세한 분석을 제공한다. 구사종은 유명한 중국 승려 현장과 함께 공부했던 두 명의 승려가 658년에 일본에 소개했다.

성실종(成實宗)

성실종은 인도불교 문헌《성실론》에서 명칭을 따왔고, 중국의 성실종에 뿌리를 두고 있다. 고구려의 승려 혜관(慧觀)이 일본에 전했다. 혜관은 고구려로부터 625년에 일본에 도착하여 호류지(法隆寺)에 정착했다.[29] 이 종파는 구사종을 비판했고, 모든 요소들의 공성(空性)을 강조했다.

삼론종(三論宗)

삼론종은 나라 시대의 육종(六宗) 중 하나로, 중국으로부터 본질적인 변형 없이 도입되었다. 이는 인도의 중관파와 중국의 삼론종에 해당한다. 이 종파는 길장(吉藏)의 한국인 제자로 겐코지(元興寺)에 살았던 혜관에 의해 성실종과 함께 625년에 일본으로 전해졌다. 중국에서는 영향력이 있던 삼론종이 일본에선 아무런 영향력을 미치지 못했다.

---

29 저자는 호류지(法隆寺)에 머물렀다고 하나 톰 로웬슈타인과 조계종의 책에는 모두 겐코지(元興寺)에 머무른 것으로 기록한다. 혜관은 625년 일본으로 건너가 "겐코지에 머물며 '삼론'을 가르쳐 많은 학자를 배출하다가 백제의 관륵(觀勒)의 뒤를 이어 일본의 제2대 승정(僧正)이 된다."(앞의 책,《붓다의 깨달음》, p. 236) : "7세기 초 고구려 승려로서 일본불교에 가장 큰 영향을 끼친 사람은 혜관 스님이다. 그는 625년에 일본으로 건너가 원흥사에 머물렀다."(앞의 책,《한국불교사》, p.20)

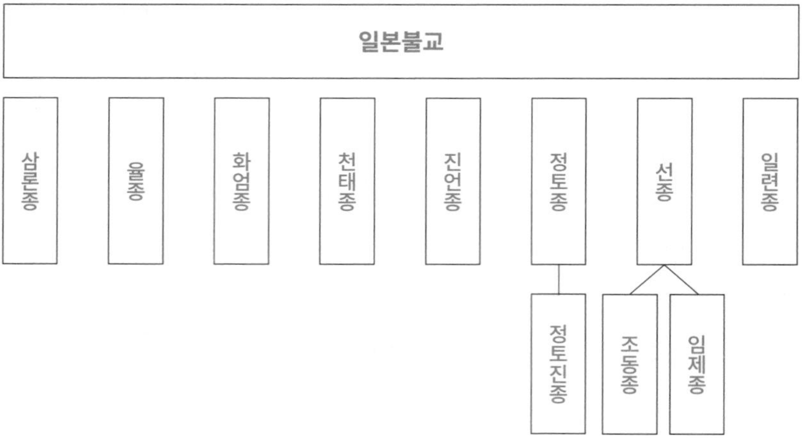

도표 9.4 일본불교의 주요 종파들

법상종(法相宗)

법상종은 중국 법상종(s. Yogācāra)이 일본에 전해진 것이다. 이 가르침은 적어도 네 번에 걸쳐서 일본으로 소개되었다. (1) 653년에 중국으로 가 현장 문하에서 공부한 도소(道昭)에 의해, (2) 658년에 중국으로 가 역시 현장 문하에서 공부한 치츄(智通)와 치다추(智達)에 의해 (3) 703년에 중국으로 가 지주(智周) 문하에서 공부한 치호(智鳳)·치란(智鸞)·치유(智雄)에 의해, (4) 716년에 중국으로 가 지주 문하에서 공부한 겐보(玄昉)에 의해서이다. 유명한 승려 교기(行其: 668~749)를 통해 이어진 도소 계보는 남사전(南寺傳)으로, 겐보 계보는 북사전(北寺傳)으로 불린다.

율종(律宗)

이는 계율을 중심으로 하는 일본불교 종파다. 중국 율종의 승려인 감진(鑒眞)에 의해 754년에 일본으로 전해졌다. 그는 도다이지(東大寺)에 수계를 위한 계단(戒壇)을 지었을 뿐만 아니라, 다른 몇 곳에도 계단을 지었다. 이 종파는 중국어로 《사분율(四分律)》로 알려진 법장부의 율장을 고수했다.

이 율장은 비구를 위한 250가지 계율과 비구니를 위한 348가지의 계율을 포함한다.

헤이안 시대(794~1185)에 이 종파는 쇠퇴했는데, 특별히 천태종의 개조 사이초(最澄)가 공식 계율이 너무 엄격하다고 없애고 오직 수정본만 보전했기 때문이었다. 가마쿠라 시대(1192~1338)에 미미한 부흥이 있었지만 오늘날까지 작은 종파로서 유지되고 있다.

화엄종(華嚴宗)

일본의 불교 종파 화엄은 《화엄경(華嚴經)》에서 비롯되었고, 나라 시대에 중요한 역할을 했다. 중국 승려 심상(審祥)[30]이 740년경에 일본에 전했고, 쇼무 천황이 열광적으로 장려했다. 천황은 나라에 있는 화엄종의 본사 도다이지(東大寺)에 거대한 비로자나불상을 세웠다. 화엄종에 대한 천황의 열정적인 관심은 종교적인 만큼이나 정치적이었다. 이 종파는 무엇보다 먼저 지식층에게 매력적이었다. 그러나 헤이안 시대가 다가오면서 점차 일본불교 문화에서 차지하는 중요성이 미미해졌다.

천태종(天台宗)

일본 천태종은 중국 천태종에 해당한다. 8세기에 사이초(最澄: 767~822)가 일본으로 들여왔다. 사이초는 히에이 산에 작은 사원을 지은 뒤, 특별히 천태종에 집중해서 공부하기 위해서였지만 아울러 다른 종파도 배울 겸 중국으로 떠났다. 그는 일본으로 돌아와서 자신의 가르침을 천태종과 통합했다. 이 종파의 중국 전통과 일본 전통은 둘 다 《법화경》을 중심 경전

---

30 "먼저 동국대 경주캠퍼스 교수 도업 스님은 일본에 화엄 전적을 전해주고 《화엄경》을 강설해 화엄이 하나의 종파로 성립되는 데 결정적인 역할을 했던 심상 스님이 신라인임을 피력했다. … 우리나라 학계에서는 심상 스님이 신라인임을 확신하고 있는 반면, 일본 내 일부 학자들은 심상 스님의 국적이 신라인임을 부정하거나 의문을 던진다. 일부 학자는 신라에서 유학한 뒤 다시 당에서 현수 법장 스님 밑에서 수학하고 돌아온 일본 스님이라는 학설을 통해, 화엄의 원류 또한 중국에서 비롯됐음을 주장하기도 한다."(어현경 기자, 불교신문 2572호, 〈일본 화엄사상의 원류는 신라불교〉)

으로 크게 강조하지만 교의적으로는 약간 차이가 있다. 천태 승려들은 12년간의 수련기를 마쳐야 했는데, 이는 이 종파가 윤리적인 삶에 커다란 비중을 둔다는 것을 암시한다. 천태종에는 밀교적 측면도 있다.

진언종(眞言宗)

진언종은 구카이(空海: 774~835)가 창시한 일본의 밀교(密教)이다. 구카이는 20세에 비구계를 받고, 804년에 중국으로 가서 중국의 진언종을 널리 공부했다. 805년에 일본으로 돌아와 도다이지(東大寺)의 주지가 되었다가 816년, 자신의 절을 창건하기 위해 고야산으로 옮겼다. 구카이의 절은 진언종의 본사가 되었다. 딴뜨라불교의 모든 종파들처럼 진언종은 만트라, 만다라, 무드라뿐만 아니라 다양한 명상 수행법을 포함한 여러 종류의 제의를 강조한다. 이 종파는 비로자나불과 관계가 있으며, 다양한 비법들과 관정(灌頂, abhiṣeka) 의식을 수행한다.

정토종(淨土宗)과 정토진종(淨土眞宗)

일본 정토종은 호넨(法然: 1133~1212)이 개창했다. 원래 천태종 승려였던 호넨은 점차 천태의 길이 구원을 얻는 수단으로 효과가 없음을 확신한 뒤에, 주로 샨다오(善導)와 겐쉰(源信)의 가르침을 통해서 중국 정토종의 이상을 받아들였다. 물론 일본엔 이미 엔닌(圓仁: 794~864) 이후로 정토종 가르침이 있었다. 엔닌도 중국에 머문 동안에 정토종과 다른 전통들을 공부했지만, 호넨이야말로 일본 정토종의 개창자로 간주된다.

정토종의 문헌적 기초는 《무량수경》과 《관무량수경》에 의지한다. 종교적 수행은 '넴붓수(念佛)'에 집중했는데, 구원에 접근하는 '쉬운 길' 혹은 '타리키(他力)'로서 정토종을 타 종파와 차별화했다. 호넨에게 주문 "나무아미다붓수(南無阿彌陀佛)"는 단순한 신앙의 표현이 아니라 아미타불에 대한 믿음을 강화하는 수단이었다. 호넨은 이 주문이 말법시대에 적절한 불교 수행법이라 여겼다. 정토종의 후대 분파인 정토진종과는 다르게, 호넨의 종파는 불교의 사원 중심 전통을 이어갔다. 호넨의 종파는 당시의 좀 더 공식적인 기성의 불교 종파들에게 위협적이었고 그들과 불화를 일으켰다. 그로 인해 호넨은 5년 동안 망명생활을 하였고, 죽기 1년 전에야 망명으로부터 벗어났다.

일본의 정토진종은 신란(親鸞: 1173~1263)에 의해 개창되었고, 그보다 앞선 호넨의 정토종을 기초로 했다. 이 종파는 아미타불의 은총에 의한 구원을 강조하는 정토계 문헌에 기초한다. 신란의 종교적 수행은 정확하게 "나무아미다붓수(아미타불께 예경드립니다)"로 표현되는 '넴붓수' 주문의 암송을 강조한다. 이 주문은 아미타불에 대한 완전한 믿음의 표현이고, 넴붓수의 암송은 정토에서 다시 태어남[極樂往生]을 보장한다.

수행자의 종교적 향상을 이끄는 것이 아미타불의 노력 때문이기에 이 종파는 일본불교 안에서 '타리키(他力)' 혹은 '쉬운 길' 전통에 속한다. 일본불교의 다른 많은 종파들과는 달리 정토진종은 공식적인 사원 전통이 없고 오로지 재가자만의 조직이다. 그럼에도 불구하고 정토진종 계열의 사원들과 기능적인 성직자들이 널리 존재한다. 이 조직의 회장은 '주지(住持)'라고 부르며, 세습이 가능한 본사(本寺)에 거주한다. 오늘날 정토진종은 오따니(大谷)와 홍간지(本願寺) 두 분파가 있으며, 둘 다 중심사찰을 교토(京都)에 두고 있다. 두 분파를 합하면 모든 일본불교 종파 가운데 가장 많은 신도를 유지하며 가장 대중적인 불교 종파로 남아 있다.

선종(禪宗)

중국의 임제종은 승려 에이사이(榮西: 1141~1215)에 의해 '임제선(臨濟禪)'으로, 중국의 조동종은 도겐(道元: 1200~1253)에 의해 '조동선(曹洞禪)'으로 일본에 전해졌다. '젠(禪)'은 명상을 의미하는 산스크리트 어 전문용어인 디야나(dhyāna)의 음역이라 할 중국어 '찬(禪)' 혹은 '찬나(禪那)'의 일본어 어휘로, '젠나'의 축약 형태다. 이는 깨달음을 성취하는 과정의 한 단계로서 적절하게 통제된 마음을 닦는 명상 수행을 의미한다.

비록 일본에서 다양한 선 종파가 발달했지만, 대개 경전에 의존하지 않는 직접적인 깨달음의 가능성을 제시한다. 성취된 깨달음은 각 존재들에게 내재된 불성(佛性)과 다르지 않으며, 깨달음을 전하는 일은 말 밖[言外]으로 일어난다는 가르침으로써 선을 강조한다. 이 '최종적인 깨달음[末後句]'은 독수리봉에서 석가모니 붓다가 마하가섭에게 침묵의 설법으로 명백히 전수한 최초의 가르침으로 거슬러 올라간다. 이 사건으로부터 선법의 계보가 시작되었고, 크고 다양한 문화 속으로 불교가 전수되는 2,500년의 역사 속에서도 전통은 깨지지 않고 있다.

에이사이는 중국의 임제선을 일본으로 가져왔고, 명상 수행에 공안(公案)을 사용하는 것까지 중국 임제선 전통을 그대로 이었다. 그는 1168년에 중국에 처음 갔고, 1187년에 다시 가서 일본에선 오료슈(黃龍宗)로 부르는 임제선 전통의 황룡 혜남(黃龍慧南) 계보 안에서 깨달음을 인가 받았다. 오료슈가 일본 선종의 시작이었지만, 임제선 수행 계보에 의해 지위를 빼앗기며 빠르게 사라졌다. 임제선 수행 계보는 13세기부터 유명한 조사들의 긴 명단을 이어오고 있다. 그들은 하쿠인(白隱: 1685~1768) 선사와 같은 보다 최근의 선사들을 위한 길을 닦았다. 임제종과 조동종 두 종파는 모두 오늘날 활동적인 종파로 공안 수행을 하고 계율을 엄격히 지킨다. 이런 이유로 일본 밖에서 큰 인기가 있다.

조동종은 도겐이 일본에 전했고 중국 조동종의 전통을 이었다. 원래 에이사이의 제자인 도겐은 1223년에 중국에 갔다. 그는 장옹 여정(長翁如淨: 1163~1228) 선사 아래서 깨달음을 경험하고 법을 전수받았다. 일본으로 돌아와 코쇼지(興正寺)의 주지가 되었고, 약 10년 뒤에 조동종의 주된 사원 두 곳 중 하나며 후대에 에이헤이지(永平寺)로 불리는 다이붓수지(大佛寺)를 창건했다. 비록 목표인 깨달음의 성취는 조동선과 임제선이 같지만, 선의 주요한 방식은 두 종파가 매우 다르다. 조동종은 '시칸타자(只管打坐: 오로지 묵묵히 앉음)'로 알려진 수행법을 사용한다. 이는 좌선 자체를 불성의 표현이라 여긴다.

임제종은 좌선에 코안(公案) 수행을 결합한다. 불가사의하고 수수께끼 같은 코안은 개념적 사고의 패턴을 뛰어넘어 마음을 극적으로 밀어내고 갑작스러운 깨달음의 빛을 촉진하도록 고안되었다. 조동종은 현대 일본불교에서 두드러진 역할을 지속하고, 일본 밖으로 전파된 인기 있는 선 수행법 중 하나다.

일련종(日蓮宗)

니치렌(日蓮: 1222~1282)은 그의 이름을 따서 지은 일본불교 종파의 개창자이고 《법화경》의 제목을 독송함으로써 구원을 얻을 수 있다는 믿음을 고백했다. 어부의 집안에서 태어난 니치렌은 15세에 계를 받았고, 그 이전의 유명한 여러 불교 인물들처럼 히에이(比叡) 산의 천태종 사원 단지로 공부하러 갔다. 니치렌은 그 시대의 다른 불교 종파들에 대해 비판적이었던 반면, 천태종 전통에 대해서는 불교의 '진짜 가르침'에 가장 가깝다고 생각했다. 그러나 이 전통조차도 《법화경》에 대해 충분히 강조하지 않는다고 생각했다. 그는 《법화경》이 가장 중요한 경전이라고 생각하고서, 그의 집에서 더 가까운 사원에 머물기 위해 히에이 산을 떠나게 되었다.

니치렌은 전통적인 불교 종파들이 주장하는 '잘못된' 종교를 실천함으로써 생기는 사회·정치적 폐해에서 개인적으로 일본을 구하고자 했다. 그러기 위해서 《법화경》이 말법시대에 종교적 실천으로 적합한 유일한 불교 문헌이고, 경의 제목을 암송하는 것이 해탈의 수단이라는 그의 생각을 공언했다.

니치렌이 계발한 수행은 주문이 새겨진 만다라 격의 '고혼존(本尊)'[31] 이라는 도상을 바라보면서 "나무묘호렌게쿄(南無妙法蓮華經)" 혹은 "훌륭한 가르침인 법화경에 예경드립니다."라는 문구를 반복해서 암송하는 것이다. 지나치게 혁신적인 생각과 시도로 인해 그는 망명해야 했고[32], 1274년

31 니치렌이 직접 도안한 통합된 근본 부처[本尊]를 상징하는 만다라.

까지 가마쿠라로 돌아가는 것이 허락되지 않았으며, 니치렌이 자신을 옹호한다고 생각했던 몽골의 침략이 이어졌다. 일련종은 니치렌이란 인물을 중심으로 성장했고, 《법화경》의 효험과 일본 국가주의를 극단으로 지지했다.

최근 일본불교의 발전

일본은 2차 세계대전 패망에 이어서 종교생활이 극적으로 변했다. 일본불교에 대해 적대적이었던 신도(神道) 국가는 더 이상 기능하지 못했다. 미군의 점령은 새로운 서구 문화와의 접촉을 제공했다. 종전(終戰)의 여파로 정부는 단지 새로운 세속적 역할 이상을 제공하게 되었고, 서구의 정치적·경제적·지적 개념들이 유입되었다. 예를 들어 이전의 불교 조동종과 임제종은 각각 고마자와(駒澤)와 하나노조(花園) 대학이 되었다.

보다 의미심장하게, 새로운 종파들이 등장하고 꽃피우기 시작했다. 이들 중 가장 비중 있는 그룹은 1938년에 추네사바로 마키구치(Tsunesabarō Makikuchi)가 설립한 '가치를 창조하는 사회'라는 의미의 소카 각카이(創價學會)다. 니치렌의 가르침에 기초해서 세상 안에서의 철저히 세속적인 일련의 목표와 개인의 안녕을 장려했다. 단순한 종파에서 한 발 더 나아가서, 서구 세계의 대부분의 도시에 지부를 두고 있는 '소카 각카이 인터내셔널(Sōka Gakkai International)'이라고 알려진 조직과 함께 코메이토(公明党)라는 정

32 "호전적인 자기 표현 방식과 《법화경》을 통치의 원리로 삼아야 한다는 그의 강력한 주장은 니치렌을 고립시켰다. 니치렌은 격렬한 언어로 자신의 견해를 펴 나가며 세속과 불교의 기성 체계를 모두 공격했다. 반응은 시종일관 부정적이었고, 이 목소리 높은 승려는 이즈(伊豆)의 한 섬으로 유배되었다."(앞의 책, 《붓다의 깨달음》, p.110)

치정당을 발전시켰다. 소카 각카이 또한 《법화경》의 효과적인 가르침에 기초한 '릿쇼 코세이카이(立正佼成會)'로 알려진 다른 운동[33]과 경쟁을 한다. 니와노 니쿄(庭野日敬)와 나가누마 묘코(長沼妙佼)가 1938년에 창설한 릿쇼 코세이카이는 모든 존재들에 내재된 불성과 똑같은 '자아를 봄(seeing self)'이라 부르는 것을 사회적 관계를 통해 실현하려고 노력한다. 이들 새로운 종교집단들은 여성에게 더 동등한 역할을 부여하고, 좀더 계몽된 접근을 현대 세계 안에서의 불교에 제공한다.

33 니치렌의 분파(앞의 책, 《붓다의 깨달음》, p. 241)

알아야 할 요점들

- 불교가 비록 한(漢) 왕조 때 중국으로 소개되었지만, 충분히 변용되는 데는 몇 세기가 걸렸다.
- 중국불교의 정점은 수(581~619)와 당(618~907) 왕조 시기였다.
- 중국불교의 주요 종파는 구사종, 성실종, 율종, 진언종, 삼론종, 법상종, 천태종, 화엄종, 선종, 정토종 등이다.
- 불교는 중국으로부터 한국으로 373년에 전파되었고, 다시 한국으로부터 일본으로 538년에 전파되었다.
- 한국불교의 주요 종파는 선종, 계율종, 화엄종, 해동종, 법상종, 열반종 등이다.
- 많은 불교 종파들이 일본의 나라 시대와 가마쿠라 시대에 발달했다.
- 일본불교의 주요 종파는 구사종, 성실종, 삼론종, 법상종, 율종, 화엄종, 천태종, 진언종, 정토종, 정토진종, 선종, 일련종 등이다.
- 일본에서는 1945년 이후 불교와 관련된 신흥 종파들이 많이 발달했다.

토론을 위한 질문

Q. 중국의 정토종과 선종은 왜 845년의 박해에서 다른 종파보다 살아남기가 쉬웠는가?

Q. 일본에서는 어떤 종파가 가장 강력하고 성공적인가? 어떻게 그러한 지위를 획득했는가?

Q. 한국의 불교는 현대 세계에서 어떻게 변화했는가?

나아가 읽을 거리

Buswell, Robert. *The Zen Monastic Experience: Buddhist Practice in Contemporary Korea.* Princeton, NJ: Princeton University Press, 1992.

Ch'en, Kenneth. *Buddhism in China: A Historical Survey.* Princeton, NJ: Princeton University Press, 1964.

Ch'en, Kenneth. *The Chinese Transformation of Buddhism.* Princeton, NJ: Princeton University Press, 1974.

Grayson, James Huntley. *Korea: A Religious History.* Oxford: Clarendon Press, 1989.

Kitagawa, Joseph. *Religion in Japanese History.* New York: Columbia University Press, 1966.

Lancaster, Lewis and C. S. Yu (eds). *Introduction to Buddhism in Korea: New Cultural Patterns.* Berkeley, CA: Asian Humanities Press, 1989.

Lopez, Donald, S., Jr. (ed). *Buddhism in Practice. Princeton Readings in Religions.* Princeton, NJ: Princeton University Press, 1996.

Tanabe, George J., Jr. and Donald S. Lopez (eds). *Religions of Japan in Practice.* Princeton Readings in Religions. Princeton, NJ: Princeton University Press, 1999.

10. 티베트의 불교

이 장에서는

티베트불교의 발달에 대해 알아본다. 티베트불교 전통의 역사적 발달, 티베트불교의 주요 종파들과 창시자들, 주요 문헌들, 유명한 불교인들과 장소들, 딴뜨라, 달라이 라마의 전통, 그리고 티베트 대학살을 살펴본다.

이 장에서 다루어진 주요 주제들

- 티베트불교의 역사적 발달
- 티베트불교의 주요 종파들
- 유명한 인물들과 주요 장소들
- 딴뜨라의 기본 구조와 주요 문헌들
- 달라이 라마 전통
- 중국의 티베트 강점과 티베트불교에 미친 영향

티베트불교의 역사적 발달

티베트는 지구상에서 가장 높은 지역에 위치한 나라여서 때때로 '눈[雪]의 땅'이라고 불린다. 약 122만km²에 걸친 혹독한 산악지대에 위치한 티베트의 인구는 약 6백만 명[34] 정도이다. 인도와 중국 사이에 자리잡고 있는 티베트는 광물자원밖에 없으며, 문화·경제의 통로 역할을 했던 무역로가 있을 뿐이다. 불교가 전래되기 이전의 티베트 종교는 뵌(Bön)이라는 토착 샤머니즘 전통이었다. 뵌 전통의 중심 역할은 신들을 불러내는 영매인 뵌(bön)이었다. 흰 뵌과 검은 뵌, 두 종류의 뵌 교가 발달했다. 흰 뵌은 고대 티베트의 천신들을 경배하고 악령들을 제압하는 데 치중한 긍정적 전통이었고, 검은 뵌은 흑마술과 비슷한 것들을 다루는 부정적인 것이었다. 여러 갈래의 뵌 전통이 불교 속으로 자리를 찾아들어 왔다. 존 파워즈(John Powers)는 티베트에 불교가 전래된 것은 "다양한 부처님과 보살들의 노력에 의해 이루어졌다고 믿어지며, 불보살들은 먼저 법(Dharmas)을 위해 민중을 준비시켰고, 이어서 법을 전파하기 위해 인간의 형상으로 나타났었

34 지역을 포함하는 데에 따른 차이가 있으나 대체로 300~350만 명으로 본다.

사진 10.1 티베트의 사원

다."라고 서술했다.[35]

불교와의 첫 번째 역사적인 접촉은 송짼감뽀(Srong-btsan-sgam-po: 616~650) 왕이 다스리던 시절에 이루어졌다. 전설에 따르면, 이 티베트 왕은 네팔의 왕 암슈와르만(Aṃśuvarman)의 딸과 결혼했고, 그녀에 의해 따라(Tārā) 보살에 대한 숭배가 확립되었다고 한다. 또한 왕이 중국 접경 지역을 정복한 이후로 티베트 인들은 중국으로 유학을 가기 시작했다. 아울러 코탄(Khotan)이나 쿠차(Kuchā)와 같은 중앙아시아의 왕국들과 다양하게 접촉했던 역사가 있다. 서기 632년 무렵 어느 때에 왕은 티베트 어를 만들기 위해서 카쉬미르로 사절을 보내기도 했다.

8세기 무렵, 티송데짼(Khri-srong-lDe-brstan: 755~797) 왕에 의해 첫 번째 불교사원이 세워졌고, 중국어와 산스크리트 어로부터 번역된 불

35 (저자 주) Powers, 1995:221

교 경전들이 비치되었다. 왕은 유명한 학자 샨따락시따(Śāntarakṣita, 寂護)를 날란다대학에서 티베트로 모셔왔으며, 또한 뛰어난 딴뜨라 대가 빠드마삼바와(Padmasambhava)도 모셔왔다. 티베트불교 종파 중 하나인 닝마(rNying-ma)파는 빠드마삼바와가 자신들 종파의 창설자라고 주장한다. 자세히 말하자면, 티베트는 인도와 중국 양쪽 모두와 접촉을 해왔기 때문에 불교의 가르침과 수행에 관해 많은 논쟁이 있었고, 심지어는 혼동까지 생겼다.

결국, 경전 결집이 792~794년에 티송데짼 왕의 주재하에 수도 라싸 근처에서 이루어졌다. 6세기 티베트불교는 송짼감뽀 왕이 네팔과 중국 두 나라의 여인과 결혼함에 따라 인도불교와 중국불교의 정보와 수행이 함께 유입되어 복잡해졌다. 787년에 삼예(bSam-yas)에 거대한 사원을 완성한 뒤, 그곳에서 샨따락시따의 초기 인도불교의 이상과 빠드마삼바와의 딴뜨라적 개념들, 그리고 당시의 중국적 관점 사이의 차이점들을 해결하기 위한 경전 결집이 이루어졌다.

결집은 문헌 안에서 대체로 화상(和尙)이라 불리고 있는 중국 승려 마하연(摩訶衍)과 샨따락시따 사이의 논쟁 형식을 통해 이루어졌다. 중국 승려가 '갑작스런' 깨달음[頓悟]의 개념을 주장했던 반면에 샨따락시따는 '점진적인' 깨달음[漸悟]을 주장했다. 샨따락시따는 또한 화상이 논박했던 공덕이 되는 행위의 효력을 강조했다. 화상의 주장이 명백하게 논파되었고 인도불교가 티베트불교의 발달을 위한 기초로 지속되었다. 중국 측 참가자들은 논쟁을 마친 뒤에 티베트를 떠났다. 결집을 위한 논쟁에서 인도 학자가 승리했기 때문에 이후 티베트불교는 지속적으로 인도 전통에 영향을 크게 받으며 발달하게 되었다.

랑다르마(gLang-dar-ma) 왕의 치세 기간(838~842) 동안 짧은 박해가 있었음에도 불구하고 불교 전통은 티베트에서 번창했다. 200년 안에 불교에 대한 새로운 이해를 전통에 불어넣고 티베트 승가를 확고한 기반 위에 확립하도록 돕기 위해서 인도의 위대한 승려학자 아띠샤(Atīśa, 燃燈吉

祥智: 982~1054)가 도착했다. 아띠샤의 중요한 제자인 돔뙨('Brom-ston)은 역사적 기원을 명백히 알 수 있는 티베트불교의 첫 번째 종파로 인정되는 까담(bKa-gdams)파를 창설했다. 이어서 수행을 위해 인도로 떠났던 위대한 딴뜨라 스승 마르빠(Marpa: 1012~1097)에 의해 까규(bKa-rgyud)파가 개창되었다. 마르빠의 계보는 위대한 시인 성자 밀라래빠(Milaraspa: 1040~1123)에 의해 이어졌다. 밀라래빠의 제자 감뽀빠(sGampopa: 1079~1173)는 이 새로운 전통의 첫 사원을 세웠다. 또한 이즈음에 사꺄(Sa-skya)파가 학문적 풍토를 강조하면서 시작되었다(1073).

겔룩(dGe-lugs)파로 알려진 티베트불교의 마지막 주요 종파는 쫑카빠(Tsongkhapa: 1357~1419)가 개창했다. 인도의 유명한 승원대학들을 본받아서, 겔룩파는 주요 승원들을 수도인 라싸 근처에 세웠다. 출가자들은 계율을 엄격히 준수했고 밀교(密教)와 현교(顯教)의 전통 양쪽을 모두 강조했으며, 의식용 빨간 모자를 쓰는 다른 종파들과는 대조적으로 노란 의식용 모자를 씀으로써 자신들을 구분했다. 쫑카빠의 세 번째 계승자는 관세음보살의 화신으로 인정되었고, 티베트불교의 종교와 정치 양측의 수장격인 첫 번째 달라이 라마(Dalai Lama)라고 선포되었다. 달라이 라마의 계보는 오늘날까지 이어져 중국공산당의 티베트 침략 직전인 1950년에 열네 번째 달라이 라마가 취임했다. 시간이 지나면서 티베트불교는 시킴, 부탄, 몽골, 그리고 구소련 지역으로까지 퍼져 나갔다.

티베트불교의 주요 종파들

티베트불교는 이제 이어서 설명할 네 개의 주요 종파들로 잘 알려져 있다. 네 종파 모두 대승(Mahāyāna)의 철학적 기원을 반영하고 있으며, 현대 세계인 오늘날까지 전승된 개별적인 가르침의 계보들과 연관이 있다. 각 계보가 고유의 유산을 특정의 인도 스승과 특별한 수행으로 거슬러 올라

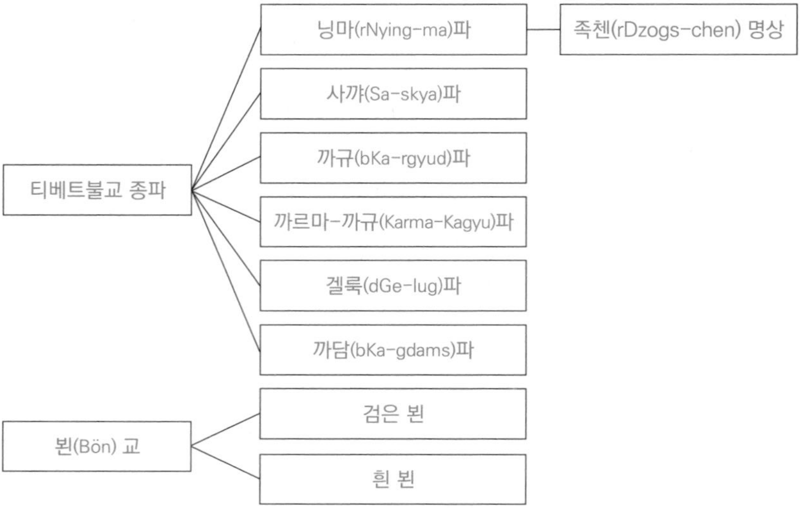

도표 10.2 티베트불교의 주요 종파들

간다 해도, 그들은 모두 인도불교의 보편적인 유산을 반영한다.

닝마(rNying-ma)파

티베트불교의 주요한 네 종파들 중 가장 이른 계보로, 문자적으로는 '옛 번역[舊譯]'이라는 명칭이다. 닝마파의 기원은 7~8세기 티베트불교의 시작 무렵으로 거슬러 올라간다. 이 파는 빠드마삼바와가 티베트로 가져온 정통 인도불교의 가르침을 주요하게 간직하고 있는 것 같다. 아마도 티베트의 불교 종파 중 가장 덜 정치적일 것이다.

티베트불교의 초기 역사에서는 랑다르마 왕(gLang-dar-ma: 836~842 재위)에 의한 불교 박해가 있었다. 박해에 대응하여 빠드마삼바와와 여러 사람들이 많은 성스런 경전들을 보호하려고 감추었고, 이 경전들을 더 안전한 때에 발굴될 '떼르마(gTer-ma; 보물)'라고 불렀다. 닝마파는 네 종파 중에서 가장 광대한 '떼르마'의 집성을 보유하고 있다. 이들은 족첸(rDzogs-chen; 大圓滿) 혹은 아띠요가(Atiyoga) 수행에 집중한다. 약 1세기에 걸쳐 서양에서의 르네상스와 같은 움직임이 중앙티베트에서도 있었다. 그것은 아띠샤, 마르빠, 그 밖의 인물들을 중심으로 티베트불교의 성격을 급진적으로 변화시켜 이어서 설명할 새로운 세 종파를 낳았다.

사꺄(Sa-skya)파

이 종파는 독미(Brog-mi)에 의해 개창되었는데, 그가 1073년에 설립한 사원 명칭에 따른 것이다.[36] 독미는 아띠샤와 같은 시대의 사람으로 인도에 있는 비끄라마쉴라(Vikramaśīla) 사원에서 8년 동안 공부했다. 그는 아띠샤와 린첸상뽀(Rin-chenb zang-po)의 '새로운' 딴뜨라를 강조하며 가르쳤다. 독미와 퀸(khon) 족에서 온 이들이 창설한 사원의 원로들은 12세기와 13세기에 걸쳐 막대한 힘을 지녔고, 해박한 지식으로 인해 높은 존경을 받았으며, 결혼이 허락되었다. 독미는 사꺄파의 계보를 아들에게 물려주었

사진 10.3 사원의 기도 바퀴들(마니차)

36 독미는 1072년 사망. 독미의 제자 꾄촉 걀뽀(1034~1102)가 1073년에 설립했다.

고, 이후로는 계보를 삼촌으로부터 조카에게 이르기까지 직계에게 물려주는 관행이 자리를 잡았다.

이 종파는 또한 불교논리학에 관한 사안들에 특별히 관심이 있었다. 사꺄 빤디따(Sakya Paṇḍita: 1182~1251)는 몽골과의 관계를 수립했고, 그의 조카 최겔 팍빠(Chos-rGyal 'Phags-pa: 1235~1280)는 쿠빌라이 칸(Kublai Khan)의 고위 성직자였다. 사꺄파는 쫑카빠와 겔룩파에 강한 영향을 미쳤고, 현대의 아시아와 서구 양측에 여전히 탁월하게 영향력을 미치고 있다.

까규(bKa-rgyud)파

티베트불교의 중요한 네 종파 중 하나인 까규파는 기원을 마르빠(Marpa: 1012~1097)로 거슬러 올라간다. 마르빠는 산스크리트 어에 능했던 티베트 인으로, 인도로 가서 띨로빠(Tilopa)와 나로빠(Nāropa)로부터 딴뜨라의 가르침을 전수받았다. 그는 자신이 티베트로 들여온 가르침에 기초해서 까규파를 위한 토대를 확립했고, 마하무드라(Mahāmudrā) 수행과 '나로빠의 육법(六法)'을 강조했다.

'나로빠의 육법'은 스승 띨로빠가 나로빠에게 전수했던 일련의 금강승(Vajrayāna) 교의다. 이 가르침은 나로빠의 제자인 마르빠에게 전수되었고, 마르빠가 티베트로 가져와 까규파의 수행법이 되었다. 육법은, (1) 내열을 일으킴[靈熱成就法] (2) 자신의 몸이 환상에 불과함을 경험함[幻身法] (3) 꿈 상태[夢法] (4) 명백한 빛 인식[正光明成就法] (5) 재생의 중간 상태[中陰] (6) 의식 전이(轉移)를 포함한다. 나로빠의 육법은 적절하게 수행했을 때 '싯디(siddhi)'라고 알려진 초능력의 성취로 이끈다고 한다.

마르빠는 티베트 역사에서 가장 위대한 시성(詩聖)이 된 그의 가장 가까운 제자 밀라래빠(Milarepa: 1040~1123)에게 가르침을 전수했다. 밀라래빠는 다시, 까규파를 체계화하고 첫 사원을 창설한 감뽀빠(1079~1153)의 영적 스승이 되었다. 까규파는 감뽀빠 이후 네 개의 주요한 하부 종파와 여덟 개의 더 작은 분파로 나뉘었다. 까규파는 정신적 스승으로부터 정신적 상속자에게 가르침을 직접 전수하는 것에 큰 비중을 두었다.

까르마-까규(Karma-bKa-rgyud)파

까규파의 주요한 하부 종파 중 하나인 까르마-까규는 초대 까르마빠(Karmapa)로 알려진 뒤숨 켄빠(Dus-gSum mKhyen-pa: 1110-1193)에 의해 12세기에 개창되었다. 이 전통의 계보는 개창자로부터 끊어지지 않고 이어져 온 까르마빠의 전승을 통해 확립되었다. 뒤숨 켄빠는 여러 개의 사원을 지었고, 많은 후계자를 두어 영향력과 하부 종파의 비중을 확장시켰다. 그들이 '흑모'파로 알려진 것은 까르마빠가 특정한 의식을 집전할 때 쓰는 천만 다끼니(ḍākinī, 鬼女神)들의 머리칼로 만들었다고 하는 검은 모자 때문이다.

까르마-까규 전통은 19세기의 잠곤 꽁툴('Jam-mgon Kon-sprul: 1813~1419)과 가장 최근의 까르마빠인 릭뻬 도제(Rigpe Dorje: 1924~1982)를 포함한 유명한 라마들을 다수 배출해 왔다. 릭뻬 도제는 티베트 대학살 기간과 그 이후에도 계보를 지켰고, 시킴(Sikkim)의 룸텍(Rumtek)에 중심사원을 세웠다.

겔룩(dGe-lug)파

겔룩파는 쫑카빠(Tsongkhapa: 1357~1419)가 개창했다. 쫑카빠는 어린 소년일 때 승가에 들어와 불교의 밀교와 현교 양쪽 전통에서 광범위한 수련을 했을 뿐만 아니라, 까담파에 깊은 영향을 받았다. 그 결과 쫑카빠가 창설한 겔룩파는 문자적으로 '덕을 닦는 사람들'을 뜻하는데, 이 덕이란 교의적인 문헌에 대한 체계적인 연구와 계율의 강조 두 측면을 아울러 반영한다. 이 파는 '황모파(黃帽派)'라고도 불리는데, 이전의 불교 종파들이 썼던 붉은 모자를 거부하고, 그들 사이에서 이제 전통이 되어 버린 노란 모자(황모)를 쓰기 때문이다.

겔룩파는 정치적인 지도력을 보여 주며 티베트불교 종파들 중에서

사진 10.4 의식을 위한 모자를 쓴 겔룩파 계보의 승려들

가장 영향력이 커졌고, 달라이 라마의 계보 전승도 이 종파 안에서 이어졌다. 살아남은 다른 모든 종파들처럼 겔룩파 역시 티베트 대학살의 여파로 인도로 망명한 뒤 그들의 활동을 계속 이어오고 있다.

까담(bKa-gdams)파

까담파는 아띠샤의 상수제자인 돔뙨('Brom-ston: 1008~1064)이 창시했다. 이 종파는 까담이란 명칭을 명백하게 받았는데, 왜냐하면 《깨달음의 길을 위한 등불(菩提道燈論, Bodhipathapradīpa)》 속에서 구체적으로 나타낸 아띠샤의 권위 있는 단어 '까담(bKa-gdams; 부처님을 가리킨다)'을 유지해 오기 때문이다.

돔뙨과 그의 직계제자들은 '초기' 까담파로 불리었는데, 비록 오래 전승되지는 않았지만 그들의 전통은 후에 쫑카빠에 의해 받아들여졌다. 돔뙨은 아띠샤의 유해가 안치된 사원을 세웠고, 그곳의 제자들에 의해 전통이 계승되었다. 그는 티베트의 수도 라싸 북쪽에 이 종파의 중심사원을 세웠다. 이 종파는 적절한 사원 수행과 딴뜨라적 의식에 대한 아띠샤의 가르침을 이어나갔다.

족첸(rDzogs-chen: 大圓滿)

족첸은 빠드마삼바와와 비말라미뜨라가 티베트에 들여온 무상요가(無上瑜伽, Atiyoga) 명상 전통이고, 닝마파의 핵심적 수행이다. 이는 롱첸빠(kLong-chen-pa: 1308~1364)가 14세기에 체계화했다.

이 체계 안에서 법신(dharma-kāya)이라 불리는 궁극적 실재는 붓다 사만따바드라(Buddha Samantabhadra, 普賢佛)로 인격화된다. 족첸은 가장 단순한 의미로 이 궁극적 실재에 대한 순수한 알아차림을 지향하는 것이다.

유명한 인물들과 주요 장소들

티베트불교는 일련의 주목할 만한 인물들로부터 오랜 혜택을 누려 왔다. 그들은 가끔 믿을 수 없을 만큼 어려운 환경에도 불구하고 불교 전통을 확대해 오고 그 유산을 보전했다. 이 인물들은 심오한 종교적 체험을 한 살아 있는 증거이고, 오늘날의 세계에도 여전히 존재하는 가르침의 전승을 시작했으며, 티베트 전통을 발달시킨 불교 수행법을 확정했다. 이들 중 가장 유명한 인물들을 이어서 설명하겠다.

빠드마삼바와(Padmasambhava, 蓮華生)

빠드마삼바와는 8세기 후반에 카쉬미르에서 티베트로 온 딴뜨라의 초능력 성취자(mahāsiddha)로서, 초기 티베트불교의 발달에 도움을 주었다.

빠드마삼바와는 티송데짼 왕이 그의 통치 기간(755~797) 중 불교 사원을 짓고자 했을 때, 지역의 토착종교였던 뵌 교의 악귀들을 쫓아내고 터를 정화하기 위해서 초대되었다. 787년 무렵, 라싸로부터 약 50km 정도 떨어진 곳에 악귀들을 쫓아내고 삼예(bSam-yas) 사원이 지어졌다. 빠드마삼바와가 티베트에 실제로 얼마나 오래 머물렀는지는 정확하게 추측하기 어렵지만, 그는 티베트불교 전통에 심오한 영향을 미쳤고, 일반적으로 티베트불교 닝마파의 개창자로 받들어진다.

닝마파는 여전히 그를 구루린포체(Guru Rinpoche)란 명호로 우러러 존경하고 있다. 그는 티베트에 머물러 있던 동안 닝마파의 떼르마(gTer-ma; 보물)로 불리는 위대하고 권위 있는 문헌들을 수없이 감춰 두었다. 그는 미래에 이 문헌들을 '떼르뙨(gTer-ston)'으로 알려진 적절하게 자질이 인정된 사람들이 발굴하고 설법하기를 기대했다. 그 결과 빠드마삼바와가 개창한 이 종파는 다른 어떤 티베트불교 종파보다도 많은 떼르마 문헌을 지니게 되었다. 여기엔 빠드마삼바와의 전기와 《티베트 사자의 서》가 포함되어 있다.

《티베트 사자(死者)의 서》

빠드마삼바와가 쓴 《티베트 사자의 서》 혹은 티베트 어로 '바르도 퇴돌(Bar-do thos-grol)'[37]은 위에서 설명한 떼르마 문헌에 속한다. 이 문헌은 여섯 종류의 삶과 죽음의 중간 상태들(바르도, 中陰), 혹은 죽는 때와 새로운 모습으로 재생하는 사이의 49일 동안의 상태에 대해 설명한다.

(1) 탄생 바르도 (2) 꿈 바르도 (3) 명상 바르도 (4) 죽음의 경험 바르도 (5) 궁극의 실재 바르도 (6) 재생(becoming)의 바르도.

37 "죽음과 환생의 상태에서 듣는 영원한 자유의 가르침. '퇴돌'은 듣는 것만으로도 영원한 자유에 이른다는 뜻이다. 바르도 퇴돌의 내용은 죽음과 환생 사이의 중간 상태에서 일어나는 윤회의 전 과정을 합리적으로 다루면서, 경험하는 모든 것이 자신이 만든 환상임을 깨달아 해탈하기를 가르치고 있다. 인간의 삶에 가장 큰 영향을 미치는 근본적인 자연법칙으로 이해되고 있는 까르마와 환생에 대한 고대인의 가르침을 담고 있다."(달라이 라마 저, 제프리 홉킨스 편역, 이종복 역, 《죽음을 이야기하다》, 담앤북스, p.121)

뒤의 세 가지 바르도는 붓다의 세 가지 몸[三身]과 연결된다. 죽음의 경험 바르도는 법신(法身, dharma-kāya) 혹은 궁극적 몸과 관련된다. 이때 흰빛이 나타난다. 궁극의 실재 바르도는 보신(報身, saṃbhoga-kāya)으로, 이때 다섯 가지 색깔의 빛이 나타나며, 각 색깔은 딴뜨라 이론에서 등장하는 다섯 '붓다 가족들' 중 하나를 나타내는 만다라와 관련이 있다. 마지막으로, 재생(becoming)의 상태 바르도는 응신(應身, nirmāṇa-kāya)과 연관되고, 이때 존재의 여섯 가지 상태들(bhavacakra)과 연관된 보다 적은 빛이 나타난다. 이 문헌이 제시하는 강력한 심상(心像)과 의식들은 그것에 정통한 사람이 해탈을 얻는 데 도움이 되도록 고안되어 있다. 에반스 웬츠(W.Y. Evans-Wentz)가 1927년에 처음 출판한 것을 시작으로 이 문헌에 대한 영역본이 많이 출간되었다.

아띠샤(Atīśa)

아띠샤(982~1054)는 1042년 티베트에 도착한 유명한 벵갈 출신 불교학자로, 티베트에서 말년을 보냈다. 아띠샤는 자신의 박식한 밀교적이고 현교적인 불교의 가르침에 기초한 사원대학교 비끄라마쉴라에서 티베트로 초대받았다. 그는 금욕과 엄격한 수행을 강조함으로써 티베트불교의 승가를 정화하는 것을 도왔고, 죽을 때까지 딴뜨라 수행을 가르쳤다.

이 시대에 쓴 그의 주요 저술은 《보리도등론(菩提道燈論, Bodhipatha-pradīpa)》이 있다. 아띠샤의 저술은 후대의 티베트 불교인들에게, 특별히 쫑카빠와 겔룩파에 많은 영향력을 미쳤다.

띨로빠(Tilopa)

띨로빠(989~1069)는 위대한 초능력의 성취자(mahāsiddha)였고 나로빠의 스승이다. 문자적으로 그의 이름은 '참깨를 가는 자'를 뜻하는데, 아마도 인도 전역에서 밀교적인 가르침과 수행법들을 수집했던 시기에 이어 벵골에서 가졌던 그의 오랜 직업을 반영할 것이다.

비록 띨로빠는 옷을 제대로 입지 않고 나타나는 등 종종 '미친' 것처럼 행동하는 기인(奇人)으로 묘사되지만, 자신이 통합했던 딴뜨라 수행법을 나로빠에게 전수했다. 이 가르침은 '나로빠 육법'이란 명칭으로 티베트에서 받아들여졌고, 특히 까규파 수행의 근간이 되었다.

나로빠(Nāropa)

나로빠(1016~1100)는 금강승 수행자였고 띨로빠의 제자이며, 자신의 제자 마르빠에게 물려준 가르침을 통해서 티베트불교의 발달에 기여했다.

나로빠는 띨로빠에게 수련을 받으려고 날란다대학에서의 지위를 버리고 수행자(yogi)로 전환한 학자였다. 마르빠가 마하무드라의 가르침뿐만 아니라 나로빠의 육법으로 알려진 일련의 가르침들을 받은 것은 나로빠를 통해서였다. 마르빠와의 연관으로 인해 나로빠는 까규파에서 중요한 인물로 존중된다.

마르빠(Marpa)

마르빠(1012-1097)는 까규파의 개창자로 간주되는 중요한 티베트 불교인이다. 산스크리트 어에 능숙했던 재가자로서, 법(Dharma)의 가르침을 찾아 세 번에 걸쳐 인도에 갔다.

첫 번째 인도 방문에서 위대한 스승 나로빠를 만났고, 날란다에서 몇 년에 걸쳐 수행을 지도 받았다. 두 번째 방문에 이어서 그는 밀라래빠를 제자로 받아들였다. 인생의 후반기인 세 번째 방문에서 마르빠는 스승 나로빠를 마지막으로 만났고, 또한 1042년에 티베트에 왔던 유명한 스승 아띠샤도 만났다. 마하무드라 가르침뿐만 아니라 나로빠 육법도 마르빠가 티베트로 가져왔다고 믿어진다. 그는 가끔 '번역가'로 불리기도 하는데, 까규파는 그 계보를 마르빠로부터 시작한다.

밀라래빠(Mi-Las Ras-pa)

그의 이름은 '무명옷을 입은 밀라'를 뜻한다. 마르빠의 유명한 제자인 밀라래빠(1040~1123)는 티베트불교에서 가장 위대한 시성(詩聖)으로 간주된다. 그의 초년의 삶이 흥미로운데, 마르빠의 제자가 되었던 전후의 사건들에 의해 가려져 있다. 그는 중년에 마르빠의 제자가 되었는데, 처음에는 마치 하인처럼 취급 받았다.

밀라래빠는 심오한 법의 전수를 받을 때까지 6년 동안 스승 마르빠로부터 엄청난 시험과 시련을 당했다. 결국 스승에게서 가르침을 전수받았고 특별히 나로빠의 육법에 집중했으며, 까규 전승의 2대조(代祖)가 되었다. 밀라래빠는 수년 동안 홀로 히말라야 동굴 속에서 지냈고, 서서히 제자들을 받아들였다. 은둔의 시기에 그는 가르침을 반영하는 많은 노래들을 지었다. 그는 이 가르침을 까규파를 체계화하고 첫 사원을 창건한 가장 가까운 제자 감뽀빠에게 전했다.

감뽀빠(sGam-po-pa)

감뽀빠(1079~1153)는 티베트불교 까규파 계보의 주요 인물인 밀라래빠의 제자이고, 이 계보에서 사원 전통을 시작한 스승이라고 믿어진다.

때로 '닥뽀(Dvag-po) 지역의 의사'로 불렸던 감뽀빠는 아내의 죽음에 이어 26세에 까담파 계보의 승려가 되었다. 6년 뒤에 그는 밀라래빠에게서 수련을 받았고, 밀라래빠의 주요 가르침을 단 1년 만에 습득하고 법맥을 이었다. 이 가르침들은 나로빠의 육법과 마하무드라를 포함했다. 그는 《해탈장엄론(解脫莊嚴論)》의 저자로도 유명하다. 감뽀빠 이후 까규파 전승은 네 개의 주요 하부 분파로 갈라졌다.

쫑카빠(Tsong-kha-pa)

쫑카빠(1357~1419)는 영향력 있는 겔룩파를 개창한 중요한 티베트 불교인이다. 티베트 북동쪽에서 태어난 그는 어린 시절에 승가에 들어가 사미승이 되었다. 그는 중부 티베트에서 공부를 했고, 불교 지식의 모든 기본 분야를 연구했으며, 특별히 불교논리학과 율장 두 분야를 좋아했다.

쫑카빠는 25세에 구족계(具足戒)를 받았고, 처음에는 소박하게 가르침을 펴기 시작했다. 그러나 25년 안에 라싸에서 주요한 인물이 되었고, 까담파에서 독립해 겔룩파 혹은 '덕스러운 종파'를 시작했다. 이 명칭은 쫑카빠가 계율과 교의적 연구 모두를 강조했기 때문에 붙여진 이름이다. 쫑카빠는 위대한 학자로 여겨졌고, 게셰(Geshe)로 알려진 일종의 불교철학 박사학위에 이르는 승원 교육 과정을 모두 이수했다.

그의 저술은 12권 이상 되는데, 깨달음의 단계들에 관한 매우 중요한 문헌이며 여러 권으로 구성된 《보리도차제론(菩提道次第論, Lam-rim chen-mo)》이 포함된다. 그가 개창한 겔룩파는 지금도 유지되고 있고 '황모파(黃帽派)'로 불린다. 달라이 라마의 계보도 쫑카빠가 개창한 이 종파 내에서 확립되었는데, 그것은 이 종파를 종교뿐만 아니라 정치적으로도 영향력 있게 만들었다.

삼예(bSam-yas) 사원

티베트에 세워진 첫 불교 사원은 아마도 티송데짼 왕의 통치기간인 787년 무렵에 완성되었을 것이다. 이 사원은 라싸에서 50km 정도 떨어진 곳에 위치한다. 아마도 빠드마삼바와와 샨따락시따가 창설했을 것이고, 벵갈에 있는 오단따뿌리의 인도불교 사원을 본떠서 지은 것으로 보인다. 설일체유부(Sarvāstivādin)의 수계식 계보가 삼예에서 확립되었고, 종교적 토론과 논쟁을 위한 활기찬 장소가 되었다.

삼예 사원은 샨따락시따의 제자인 까마라쉴라와 중국 승려 마하연 사이의 '갑작스런 깨달음[頓悟]'과 '점차적 깨달음[漸悟]'의 문제에 대한 유명한 논쟁이 벌어졌던 장소이다. 이 격렬한 논쟁에서 까마라쉴라가 성공적으로 인도의 논거를 지켜냄으로써, 티베트불교 전통에서 인도불교의 입지가 유효하게 유지되었다.

딴뜨라의 기본 구조와 주요 문헌들

딴뜨라(Tantra)는 전문적인 단어이며, 문자적으로는 '연속성' 혹은 '실(絲, thread)'을 뜻한다. 이 단어는 일반적으로 인도에서 발달했던 밀교적 불교 종파를 가리켰지만, 빠르게 그리고 특별히 티베트로, 나아가 중국과 일본으로 퍼져 나갔다. 인도에서의 기원은 7장에서 논의되었기에 여기서는 주로 티베트 안에서의 발달을 살피기로 한다.

이 종파는 대승불교 철학의 교의적 체계를 지지했고 만트라, 만다라, 그리고 자극적인 정신적 기법의 사용을 중심으로 한 자발성의 수련법들을 강조했다. 이 수련법들은 모든 이원성 너머로 이끌도록 고안되었고, 특별히 남성성과 여성성의 원리와 양자의 결합으로 상징화되었다. 딴뜨라 체계에서 남성성의 원리는 능숙한 방편(upāya)으로, 그리고 여성성의 원리는 지혜(prajñā)와 동일시된다.

딴뜨라는 또한 네 가지 형식으로 전해오는 문헌 계열을 가리킨다. 즉 (1) 소작(所作, kriyā) 딴뜨라 (2) 행(行, caryā) 딴뜨라 (3) 유가(瑜伽, yoga) 딴뜨라 (4) 무상유가(無上瑜伽, anuttara-yoga) 딴뜨라이다. 뒤의 두 계열은 일반적으로 앞의 둘보다 '더 수승한' 것으로 간주된다. 이러한 평가는 각 딴뜨라 수행을 의도했던 수행자들의 영적 발전에 의해서 이루어진다. 티베트불교의 가장 오래된 종파인 닝마파는 무상유가 딴뜨라를 세 가지 범주로 다시 세분한다. (1) 마하요가(mahāyoga, 大요가) (2) 아누요가(anuyoga, 無比요가) (3) 아띠요가(atiyoga, 無上요가)이다. 아띠요가 수행은 족첸(Dzogs-chen, 大圓滿)으로도 알려져 있다. 무상유가 딴뜨라는 불교 딴뜨라의 네 가지 계열 중에서 네 번째이고 그 마지막이다.

티베트불교 대장경에서 딴뜨라 문헌은 깐규르(bKa'-gyur, 佛說部)의 일곱 번째 하위 분류에 위치한다. 딴뜨라는 22권으로 구성되어 있고, 300종 이상의 문헌이 들어 있다. 네 가지 계열의 딴뜨라 중에서 첫 두 가지인 소작 딴뜨라와 행 딴뜨라는 마지막 두 가지, 유가 딴뜨라와 무상유가 딴뜨라보다 낮은 수준으로 여긴다.

'성취자들(siddhas)' 혹은 '완성자들'이라 불리는 이상적인 경지로 이끄는 것은 마지막 계열의 무상유가 딴뜨라다. 무상유가 딴뜨라는 중관파 철학에 기초하여 공성(śūnyatā)을 강조하며, 모든 주관과 객관의 이원성 제거, 그리고 지혜와 방편의 합일을 강조한다. 종교적으로, 무상유가 딴뜨라는 명상이나 남성과 여성 요가수행자들의 합환(合歡), 신성한 음식의 섭취, 그리고 싯디(siddhi)로 알려진 초능력을 얻고자 고안된 여러 제식들을 포함하는 의례 행위들에 중점을 둔다. 딴뜨라불교에서 가장 중요하게 여기는 두 문헌인 《구햐사마자 딴뜨라(Guhyasamāja Tantra, 密集金剛)》와 《헤바즈라 딴뜨라(Hevajra Tantra, 喜金剛)》가 이 계열에 속한다.

《구햐사마자 딴뜨라》는 무상유가 딴뜨라 계열에 속하는 중요한 금강승 문헌이다. 《챠끄라삼바라(Cakrasaṃvara) 딴뜨라》, 《헤바즈라 딴뜨라》, 그리고 《깔라짜끄라(Kālacakra) 딴뜨라》와 함께 이 문헌은 딴뜨라 문헌들 중에서 가장 중요한 문헌군에 포함된다. 이것은 거의 750년 전에 저술되었음이 확실해 보이는데, 어쩌면 6세기 초엽일 수도 있다. 이 《구햐사마자 딴뜨라》는 17부의 물라(Mūla) 딴뜨라와 18부의 웃따라(Uttara) 딴뜨라 두 부분으로 구성된다. 이 문헌은 가끔 '따타가따-구햐까(Tathāgata-guhyaka, 불성의 신비)'로도 불린다.

명상 방법은 네 명의 여성성 보살인 로짜나(Locanā), 마마끼(Māmakī), 빤다라(Pāṇḍarā), 따라(Tārā)와 합체로 묘사되는 남성성 바이로차나(Vairocana, 毘盧遮那) 붓다를 시각화하는 것이다. 또한 문헌에서는 모든 이원성과 분별이 부정되고, 궁극적 실재를 상징하기 위해 '금강석(vajra)' 혹은 '다이아몬드'란 단어를 사용한다. 이는 또한 공성(śūnyatā)과 연민(karuṇā)의 합일로 전문적 용어인 보리심(bodhicitta; 대개 '깨달음의 마음'으로 번역됨)이란 독특한 표현을 제시한다.

따라(Tārā)보살

티베트불교에서 가장 대중적인 천신 중 하나다. 전설에 따르면 따라보살은 관세음보살(Avalokiteśvara)의 눈물로부터 태어났다. 관세음보살은 자비와 관련이 있으므로, 따라보살은 관세음보살의 여성성이 구현된 것이다.

따라보살은 티베트불교에서 대단히 중요한 역할을 담당하는데, 그녀를 숭배하는 신앙이 발달했다. 그녀는 색깔, 자세 등이 서로 다른 다양한 21가지 모습으로 유명하다. 주로 초록색 혹은 흰색으로 나타난다. 많은 자료들은 그녀를 붓다로 간주하고, 때로 '모든 붓다들의 어머니'로도 칭한다. 아띠샤는 평생에 걸쳐 따라보살의 신봉자였다.

사진 10.5 따라보살상

《헤바즈라 딴뜨라》 또한 무상유가 딴뜨라에 속하는 중요한 금강승 문헌이다. 이것은 산스크리트 어, 중국어, 그리고 티베트 어 판으로 보전되고 있고, 이 모든 판본들은 700년 무렵보다 후대의 것으로 보인다. 이것은 금강살타(金剛薩埵, Vajrasattva) 붓다와 금강장(金剛藏, Vajragarbha) 보살 사이의 대화와 함께 시작하는 복잡한 문헌이다. 매우 철학적인 소재를 포함하고 있긴 하지만, 주요하게는 종교적 의식과 수행에 중점을 두어 자세하게 묘사한다. 겉보기에는 모순되는 소재뿐만 아니라 성적 관심으로 가득 찬 것 같아 보이지만, 그 결론은 금강승 수행도에 대한 명확한 이해를 위해 결정적으로 중요하다.

《깔라짜끄라(時輪) 딴뜨라》는 무상유가(anuttara yoga) 딴뜨라의 하위 분파인 아띠요가(atiyoga) 문헌이고, 문자상의 의미는 '시간의 바퀴'로, 딴뜨라 문헌들 중 가장 복잡한 것으로 생각된다. 이 문헌은 11세기에 인도에서 티베트로 소개되었을 것으로 보이며, 세 가지 기본 부분으로 구성되어 있다. (1) 일시적 요소들을 포함하고 있는 물리적 세계와 그 양상들을 검토하는 부분 (2) 개인의 정신-물질의 세계를 검토하는 부분 (3) 천신들의 시각화에 중점을 두는 부분. 깔라짜끄라 딴뜨라는 겔룩파에서 여전히 규칙적으로 수행되고 있다.

달라이 라마 전통

달라이 라마(dalai bla-ma)는 티베트불교 겔룩파 안에서 선택된 관세음보살의 연속되는 환생에게 명예의 표시로 주어지는 호칭이고, 티베트의 정치와 종교의 수장(首長)으로 여겨진다.

달라이 라마의 계보는 쫑카빠에 의해 시작된 겔룩파에서 출발한다. 겔룩파의 세 번째 계승자는 쫑카빠의 조카였는데, 당시 몽골 통치자 알탄 칸(Altan Khan)이 명예의 표시로 '달라이 라마'란 호칭을 그에게 봉헌했다.

사진 10.6 티베트 라싸의 포탈라궁. 달라이 라마의 공식 관저.

이는 그가 바다와 같은 지혜를 갖춘 영적 스승임을 의미했고, 겔룩파가 다른 티베트불교 종파들보다 정치적으로 우월함을 선양한 것이었다. 달라이 라마가 대를 이어 이어지면서, 새로운 환생(tulku)[38]을 찾아내고 확정하는 과정에 숨겨진 관문들이 수없이 설정됐다.

다양한 달라이 라마들의 역사는 굉장히 흥미롭고, 티베트불교의 어마어마한 복잡성과 교육 수준을 드러낸다. 지금까지 14대에 걸친 달라이 라마가 있었으며, 현재의 제14대 달라이 라마는 텐진 갸초(Tenzin Gyatso: 1935~)다. 그는 티베트 대학살에 평화로써 저항한 업적을 인정받아 1989년에 노벨평화상을 수상했다. 인도 다람살라의 티베트 난민집단에 기반을 두고서, 티베트 사람들의 처지와 관련된 문제와 세계 평화를 위해 애쓰면서 끊임없이 세계를 여행하고 있다.

빤첸 라마(Pan-chen bla-ma)는 제5대 달라이 라마에 의해 타쉬룬뽀

38 전생에 훌륭했던 불교 스승의 환생자.

(Tashi Lhunpo) 사원의 원장에게 주어진 호칭이다. 티베트불교에서는, 달라이 라마를 관세음보살의 화신으로 생각하듯이 빤첸 라마를 아미타불의 화신으로 받아들인다. 처음에는 특정 전승에 대한 종교적인 호칭이었던 것이 나중에는 당대의 달라이 라마가 서거한 순간부터 새로운 달라이 라마가 확정될 때까지 유지되는 달라이 라마 사무실의 대표 역할도 맡게 되었다.

달라이 라마의 전통을 둘러싼 논쟁이 게셰(Geshe) 껠상 갸쵸(Kel sang Gyatso)에 의해 제기되면서 '신(新)까담파 전통'으로 불리는 새로운 불교 종파의 성립으로 이어졌다. 이 종파는 지금의 14대 달라이 라마와 그가 이끄는 겔룩파 전통이 본래의 가르침으로부터 멀어졌다고 논쟁했다. 두 종파 사이의 주된 논쟁의 요점은 도제 슉덴(rDo-rje shug-ldan)으로 알려진 겔룩파의 수호신인 분노존(忿怒尊)에 대한 숭배를 계속할 것인가에 관한 것이었다. 20세기 말이 되도록 겔룩파 전통 안에서 이 수호신과 연관된 분파적 대립이 있어 왔는데, 현재의 달라이 라마가 티베트인들에게 이 분노존 숭배를 그만두라고 촉구했던 것이다.[39] 게셰 껠상 갸쵸와 신(新)까담파 전통은 이를 거부함으로써 아띠샤와 쫑카빠의 전통을 유지한다고 생각했다. 이 새로운 집단은 영국에 본부를 두고 있다.

중국의 티베트 강점과 티베트불교에 미친 영향

중국의 티베트 강점에 이어서 14대 달라이 라마 텐진 갸초는 1959년에 인도로 망명해서 티베트의 다른 많은 중요한 라마, 뚤꾸, 그리고 린포체들과 함께 망명정부를 수립했는데, 그들 중 일부는 아직 어린이들이었다. 마오쩌뚱이 이끌었던 당시의 중국공산주의는 대체로 티베트 종교와 그 중에

39 티벳하우스 코리아의 공지사항 〈슉덴에 대하여 알립니다.〉 참조.

서도 특별히 불교를 자신들의 사상과 반대되는 삶의 오래된 구식의 잔재로 보았기 때문에, 티베트의 장엄한 사원들을 대부분 파괴했고 그 과정에서 수많은 비구와 여성 출가자들을 처형했다.

티베트 불교인들이 자신들의 고대 전통을 보전하는 유일한 희망은 망명이었다. 인도, 네팔, 부탄, 시킴 등 여러 곳에 난민센터가 설립되었고 망명 중에 점차로 티베트불교를 재확립하도록 허락되었다. 20세기의 마지막 20년 동안에 종교적 학살은 줄었지만 여전히 티베트불교는 티베트에서 엄격하게 통제되고 있다. 그럼에도 불구하고 지난 반세기 동안, 티베트불교는 그들을 옹호하는 많은 이들과 서양인 신봉자들을 매료시키면서, 세계 무대에서 활발하게 활동하고 있다.

베이징올림픽 준비기간이었던 2008년 여름, 6개월에 걸친 올림픽 성화가 봉송되는 여러 도시에서 중국대사관에 대한 저항과 공격이 이어졌다. 같은 기간에 티베트의 수도인 라싸에서는 근 20여 년간 막아 왔던 1959년 실패한 봉기의 49주년을 기리는 대규모 독립 시위가 일어났다. 시위 대열에 500명의 승려들이 참여해 중국의 57년간 티베트 강점에 항의하는 구호를 외치며 라싸 중심으로 행진했다. 티베트의 중요 사찰 2/3가 저항에 참여했고, 나머지 1/3에 해당하는 승려들은 라싸로부터 약 47km 외곽의 산간에 위치한 간댄(Ganden) 사원에서 자체 시위를 벌였다고 보도되었다. 달라이 라마는 그의 조국에서 벌어지고 있는 어떤 문제에 대해서도 중국 인민들이 비난받지 않을 것이라고 말하면서 올림픽에 대한 어떠한 보이콧에도 반대했다. 그러나 올림픽 개막식은 반기문 유엔사무총장을 포함한 세계의 여러 정치지도자들에 의해 보이콧되었다.

알아야 할 요점들

- 불교는 송짼감뽀(616~650) 왕의 통치기간 중에 인도에서 티베트로 전래되었다.
- 150년 안에 티베트불교의 첫 번째 사원이 삼예에 세워졌다.
- 1500년까지 닝마, 까규, 사꺄, 겔룩의 네 종파가 개창되었다.
- 티베트불교는 빠드마삼바와를 시작으로 현재에 이르기까지 탁월한 불교인들을 지속적으로 배출하고 있다.
- 티베트불교의 금강승 전통은 복잡한 딴뜨라 문헌과 수행법에 의지함으로써 규정된다.
- 달라이 라마의 전승은 쫑카빠의 조카와 함께 시작되었고, 현재의 14대 달라이 라마 텐진 갸초(1935~)로 이어진다.
- 티베트불교는 거의 반세기 전에 행해진 중국의 티베트 강점을 피해 인도로 망명하여 살아남아 존재한다.

토론을 위한 질문

Q. 티베트불교의 종파 전통을 그들의 역사와 학설, 수행, 그리고 계맥 등을 중심으로 토론해 보시오.

Q. 딴뜨라의 전통적인 네 양식은 어떤 것들인가?

Q. 만트라란 무엇이며 어떻게 작용하는가?

Q. 티베트불교 역사에서 유명한 세 명의 인물을 골라 왜 그들의 역할이 티베트불교의 발달에서 결정적이었는지 설명하시오.

나아가 읽을 거리

Lopez, Donald S., Jr. (ed.). *Religions of Tibet in Practice.* Princeton, NJ: Princeton University Press, 1977.

Powers, John. *An Introduction to Tibetan Buddhism.* Ithaca, NY: Snow Lion Publications, 1995.

Powers, John. *A Concise Encyclopedia of Buddhism.* Oxford: Oneworld Publications, 2000.

Samuel, Geoffrey. *Civilized Shamans: Buddhism in Tibetan Societies.* Washington, DC: Smithsonian Institution Press, 1993.

Thurman, Robert. *Essential Tibetan Buddhism.* San Francisco, CA: Harper San Francisco, 1995.

Tucci, Giuseppe. *The Religions of Tibet.* Berkeley, CA: University of California Press, 1980.

Willis, Jan D. *Feminine Ground: Essays on Women and Tibet.* Ithaca, NY: Snow Lion, 1987.

4부:

현대

11. 서양의 불교

12. 사회참여불교

13. 불교 윤리

14. 불교학의 특성에 대한 고찰

11. 서양의 불교

이 장에서는

일반적인 불교의 세계화, 특별히 서양으로의 전파를 다룬다. 미국을 적절한 예로 들어서, 북미에서의 다양한 아시아 불교 전통들의 역사적인 진보를 서술한다. 또한 아시아 지역 밖에서 불교가 발달하는 데 영향을 주는 특정한 문제들을 검토한다.

이 장에서 다루어진 주요 주제들

- 역사적인 관점에서 본 불교의 서양 진출
- 세계화: 유럽, 호주·뉴질랜드, 북미와 남미
- 적절한 예: 미국의 불교
- 미국불교의 성장에 관련된 논제들

역사적 관점에서 본 불교의 서양 진출

모든 관점에서 볼 때, 아시아 대륙을 넘어서는 다른 지역으로의 불교 전파는 역사적으로 새롭다. 특히 흥미로운 것은 어떻게 불교의 가르침과 수행이 낯선 나라에서 새로운 본거지를 찾았는가이다. 지나치게 일반화될 위험은 있으나 아시아에서 불교가 확산되었던 현저한 특징은 '하향식'으로 소개된 측면에 있었다. 왕과 통치자들이 불교를 수용했고, 승려들을 초대했으며, 불교를 국교로 확립했다. 불교 사원과 승려들에 대한 국가적 후원은 중앙집권화에 도움이 되었고, 동시에 종종 고유의 것보다 더 우월한 가치를 지닌 문화를 소개하는 역할을 했다.

그러나 이에 대한 지식이 있는 독자라면 즉각 두드러진 반대의 예로서 기원 후 첫 세기의 중국을 떠올릴 것이다. 1~2세기에 불교 승려들과 학자들은 초대 받거나 환영받지 못했다. 오히려 교육받은 한(漢)나라의 상류 지배층은 불교의 가르침이 '이질적'이며, 정치·사회 질서의 조화로운 이상에 위협을 가하며, 야만적이기조차 하다고 평가절하했다. 사원 중심의 생활방식은 중국의 세속적인 실용주의와 생산활동에 필수불가결한 효(孝) 또는 충(忠) 사상과 양립할 수 없는 것으로 보였다. 그러나 세속적인 세상에서 활동적인 재가 불교인일 수 있는 '보살'의 이상과 함께 새롭게 대두되었던 대승불교와 유교·도교·불교적 요소들의 혼합이 전개되자 비판은 가라앉았다. 그럼에도 불구하고 불교는 중국이라는 토양에서 처음 반세기의 대부분을 위험한 공존 상태로 견뎌야 했다.

다양한 아시아 국가들에서 불교가 전파되고, 문화적으로 변용되고, 토착화된 역사와 비교해 볼 때 서양의 불교는 무엇이 새롭고, 무엇이 다른가? 단지 몇몇 요점들만 여기에 열거할 수 있을 것이다. 놀랍게도 불교는 어떤 서방 국가에서도 국교로 확립되지 못했고, 남아시아, 동남아시아, 동아시아, 그리고 중앙아시아나 내륙 아시아에서 누렸던 아낌없는 후원을 그 어디서도 누리지 못했다. 아울러 불교의 가르침과 수행법은 하향식으로 소개되지 않았고 아래로부터 전파되기 시작했으며, 종종 힘이 없고 경제적으로 혜택을 받지 못한 사람들이 앞장서서 옹호했다.

불교는 다양한 서구 사회 속으로 효소처럼 전파되었고 퍼져 나가고 있는 중이다. 영국 작가 스티븐 배츨러(Stephen Batchelor)가 불교와 서양 문화의 조우에 관한 그의 중요한 저작에서 지적했듯이, 이 '서구의 각성'의 첫 결과들은 예술을 비롯하여 꾸준히 증가하는 불교로의 개종자들과 불교 기관들, 그리고 서양 문화의 다종교적 구성 안에서 참여자와 동반자가 되어 가는 불교 모임들의 성장해 가는 인식 속에서 확인할 수 있다.

아시아 불교는 지역적인 문화의 요소들과 제례의식을 흡수하고 혼합함으로써 소위 '보통' 사람들, 즉 대중에게 다가갔다. 비상류계급, 사회의 낮은 계층에게 불교의 가르침과 세계관을 전파하는 일은 종교적인 형식과 의례들을 통해 이루어졌다. 불교가 지속적인 발판을 얻고 사회의 큰 부분에 영향을 미친 것은 토속신앙이나 무속적인 요소와 수행들을 광범위하게 수용하면서부터였다. 서구로 전파되는 불교에서는 일반적으로 이 마술적·무속적 기제들이 빠져 있다. 아시아 불교인 이민자들이라는 중요한 경우를 제외하면, 대부분의 서양 불교인들은 이 토속 종교적 혹은 대중적 불교의 면모에 연루되지 않았다. 오히려 서양인들은 불교가 이성과 개별적 경험에 바탕을 두었고, 합리적이고 과학적이라고 칭송한다.

때때로 기존의 서양 전통종교에 환멸을 느끼고 합리적으로 생각하는 서양의 불교 개종자들 역시 아시아에서와 마찬가지로 불교를 이해하고 해석하기도 한다. 그러나 불교의 개념이 보다 광범위한 사람들에게 전파된 것은 불교에서 통합이라고 불리는 실용적이고 세간적인 요소가 강조되었을 때 보다 빨리 일어났다. 이러한 흐름은 마술적이고 무속적인 의례들을 포함하지 않았음에도 불구하고, 오히려 예불과 명상으로만 이루어진 '수행에 주안점을 둔 특성'이야말로 불교가 1960년대 이후 빠르게 확산되도록 했던 요인으로 보인다.

여기서 유사성과 차이점 양 측면을 주목하는 데에서 한 발 나아가, 세 가지 특징을 더 조명하고자 한다. 첫 번째로 아시아에서는 불교가 현지의 문화를 변용시키고 스스로도 변하는 문화변용이 일어나 현지화가 이루어지는 데에 일반적으로 여러 세기가 걸렸다. 중국에서 정토종, 천태종, 그리고 선불교와 같은 중국불교 고유의 전통 양식들이 전개되었던 것은 수(隋: 581~617)와 당(唐: 589~906) 왕조가 되어서였다. 덧붙여서 일본에서 고유의 토착 불교 종파들이 발달하는 데는 불교의 전래로부터 대략 500년이나 지난 가마쿠라 시대였다.

그에 비해 서양에서는 창의적으로 변화시키고 현지화한 불교 양식을 창조하려는 시도들이 훨씬 빠른 속도로 발생하고 있는 것 같다. 서양에서 불교가 존재하기 시작한 지 이제 겨우 두 세기가 채 되지 않은 지난 3, 40년 동안 서양 불교도들은 '서양의' '유럽의' 혹은 '미국의' 불교를 만들어 내기 위해서 열정적인 노력을 하고 있다. 이미 일어난 새로운 양상들이 미숙하거나 성숙하거나 간에, 이러한 혁신적이고 비(非)아시아적인 기원을 갖는 불교 형식의 대두는 서양 불교인들의 자의식과 야심 어린 시도들을 반영한다. 21세기에 독립적인 불교, 서양식 형태와 종파들의 불교가 훨씬 더 큰 규모로 발달하고 번창할 것이라고 예측하는 데는 확실히 무리가 없다.

두 번째로, 서양 불교의 발달은 근래의 현상이다. 이 새로운 종파와 계보들은 현재 서양 각국에 존재하고 있는 불교 종파와 전통의 영역에 더

해져서 다양성을 더욱 배가하고 있다. 이 다수성과 다양함이 서양 불교의 두드러진 특성이다. 남아시아와 동남아시아의 테라와다불교, 중국과 동아시아의 대승불교, 혹은 중앙아시아와 내륙 아시아의 금강승불교처럼, 아시아에서는 대체로 한 나라나 한 지역에서 하나의 주요한 불교 전통을 볼 수 있었다.

그렇지만, 서양에서는 이 모든 다른 수레[乘, yāna]들이 한 나라 혹은 한 지역, 심지어 로스앤젤레스, 런던, 베를린, 혹은 시드니에서처럼 한 도시에서조차도 함께 나타났다. 지금까지 아시아에서는 수천 마일이나 서로 떨어져 있던 전통들이 서양에서는 바로 이웃이 되었다. 서로 알아가는 과정이 이제 막 시작되었다. 각 전승이 보유한 특정의 해석과 수행에 대한 협조와 호혜적 인식은 동양의 여건보다는 서양이라는 여건에서 더 쉽게 흐르고 있는 것 같다.

일부 서양 불교도들은 20세기의 개신교 운동에서 빌려온 개념인 '초교파주의(ecumenicism)'가 불교에서 일어나고 있다고 서둘러 말하기조차 한다. 마침내 우리는 서양 지역에 불교가 전파되어 온 과거와 현재를 바탕으로 불교가 정착하고 성장해 온 과정과 불교를 전파하는 데 이루어진 발전뿐만 아니라, 새롭고 이질적인 사회 문화적 맥락을 받아들이기 위해 사용된 방법들까지 학문적 관심과 연구로써 자세히 조사할 수 있게 되었다.

이제 우리는 서로 다른 다양한 전승의 자료들에 의존할 수 있고, 또한 서양 각국에서의 개별적인 불교도들의 삶을 면밀히 조사하기 위해 여러 가지 방법론적 접근을 적용할 수 있다. 예를 들어, 특정 불교 종파나 분파들이 공공단체로 발전하거나 나누어지고 혹은 해체되는 양상을 자세히 추적할 수 있다. 그와는 대조적으로 적어도 천 년 전에 아시아에서 새로운 지역과 문화로 불교가 확산된 양상을 연구하는 데는 종종 단순하게도 구체적인 자료와 정보의 내용이 부족하다.

서양에서는 과거와 현재에 불교가 확산된 양상에 대한 자료를 모을 수 있다. 아시아에서의 역사적 자료들은 단편적이고 불완전하며 특정 관심사와 논쟁으로 이끌리는 경우가 빈번했다. 당시에는 단지 동시발생적이거나 때로는 우발적이었다. 어떻게 인도에서 발생한 불교 전통과 신봉자들이 아시아라는 새롭고 종교적으로 다른 문화와 사회 안에서 발판을 마련했는지에 관한 자세한 설명은 종종 수십 년에서 수세기의 특정 기간에 국한되어서만 파악될 수 있었다. 여러 불교재단에서 대부분 성과를 내며 분석해 낸 종교적 관점에서 본 민족지학(民族誌學)이나 사회학, 혹은 서양이라는 맥락에서 근래 몇 년에 걸쳐 이루어진 불교 발전에 대한 분석과는 달리 불교가 전 아시아에 확산된 정황을 정확히 추적하기는 어렵다. 불교 연구의 특징으로 오랜 동안 고수되어 온 문헌중심주의는 많은 학자들이 문헌학 이외의 방법을 사용하는 것을 막아 왔다.

세계화: 유럽, 호주·뉴질랜드, 북미와 남미

이제는 불교 문헌에서 '서양 불교'란 표현을 매우 일반적으로 만날 수 있다. 그러나 '서양'을 서양이라고 생각할 만한 다양한 나라들 안에 유사한 사회-정치, 문화, 그리고 법률적 환경을 제공하는 동질(同質)의 전체로는 인식하지 말아야 한다는 것을 명확히 해야만 한다. 완전히 정반대이다. 실제로 쓰이는 맥락에서의 '서양'이라는 개념은 불교의 가르침과 수행법, 불교인들과 불교적 사유가 확립되어 가는 산업화된 비(非)아시아 국가들을 의미하곤 한다. 여기서 '서양'은 캐나다, 미국, 브라질, 유럽의 여러 나라들, 남아프리카, 호주 그리고 뉴질랜드의 축약으로 쓰일 수 있다.

이전 장들에서 했던 것과 같이 자세히 설명하지 않음에도 불구하고 과거와 현재의 불교와 관련된 활동들에 대한 강력하고 충분한 지식을 얻는 것은 이들 비(非)아시아 국가들을 통해서이다. 그렇기는 해도 페루나 멕시코, 카리브제도, 가나, 혹은 이스라엘에서의 불교도들과 불교활동에 대해서는 사용 가능한 자료가 아직까지는 너무 부족하고 신뢰할 수 있는 설명을 제공하는 것이 아주 드물기 때문에 그저 간략히 설명할 수 있을 뿐이다. 불교가 확산되고 학문적 연구의 관심 영역이 계속 확장됨에 따라 가까운 미래에는 더 많은 지역의 불교사를 설명할 수 있기를 바란다.

아시아적 관점에서 보면 불교인들과 불교적 사유체계, 그리고 불교 수행법이 '서양'으로 간 것만은 아니다. 같은 방식으로 그것들이 '동쪽 세계'로 흘러들었다. 19세기에 일본이나 중국 출신 노동자들은 남미와 북미로 이민을 갔다. 20세기의 하반기에는 한국, 홍콩, 그리고 동남아시아 출신 이민자들과 망명자들이 캐나다와 미국으로 향했다. 아시아 대륙에서만 감지되던 불교가 서쪽과 동쪽 양 방향으로 퍼져 나간 것이다.

지금의 세계화(globalization) 시대에는 거리의 차이가 단지 비행기를 타고 내릴 때 겪는 시차(時差)로 인한 피로감에 의해서만 측정되는 것처럼 보인다. 종교사가인 니니안 스마트(Ninian Smart)를 포함해서 많은 학자들은 1960년대에 시작된 '세계의 세계화 시대'에 대해 말한다. 대륙 횡단 여행과 불교의 개념, 문헌, 그리고 스승의 확산은 1세기 전에 발생했다. 그렇지만, 오늘날에는 엄청나게 발달된 교통수단에 의해 이전 시대에는 짐작도 못했던 강력한 소통이 가능해졌다. 이전 시대에는 먼 극지와 오지였던 곳들까지도 원격 통신과 인터넷을 포함한 최첨단 기술 덕분에 이제는 세계적 통신망 안에서 실질적인 이웃이 되었다. 이러한 세계화 시대에 주로 아시아에 위치한 중심 사찰과 다양하게 세계로 확산된 불교 전통의 '해외' 센터들 사이의 밀접한 연결이 역사적으로 유례 없는 범위와 속도로 이루어지고 있다. 그러나 지금까지 불교의 전통과 조직을 연구해 온 학자들은 단지 드물게 세계화(globalization)와 다국적(transnationalism) 이론들을 불교의 세계적 확산에 적용했다. 이어지는 개론에서 우리는 이 중요한 분석적 관점들 중 한 가지 단서를 살펴볼 것이다.

세계화 과정의 명백한 특징은 불교의 개념, 수행법, 그리고 사람들이 새로운 비아시아 지역과 나라들로 지리적으로 확산된 것이다. 대만의 불광산(佛光山) 승단과 태국의 담마까야(Dhammakaya) 재단 같은 근래에 세워진 불교 조직에서 보이듯이, 불교의 서양으로의 확산은 아시아 국가들로부터 온 여러 전통들과 함께 계속되고 있다. 이 전파 과정은 지난 20년 동안 영국인이 창설했던 '서양불교승단의 친구들(Friends of the Western Buddhist Order)'이나 로버트 아잇켄(Robert Aitken)에 의해 창설된 '다이아몬드 상가(the Diamond Sangha)' 등 새롭게 부상하는 서양의 불교 단체들처럼 전 지구적 차원에서 발판을 마련하기 시작하면서 증가했다.

이러한 서술적인 파악은 더 자세히 들여다보아야 한다. 불교의 세계화는 중심에서 주변으로, 즉 아시아에서 서양 국가들로의 전파만을 가리키지는 않는다. 불교의 세계화는 각 지역으로 분화된 불교에 대한 해석과 수행을 기반으로 하여 새로이 설립된 센터들의 출현을 포괄한다. 의식적으로 '서양불교 양식'이라고 이름 붙인 새로운 조류는 위에서 언급한 불교의 세계화라는 포괄적인 과정 속에서의 발달이다.

달리 말해서 불교는 세계적으로 확산되면서 '지역적 변형'을 겪게 된 것이다. 세계화된 불교는 개별화, 즉 사회-문화적으로 개별화·특수화된다. 결론적으로, 불교의 세계화는 불교적 권위의 주요하고도 유일한 대리인 역할을 해온 '아시아의 중심'이 해체되고, 여러 대륙에 걸쳐 서로 다른 권위를 부여받은 다양한 불교 조직이 출현한 것을 의미한다. 우리는 20세기 말까지 각각 다른 기원을 가진, 그리고 다(多)중심적인 불교의 흐름들이 하나하나 형성되어 온 불교의 세계화가 진정으로 시작된 시기에 접어들었다. 불교 네트워크와 조직은 세계적 차원에서 편안하게 운영되고 있다. 동양과 서양에서뿐만 아니라 지구의 북쪽과 남쪽 지역에서도 불교의 권위와 정통성을 갖춘 센터들을 볼 수 있다. 세계화 과정의 영향과 일반화된 불교 전통 내에서의 '새로운 목소리'의 출현에 대한 연구는 확실히 주목할 만하다.

적절한 예: 미국의 불교

소로우(H.D.Threau)나 에머슨(R.W.Emerson), 휘트먼(W.Whitman) 같은 저명한 미국 문인들의 저서에 동양의 영향이 언급되고, 미국에서의 동양 운동에 대한 신지주의자(Theosophist)들의 영향을 지적하는 것이 지금은 아주 일반적이지만, 좀더 구체적으로 다가가서 미국에서 불교가 시작된 것을 말하자면 1840년대에 북미 대륙 서부 해안에 나타나기 시작한 중국 이민자들을 추적할 수 있다.

셔터스 밀(Sutter's Mill)에서 금을 발견하기 전까지는[1] 중국인 이민자가 적었지만, 이 땅의 황금으로 인한 부에 관한 소식이 전해지자 이민자는 기하급수적으로 증가했다. 《백조가 호수에 어떻게 왔는지(How the Swans Came to the Lake)—이야기로 푼 미국에서의 불교 역사》의 저자인 릭 필즈(Rick Fields)는 1852년까지는 캘리포니아에 2만 명의 중국인이 있었고, 그로부터 10년 이내에 캘리포니아 인구의 거의 1/10이 중국인이었다고 제시했다. 바로 그 캘리포니아 해안선에 산재하고 샌프란시스코의 차이나타운 구역에 나타나기 시작한 중국 사원들에서 불교와 도교, 유교가 절충되어 섞여 있는 종교 관행들이 행해졌다. 그러나 많은 수의 불교 승려들이 거주했음에도 불구하고, 분명히 중국불교는 북미 대륙에서 훨씬 나중까지 발전하지 못했다.

미국 내의 일본인의 존재는 중국인보다 더 느리게 발전했지만 보다 큰 영향을 미쳤다. 1890년 중국인들의 존재가 이미 명백해졌을 때에도 미국에 체류하는 일본인 수는 겨우 2천 명에 불과했다. 그러나 1893년 시카고 세계박람회와 함께 개최된 세계종교의회(World Parliament of Religion)는 미국에서 일본불교의 전체 풍경을 근본적으로 바꾸었다. 이 의회에 참

1 19세기의 개척자인 존 셔터(John Sutter)가 소유한 제재소에서 금이 발견되어 미국 역사의 주요 사건인 캘리포니아 골드러쉬(Gold Rush)를 불렀다.(위키피디아)

석했던 이들 중 샤쿠 소엔(Shaku Sōen: 1860~1919)은 십 년 뒤에 미국으로 다시 돌아와서 일본 젠(Zen) 불교의 주요한 두 종파 중 하나인 임제선 종파를 발전시켰다. 1905년에 미국으로 돌아온 소엔은 여러 도시에서 강의를 하며 젠[禪]을 가르치기 위한 기본 바탕을 확립했다. 1906년에 일본으로 돌아가 미국에서의 임제종 계보를 발전시키기 위해 그의 제자 세 명을 선발했다.

소엔의 첫 번째 제자 센자키 뇨겐(Senzaki Nyogen)은 20세기의 첫 10년 무렵에 캘리포니아에 도착했지만 법을 가르치는 일은 1922년까지 지연되었다. 소엔의 두 번째 제자 샤쿠 소캇수(Shaku Sōkatsu)는 1906~1908년에 걸쳐 미국에서 살았고, 다시 1909~1910년 미국에 거주했는데 별 영향을 미치지 못하고 일본으로 돌아갔다. 소엔의 가장 주목 받는 제자이면서 미국에서 불교가 초기에 성장하는 데 가장 영향을 널리 미친 사람은 스즈키 다이세츠(Suzuki Daisetz, 鈴木大拙)이다. 스즈키는 일리노이 주 라살(LaSalle)에 있는 오픈 코트 출판사에서 1897년부터 1909년까지 근무하다가 불교 연구 경력을 쌓으려고 일본으로 돌아갔다. 그러다 1936년부터 2차 세계대전이 발발할 때까지 다시 미국에 머물렀고, 마지막으로 1950년에서 1958년까지 미국의 여러 대학과 도시에서 빈번하게 강의를 했다.

그렇다 해도, 임제종만이 미국에서 발달한 유일한 일본불교의 종파는 아니었다. 일본 선의 다른 주요 종파인 조동종 역시 1950년대에 미국에 등장하기 시작했다. 1950년대 중반에 소유 마츠오카(Sōyū Matsuoka) 로쉬(老師)는 시카고 불교사원을 설립했고, 스즈키 순류(Suzuki Shunryu, 鈴木俊隆) 로쉬는 1959년에 샌프란시스코에 도착한 직후 샌프란시스코 젠 센터(San Francisco Zen Center)를 설립했다. 스즈키 로쉬의 법 계승자들은 조동종을 이어 나갔고, 소수의 여성 로쉬들 중 한 사람인 지유 케넷(Jiyu Kennett)을 비롯한 다른 스승들의 계보가 이어졌다.

임제선과 조동선의 전통적인 전승과는 별개로 임제와 조동 두 종파의 주요 교의와 수행법들을 통합한 전체로 조화를 이루려는 또 다른 형태를 시도한 선도 미국에 나타났다. 이 새로운 운동의 기원은 미국을 직접 방문하지는 않았던 하라다 소가쿠(Harada Sogaku) 로쉬에게 있었다. 1956년 미국에 도착한 타이잔 매즈미(Taizan Maezumi) 로쉬와 1962년에 처음 미국을 방문했고, 1973년에 죽을 때까지 미국을 정기적으로 방문한 하쿤 야수타니(Hakuun Yasutani) 로쉬가 이 접근법의 지지자들이다. 그리고 1946년에 도쿄에서 개최된 전쟁 범죄 재판 기간에 법원기자로 근무하면서 일본 종교와 문화에 대해 처음 배웠던 미국 태생 필립 캐플루(Philip Kapleau)가 포함된다.

매즈미 로쉬와 캐플루 로쉬는 굉장히 성공적이었다. 매즈미 로쉬는 로스앤젤레스 선원을 설립했고, 1995년 죽을 때까지 머물렀다. 그는 12명의 법의 상속자들을 남겼고, 그들 대부분 활동적이고 창조적인 각각의 단체들을 발달시켰다. 캐플루 로쉬도 또한 매우 성공적이었는데, 로체스터와 뉴욕에 안정적인 선 공동체를 설립하여 선 수행에서 미국식을 발달시키려는 시도로 주목받았으며, 근래에 13주기를 축하했다. 또한 언급할 만한 중요한 이들로는 로버트 아잇켄(Robert Aitken) 로쉬, 아이도 시마노(Eidō Shimano) 로쉬, 그리고 조슈 사사키(Joshu Sasaki) 로쉬가 있다. 로버트 아잇켄 로쉬는 1959년 하와이에 다이아몬드 상가(Diamond Sangha)를 개창했고, 아이도 시마노 로쉬는 야수타니 로쉬의 통역가로 미국에 처음 왔다. 조슈 사사키 로쉬는 1966년 로스앤젤레스에 시마론 젠 센터(Cimarron Zen Center)를, 5년 뒤에는 발디마운틴 젠 센터(Mt. Baldy Zen Center)를 설립했다.

20세기의 전환점 직전까지 젠(禪) 계열만이 미국에 등장한 일본불교 전통은 아니었다. 1898년에 두 명의 선교사 슈에이 소노다(Shūe Sonoda)와 카쿠료 니시지마(Kakuryō Nishijima)가 일본불교의 정토종(淨土宗)과 관련된 기관인 '북미불교선교(Buddhist Mission of North America)'를 설립하기 위해서 파견되었다. 비록 1924년에 공포된 일본인 이민 입국거부법령에 의해 크게 어려움을 겪었지만, 1931년까지 33개나 되는 일본계 주요 사찰들이 활동하고 있었다. 2차 세계대전의 발발과 함께 십만 명 이상의 일본 출신 미국인들이 포로수용소에 격리 수용되었는데, 그들 중 반 이상은 불교도였고, 3분의 2는 미국 태생이었다. 북미불교선교란 이름은 1944년에 '미국불교교회(Buddhist Churches of America)'로 변경되었다. 샌프란시스코의 본부와 함께 이 불교기관은 미국에서 가장 안정적인 불교 집단 가운데 하나로 남아 있다.

1960년대에 일본불교의 또 다른 형태가 미국에 전해졌다. 이것은 '니치렌 쇼슈(Nichiren Shōshū, 日蓮正宗)'로 알려졌고, 매우 의심스러운 숫자이긴 하지만, 1974년까지 258개의 지부와 20만이 넘는 회원을 자랑했다. 이 단체는 일본의 소카 각카이(Sōka Gakkai, 創價學會) 운동으로부터 성장했다. 소카 각카이는 13세기 인물 니치렌(日蓮: 1222~1282)의 가르침에 기초한 불교의 비(非)명상적 전통으로《법화경(法華經)》에 중점을 둔 교의와 수행법을 따른다. 후에 죠지 윌리엄스(George Williams)로 이름을 바꾼 마사야사 사다나가(Masayasa Sadanaga)가 미국으로 들여온 소카 각카이는 산타모니카에 본부를 세웠고, 거기서 불교로 개종시키는 활동적인 프로그램을 시작했다. 이 집단은 최근에 분열되어 지금은 단체의 명칭을 '소카 각카이-미국(Sōka Gakkai-USA)'으로 바꾸었지만, 미국에서 여전히 강력한 불교 단체로 남아 있으며, 유럽계 미국인과 아프리카계 미국불교인들 사이에서 대단한 인기를 얻고 있다.

중국인들은 다시 한번 미국불교 안에서 그들의 존재를 드러낸다. 일본불교 단체들처럼 그렇게 드러나지는 않았으나, 지난 반세기 동안 몇몇 중국불교 기관들이 나타났다. 아마도 이들 중 가장 주목할 만한 것은 원래 '중미불교협회(Sino-American Buddhist Association)'로 알려진 거대한 사원 집단이다. 이 협회는 수안화(Hsüan Hua, 宣化)란 법명의 덕망 있는 스님의 입종 때까지 그의 지도하에 있었다. 1959년에 설립된 이 기관은 캘리포니아 탈매지(Talmadge)에 '만 불의 도시(City of 10,000 Buddhas: 万佛聖城)'로 알려진 거대한 사원을 설립했고, 이 사원은 현재 '법의 왕국 불교협회(Dharma Realm Buddhist Association)'로 확인된 모임의 본부로 사용되고 있다. 심지어 더 큰 규모의, 그리고 아마도 더 중요한 비중의 서래사(西來寺, Hsi Lai Temple)는 1978년에 로스앤젤레스 외곽에 설립되어 현재 다양한 불교의 가르침과 서비스를 제공하고 있다. 그 밖에도 사실상 모든 대도시 지역에서 여러 다른 중국불교 집단들을 만날 수 있다.

미국에는 대략 125개의 중국불교 기관이 있고, 그 중 반 이상은 캘리포니아에, 1/5은 뉴욕에 있다. 미국 내 중국불교 집단의 종교적 관행은 대개 선종, 율종, 천태종, 밀교, 그리고 정토종 수행법을 결합한 다양한 불교 종파들의 절충적인 연합이다. 이들 수행법의 대부분은 대승불교에 기반을 두고 있다. 미국이 개입했던 베트남 전쟁이 끝나자 베트남 이민자들이 대거 미국으로 몰려왔고, 그 결과 도시 지역에 나타나기 시작한 베트남불교 집단에 의해 중국과 유사한 절충적 형태의 불교적 접근이 등장했다. 이러한 절충적인 접근은 20세기 후반에 미국에 나타나기 시작한 다양한 한국불교 집단들에서도 어느 정도 볼 수 있었다.

가장 최근에 미국에 등장한 불교 문화는 티베트불교다. 비록 1960년 이전에 이미 소수의 불교 집단이 서양에 나타났지만, 대다수는 티베트 대학살 이후에 미국으로 왔고, 그 기간 동안 중국공산당은 티베트에서 종교를 말살하려고 모든 노력을 기울였다. 대학살 이후 수많은 티베트인들이 인도, 부탄, 네팔, 시킴으로 탈출했으며, 그 이후 집단탈출이 확산되면서 미국 땅에서 그들의 신성한 종교 전승을 재건하고자 했다. 이제 미국에서 네 개의 주요 티베트불교 종파 각각의 공동체를 모두 볼 수 있으며, 타르탕 뚤꾸(Tarthang Tulku)와 초걈 트룽파 린포체(Chögyam Trungpa Rinpoche)가 설립한 것들이 특별히 대중적이고 눈에 띈다.

티베트인 집단은 현재 불교미술의 전통과 정신건강에 대한 강력한 심리적 접근 방식을 보유하면서 미국에서 번성하고 있는 모든 불교단체 중에서 가장 다채롭다. 그들은 빠르게 성장하고 있으며, 유럽계 미국인 불교도들에게 매우 주목을 받고 있다. 따라서 현자 빠드마삼바와의 천 년

전 오래된 예언을 인용하여 그들의 급격한 성장을 설명하는 것은 이상한 일이 아니다. "쇠로 된 새(iron bird)가 날아 오르며 말들이 바퀴로 달릴 때, 티베트 사람들은 개미처럼 세계로 흩어지고 불법은 붉은 사람들의 땅으로 갈 것이다."

고려해야 할 마지막 불교 종파의 전통은 기원전 3세기 인도의 아쇼카 왕이 파견한 선교 전통에 의해 남아시아에 전해져 오늘날까지도 계속되고 있는 테라와다불교의 전통이다. 아주 최근까지 미국에 있는 대부분의 테라와다불교 집단은 스리랑카의 승려 보프 위니따(Venerable Bope Vinita)의 지시에 따라 1965년에 미국의 수도 워싱턴에 설립된 '부디스트 위하라 소사이어티(Buddhist Vihara Society)' 조직과 비슷한 정도였고, 미국의 수도에 존재하는 국제 외교모임에서나 비교적 광범위하게 호감을 얻는 정도였다. 그러나 현재 자국의 정치 경제적 불확실성을 피해서 라오스, 캄보디아, 태국, 그리고 미얀마의 많은 불교인들이 미국으로 유입됨에 따라서, 테라와다불교 역시 새롭게 열성적으로 미국에 도입되고 있다. 이 이민자 집단은 20세기 초반 중국과 일본 집단들과 다르지 않게 윤리적 공동체로 정착하는 경향이 있어서, 주요 도시에 테라와다 계통의 사원들이 생겨나게 되었다.

미국불교의 성장에 관련된 논제들

미국 불교운동 역사의 세부 사항을 개략적으로 요약한 것은 전체 이야기의 부분에 불과하다. 왜냐하면, 미국불교의 성장은 미국불교의 역사 그 이상의 것이기 때문이다. 오히려 그것은 초기에 미국의 사고 방식에는 완전히 낯설게 보이는 종교적 전통의 일부를 조정하고 수용하는 투쟁을 보여준다.

미국에서는 두 개의 아주 다른 집단이 불교의 초기 성장을 감당하고 있었음을 기억해야 한다. 미국에서 불교는 한편으로는 대체로 아시아 이민자들 고유의 종교인 반면, 다른 한편으로는 주로 지적인 매력과 영적 실천에 대한 관심으로 불교를 받아들이던 유럽계 미국인 집단의 증가에 기반해서 종교로 뿌리를 내렸거나 적어도 개인적인 관심사의 진지한 주제가 되었다. 영적 실천에 대한 관심에서 비롯된 후자의 계열은 박식하고 도회적이며 신분 상승하는, 혹은 삶의 태도가 상류층인 이들 고유의 불교 하위 문화를 만들어 냈다. 이러한 차이는 불교인으로서의 정체성과 신도 자격의 문제조차도 매우 애매하게 했고, 심지어 윤리적 문제, 성생활, 성 역할 등에 관한 다양한 불교인들의 입장에 대한 혼란으로 더욱 악화되었다. 이러한 발달 양상과 그와 관련된 문제들은 현재 미국의 토양에 존재하는 각각의 불교 전통에 대한 신중한 고려와 함께 탐구되어야 한다.

토마스 트위드(Thomas Tweed)의 중요하고 영향력 있는 저서 《미국과 불교의 만남(The American Encounter with Buddhism) 1844~1912: 빅토리아 문화와 영국 국교회로부터의 분리의 한계》는 후기 빅토리아 시대 미국이 불교에 매료되었던 다양한 이유들을 제시한다. 분명히 그 당시의 전통 종교였던 영국 국교회가 제공하는 해답에 대한 불만이 커지고 있었다. 예를 들어 폴 캐러스(Paul Carus)와 같은 변증론자들은 수입된 아시아 종교가 미국인들의 종교적 요구에 보다 만족스러운 대답을 제공할 수 있다고 민첩하게 제안했다. 또한 아나가리까 다르마빨라(Anagarika Dharma-pala)와 스즈키(D. T. Suzuki) 같은 몇몇 아시아 스승들은 그러한 원인을 발전시키기에 충분한 개인적인 카리스마를 지니고 있었다. 그러나 아시아인 불교 스승들은 거의 미국에 상주하지 않았으며, '미국 마하보디 소사이어티(Ameircan Maha Bodhi Society)'와 '붓다의 다르마 상가(Dharma Sangha of the Buddha)'라는 두 개의 주요 불교 단체는 제도적으로 취약했다.

트위드는 빅토리아 시대 중기에 전반적으로 불교 지지자들이 낙관주의와 행동주의를 중요한 문화적 가치로 강조하면서 불교에 호의적인 사람들의 호응을 얻었지만, 불교 비판자들에게는 비관적이고 수동적이라고 추정된 불교의 성격이야말로 훨씬 더 설득력 있는 논거였다고 지적했다. 대부분의 빅토리아인들은 정확한 문헌 번역의 심각한 부족에 환멸을 느꼈음에도 불구하고, 영적 위기에 대한 잠재적인 해결책을 어딘가 다른 데서 찾아야만 했다고 트위드는 통찰력 있는 추론을 제시했다.

20세기 후반, 미국에서 불교가 이전 세기 말보다 훨씬 더 광범위하게 확장되고, 미국 문화 안에서 훨씬 더 많이 눈에 띄는 것은 빅토리아 시대 미국불교의 실패에 대한 트위드의 많은 부정적 추론들이 치료되었다는 것을 의미한다. 실제로 그러한 결함들은 치료되었다. 특히 금세기의 후반기에 그렇다. 1970년에는 사실상 아시아 불교 종파의 전 영역이 미국에 등장했고, 지속적으로 미국 불교도 센터에 영구 정착하는 아시아 불교 스승들이 과도하게 많아졌다. 20세기 후반기에 이러한 센터들의 성장은 정말로 놀라워서 1988년에는 돈 모레알(Don Morreale)이 이 집단들에 대한 거의 350페이지에 달하는 목록을 〈미국불교: 센터, 집중수행, 수행〉으로 정리할 수 있었다. 이 목록의 최신 판본이 《미국불교에 대한 완벽한 안내서(The Complete Guide to Buddhist America)》라는 제목으로 1998년에 출판되었다. 웹 기반 카탈로그도 만들어졌다. 수많은 일본불교의 고승[rōshi, 老師]들과 법을 전수받은 제자들, 수많은 티베트 뚤꾸들과 중국인 비구스님과 비구니스님들, 그리고 다양한 남아시아와 동남아시아 문화로부터 온 점점 더 많은 수의 테라와다 승려들이 이제 미국 땅에서 눈에 띄게 활동한다. 달라이 라마(Dalai Lama)와 틱 낫 한(Thich Nhat Hanh)과 같은 세계적 불교지도자들도 미국을 정기적으로 방문하고 있어서 아시아계 불교 스승의 수는 점차 증가하고 있다.

나아가 아시아계 불교 스승들과 함께 점차적으로 늘어나고 있는 미국인 불교 스승들이 안정적이고 견고하며 초(超)종파적이기까지 한 불교 협회 재단을 확립하기 시작했다. 1987년 미시건대학교에서 '북미의 세계 불교(World Buddhism on North America)'에 관한 회의가 열렸고, 다음과 같은 합의문이 공표되었다.

(1) 불교도와 비불교도 사이의 관용과 이해를 위한 필요 조건을 만들어 낸다.
(2) 상호 이해, 이해 증진 및 협력을 위해 북미 불교도들 간의 대화를 시작한다.
(3) 우리의 공통된 신념과 관행뿐만 아니라 서로간의 차이점을 인식하고 이해함으로써 공동체 의식을 고양시킨다.
(4) 우리의 신념을 받아들일 수 있는지 여부와 관계없이 다른 사람들에 대한 호의적인 생각과 행동을 배양한다. 그렇게 함으로써 세상을 법(Dharma)의 실천과 양립할 수 없는 행위의 영역이 아니라, 법에 적합한 대지로서 받아들이며 다가가는 것이다.

'남부캘리포니아 상가의회(Sangha Council of Suthern California)'와 같이 지리적으로 결성된 조직들이나, 타이잔 매즈미(Taizan Maezumi) 로쉬의 법의 상속자들과 연결된 '화이트 플럼 아상가(White Plum Asanga)'와 같이 유명한 불교 대가 제자들의 협회는 현재 미국불교 운동에서 평범한 것이 되고 있다.

1차 및 2차 문헌의 정확한 가용성은 20세기 후반에 거의 기하급수적으로 확대되었다. 뉴욕주립대학 출판부, 하와이대학 출판부, 캘리포니아대학 출판부, 프린스턴대학 출판부와 같은 몇몇 대학 출판사들은 불교 연구에 전념한 학술지를 출판하는 데 앞장서 왔으며, 특별히 불교사상을 강조한 스노우 라이온(Snow Lion)과 위즈덤 출판사(Wisdom Publications) 같은 다양한 출판사가 출현했다. 신뢰할 수 있는 빠알리 어 경전 전체의 번역본 역시 현재 전 세계에서 쉽게 구할 수 있으며, 부꾜 덴도 교카이(Bukkyo Dendo Kyokai)가 후원하는 중국어 불교경전 전체를 번역 출판하는 프로젝트도 현재 진행중이다. 이 번역을 위한 노력은 산스크리트 어, 빠알리 어, 중국어, 일본어 및 티베트 어에서 광범위한 언어 실력이 필요하기 때문에 미국불교 운동에서 중요한 단계다.

이러한 불교 관련 언어 교육은 미국 대학들에서 일반적으로 받을 수 있다. 1994년 기준으로, 적어도 불교 연구의 학문 분야에 전념하는 2곳의 전임학부가 있는 20여 개의 대학들과 대부분 '학자-수행자'라는 표현으로 가장 잘 규정될 수 있는 약 150명의 불교 학자들이 북미 대륙에 존재하고 있다는 것을 자랑할 수 있다. 더욱이, 미국의 불교 운동은 집중적인 수행을 위해 아시아로 간 개인의 수가 증가하고, 그들이 미국으로 돌아와서 자신들이 불교를 이해한 방식을 공유한 덕을 보았다. 이런 사례 중 가장 성공적인 사례는 매사추세츠의 바레에 있는 통찰명상센터(Insight Meditation Center)인데, 처음에 조셉 골드스타인(Joseph Goldstein), 잭 콘필드(Jack Kornfield), 샤론 샐즈버그(Sharon Salzberg)와 크리스티나 펠드만(Christina Feldman)이 지도했으며, 이들 각각은 아시아에서 위빳사나 집중 수련을 받은 인물들이다.

물론 20세기 후반은 사회적·종교적 혼돈의 문제에 관한 한 이전 세기에 비해 덜 위험한 상태였다. 시어도어 로자크(Theodore Roszak)의 《반(反)문화(Counter Culture) 만들기》, 하비 콕스(Harvey Cox)의 《세속 도시(Secular City)》, 피터 버거(Peter Berger)의 《성스러운 천개: 종교의 사회학적 이론 요소(Sacred Canopy: Elements of a Sociological Theory of Religion)》 등을 열람해 보면, 세속주의와 다원주의의 전반적인 영향이 어떻게 위에서 언급한 것처럼 1893년 시카고에서 열린 세계종교의회 이전에 목격된 것과 같은 종교적 위기를 만들었는가를 보여 준다. 로자크는 심지어 1960년대의 반문화는 "본질적으로 의식의 정치학(politics of consciousness)에 대한 탐구"라고 주장했다. 그러나 20세기의 반문화는 이전 세기와는 달리 더 이상 수동적이거나 비관적이지 않았으며, 이러한 사실은 미국의 불교 운동에서 분명히 드러났다.

미국인들의 불교 생활이 사원의 이상으로부터 재가신도로, 농촌 생활방식으로부터 도시 생활방식으로 드러난 특수성과 관련한 이슈와는 별도로, 이전에는 '사회참여적 불교(socially engaged Buddhism)'로 불리었으나 지금은 일반적으로 단순하게 '참여불교(engaged Buddhism)'라고 부르는 불교 윤리의 특징적이고 독특한 적용은, 오늘날 미국불교의 적극적이고 낙관적인 접근 방식을 극적인 형태로 보여 준다. 참여불교의 가장 중요한 접근법은 크리스토퍼 퀸(Chirisopher Queen)의 유용한 책 《서양의 참여불교(Engaged Buddhism in the West)》에서 명백하게 표현되었고, 케네스 크래프트(Kenneth Kraft)의 편집본 《내면의 평화, 세계의 평화(Inner Peace, World Peace)》 서문에도 매우 잘 요약되어 있다.

1978년에 설립된 '불교평화우의회(Buddhist Peace Fellowship)'와 같은 단체들은 명상수련과 정치적 행동주의 사이에서 어떻게 신중하게 균형을 유지하는가를 적극적으로 보여 준다. 미국의 불교도 대중에게 이 행동주의와 낙관주의를 전파하는 그들의 임무는 《트리싸이클(Tricycle): 불교평론(The Buddhist Review)》, 《샴발라의 태양(the Shambhala Sun)》, 《터닝 휠(Turning Wheel): 불교평화우의회 저널(Journal of the Buddhist Peace Fellowship)》, 그리고 개별적인 불교 센터들이 발행하는 수많은 간행물과 같은 흥미진진한 출판물들을 육성한 미국의 강력하고도 새로운 불교 저널리즘의 도움을 받는다. 또한 유용하고도 생산적인 인터넷의 발전은 미국불교가 주어진 지리적 공간에만 한정되지 않고 승가에 대한 영향권을 넓힐 수 있게 해주었다. 예를 들어 '세계불교 전자저널(The electronic Journal of Global Buddhism)'은 북미 전역에 걸친 말 그대로 수백의 미국불교 승단들과 연결되어 있다.

알아야 할 요점들

- 역사상 처음으로 모든 불교 전통과 종파가 한 나라에 동시에 있을 수 있게 되었다.
- 많은 아시아 불교 단체들이 적극적으로 전 세계에 그들의 불교 양식을 수출하고 있다.
- 일부 불교 전통은 서양 문화에 의해 적극적으로 수입되고 있다.
- 현재 서양인 스승들이 서양 국가의 아시아 스승들을 대체해 나가고 있으며, 여성 스승들도 남성 스승들과 동등하게 나타나고 있다.
- 아시아에서 이민 온 불교도와 미국인 불교 개종자 집단 간에 많은 갈등이 있다.
- 서양의 불교 공동체는 아시아의 불교 공동체보다 훨씬 민주적이다.
- 불교로 개종한 이들은 대체로 명상을 선호하지만, 아시아 이민자 집단은 현저하게 명상 이외의 다른 수행법들을 신봉한다.

토론을 위한 질문

Q. 서양에서 가장 대중적인 불교 전통은 무엇인가?

Q. 불교가 서양의 토양 위로 이식되었다기보다는 토양 안으로 이식되었다고 볼 수 있는가?

Q. 서양 불교 커뮤니티들에서 실천되고 있는 불교 수행법들을 비교, 대조해 보시오. 어떤 전통이 가장 성공적인가? 그 이유는?

Q. 불교가 서양에서 성공한 데에 광범위하게 퍼져 있는 에큐매니칼(교회 일치/교회 통합) 운동의 영향이 어느 정도 있는가?

Q. 모든 종교가 본격적으로 세계화에 접어든 시기에 불교의 미래에는 어떤 일들이 벌어질 것이라고 생각하는가?

나아가 읽을 거리

Prebish, Charles S. *Luminous Passage: The Practice and Study of Buddhism in America.* Berkeley, CA: University of California Press, 1999.

Prebish, Charles S. and Martin Baumann (eds). *Westward Dharma: Buddhism Beyond Asia.* Berkeley, CA: The University of California Press, 2002.

Prebish, Charles S. and Kenneth Tanaka (eds). *The Faces of Buddhism in America.* Berkeley, CA: The University of California Press, 1998.

Queen, Christopher S. (ed.). *Engaged Buddhism in the West.* Boston, MA: Wisdom Publications, 2000.

Roszak, Theodor. *The Making of a Counter Culture.* Garden City, NY: Anchor Books, 1969.

Seager, Richard H. *Buddhism in America.* New York: Columbia University Press, 2000.

Williams, Duncan Ryūken and Christopher S. Queen (eds). *American Buddhism: Methods and Findings in Recent Scholarship.* Richmond: Curzon Press, 1999.

12. 사회참여불교[2]

이 장에서는

'사회참여불교(Socially Engaged Buddhism)'라고 알려진 불교 안의 새로운 운동을 다룬다. 이는 현대 불교에서 매우 중요해져서 어떤 불교학자는 이전의 세 가지 불교, 즉 테라와다, 대승, 금강승에 더해서 새로운 승이 된다고까지 주장한다.

이 장에서는 이 새로운 운동의 주요 특징을 개관하고 불교 안의 가장 큰 활동가 집단 중 하나인 '불교평화우의회(BPF)'의 사례 연구를 보여준다. 이는 참여불교의 중요한 두 가지 이슈인 인권과 생태학에 대한 설명과 비판적 성찰로 결론 지을 것이다.

---

2 (저자 주) 쁘라가티 사흐니(Pragati Sahni)는 자신의 2003년 박사학위 논문 〈초기 불교에서의 환경윤리(Environmental Ethics in Early Buddhism)〉의 자료를 이 장에서 재인용하도록 허락해 주었다.

이 장에서 다루어진 주요 주제들

- 사회참여불교(Socially Engaged Buddhism)란 무엇인가?
- 불교평화우의회(Buddhist Peace Fellowship)
- 참여불교(Engaged Buddhism): 낡은? 혹은 새로운?
- 인권(human rights)
- 생태(ecology)

사회참여불교(Socially Engaged Buddhism)란 무엇인가?

마틴 루터 킹 목사가 암살당하기 얼마 전에, 그는 노벨평화상 후보로 베트남의 승려인 틱 낫 한 스님(8장 참조)을 지명했다. '사회참여불교(Socially Engaged Buddhism)' 또는 점차적으로 '참여불교(Engaged Buddhism)'로 알려진 흐름이 출현한 것은 그 존재와 가시성 모두 틱 낫 한 스님 덕분이다. 이것은 일찍이 불교가 역사상 사회활동에 참여한 적이 없었다고 말하는 것이 아니라 오히려 인간 사회 문제에 대한 접근 방식에서 불교가 종종 개인적이고 수동적으로 인식되어 왔다는 것을 뜻한다.

이 관점은 19세기에 거의 세상을 거부하는 듯한 불교 문헌에 초점을 맞추는 경향이 있었던 불교 연구 최초기의 서구 학자들이 조장한 것일 수도 있다. 대조적으로 그로부터 1세기가 지난 20세기에는, 사회참여불교의 불교도들은 미국과 유럽의 사회적 저항과 적극적인 사회참여의 방식들을 이용하여 불교의 가치를 제시할 뿐만 아니라 적극적으로 보이콧, 호스피스, 세금 저항, 생태학 프로그램, 유권자 동원, 교도소 개혁, 청원(請願) 캠페인, 그리고 여러 가지 다른 방법들을 채택하여 불교의 도덕적 가치를 우리의 지구, 그리고 서로간의 대화에 적극적으로 제시하려고 한다.

'사회참여불교'라는 용어는 프랑스 어 '앙가쥬(engage)'와 '앙가쥬망

사진 11.1 스와얌부나트(Swayambunath)의 스뚜빠, 카트만두, 네팔

(engagement)'에서 파생되었지만, 틱 낫 한 스님은 실제로 이 문구를 ① 일상 생활에서 깨어 있음 ② 사회 봉사 ③ 사회적 행동주의를 강조하는 세 가지 베트남 어의 의미를 묶는 표제어로 사용했다. 사회참여불교에 대한 이 세 가지 베트남 어와의 연관을 기억하는 것은 중요하다. 왜냐하면 이 세 가지 내용은 이 용어의 사회적·정치적·경제적·생태적 이슈들과의 관련뿐만 아니라 가족이나 어떠한 사람들이든 모임의 평범한 일상, 그리고 그들간의 상호관계를 포함하는 일반적인 의미를 포괄하기 때문이다. 즉 사회참여불교는 환경 문제나 반폭력과 같은 인권 문제에 적용됨과 아울러 '이 세상에' 살고 있는 개별 불교도들의 삶에도 관여한다는 의미이다.

사회참여불교에 대한 관심은 1986년 아놀드 코틀러(Arnold Kotler)가 이 운동과 관련된 정보를 출판하고 배포하기 위해 패럴랙스 출판사(Parallax Press)를 버클리에 창립할 정도로 커졌다. 비록 이 출판사의 주요 출판물이 틱 낫 한 스님의 많은 저작들이지만, 이곳은 또한 앨런 헌트 바디너(Allan Hunt Badiner), 캐서린 잉그램(Catherine Ingram), 클라우드 휘트마이어(Claude Whitmyer), 조안나 매시(Joanna Macy), 스티븐 배츨러(Stephen Batchelor), 수잔 머콧(Susan Murcott), 마하 고사난다(Maha Ghosananda), 술락 시바락사(Sulak Sivaraksa), 그리고 달라이 라마를 포함한 넓은 범위의 작가들과 편집자들이 연결되어 있다. 또한 이 출판사는 사회참여불교와 관련된 집중수련, 공개강연 및 기타 쟁점에 관한 정보센터의 역할을 한다. 이 출판사가 사회참여불교를 위한 출판물을 발행하는 유일한 곳은 결코 아니지만, 가장 두드러지고 접근하기 쉽다.

현대 불교 필자인 크리스토퍼 퀸(Christopher Queen)은 네 가지 다른 불교윤리 형식이 있다고 제안했다. 첫째는 '계율의 윤리(Ethics of Discipline)'라고 불리는데, 불교의 삼독(三毒)인 탐욕[貪], 성냄[瞋], 어리석음[痴]으로 인해 촉발되는 정신적인 오염에 의한 행위는 재가신도의 다섯 가지 계율[五戒]을 준수함으로써 다스린다. 여기서 초점은 개별적인 불교 수행자에게 있다. 두 번째는 자애[慈], 연민[悲], 함께 기뻐함[喜], 평정[捨]과 같은 사무량심(四無量心) 수행에 전념함으로써 사람들 간의 관계를 보다 분명하게 조명하는 '덕(德)의 윤리(Ethicsof Virtue)'가 있다. 이것은 엄격한 계율을 준수하는 것에서 나아가 내적으로 강화된 윤리적 규범을 따르는 차원으로 전환하는 것이다. 셋째, 다른 사람들에게 봉사하는 것이 지배적인 '이타주의 윤리(Ethics of Altruism)'가 있다. 마지막으로, 매우 포괄적인 '참여의 윤리(Ethics of Engagement)'가 있다. 이 단계에서는 앞의 세 가지 일상생활을 위한 처방들이 이제는 더 나은 사회를 위한 전반적인 관심사에 적용되며, 이는 새로운 사회 제도와 인간관계를 창출한다는 뜻이다. 그러한 접근법은 크리스토퍼 퀸이 주장하는 것처럼, 깨어 있음, 자신과 세계의 동일시, 그리고 행동에 대한 심오한 소명과 관계되어 있다.

많은 사회참여불교 활동가들이 전통적인 윤리 원칙(계율)을 현대의 불교 사회윤리 프로그램으로 확대하기 위해 노력해 왔던 것은 그런 뜻에서였다. 이 점에서 틱 낫 한 스님의 업적이 가장 탁월하다. 그의 시도들 중에서 주목할 만한 것은 1964년에 설립된 활동가-수행자 공동체인 '티엡 히엔 승가(Tiep Hien Order)' 혹은 '접현종(接現宗, Order of Interbeing)'에서 틱 낫 한 스님이 재가신도의 전통적인 오계를 보충해서 만든 14가지의 규범과 같이 전통 계율을 현대 사회에 적합하게 연장한 개념들이다.

'접현종'의 14가지 규범

1. 어떤 교리나 이론 또는 이념에 대해서도, 심지어 불교에 속한 것일지라도 그것을 맹신하거나 그것에 속박되지 마십시오.
2. 현재 당신이 지닌 지식이 변치 않는 절대적 진리라고 생각하지 마십시오.
3. 당신의 관점을 타인들이 받아들이도록 어떠한 권위, 협박, 돈, 선전, 혹은 교육에 의해서조차도 압력을 가하지 마십시오.
4. 고통받는 이들과의 접촉을 피하거나 고통받는 이들을 외면하지 마십시오.
5. 부를 축적하지 마십시오. 수백만이 굶주리고 있습니다.
6. 분노나 미움을 지속하지 마십시오.
7. 안으로나 밖으로나, 산만함 속에서 스스로를 잃어버리지 마십시오.
8. 공동체를 분열시킬 수 있거나 불화를 일으킬 수 있는 말을 하지 마십시오.
9. 개인적인 이익을 위해서나 사람들을 감동시키기 위해서 진실되지 않은 말을 하지 마십시오.
10. 개인적인 이익이나 유리함을 위해 불교 공동체를 이용하지 말고, 공동체를 정치 집단으로 변용시키지 마십시오.

11. 인간이나 자연에 해를 끼치는 직업으로 생계를 유지하지 마십시오.
12. 살생하지 마십시오. 타인들이 살생하게 두지 마십시오.
13. 남의 것을 그 어떤 것도 (허락 없이) 취하지 마십시오.
14. 당신의 몸을 학대하지 마십시오.

아마도 서구에서 사회참여불교의 가장 큰 도전은 조직상의(organizational) 문제였을 것이다. 사회참여불교는 기독교나 유대교보다 조직 양식과 전략이 훨씬 덜 발달했다. 따라서, 그것은 '불교-기독교학회(Society for Buddhist-Christian Studies)'와 같은 종파를 초월한 대화 속의 많은 실험들로부터 여전히 배우고 있다. 차츰, 적극적으로 사회참여불교 프로그램을 추구하는 개별 불교 공동체들의 기록에서 고무적인 일련의 활동을 발견할 수 있다. 그러한 활동들은 이 주제에 관한 여러 책에서 강조되고 있다.

크리스토퍼 퀸과 같은 학자는 《서구에서의 참여불교(Engaged Buddhism in the West)》에서 샌프란시스코 선원(San Francisco Zen Center)의 호스피스 자원봉사자 프로그램, 하트포드 선원(Hartford Zen Center)의 '마이트리 에이즈 호스피스(Maitri AIDS Hospice)', 우빠야 공동체(Upaya Community)의 '죽어가는 것과 함께하기(Being with Dying)' 프로그램, 뉴욕주 교도소와 다른 많은 곳에서의 젠 마운틴 사원(Zen Mountain Monastery)의 명상 프로그램과 같은 프로젝트들의 특징을 생생하게 보여 주고 있다.

불교평화우의회(The Buddhist Peace Fellowship: BPF)

주요 종파 전통을 비롯한 많은 불교 공동체들이 사회참여불교의 다양한 측면에 걸친 광범위한 프로그램을 가지고 있지만, 그 중 어느 것도 캘리포니아의 버클리에 본부를 둔 불교평화우의회(BPF)만큼 종합적인 프로그램을 제공하지는 못한다. BPF는 거의 모든 불교 전통에 속한 개별 불교 공동체들과 함께 일하면서, 20년이라는 짧은 역사에도 불구하고 기록할 만한 숫자의 프로그램들을 후원했다.

BPF는 1978년 하와이의 마우이 젠도(Maui Zendo)에서 로버트 아잇켄(Robert Aitken)과 앤 아잇켄(Anne Aitken), 넬슨 포스터(Nelson Foster) 및 그들과 함께 선 수행을 했던 동료들이 공동으로 설립한 프로젝트로 시작되었다. 사회참여불교가 이어서 미국에 등장하게 되는데, 최초의 인연들은 비트(beat) 세대의 시인 게리 스나이더(Gary Snyder)와 학자 알프레드 블룸(Alfred Bloom), 불교 활동가인 조안나 매시(Joanna Macy), 이전에 테라와다 승려였던 잭 콘필드(Jack Kornfield)를 비롯한 여러 불교 수행자들이 포함된 법우들(Dhamma friends) 간의 다소 절충적인 모임이었다.

이 집단은 그 본질상 처음부터 초(超)교파적이었다. 불교평화우의회(BPF)의 가장 초기 회원들 대부분은 하와이 또는 샌프란시스코만 지역에 살았으며, 인터넷이 없던 당시와 같은 시절에는 회원 수를 50명으로 늘리는 데만도 1년이 걸렸다. 네트워크의 연결성을 유지하기 위해 소식지를 발행했는데, 이 소식지는 넬슨 포스터에 의해 열성적으로 간행되다가 마침내 《터닝 휠(Turning Wheel)》이라는 분기별 정기 간행 잡지로 발전했다. 1980년대 말까지 회원 수가 수백 명으로 증가했으며, 운영 기지를 버클리로 옮겼다. 더 주요하게는 방글라데시, 베트남, 캄보디아에서 적극적으로 인권 운동을 벌였고, 베트남의 통합불교교회(Unified Buddhist Church)에 속한 투옥된 승려들을 석방시키기 위해 활동했다. 그 후 얼마 되지 않아 BPF는 시간제 코디네이터를 고용하여 첫 번째 회원 지부를 구성하기 시작했다. 소식지에 대한 편집 책임은 프레드 앱스타이너(Fred Eppsteiner)가, 나중에는 어니 코틀러(Arnie Kotler)가 맡았다. 이 소식지는 또한 미국 불교 공동체의 급속한 성장을 기록하기 시작한 매체가 되었다.

1983년 BPF는 샌프란시스코 젠 센터와 함께 따사자라 핫 스프링스(Tassajara Hot Springs)에 있는 젠 마운틴 센터(Zen Mountain Center)에서 진행된 서양 불교도들을 위한 첫 번째 집중수행을 후원했다. BPF의 기나긴 공동후원 여정은 1985년, 1987년, 그리고 1989년으로 이어졌다. 결국 십여 년이 다 될 즈음, 북미 서부에 있던 틱 낫 한 스님의 평신도 공동체는 자신들의 버클리 사무실 공간을 BPF와, 그리고 성장하고 있던 패럴랙스 출판사와 함께 쓰기로 했다. BPF는 전적으로 비종파적인 불교집단으로서 스스로를 '명상하는 활동가들'로 구성되어 있다고 묘사한다. 그들은 다음과 같은 단순한 다섯 가지의 목표를 천명한다.

불교평화우의회(BPF)의 다섯 가지 목표

1. 불교적 실천과 상호의존(interdependence, 緣起)이 모든 존재에 대한 보호와 평화의 한 방법임을 분명히, 공공연하게 밝힌다.
2. 평화·환경·여성주의·사회정의 문제를 북미 불교도들에게 제기한다.
3. 동시대의 사회적 행동과 환경운동에 불교의 비이원적(non-duality) 시각을 불어넣는다.
4. 전통적인 불교와 서양의 영적 가르침의 풍부한 자원에 기반한 비폭력의 실천을 장려한다.
5. 북미와 세계의 다양한 승가들과의 대화와 교류를 위한 장을 제공한다.

BPF의 회원이 되기 위해 어떤 개별 불교단체에 실질적으로 소속될 필요는 없으며, BPF의 활동을 지원하고 《터닝 휠(Turning Wheel)》을 정기 구독하는 저렴한 연회비만으로 회원이 될 수 있다. 2006년에 미국 전역에 36개의 BPF 지부가 퍼졌으며, 세계적으로는 호주, 방글라데시, 캐나다, 독일, 인도, 일본, 라다크, 멕시코, 네팔, 태국, 그리고 영국에 지부가 있다. BPF의 회원 기반은 주로 불교로 개종한 미국인들이지만, 소수민족 불교도들 및 유색인들과도 광범위하게 함께 활동한다. BPF 회원으로서 불교를 받아들이는 이들은 소수민족이나 인종차별의 잔재 또는 그에 대한 둔감함을 넘어서려고 노력한다.

"갈등이 있는 곳에서 평화를 일깨우고, 제도화된 무지에 대한 통찰력을 제공하며, 승단 간의 의사소통과 협력을 증진하고, 지혜와 연민과 조화의 정신으로 가능한 한 실제적인 도움을 제공하고자 한다."

이러한 스스로의 임무에 대한 선언문의 관점에서, BPF는 어떠한 불교 공동체 또는 다르마 센터, 기독교 및 유대교 단체와도 협력할 수가 있다. BPF는 미국에서의 무기 통제 및 비폭력에 중점을 둔 평화를 위한 노력 외에도 아시아의 평화를 증진하기 위한 국제사회의 노력에 자신들의 봉사활동 프로그램을 집중시켰다. 그러한 노력의 대부분을 수년간 미얀마에서 가택연금을 당한 아웅 산 수찌(Aung San Suu Kyi) 여사의 석방과, 인도와 네팔에 살고 있는 티베트 난민들이 바른 생계 프로젝트(Right-Livelihood Project)를 위한 저금리 대출을 받도록 하는 데에 중점을 두었다.

이 BPF의 국제업무는 평화활동가인 태국의 술락 시바락사와 몇몇 활동가들에 의해 1989년 2월 태국에서 조직된 '참여불교국제연대(International Network of Engaged Buddhists: INEB)'와 관련된 동맹의 한 축으로 조직된다. INEB는 불교도 상호간, 그리고 서로 다른 종교 상호간 협력하는 분위기 속에서 사회참여불교의 발전을 위해 30개국 이상에서 단체를 조직하여 '전 세계의 풀뿌리 다르마(Dharma) 행동주의'를 지원하려고 노력하고 있다. 지금까지 INEB의 주요 관심분야는 인권, 비폭력, 환경, 여성 문제, 대안교육, 영성과 행동주의의 통합이었다. 처음 7년 동안

INEB는 연례 겨울학회를 개최하여 이러한 문제를 홍보했으며, 이제는 2년마다 이 회의를 계획하고 있다. 그들의 비전과 전략은 아래에 보이듯이 매우 분명하다.

1. 당면한 새로운 전 지구적인 패러다임을 찾는 데 적용될 수 있는 방법, 거기서 불교가 적용될 수 있는 방법을 탐구하기 위해 다양한 실무 그룹을 창출한다.
2. 긴급 행동 및 인권 캠페인에 대한 정보를 홍보하고, 워크숍을 통해 훈련하며, 우리들의 이 상호 의존적인 세계에 대한 이해를 돕기 위해 INEB의 자원을 보급한다.
3. 다양한 국가 및 지역의 풀뿌리 수준에서의 워크숍 및 자격 있는 교육자를 개발할 수 있도록 지원한다.

INEB는 1995년 태국에서 설립되었으며, '교육운동정신(Spirit in Education Movement, SEM)'으로 알려져 있는 술락 시바락사의 다른 프로그램들과 긴밀하게 협력한다. 이 프로그램은 심층 생태학, 소비주의 등의 문제를 다루는 대안적·경험적 교육을 장려한다. 또한 INEB는 정보 네트워크를 운영하고 책 및 팸플릿 제작을 위한 광범위한 출판 프로그램을 개발했다. 끊임없이 새로운 생각을 자극하기 위해 INEB는 '승가를 생각하다(Think Sangha)'라는 프로젝트를 시작했는데, 이 프로젝트는 1992년에 여러 학자-활동가들과 함께 효과적인 사회적 행동을 위한 불교 모델을 찾기 위해 네트워크를 형성하고자 했던 '불교와 사회분석가 모임(Buddhism and Social Analysis Group)'이라는 작은 운동가 집단에서 비롯되었다.

마치 싱크 탱크(think tank)처럼 작동하지만 불교의 공동체 모델을 기반으로 한 이 그룹은 제기되는 불교의 도덕적 가치와 이론을 뛰어넘어서 실제 활동에 통합하려는 시도에 대해 폭넓게 주의를 환기시키고자 국제회의를 개최했다. 지역 사회에 대한 그들의 전망은 또한 다음과 같이 솔직하게 명시되어 있다. "우리는 '승가'를 '변화의 정신으로 서로 상호 작용하고, 도전하고, 지원하는 사람들의 공동체'로 이해한다."

BPF에서 가장 도전적인 프로그램은 '사회참여불교인동맹(Buddhist Alliance for Social Engagement: BASE)' 프로젝트이다. 이 프로젝트의 기반은 사회와 개인의 변화라는 활동 의제(agenda)를 통해 모든 존재들을 구하려는 보살(菩薩, bodhidsattva)의 서원을 실천하고 노력하는 후원자들이다. BASE 회원들은 6개월간의 시간제 또는 전임제 활동 주기를 약속한다.

이 프로그램은 베이(Bay) 지역(샌프란시스코)에서 시작되었지만 지금은 여러 지역으로 퍼져 나갔다. 수련, 명상 및 봉사의 BASE 프로그램은 어느 정도 아시아 불교 승려의 삶을 반영하지만, 동시에 비사원적 생활에 대한 미국 불교인들의 기호 역시 반영한다. BASE 참가자는 전임제(고정된 사회적 활동 조직에서 주당 30시간 봉사하면, 재정후원 자격을 갖게 된다)나 시간제 근무(다른 직업을 갖고 있을지라도 최소한 일주일에 15시간은 고정된 사회적 활동 조직에서 정기적으로 봉사함), 또는 (사회적 활동 작업에 이미 참여하고 있으며 BASE 프로그램의 훈련 중 일부에 참여했던 사람들을 위한) '배치 가능한 자원자'로 등록할 수 있다.

BASE 프로그램은 다음과 같은 4가지 주요한 구성요소에 중점을 둔다. 4가지 구성요소는 (1) 사회적 행동 (2) 집중수행 및 연수 (3) 커뮤니티 활동 (4) 공동체이다.

'사회적 행동'이라는 구성요소는 봉사활동이나 또는 사회정의를 위한 단체 및 기관에서 매주 15시간에서 30시간 동안 일하는 것과 관계된다. 프로그램 진행자는 지원자의 기술, 배경 및 관심사가 그들이 배치될 조직과 긴밀하게 일치하도록 배려한다. 지금까지 회원들이 배치된 조직은 젠 호스피스 프로젝트(Zen Hospice Project)와 함께하는 호스피스 작업, 여성 암 자원센터 지원, 노숙자들을 위한 샌프란시스코 보건소의 일, 샌프란시스코 지역의 반핵 및 환경단체에 대한 협조, 그리고 샌프란시스코 지역의 도시공동체 정원 프로젝트 중 하나에서 일하기 등을 포함한다. 네 가지 BASE 프로그램의 핵심은 집중수행 및 연수이다.

BASE 연수에 포함된 내용

1. 사회참여불교의 뿌리와 현재 드러난 양상에 대한 포괄적인 연구
2. 불교의 보편적 가르침(Dharma)을 가르치는 일과 수행
3. 불교 수행을 사회적 행동의 일상적 경험에 적용하기
4. 불교를 기반으로 한 집단의 역동성

집중수행에 포함된 내용

1. 사회참여불교의 이슈들에 대한 명상/공부/토론을 위한 매주 두 번의 모임
2. 매달 집중수행(1-5일)
3. 활동가나 사상가와 함께 대화하고 학습할 기회
4. 지역의 불교활동가들이 지속적으로 정신적 지도와 지원을 제공하는 멘토십(mentorship)

'커뮤니티 활동(commitment)'이라는 구성 요소는 각 BASE 참가자가 프로그램에 6개월간의 의무를 다할 것을 요구하며, 그동안 자원봉사자는 불교의 가르침에 대한 공부와 불교 활동 및 사회적 행동에 부지런히 참여해야 하는 것이다. 마지막으로, '공동체(community)'라는 구성 요소는 위의 세 가지 측면을 구성하기 위한 상황 기반을 BASE에 제공한다. BASE 프로그램의 이런 측면 안에서 모든 참가자들은 가능한 한 광범위하게 해석되는 베이 지역(샌프란시스코) 불교 공동체 전체와 연결되어 있다.

미국의 많은 불교 공동체들처럼, BPF는 위에서 언급한 바와 같이 《터닝 휠(Turning Wheel)》이라는 잡지를 발간한다. 이 잡지는 계절에 따라 독자적인 이슈들을 담고 분기별로 발행되며, 크게 세 부분으로 구성된다.

첫 번째 내용은 일련의 '상설 페이지'를 통해 제시되는 편지, 불교 독서, 생태학에 관한 기고문들, 역사 속의 불교활동가, 가족 수행, 각 지부의 소식, 공고 및 구인 광고, 책임자의 보고서가 포함된다. 두 번째 내용은 잡지의 핵심이고, 특정 주제에 대한 일련의 기고가 포함되어 있다. 주제별 쟁점은 성적(性的) 비행, 가정과 노숙자, 가족, 증오, 도시, 건강과 건강 관리 그리고 무기에 중점을 둔다. 세 번째 내용은 BPF에 유익한 관심 주제가 다루어진 책에 대한 서평을 제공한다.

서평의 대상이 되었던 책은 아놀드 코틀러(Arnold Kotler)가 편집한 매우 중요한 《참여불교도 독본(Engaged Buddhist Reader)》으로부터 유쾌하고도 관련성이 높은 실비아 부어스타인(Sylvia Boorstein)의 《웃기네, 당신은 불교도 같지 않아요—충실한 유대인과 열정적인 불교도에 관하여(That's Funny, You Don't Look Buddhist: On Being a Faithful Jew and a Passionate Buddhist)》까지 이어진다. 잡지는 또한 때때로 예술작품과 시를 소개한다.

《터닝 휠》은 대중적인 불교 출판물과 거의 경쟁할 수 없고 발행 부수가 약 6,000부에 불과하지만, 인쇄물 중 가장 균형 잡혀 있고 공평한 불교 간행물 중 하나다. 《터닝 휠》은 유용한 대화와 사회적 행동을 촉구하려는 시도를 통해 전통과 종파의 장벽을 가로지른다. BPF는 또한 사회참여불교의 모든 측면을 다루는 인터넷 토론 그룹(bpf-ineb)을 운영한다.

어떤 기준에 비추어 보아도 불교평화우의회(BPF)는 가장 특이한 불교 공동체다. 어떤 특정의 스승이나 전통에 충성하지 않아도 되고, 테라와다불교, 대승불교, 금강승불교에서 자유롭게 도출해 내며, 자신의 불교 생활방식을 자유로이 선택하도록 격려하지만, 본거지로서 기능하는 화려하게 꾸민 다르마(Dharma) 센터나 사원이 없다. 실제로, 국내 본부는 버클리 교외의 외곽에 위치하고 있다. 처음 방문한 사람들은 비좁고 초라한 사무실에 충격을 받을 것이다. 아마도 효율적으로 공간을 관리한 창의적인 예라고 보는 것이 가장 좋을 것 같다.

그러나 이 BPF 국내 본부의 사무실에 대해 투덜거리다 보면, 이 헌신적인 불자-활동가 그룹이 실천하고 있는 주목할 만한 일들의 핵심을 완전히 놓치게 된다. 이 비좁은 사무실에서 평화를 위한 강력한 영향력이 아주 약간의 최첨단 정보교환 기술 덕으로 이루어진다. 그렇게 함으로써, 지혜와 연민이 건강한 동기부여와 에너지라는 몸에는 좋지만 입에 쓴 약과 결합될 때 비전통적인 불교 공동체가 어디까지 성취할 수 있는지를 보여 주는 데 있어서 BPF는 효과적인 사례이다.

참여불교: 낡은? 혹은 새로운?

참여불교(Engaged Buddhism)에 대하여 어느 정도 현시대의 관심사에 조응하여 현대적인 것으로 서서히 나아간 '새로운' 형태의 불교라는 의견과 다른 한편으로는 전통적인 불교의 연장일 뿐이라는 의견으로 나뉘어져 있다. 틱 낫 한 스님은 불교도들이 항상 사회적으로 참여했기 때문에 사회참여불교는 "새로운 것이 아니다."라고 진술한다. 이 의견을 지지하는 사람들은 '세상을 포기'한다고 하는 불교의 성격은 풍자적 묘사일 뿐이며, 다른 사람들에 대한 사심 없는 봉사를 최고의 이상으로 삼는 보살(Bodhisattva)의 개념을 강조한다. 또한 그들은 붓다 역시 왕국이 아닌 승가를 창립함으로써 사회 개혁을 선택한 사회 활동가로 묘사한다.

다른 사람들은 사회적 이상이 불교의 가르침에 잠재해 왔지만 근대까지 결코 현실화되지 않았기 때문에, 참신하고 독특한 것으로 간주되었던 대승불교와 마찬가지로 참여불교 역시 전통으로부터 새로운 운동으로 인정받을 만한 충분한 출발이라고 주장한다. 일반적으로는 과거와의 연속성과 불연속성을 모두 보여 주려는 주장이 많은데, 종종 많거나 적거나 간에 불교가 '참여했던(engaged)' 특정의 역사적인 사례들을 언급한다.

일부 논평가들은 참여불교의 출현에 기독교가 일부 역할을 했다고 주장하며, 사회 개혁에 대한 참여불교의 관심이 불교의 가르침보다는 개신교의 사회봉사와 행동주의(activism)의 개념에 더 많은 영향을 받았다고 본다. 다른 이들은 중남미와 제3세계 다른 지역에서의 '해방신학(liberation theology)' 운동과 유사하다고도 본다. 최근 출간된 《액션 다르마(Action Dharma)》에서 제임스 디트릭(James Deitrick)은 이것을 "불교의 아시아 혈관에 유럽계 미국인 사상을 주입"한 문화적 가치의 혼합으로 설명한다. 논쟁은 오락가락 진행된다.

그러나 가치관에 관한 한 고대 불교와 현대 불교 사이에 연속성이 있다고 말하는 것이 공정하겠지만, 다루는 이슈(issue)들을 보자면 부인할 수 없는 불연속성이 있다. 사회참여 불교도들이 전념하는 이슈는 본질적으로 현대에 속한 특성들이며, 전통적인 문헌에서는 이러한 문제에 대한 관심이 있었다는 증거를 거의 볼 수 없다. 이 장을 끝내면서, 우리는 참여불교에 관해 글을 쓰는 이들이 채택한 접근법과 그들이 직면한 어려움을 설명하기 위해 참여불교의 관심사인 인권과 생태에 관한 두 가지 질문에 대해 논의할 것이다.

인권

이번 세기 동안 벌어진 정치적 사건들은 인권 문제를 불교에서 다뤄야 할 맨 첫 번째 의제로 밀어 올렸다. 중국의 티베트 침공과 스리랑카의 격렬한 인종 갈등, 그리고 미얀마와 같은 나라의 독재 경험은 모두 불교가 직접적으로 인권을 침해당하는 경험을 하게 했다. 그러한 사례들을 논의할 때, 아시아와 서구의 선도적인 불교도들은 인권이란 단어 아래 사회적 불의에 대한 그들의 관심을 일상적으로 표현하지만, 이 단어가 불교에 얼마나 적합한지, 그리고 서구의 인권 개념이 불교 가르침의 일반적인 틀에 얼마나 잘 맞는지는 거의 묻지 않는다.

사회·정치 및 윤리적 문제에 대한 논의에서 '권리(Rights)'라는 개념은 서구에서 매우 중요하다. '선택의 권리', '살 권리' 및 안락사의 맥락에서 '죽을 권리'와 같은 슬로건은 다음 장에서 볼 수 있듯이 현시대의 토론에서 널리 통용되고 있다. 서구에서는 다른 지역에서는 반복되지 않은 사회적·정치적·지적 발달의 특별한 조합의 결과로 권리라는 개념이 나타났다. 18세기 계몽주의(The Enlightenment) 시대에 권리는 법률 및 정치 담론의 중심을 차지했으며, 개인이 정의에 대한 자신의 주장을 표현할 수 있는 유연하고 융통성 있는 언어를 제공했다. 권리는 개인에게 부여된 행사할 수 있는 권한으로 정의될 수 있다. 이 권한은 권리 소유자가 다른 사람으로부터 이익이나 이익을 얻을 자격을 부과하거나, 다른 사람이 부과하고자 하는 요구로부터 벗어날 수 있는 혜택 또는 그럴 수 있는 자격 부여로 간주될 수 있다.

현대 인권 헌장은 인종 또는 신념에 대해 차별 없이 모든 인간이 소유하고 있는 기본권의 목록을 전형적으로 나열하고 있다. 많은 불교도들이 그러한 헌장을 지지하고 있으며, 달라이 라마와 같은 불교 지도자들은 종종 이러한 헌장이 구현하는 원칙을 지지한다고 알려져 있다. 유엔 총회에서 1948년 선포한 '세계인권선언(The Universal Declaration of Human Rights)'의 서른아홉 조항에 언급된 권리는 그 어느 것도 불교의 가르침과 상충되는 것처럼 보이지는 않는다. 이러한 권리 중 어떤 것들은 실제로 불교 원전에서 예견된 것처럼 보이기도 한다. 예를 들어, 노예 신분으로 남에게 소유되지 않을 권리는 살아 있는 존재를 사고 팔지 말라는 기본 계율에서 찾을 수 있다.[3]

그밖의 인권들이 불교의 계율에 내재되어 있다는 것은 논쟁의 여지가 없지 않다. 예를 들어, 살해되지 않거나 고문당하지 않을 권리를 첫 번째 계율인 '살아 있는 목숨을 죽이지 않는 학습 계목을 받아 지니겠습니다(不殺生戒)'에 묵시적으로 속한다고 생각하는 예 등이다.

---

3 (필자 주) 〈주지 않는 것을 가짐 경(A3:154)〉

그러나 불교 인권지지자들의 주된 문제는 전통적인 문헌에는 현재 인권 문제로 간주되는 질문에 관해서 거의 언급되지 않는다는 점이다. 서양에서 이해하는 방식으로서의 '권리'라는 개념에 해당하는 단어는 초기 불교 경전에 없다. 불교에는 권리에 대한 어떠한 용어도 없고 따라서 명백하게 그에 관한 개념이 없다면, 불교도들이 도덕적 문제를 논의할 때 권리라는 용어를 사용하는 것이 얼마나 적절한가?

어떤 불교도는 권리와 의무는 서로 관련되어 있으므로 권리에 대한 담론이 불교에 부적절하지만은 않다고 주장하기도 한다. 불교 원전들은 권리보다는 의무에 대해 더 많이 말하지만, 권리는 의무의 전환으로 간주될 수도 있기 때문이다. 예를 들어 A가 B에게 의무가 있다면, B는 수혜자의 지위에 설 뿐만 아니라, A가 의무를 이행함에 따른 모든 이익에 대한 권리가 있는 것이다. 불교 관련 자료들에서 권리라는 개념이 명시적으로 언급되지는 않았지만, 그들은 '법다운(Dharmic) 의무'의 개념에 권리의 내용 또한 내재되어 있다고 생각한다. 예를 들어, 왕이 공정하게 대할 의무가 있다면, 신민(臣民)들은 공평한 대우를 받을 권리가 있다고 말할 수 있는 것이다.

보다 일반적인 차원에서, 모든 사람이 다른 생명을 빼앗는 것을 삼가야 할 의무가 있다면, 살아 있는 생명체는 살 권리가 있는 것이고, 모든 사람이 훔치는 것을 삼갈 의무가 있다면, 모든 사람은 부당하게 자신의 재산을 박탈당하지 않을 권리가 있는 것이다. 따라서 권리의 개념은 다르마(Dharma, 法)에 내재하며, 권리와 의무는 정의(正義)라는 공동선(共同善)에 대한 나뉘어진 창문과 같다고 주장할 수 있다.

방금 살펴본 종류의 논의는 권리에 관한 참여불교 교리의 정당성의 시작일 수 있다. 그러나 불교는 '권리에 관한 대화'에 참여할 수 있을 뿐만 아니라, '방어해야 한다'고 주장하는 권리도 불교 교리에 진정한 기초를 두고 있음을 보여 주어야 한다. 어떻게 그럴 수 있나?

'인권'은 인간의 존엄성과 밀접하게 연관되어 있음을 지적함으로써 시작할 수 있다. 실제로 많은 인권 현장을 보면 인권은 명백하게 인간의 존엄성으로부터 비롯된다. 많은 종교에서 인간의 존엄성은 인간이 신(神)의 형상으로 창조되었다는 사실로부터 유래한다고 말한다. 불교에는 물론 그런 신학적 주장이 없다. 그로 인해 인간 존엄성의 원천이 무엇인지 알기 어렵지만, 신학적 차원에서 찾지 못한다면 아마도 인간적 차원에서 근원을 찾아야 할 것이다.

인간의 존엄성은 불교에서는 역사적인 인물인 고타마 붓다와 불교 전통 속의 성자들에 의해 입증된 것과 같은 깨달음을 얻을 수 있는 가능성이라는 인간의 능력에서 나오는 것 같다. 붓다는 인간 잠재력의 생생한 기념비이다. 인간의 존엄성이 뿌리 내리는 곳은 붓다가 예증한 모든 인간이 본받을 수 있는 자질인 심오한 지혜와 자비다. 불교는 우리 모두가 잠재적인 붓다라고 가르치고 있다. 일부 대승불교는 모든 존재가 '불성(Buddha-nature)' 또는 깨달음의 종자를 지녔다고 말함으로써 이것을 표현한다. 깨달음을 위한 이러한 보편적인 잠재력 덕분에 모든 개인은 존경받을 가치가 있으며, 따라서 정의는 각 개인의 권리가 보호되어야 한다고 요구한다.

그러나 모든 불교도들이 위에서 사용된 서구 용어에 만족하는 것은 아니다. '인간의 존엄성'과 같은 문구는 불교 문헌에서는 발견되지 않고, 불교도들의 귀에 익숙하지도 않다. 또한 권리의 주권자로서의 개인의 역할을 강조하는 것은 상호 관계성(interrelatedness)과 상호 의존성(interdependency)에 대한 불교의 가르침을 따르지 않는 자기 중심적인 사상으로 보이기까지 한다. 대신 몇몇 현대 작가들은 불교의 인권 교리의 바탕을 연민(karuṇā)이나 연기법(pratītya-samutpāda)의 교의와 같이 보다 근거 있는 불교적 기반을 지닌 관념에서 찾는다. 이러한 시도가 얼마나 성공적일 것인지, 그리고 인권에 관한 불교 교리가 대두될 적절한 시점에 그 기초가 마련될 수 있는지 여부는 아직 밝혀지지 않았다. 참여불교도들이 불교의 가르침에서 인권 존중에 대한 근거를 계속 찾고자 한다면, 어떤 종류의 지적인 토대가 필요해 보인다.

생태

참여불교도들에게 또 다른 관심거리는 '생태(ecology)' 관련 주제이다. 사회운동 분야의 많은 사람들이 불교를 '환경친화적'인 것으로 간주하며, 자연 세계에 대한 불교의 태도와 기독교의 태도는 종종 대비된다. 창세기의 창조에 대한 기록에 따르면, 세상은 하나님이 창조했고, 인간은 그것을 지배하는 집사로 하나님에 의해 임명되었다. 린 화이트(Lynn White)와 같은 작가들은 이러한 믿음이 자연이 단지 인간의 즐거움을 위해서 존재한다는 견해를 키움으로써 냉혹하게 자연 자원을 착취하게 했고, 소비자 사회가 부상되었으며, 마침내 현재의 생태 위기를 초래했다고 보았다.

이와는 대조적으로 불교는 제1장에서 논의된 〈세기경(世紀經, Aggañña-sutta)〉(D27)에서 보았듯이, 인류와 자연 세계가 함께 진화했으며, 인간의 도덕적 상태는 환경에 지대한 영향을 미친다는 것을 가르친다. 불교에서의 이러한 세계 창조 이야기에서 환경에 대한 관심, 또는 그것의 부족을 읽어 내는 것은 시대착오적일까? 그리고 과연 어느 정도 고대 불교의 어떤 부분들이 〈세기경〉이 보여 주는 것과 같은 정도의 생태에 대한 일련의 관심을 나타내고 있는가?

불교의 친환경 자격을 증명하고자 하는 많은 책들이 참여불교도들에 의해 쓰여졌다. 특히 영향력 있는 세 권의 저서는 마틴 배츨러(Martine Batchelor)와 케리 브라운(Kerry Brown)이 편집한 《불교와 생태(Buddhism and Ecology)》, 앨런 헌트 배디너(Alan Hunt Badiner)가 편집한 《다르마 가이아(Dharma Gaia)》, 그리고 마리 이블린 터커(Mary Evelyn Tucker)와 던컨 류켄 윌리엄스(Duncan Ryūken Williams)가 편집한 《불교와 생태: 불교 가르침과 실천의 상호 연결(The Interconnection of Dharma and Deeds)》(이하 《불교 가르침과 실천》으로 인용)이다.

이 책들에 실린 글은 불교의 다양한 아이디어를 빌려와서 현재의 환경 문제에 적용한다. 그들은 또한 고대 상좌부(Theravāda) 불교에서부터 현대 서구에 이르기까지 광범위한 예들을 인용하고, 나가르주나(Nāgārjuna)와 같은 고대 불교사상가들, 중세 일본 시인 바쇼(Bashō, 芭蕉), 중국 천태종의 사상가 잔란(Zhanran/Chan-jan, 湛然), 붓다다사(Buddhadāsa) 스님 같은 태국 사회참여 불교인들, 그리고 달라이 라마와 같은 현대의 지도적 인물들을 자주 인용한다.

사회와 정치 양 측면의 관심을 표현한 에세이는 조안나 매시(Joanna Macy)와 아리야라트네(A.T.Ariyaratne)가 스리랑카에서의 사르보다야(Sarvodaya)[4] 운동을 소개한 것이었다. 사르보다야는 권력의 지방 분권뿐만 아니라 지역 주민들 사이의 자립을 촉진하는 운동이다. 자연과 인간의 지혜를 훼손시킨(은유적으로 표현하자면) 오염을 통제하는 데 역점을 둔다. 이 에세이는 권력이 중앙에서 지방으로 거점이 이동되는 데 작용하는 사르보다야 운동의 강력한 성격을 묘사하면서, 이 운동을 불교도가 주도했다고 말한다. 조안나 매시는 사르보다야 운동이 "(스리랑카의) 토착적인 종교 전통(불교)에 기초한 발전철학, 즉 다르마(Dharma)에 관한 철학"이라고 주장한다.

사르보다야 운동의 설립자 아리야라트네가 현시대의 문제들에 대한 가시적인 접근법을 가지고 있는 것은 명확해 보이지만, 사르보다야 운동이 불교로부터 얼마나 많은 영향을 받고 있는지는 명확하지 않다. 예를 들어 비평가들은 이 운동이 불교보다는 간디 사상의 이상(理想)에 의해 더 고무되었다고 말한다. 이 운동을 지지하는 자발적인 공동작업 그룹의 태

---

4 산스크리트 어로 '모두의 깨달음'이라는 의미로 간디가 붙인 이름이다. 나만이 아니라 '모두'를 위해 일과 생각과 에너지를 나눔으로써 깨달음을 얻고 행복한 공동체를 이뤄 가는 운동.

도는 "유일하게 불교적이지도 않고 유일하게 스리랑카적이지도 않다."라고 전해진다.

일부 저술들은 불교적 관점에서 환경 문제의 경제적·사회적 및 정치적 측면을 다루고 있다. 예를 들어 《다르마 가이아》에 실린 스티븐 배츨러(Stephen Batchelor)의 〈불교적 경제에 대한 재검토〉란 제목의 에세이는 불교 경제이론을 위한 새로운 용어와 가치의 채택을 제시한다. 그는 경제 행위의 행위자, 행위와 대상이 각각 분리되어 보이지만 그 분리는 개념일 뿐이고 실제로는 모두 서로 연관되어 있다는 불교 철학에 기반하여, 불교 경제학은 비(非)이원성의 관점에 기반을 두어야 한다고 주장한다. 그러기 위해서 토대 역시 공(空, śūnyatā)해야 하는데, 이 공(空)을 저자는 '마음과 사물이 분리 불가한 것'으로 이해한다. 불교경제학은 불교도들이 현실을 '자성이 없는(acentric)' 것으로, 그리고 그 어떤 것도 다른 것과 분리되지 않는 것으로 받아들인다는 것을 고려해야 한다.

문헌은 또한 동물 복지에 많은 관심을 보여 주고 있다. 앞서 언급한 《불교 가르침과 실천》 안의 크리스토퍼 채플(Christopher Key Chapple)의 에세이는 동물에 대한 적절한 인용 때문에 《본생담(Jātakā)》을 강력한 환경 메시지를 내포한 단순하고 도덕적인 이야기들로 해석한다. 그는 이 책의 제1장에서 보았듯이 불교 우주론의 여섯 가지 존재의 범주에 동물[畜生]이 포함되어 있음을 지적한다. 본생담에서 동물들이 잠재적 인간으로 보이고 있다는 것은 동물과 인간 사이의 경계를 서양보다 훨씬 더 유동적으로 이해하는 것으로 해석한다. 같은 책 속의 던컨 윌리엄스(Duncan Ryūken Williams)의 에세이는 중세 일본에서 포획된 야생 동물을 자연 서식지로 풀어주는 호조-에(放生) 의식에 대해 논의한다. 그러나 동물에 대한 연민 어린 행동으로 시작한 행위는 종종 정치화되고 타락하여 더 이상 동물에 대해 동정적이지 않았다. 방생 의식은 종종 불교 환경론의 예로 인용되지만, 저자는 이러한 예를 신중하게 고찰하며 불교 수행을 무조건 이상화하는 데 대해 경고했다.

《다르마 가이아》에서 윌리엄 라플레어는 풀과 나무의 깨달음에 대해 말한 중국 천태종의 사상가 잔란(Zhanran, 湛然)을 언급한다. 라플레어는 선종, 화엄종, 그리고 천태종과 같은 후대 일부 종파들이 대승불교의 보편주의(universalism)와 상호의존성(interdependence, 緣起)의 논리를 통해 불성이 모든 존재들, 즉 모든 존재와 현상에 의해 공유된다는 결론을 이끌어 낸다고 했다. 이러한 내용은 생태운동의 희망을 제공하는 기초가 될 것처럼 보이지만, 완전한 이론이 되기 위해서는 여전히 많은 연구가 남아 있다.

생태 관련 서적에 무아(anātman), 공(śūnyatā), 연기(pratītya-samut pāda), 업(karma) 등 불교 가르침에 대한 설명들이 포함되는 것은 주목할 만하다. 이러한 가르침은 환경보호를 장려하는 것과 연관되어 있지만, 대부분의 경우 그러한 연결이 어떻게 확립될 수 있는지는 설명되어야 할 숙제로 남겨져 있다. 그 중에서 상호의존성[緣起]은 특히 환경 윤리를 위한 토대로서 공격 받고 있다. 즉, 환경 윤리는 일반적으로 자연계의 모든 부분이 지닌 고유한 가치를 증명하고자 하는 반면, 상호의존성은 모든 현상들을 근본적으로 본질이 결여되어 있고 다른 것들과의 관계에서 그들의 가치가 형성되는 것으로 보기 때문에, 환경 윤리와 반대편에 있는 것처럼 보이기 때문이다.

환경 위기가 본질적으로 영적 위기라고 많이 언급되는 가운데, 명상은 일반적으로 생태불교(eco-Buddhism)를 뒷받침하는 자원으로 간주된다. 참여불교도들은 불교가 이 문제를 해결하는 데 필요한 자원을 갖고 있다고 본다. 《불교의 가르침과 실천》에서 루벤 하비토(Ruben Habito)는 젠(Zen) 수행에 대한 에세이를 통해 젠의 가르침이 지구의 안녕을 뒷받침해 준다는 것을 증명하기 위해 노력한다. '내면(within)'과 '현재(present)'에 몰두하는 것은 '바깥(without)'과 '과거/미래'를 배제한다고 생각할 수 있다. 그러나 하비토는 이것은 맞지 않다고 선을 긋는다. 젠 명상은 마음 챙김(mindfulness)을 심화할 뿐만 아니라 진정한 자아의 깨어 있음

(awarness)과 평범한 삶에서의 깨달음(realization)으로 이끌기 때문이다. 이것은 실제로 우리 스스로를 환경과 둘로 보는 이분법을 극복하고 따라서 진정한 생태적 태도를 기르는 데 도움이 된다.

《다르마 가이아》의 마틴 피트(Martin Pitt)의 에세이 〈조약돌과 물결(The Pebble and the Tide)〉에서도 명상이 진정한 생태적 자각(ecological awareness)의 중심이란 점을 강조한다. 같은 항목에 수잔 헤드(Suzanne Head)의 매우 감동적인 에세이가 실려 있다. 수잔 헤드는 대지와의 건강한 관계를 회복하기 위한 집중수련 때 황야에 대한 직접적인 경험을 묘사한다. 여기서 초점은 다양한 종류의 명상, 주의 깊은 게송(gāthās), 하이쿠 시, 혹은 단순한 지구에 대한 감사의 태도와 같이 자연과 다시 연결(재연결)하는 다양한 방법에 있다. 그러한 수행을 많이 강조하지만, 그러나 붓다는 어떤 수행 단계에서도, 이러한 수행들 중 어느 하나도 환경에 대한 자각을 얻는 수단으로 특별히 제안하지 않았다. 오히려 모든 수행 방법들은 최종 목표인 열반(Nirvāna)을 준비하기 위해 마음을 고요히 하는 방법이었다. 따라서 명상으로 인한 생태적 자각(ecological awareness)은 불교 가르침 안에서 주요한 결과라기보다는 부차적인 결과다.

명상과는 별도로, 수행 그리고 가르침을 행동으로 옮기는 방법에 대한 관심이 중요한 순위를 차지한다. '불교 자연 활동가들과 감시자들(Buddhist nature activists and observers)'은 관련된 이슈들과 이미 과감하게 착수하여 성공한 경험들을 이해하고자 한다. 수행과 관련된 수필은 인도, 일본, 미국, 베트남 및 태국에서 만날 수 있는 다양한 사건들을 다룬다.

《불교와 생태》에서 헬레나 노르베르 호지(Helena Norberg-Hodge)의 〈한 씨앗에서 백 가지 식물이 자라기를(May a Hundred Plants Grow From One Seed)〉이란 에세이는 인도 라다크(Ladakh) 지방의 생태 전통을 살펴보고서, 검소한 삶의 방식이 그들의 기후 조건과 조화를 이루는 것을 본다. 불교사원은 지역사회에 참여하는 것이 중요한 비중을 차지했다. 그러다 근대성이 유입되자 상황이 변했다고 지적한다. 저자는 현재 라다크의 지속가능한 개발(sustainable development) 프로젝트를 추진하는 데 적극적으로 참여하고 있다. 이 에세이는 인류학적 연구의 특징이 보이며, 제시된 삶의 방식은 불교보다는 문화와 기후에 더 의존적인 것으로 이해된다.

태국의 사원 공동체의 본질과 환경 관련 문제를 줄이는 데 기여하는 역할은 종종 참여불교와 관련된 저술에서 논의되고 있다. 이러한 맥락에서, 태국 스님들이 나무들에게 계를 준 수계식(ordination of tree)이 언급될 수 있다. 대표적인 사건은 '친환경 스님들(ecology monks)'이라는 집단이 댐 건설로 위협받는 열대우림에 있는 많은 큰 나무 주위에 승려들의 가사를 둘렀을 때였다. 사원의 수계식 형식을 차용한 퍼포먼스는 환경 파괴에 주의를 환기시키고 의식을 고양하기 위해 행해졌다. 그러나 이러한 행동을 불교의 실천이라고 부르기에는 논란의 여지가 있으며, 전통적인 승가로부터 많은 승려들이 추방되는 사건이 되었고, 진지한 불교도로서 환경적 실천을 한 것인가라는 신뢰성에 대한 의문이 제기되었다. 요코야마(Yokoyama)의 에세이는 일본의 여러 불교 종파가 극찬하고 있는 '자연의 조화를 이룬 예'들을 꼼꼼이 나열하고, 일본이야말로 환경보호적인 생활방식을 개발할 수 있는 잠재력이 있다고 결론을 맺는다. 이러한 주장의 문제는 사실 일본은 환경보호에 관한 기록이 부족하다는 것이다.

결론적으로 우리는 "불교도가 어떻게 불교에 참여하고 있는가?"라는 질문을 제기해야 한다. 스테파니 카자(Stephanie Kaza)는 《불교 가르침과 실천》에서 다음과 같이 중요한 논평으로 자신의 에세이를 끝낸다.

"이 시점에서 생태적 실천이 주로 불교 전통에 의해 동기가 부여되었는지, 아니면 미국의 환경보호주의(environmentalism)에 의해서인지는 분명하지 않다."

미국의 불교도에 의해 미국의 생태불교(eco-Buddhism)의 근본에 대한 의문이 제기된 것이다. 미국의 유명한 환경론자들에 의해 실제로 전통이 어떻게 해석되었는지가 중요한 지점인데, 이안 해리스(Ian Harris)의 의견에 따르면 "생태불교란 이름으로 포장된[假裝] 다른 것들이 많다. [⋯] 분석해 보면, 스피노자의 철학, 광적인 뉴에이지(New Age) 신앙과 극도로 선별된 불교와의 불안한 동행이 드러난다."라고 했다. 참여불교가 단기간에 실용적이고 조직적인 측면에서 많은 성과를 거두었음에도 불구하고 여전히 그들의 신앙, 수행 및 가치가 불교신행의 참된 표현임을 입증해야 한다는 어려움에 직면해 있는 것이다.

알아야 할 요점들

- 전 세계적으로 사회참여불교는 불교 안에서 사회적 원인들(social causes)에 대해 행동주의적 접근을 주도하고 있다.
- 틱 낫 한 스님은 도덕적 행동을 위한 14가지 기본 규범을 지닌 '접현종(接現宗, Interbeing Order)'이라는 종파를 만들었다.
- 미국에서 불교평화우의회(BPF)는 가장 적극적인 사회참여불교 단체다.
- 불교평화우의회(BPF)는 두 가지 주요 활동가 프로그램을 운영하거나 혹은 부분적으로 참여한다. 그 두 가지는 '사회참여불교 인동맹(BASE)'과 '참여불교국제연대(INEB)'이다.
- 많은 불교 국가들의 정치적 발전으로 인해 불교도들이 인권 문제를 극히 중요하게 다루게 되었지만, 불교의 신뢰할 만한 인권 원칙은 아직 제시되지 않고 있다.
- 환경 문제는 참여불교도들에게 매우 중요한 사안이지만, 고대의 경전에는 그와 같은 현시대와 관련된 이슈들이 극히 드물게 언급되어 있다.
- 비평가들은 참여불교가 불교의 가치보다 서구에 더 빚을 지고 있다고 지적한다. 많은 불교도들은 불교가 현시대의 문제에 대한 서양의 대응을 받아들이기보다는 불교 고유의 해답을 개발해야 한다고 주장한다.

토론을 위한 질문

Q. 사회참여불교가 또 다른 새로운 '수레[乘, yāna]'라고 할 만큼 충분한 고유의 특성이 있다고 생각하는가?

Q. 불교평화우의회(BPF)와 같은 모임들이 새로운 종류의 서양의 상가(Sangha)를 얼마나 대표한다고 볼 수 있는가?

Q. '참여불교'가 '인권'이나 '생태' 등 이 시대의 사회·정치적 쟁점들에 기여하는 바가 있다고 보는가?

나아가 읽을 거리

Ariyaratne, A.T. and Macy, Joanna. 'The Island of Temple and Tank. Sarvodaya: Self-help in Sri Lanka' in Martine Batchelor and Kerry Brown (eds) *Buddhism and Ecology*. London: Cassell, 1992.

Badiner, Allan Hunt. *Dharma Gaia*. Berkeley, CA: Parallax Press, 1990.

Harris, Ian. 'Causation and Telos: The Problem of Buddhist Environmental Ethics'. *Journal of Buddhist Ethics*. Vol. 1(1994): 45-56.

Harriss, Ian. 'Getting to Grips with Buddhist Environmentalism: A Provisional Typology'. *Journal of Buddhist Ethics*. Vol. 2(1995): 173~190.

Kraft, Kenneth. *Inner Peace, World Peace: Essays on Buddhism and Non-violence*. Albany, NY: State University of New York, 1992.

Queen, Christopher. *Engaged Buddhism in the West*. Boston, MA: Wisdom Publications, 2000.

Queen, Christopher, Charles Prebish and Damien Keown. *Action Dharma: New Studies in Engaged Buddhism*. London: Routledge Curzon, 2003.

Tucker, Mary Evelyn, and Duncan Ryūken Williams. *Buddhism and Ecology: The Interconnection of Dharma and Deeds*. Cambridge, MA: Harvard University Press, 1997.

Online Conference on Buddhism and Human Rights. *Journal of Buddhist Ethics*, October 1995, available online at http://buddhistethics.org.

Online Conference on Socially Engaged Buddhism. *Journal of Buddhist Ethics*, April 2000, available online at http://buddhistethics.org.

13. 불교 윤리

이 장에서는

불교는 도덕적 가치, 특히 비폭력, 관용과 연민에 대한 강조로 널리 찬탄을 받고 있다. 불교의 윤리적인 가르침은 업(業, Karma)의 교의 덕분에 독특하다. 이는 1장에서 설명했으므로 여기서 다시 논의하지는 않겠다. 그 대신 이 장에서는 가장 논쟁적인 이슈인 전쟁과 테러에 관해서 살펴보기에 앞서 불교 윤리의 토대를 탐구해 보겠다. 그에 이어서 현대에 지속적으로 문제가 제기되고 있는 분야로 넘어가겠다. 즉, 불교와 과학적 발견 및 실험과 관련된 주제이다. 여러 종교 단체들 사이에 동요를 일으키고 있는 동물 복제와 복제인간에 대한 전망 등 과학 기술의 발전에 대해 불교적 견해는 어떻게 대응하는지 숙고해 보고자 한다.

이 장에서 다루어진 주요 주제들

도덕적 기반으로서의 다르마(Dharma)
불교 계율과 미덕
사원 윤리
아힘사(Ahiṃsā, 비폭력)
방편(方便)
전쟁과 테러
불교와 과학
복제

도덕적 기반으로서의 다르마

불교 도덕의 궁극적인 기초는 다르마(Dharma)다. 우리는 1장에서 이 용어의 의미를 탐구하면서 중력이나 인과와 같은 자연의 법칙과 업과 같은 인간 행위를 규제하는 도덕률의 기본이 되는 우주적 질서의 개념을 구체화한 것으로 보았다. 따라서 불교도들은 사물의 본성에 내포된 도덕성을 보고 도덕적인 삶을 사는 사람은 우주 질서와 조화를 이루며 결과적으로 번성하고 번영할 것으로 기대할 수 있음을 믿는다. 반면에 부도덕하게 살고 다르마의 요구에 부합하지 않는 과정을 추구하는 사람은 결과적으로 불행과 불운을 예측하게 되는 것이다.

붓다가 첫 번째 법문에서 '법의 바퀴를 돌렸을' 때, 그는 네 번째 고귀한 진리를 언급하면서 열반으로 향하는 길을 열었다. 이 길은 우리가 3장에서 보았듯이 계(śīla)·정(samādhi)·혜(prajñā)의 세 가지로 구성된다. 이로부터 우리는 도덕이 종교생활에 필수임을 보고, 세 가지 구성 요소가 항상 같은 순서로 나열되기에 계가 다른 두 가지의 선구자이자 전제조건이라고 결론 짓게 된다.

다르마에 대한 근본적인 믿음 때문에, 불교 종파들은 도덕적 가르침, 미덕, 계율에 관한 공통 핵심을 공유하는 경향이 있다. 예를 들어, 대승불교는 테라와다불교보다 연민(karuṇā)을 더 크게 부각하는 등 강조하는 점은 다르지만, 서로 다른 종파가 전승한 계율과 미덕의 항목들은 대체로 비슷하다. 이러한 일반적인 양상에 대해 가장 두드러진 예외는 티베트 금강승의 딴뜨라불교인데, 어떤 제한된 상황의 밀교적 수련의 일부는 전통적인 도덕적 가르침이 전도(顚倒)되어 나타나는 것처럼 보이기도 한다.

그러나 대체로 전 세계의 재가신도들은 오계를 그들의 도덕적 수행의 기초로 준수하고, 불교 승려들은 비록 판본이 서로 다를지언정 계율(Vinaya)을 행위를 묶어 주는 규범으로 간주한다. 또한 불교에서는 '황금률'과 같은 도덕적 가르침으로 예를 들면, 남들이 나에게 하지 않기를 바라는 어떤 것도 다른 사람에게 하지 말라는 지침 등을 보편적으로 존중하고 상세히 설명한다. 《법구경(Dhammapāda)》은 다음과 같이 말한다.

"누구나 폭력을 두려워하고 누구나 죽음을 겁내나니, (다른 이들에) 견주어진 자신을 만들고는, (남을) 죽여서도 안 되고 (남으로 하여금) 죽이게 해서도 안 된다."[5] (법구경 게송 129).

불교 계율과 미덕

불교에는 다섯 가지의 주요한 계율 묶음이 있다.

1. 오계(pañca-śīla)
2. 팔계(aṣṭāṅga-śīla)

5 현진 옮김, 《담마빠다》, 조계종출판사, p.326.

3. 십계(daśa-śīla)
4. 십선업도(daśa-kuśala-karmapatha)
5. 출가자의 계율인 바라제목차(prātimokṣa)

이들 중에서 가장 널리 준수되는 것은 첫 번째, 재가신도를 위한 오계이다. 이 오계는 수행자의 지위에 따라, 또는 특정한 의식 행사에 따라 적합한 계를 추가한다. 예를 들어 술이나 약물에 취하는 것을 금하는 것까지의 오계는 평신도들의 일상과 관련이 있다고 여겨지는 반면, 식사 시간에 관한 절제항목[6] 등을 기본 오계에 보완하는 팔계 및 십계 계율은 일반적으로 포살(poṣadha)에 대한 추가 약속으로 채택된다.[7] 《율장(律藏, Vinaya)》에 포함된 승가의 계율 항목(prātimokṣa)들은 사원 공동체 생활에 관한 규칙을 상세하게 규정한 200개 이상 되는 규칙의 모음으로, 각 종파마다 정확한 숫자는 다르다.

전통 사회에서 흔히 볼 수 있듯이, 인도에서도 도덕적 가르침은 일반적으로 권리라기보다는 의무의 형태로 표현된다. 이러한 의무는 종종 계급과 같은 사회적 지위 또는 전문직이나 일과 관련이 있다고 생각되었다. 그러나 궁극적으로 모든 도덕적 의무는 다르마에 기초를 두고 있으며, 사회적인 지위나 직업에 관계없이 모두가 존중해야 한다는 다르마의 기본적인 요구사항이 있었다. 불교에서는 이러한 기본적인 도덕적 요

6 탁발승의 기본 식사는 끼니를 오전에 탁발하여 정오 이전에 먹는 것이다. 음식을 저장하는 것을 금하므로 정오 이후에는 주식을 먹지 않으나, 맑게 거른 주스가 공양될 경우에는 오후에도 허용하고, 치즈나 꿀 등은 7일까지 저장하고 먹을 수 있다는 등으로 먹을 수 있는 시간과 먹거나 저장할 수 있는 품목을 규정해 놓았다. 재가자는 선택적으로, 혹은 한시적으로 이 계율을 오계에 덧붙여 절제하는 수행으로 삼아 지키곤 한다. 중국, 한국 등 북방으로 전승된 대승불교에서는 탁발과 유행이 아닌 정주(定住) 생활의 청규(淸規)가 달리 발달했다.

7 한 달에 네 번 있는 포살일에는 재가자도 출가자의 마음으로 확장된 8계나 9계, 혹은 10계를 지킨다. 8계는 대개 5계에 오후에 먹지 않는 계, 춤이나 노래, 음악 등을 구경하지 않고 꽃이나 향, 화장품으로 치장하거나 장식하지 않는 계, 높은 의자나 화려한 침상을 사용하지 않는 계를 추가해 지킨다. 10계는 음악 등을 구경하지 않고 꽃이나 향, 화장품으로 치장하거나 장식하지 않는 계를 둘로 나누고, 금전을 소지하지 않는 계를 추가한다.

구사항이 계율의 형식으로 표현되었으며, 불교도가 되기 위한 '귀의(歸依, saraṇa)' 의식에 참여하여 공식적으로 "계율을 받는다." 다른 말로 하면, 계율을 존중하고 지키기 위한 자발적인 약속을 한다. 흥미롭게도, 불교도가 되는 사람들은 특정 신앙이나 교리에 대한 신앙을 밝히기 위해 부름(call-up)을 받지 않는데, 이는 불교에서 도덕적 행위가 교리나 신조보다 더 중요함을 드러낸다.

오계

오계는 영향력에 있어서 기독교의 '십계명'에 비교할 만한 불교에서 가장 널리 알려진 계율 목록이다. 불교도가 될 때 '귀의' 의식에서 오계를 자발적인 약속으로 받아들인다. 오계는 아래와 같다:

1. 저는 살아 있는 생명체들을 해치는 일을 삼가는 학습계목을 받아 지니겠습니다.
2. 저는 주지 않은 것을 취하는 일을 삼가는 학습계목을 받아 지니겠습니다.
3. 저는 부적절한 성행위를 삼가는 학습계목을 받아 지니겠습니다.
4. 저는 거짓말을 삼가는 학습계목을 받아 지니겠습니다.
5. 저는 정신을 흐리게 만드는 술, 약물들을 삼가는 학습계목을 받아 지니겠습니다.

사원 윤리

4장에서 언급했듯이, 불교의 출가자인 비구나 비구니의 삶은 《율장(律藏, Vinaya Piṭaka)》에 의해 규정된다. 《율장》에는 승가의 기원, 고대의 경전 결집 과정 및 사원에서 벌어진 행위들과 관련된 분쟁에 대한 이야기가 포함되어 있고, 승가의 전통이 어떻게 발생했는지 자세히 설명되어 있다. 《율장》에는 '바라제목차(波羅提木叉, prātimokṣa)'로 알려진 비구를 위한 200개가 넘는 규율이 포함되어 있는데, 정확한 숫자는 종파에 따라 218개에서 263개까지로 다양하다. 비구니들에게는 어떤 면에서 보면 더 엄격하여, 규율이 279개에서 380개까지 별도로 있다. 이 규율들 대부분은 윤리적인 특성을 지니고 있지만 대다수가 음식, 옷, 주거, 가구 및 개인 소유물의 절제와 같은 문제에 대해서 다루고 있다. 규율은 심각도가 감소하는 순서로 8개 범주로 배열된다.

불교의 《율장》은 어떤 면에서는, 6세기에 도입되어 오늘날까지 준수되어 오는 베네딕트수도회 소속 그리스도교 수도사들의 행동 규범인 '성 베네딕트(St. Benedict) 규칙'과 비교할 만하다. 《율장》은 이보다 거의 1000년 앞서고, 보다 광범위하다. 각 계목이 제정된 기제를 설명하는 풍부한 배경 이야기와 시간이 지남에 따라 새로운 환경으로 인해 발생한 예외 사항 및 수정 사항들이 자세히 기록되어 있다. 기록에서는 붓다가 직접 개별적인 계목들을 제정한 것으로 묘사되지만, 얼마간의 계율은 붓다 사후에 제정된 것이 분명하다.

《율장》의 내용은 법원 청문회의 사본과 약간 비슷하거나 각 사례의 핵심 사항과 판결이 기록될 때 서기가 작성했을 것 같은 짧은 메모들이다. 형식은 간결하고 고정된 양식이지만 주석가들은 애매한 점을 명확하게 하기 위해 계속 이어서 그들의 의견과 추측을 추가했다. 계율에 대한 현대적인 주석은 온라인으로 이용 가능하다. 이러한 주석들은 초기의 도덕적 가르침을 기본으로 삼고 승려가 계율을 위반한 것으로 여겨졌을 때 범계와 무죄에 관한 문제를 해결하기 위해 법리학적 원칙을 개발하고자 한 합법적인 전통의 시작을 나타낸다. 따라서 《율장》의 사원 계율은 자기 절제를 장려하고 규모가 급속히 커지고 있는 사원 공동체를 원활히 운영하기 위해 고안된 추가 규정들과 도덕률을 결합한 것으로 볼 수 있다. 중요한 핵심은 승가의 대중적인 이미지 및 평신도 공동체의 눈에 비치는 승가의 모습이다. 의견이 분분하고 규율이 느슨한 승가는 붓다의 가르침을 훼손할 수 있고, 사원들이 생계를 의존한 평신도들의 경제적 지원을 위태롭게 만들 수 있다. 이런 맥락에서, 독송되는 계율을 듣기 위해 '함께 머무는[同住]' 승려가 모두 모이는 매월 두 번의 포살(布薩, poṣadha) 의식은 사원 공동체의 도덕적 순결을 대중에게 확인시키는 역할을 했다.

미덕(美德, virtues)

규칙을 따르고 계율을 지키는 것이 도덕적 수행의 중요한 측면이지만 윤리에 대한 내면적 차원 또한 중요하다. 불교의 가르침은 미덕으로 알려진 좋은 자질의 양성에 큰 역점을 둔다. 이것은 용기, 정직 및 관대함과 같이 도덕적으로 모범이 된다고 생각되는 습관 또는 행동 양식이다. 이러한 자질을 제2의 천성이 될 때까지 개발한 개인은 다른 사람들을 위한 '역할 모델(role-model)'이 될 수 있는 완성된 사람으로 간주된다. 다른 이들을 위해 자신의 생명을 희생하고, 진실을 말하며, 기본 원칙을 왜곡하는 타협을 거절하거나, 사심 없이 행동하고, 다른 사람들의 이익을 자기 이익보다 앞세우는 사람들은 영웅, 혹은 칭송과 존경을 받을 가치가 있는 사람으로 간주된다. 도덕적으로 좋은 자질이 이들 개인의 성품에 전적으로 통합되면, 그들은 달리 부도덕하게 행동할 수가 거의 없다. 그러한 자연스럽고 지속적인 선한 상태를 달성하는 것이 불교 윤리의 목표다.

불교의 '핵심적인 덕목'이라고 부를 수 있는 세 가지 가장 기본적인 불교도들의 미덕은 탐욕 없음[無貪, arāga], 성냄 없음[無瞋, adveṣa], 어리석음 없음[無痴, amoha]으로 알려져 있다. 이것은 세 가지 '악의 뿌리(akuśala-mūla)' 또는 '삼독(三毒)', 즉 '탐욕[貪, rāga]', '성냄[瞋, dveṣa]', '어리석음[痴, moha]'의 반대이고, 그것들은 우리가 1장에서 본 바와 같이 존재의 바퀴(bhavacakra)를 돌리는 중심으로 묘사된다.[8]

세 가지 핵심 덕목의 특성을 나타내기 위해 보다 친숙한 용어를 사용한다면 첫 번째 '탐욕 없음'은 이기적이지 않음(unselfishness), 관대함(generosity) 또는 인색하지 않음, 너그러움(liberality)으로 표현할 수 있다. 기본적으로 그것은 집착을 버리고 자신보다는 타인을 생각하는 태도를 의미한다. 두 번째의 '성냄 없음'은 모든 존재에 대한 선한 태도와 그들의 안녕을 추구하기 위한 전제이기 때문에 자비심 혹은 박애(benevolence)라고도 부를 수 있다. 세 번째 '어리석음 없음'은 네 가지 고귀한 불교의 진리[四聖諦]와 같은 중요한 불교적 원칙에 대한 지혜(wisdom) 또는 이해(understanding)를 의미한다.

세 가지 핵심 또는 기본적인 미덕으로부터 파생되는 다른 가치들이 있다. 이들 중 매우 중요한 하나가 연민(karuṇā)이다. 연민은 대승불교의 맥락에서 6장에서 논의되었다. 육바라밀(pāramita)은 보살의 미덕을 보시(dāna), 지계(śīla), 인욕(kṣānti), 정진(vīrya), 선정(samādhi), 지혜(prajñā)라는 편리한 목록으로 제공한다. 불교 문헌은 이런 종류의 미덕의 중요성을 끊임없이 강조하고 아라한(arhant)이나 보살(bodhisattva), 또는 붓다(Buddha)가 되고 싶어하는 사람들에게 이런 미덕을 연마하라고 격려한다. 불교의 수행에서 이러한 미덕을 강조하기 때문에 오늘날 불교의 윤리가 '덕(德)의 윤리(virtue ethics)'의 한 형태로 가장 잘 분류되어 있다고 동의하는 학자들이 늘어나고 있다.

---

8 pp.46~47의 각주 11, 14 참조.

보시

보시(布施, Dāna)는 말 그대로 '주는 것'을 의미하며 관용의 미덕을 나타낸다. 위에서 언급했듯이 보시는 보살의 '육바라밀' 중 첫 번째로, 이기적인 사람이 거의 나아갈 수 없는 길인 종교적 행로의 시작을 의미하는 중요한 표지이다. 사원 공동체에 합류한 사람들은 입회 조건으로 모든 것을 포기하고, 종교적 귀감이자 스승으로서 가르침을 펴고 좋은 일을 실천하는 데 자신의 시간을 쏟는다. 이 점에서 그들은 모든 선물 중에서 가장 귀한 것이라고 하는 다르마를 보시하는[法布施] 것이다. 경제적 측면에서 보시는 평신도에게 특히 중요한 덕목이다. 평신도가 가사, 음식, 약, 사원의 토지 및 건물을 포함하여 승가가 필요로 하는 모든 것을 제공하기 때문이다. 테라와다불교가 행해지는 남아시아 국가에서는 우안거(雨安居) 뒤에 행하는 까티나(Kaṭhina) 의식에서 가사를 보시한다. 관대함에 대한 강조는 불교 문화에서 널리 퍼져 있으며, 인색함은 특히 부정적인 자질로 간주된다. 모든 수준의 사회에서 관대한 행동에 칭찬과 박수를 보내고, 관대한 마음은 정신적 성숙의 표시로 여겨진다. 왜냐하면 관대한 사람은 자기 중심적 관심사에 덜 휩싸이고 다른 사람의 필요에 더 부응하기 때문이다. 또한 출리(出離, renunciation)와 집착 없음[無貪, detachment]은 관대한 성품의 사람들에게 더 쉽게 온다.

불교 문헌은 모범적인 관대함에 대한 이야기들을 제공하며, 많은 테라와다 문헌이 그것을 칭송한다. 〈웨싼따라 자따까(Vessantara Jātaka)〉의 영웅인 웨싼따라 왕자 이야기는 남아시아 전역에 잘 알려져 있다. 웨싼따라는 그의 왕국을 통째로 포기한 왕자인데, 그것으로도 충분하지 않은 것처럼 아내 맛디(Maddī)와 어린 자녀들을 노예로 달라는 이에게 넘겨주었다! 다행히도 이야기는 행복한 결말을 보여 주며, 관대한 행위는 항상 좋은 과보로 이어진다는 가르침을 준다. 일반적으로 관대함은 많은 부를 가져오고, 이어지는 생에 천상의 존재로 인도한다고 믿어진다.

더 많은 영웅적 희생은 굶어 죽어가는 동물을 구하기 위해 자신의 팔다리를 주거나 몸 전체를 희생하는 보살들에 의해 이루어진다. 아리야수라(Āryasūra)가 편집한 4세기의 이야기 모음집인 《자따까말라(Jātakamāla)》에는 전생의 붓다가 굶주린 암 호랑이를 먹이기 위해 절벽 위에서 떨어진 이야기에 대해 말한다. 그는 굶주린 어미 호랑이와 어린 새끼들의 고통에 깊은 연민을 느끼고 (그들이 자신의 몸을 먹을 수 있도록) 절벽 위에서 아래로 떨어졌다. 동아시아에서는 손가락이나 팔다리를 태우는 행위[燃臂]가 모든 중생의 안녕을 위해 바치는 희생의 행위로 떠올랐다. 더 최근의 예로 베트남 전쟁 기간 동안, 틱 쾅 덕(Thich Qang Duc) 스님 같은 많은 불교 승려들이 저항의 행위로 분신(焚身)을 행했다. 이러한 행위들은 방금 묘사했던 보시의 극단적인 종류의 현대적인 예로 볼 수도 있겠지만, 불교도들은 이런 훼손과 자살 행위에 대해서 지혜와 합리화를 분리해야 한다고 주장한다.

사진 12.1 아귀(preta)계의 고통을 묘사한 벽화, 안동 해동사, 대한민국

사진 12.2 〈웻싼따라 자따까(Vessantara Jātaka)〉의 한 장면을 묘사한 인도 아잔타 석굴의 벽화.
웻싼따라는 왕궁을 떠나겠다고 선언하고 이를 들은 궁녀들이 놀라는 장면이다.

경전을 통해 본 '보시(베풂)'의 가르침

이 다섯 가지는 참된 사람의 보시다. 무엇이 다섯인가? 믿음으로 보시하고, 존중하면서 보시하고, 바른 시기에 보시하고, 마음에 남음이 없이 보시하고, 자기와 남을 손상시키지 않고 보시한다.

믿음으로 보시한 뒤 어느 곳에서든 그 보시의 과보가 생기면 그는 큰 재물과 큰 재산을 가진 부자가 되며, 아름답고 잘 생기고 멋있고 우아하고 최상의 외모를 갖추게 된다.

존중하면서 보시한 뒤 어느 곳에서든 그 보시의 과보가 생기면 그는 큰 재물과 큰 재산을 가진 부자가 되며, 그의 아들들이건 아내건 하인들이건 전령들이건 일꾼들이건 그들 모두는 그의 말을 경청하고, 귀 기울이고, 마음을 잘 알아서 시중들게 된다.
바른 시기에 보시한 뒤 어느 곳에서든 그 보시의 과보가 생기면 그는 큰 재물과 큰 재산을 가진 부자가 되며, 적당한 때에 그에게 엄청난 이익이 생기게 된다.
마음에 남음이 없이 보시한 뒤 어느 곳에서든 그 보시의 과보가 생기면 그는 큰 재물과 큰 재산을 가진 부자가 되며, 다섯 가닥의 감각적 욕망을 크게 즐기는 것으로 마음을 기울이게 된다.
자기와 남을 손상시키지 않고 보시한 뒤 어느 곳에서든 그 보시의 과보가 생기면 그는 큰 재물과 큰 재산을 가진 부자가 되며, 불이든 물이든 왕이든 도둑이든 싫어하는 자든 상속자든 그 어떤 것에 의해서도 재물의 손해를 당하지 않게 된다. 이러한 다섯 가지는 참된 사람의 보시다.

〈참된 사람 경(Sappurisadāna-sutta, A5:148)〉[9]

아힘사(Ahiṃsā)

아힘사는 비폭력 혹은 해치지 않음의 미덕이다. 현대에서는 간디가 인도 독립을 위해 투쟁하는 동안 영국에 대항하여 큰 성공을 거둔 그의 비폭력 저항의 정책과 밀접하게 관련되어 있다. 불교는 비폭력적이고 평화를 사랑하는 것으로 널리 여겨지는데 그것은 주로 아힘사를 강조한 덕분이다. 불교 국가라고 전쟁과 분쟁이 없었던 것은 아니나, 다음에서 보듯이 폭력에 의존하기보다는 평화적으로 문제를 해결해야 한다는 강한 당위성으로

9 대림 스님 역, 《앙굿따라니까야》 3, 초기불전연구원, p. 335.

받아들이고 있다.

아힘사의 기원은 고대의 자이나교도나 불교도와 같은 비정통 사문(śramaṇa) 집단에서 비롯된 것으로 보이는데, 이 원칙은 점점 더 정통 브라만 전통에 영향을 미치기 시작했다. 사문 종파들이 반대했던 정통 브라만 관행은 자이나교도와 불교도들이 잔인하고 야만적인 것으로 거부했던 살아 있는 동물을 죽여 바치는 희생(제사)이었다. 비판에 대응하여, 피비린내 나는 동물 희생은 과일, 야채, 우유와 같은 상징적인 제물로 대체되기 시작했다. 도덕적 원칙으로서, 아힘사는 단지 동물 희생에 대한 반대 이상의 것을 포함한다. 부정 접두사(a-)를 붙인 조어 방식('해를 끼치지 않음')에도 불구하고, 그것은 또한 일반적으로 살아 있는 생명체를 바라보고 행동하는 방식에 있어서 긍정적인 함의를 갖는다. 예를 들어, 모든 생명체를 그들이 평안하고 안전하기를 바라는 마음에서 비롯된 친절과 존경으로 대한다는 뜻이다. 아힘사는 서양에서 '생명의 존중' 또는 '생명의 신성함'이라고 불리는 뜻과 보다 가깝다. 1952년 노벨평화상을 수상한 앨버트 슈바이처(Albert Schweitzer: 1875~1965)와 같이 이 사상을 옹호하는 철학자들은 생명의 모든 현시(顯示)에 대한 존경을 의미하는 '생명에 대한 경외'가 가장 높은 윤리적 원칙이라고 믿었다.

고대 인도에서 이 원칙을 가장 엄격하게 따랐던 이들은 자이나교도였다. 그들은 어떤 형태의 생명체든 그것이 아무리 작더라도 파괴하는 것은 잘못이라고 믿고, 아주 작은 곤충을 숨 쉬면서 들이마시지 않기 위해 입 마개를 쓰는 등 예방 조치를 취했다. 불교 승려들은 이 예를 어느 정도 본받았는데, 먹는 물에서 미세한 생물들을 걸러내는 물 거르개를 소유하는 것이 허용되었다.[10] 승려들은 또한 우기(雨期) 동안에 여행을 자제했다. 그 이유는 부분적이긴 하지만, 우기에는 벌레, 곤충들의 활동이 많아져 여

10 초기의 출가자들은 소유가 전적으로 금지되었다. 입을 옷 한 벌[三衣; 상의, 하의, 겉옷]과 밥을 빌어 먹을 수 있는 발우(鉢盂)가 기본 소유물이었고, 이외에 삭도(削刀)·바늘·띠·물 거르개 등 비구 8물(物)이 허용되었다.

행자들의 발에 밟혀 죽을 확률이 높아지기 때문이었다. 그러나 불교는 아힘사가 의도적으로 생명을 빼앗는 행위를 자제한다는, 보다 제한된 도덕적 의무를 부과한다는 견해이다. 달리 말하면, 나쁜 업(業, karma)은 우연히 개미를 밟아서 생기는 결과물이 아니고, 살해하거나 상해를 입히려는 '의도'를 가지고 고의적으로 죽일 때 잘못된 행위[不善業]라는 것이다. 불교 문헌은 모든 존재는 스스로가 그러하듯이 아픔과 고통을 싫어한다는 이해 혹은 깨달음에 기반하여 살아 있는 생명체에 대한 친절(dayā)과 동정심(anukampā)을 키우는 데 많은 역점을 두고 있다.

아힘사의 중요성으로 인해 많은 불교도, 특히 동아시아의 대승불교도들은 채식주의를 삶의 방식으로 받아들였다. 붓다 자신은 채식주의자가 아니었고 제자들에게 육식을 포기하라고 요구하지도 않았다. 실제로 붓다는 승려들에게 채식을 강제하려는 시도에 반대하기도 했다.[11] 남아시아의 많은 불교도들은 채식주의자가 아니지만, 정육점 주인과 같은 동물 도살과 관련된 직업은 낮추어 본다.

연민과 방편

연민

연민(karuṇā)은 불교의 모든 종파에서 매우 가치 있는 덕목이며, 특히 대승불교에서 그렇다. 대승불교는 초기의 가르침에 대한 철저한 재해석의 일환으로 새로운 강조점을 기존의 윤리에 도입했다. 보살(菩薩, bodhisattva) 사상과 육바라밀 수행이 중심 무대를 차지하게 되었고, 대승의 주창자들은 초기의 종파들에 대해 다른 사람들을 돌보지 않고 이기적으로 자신의 해탈만을 추구한다고 비난했다. 대승불교 문헌은 거의 모든

11 승가가 전적으로 채식을 하도록 하자는 데와닷다의 주장에 반대하였다.

페이지에서 연민의 중요성을 선포하며, 때로는 지혜(prajñā)조차도 능가한다고 주장하면서 연민을 최고 덕목의 지위에 둔다. 대승불교는 또한 당시의 다른 종파들에 대해 자주 이기적이고 연민심이 부족한 '작은 수레[小乘, Hīnayāna]'라고 비난했는데, 이 비판은 어느 정도 과장되었다.

연민은 분명히 초기 불교에서부터 존재했고, 사범주(四梵住, brahma-vihāra) 혹은 사무량심(四無量心)의 두 번째로 등장한다. 이들은 명상을 통해 계발되는 네 가지 특별한 요소로서, 자애[慈, mettā], 연민[悲, karuṇā], 함께 기뻐함[喜, muditā] 및 평정심[捨, upekkhā]으로 구성된다. 이들 미덕을 실천하는 것은 이러한 자질들을 바깥 세상으로 방사(放射, radiating)하는 것을 포함하는데, 자신부터 시작해서 가족, 친구, 이웃, 지역 사회, 그리고 마침내 우주 전체를 포함하도록 범위를 확장한다. 이처럼 연민 수행이 초기 불교에서 없었던 것이 아니기 때문에, 대승불교에서 연민에 대해 '훨씬 더 강조했다'고 말하는 것이 공평할 것이다. 그러나 그 밖의 다른 윤리적 가르침에 관해서는, 대승불교 역시 초기 불교 전통의 형식을 크게 채택했다. 예를 들어 비구와 비구니들은 초기 종파의 《율장》을 이어서 준수했고, 재가신도들은 여전히 오계를 지켰다.

대승불교에서 연민의 성품은 특별히, 위대한 관세음보살(Avalokiteśvara; 높은 데서 내려다보는 이)과 관련이 있다. 관세음보살은 《법화경(法華經; 1세기)》에서 처음 언급되었으며 몇 세기 지나 티베트에서 관세음보살 신앙이 대중화될 때까지 미미한 모습으로 남아 있었다. 티베트의 탱화(幀畵)에서 관세음보살은 도움이 필요한 사람들을 위해 언제라도 섬세하게 도울 준비가 되어 있음을 상징하는 여러 개의 머리와 천여 개의 팔을 가진 모습으로 묘사된다. 중국에서는 관세음보살이 여성의 모습으로 나타나고, '콴인(觀音)'이라는 명호로 널리 존경받는다. 어떤 도상(圖像)으로 나타나든, 세상 어디에서나 도움이 필요하거나 위험에 빠진 불교인들은 관세음보살에게 기원한다.

방편

'선교방편(善巧方便, upāya-kauśalya)'의 개념은 대승불교에서 상당히 중요하며, 〈선교방편경(Upāya-kauśalya Sūtra)〉, 《법화경》 및 《유마경》과 같은 경전에서 초기에 상세히 설명된다. 《법화경》 2장에서 붓다는 방편의 가르침을 소개하고 이야기 전체에 비유를 사용하여 왜 전략과 방책을 사용해야 하는지 설명한다. 경전은 붓다를 철없는 아이들이 그에게 귀 기울이지 않는 현자 또는 친절한 아버지라고 묘사한다. 붓다는 '방편'이 무지하고 어리석은 사람들을 해방의 길로 인도하는 유일한 길임을 깨닫고, 아이들이 조언을 따르도록 격려하기 위해 방편에 의지한다. 이것은 어느 정도 거짓말과 같은 이중성을 포함하지만, 모든 존재에 대한 연민 어린 마음이 유일한 동기이기 때문에 붓다는 비난으로부터 면제된다.

방편이라는 개념은 붓다의 교사로서의 기술과 듣는 이들에게 적합한 방식으로 가르침을 설법할 수 있었던 능력에 뿌리를 둔다. 예를 들면, 브라만과의 토론에서 붓다는 붓다 고유의 가르침의 어떤 측면을 설명하는 방법으로 종종 브라만의 관습과 전통을 언급하곤 했다. 대승불교는 붓다의 가르침 전체가 본질적으로는 존재를 깨달음(bodhi)에 이르도록 하는 일시적인 수단이며, 가르치는 내용은 다양할 수 있다고 제안함으로써 이러한 생각을 발전시킨다. 한때 적절한 것이 다른 때에는 그렇지 않을 수도 있다. 방편이라는 개념은 대승불교가 붓다의 가르침을 혁신하는 것을 정당화하고, 초기 제자들의 부족한 정신적 역량으로 인해 제한되고 한정적으로 전해진 붓다의 초기 가르침을 묘사하는 데 사용된다.

대승불교에서 방편은 대상인 존재에게 유익하다면 언제든지 붓다와 보살들에 의해 쓰여지는 정당한 방법이다. 〈선교방편경〉과 같은 일부 문헌들에서 보면 보살들은 '위대한 연민심[大悲, mahākaruṇā]'으로 고무되어 계율을 깨고 도덕적 비난을 불러올 행동을 무릅쓴다. 교의 속에 있는 가정(假定)은 모든 가르침이 어떤 경우라도 조건부란 것이고, 일단 해방이 이루어지면 '불교'는 철학적 교리와 도덕적 계율의 몸체로서 최종 목표에 도달하기 위한 수단으로 사용되었을 뿐임을 알게 될 것이다. 강을 건너기 위해 사용한 뗏목을 강을 건넌 후에는 버리는 것처럼.

윤리의 맥락에서 보면 방편을 둘러싼 해석은 간혹 모호한 경우가 있다. 문헌에 묘사된 보살의 부도덕한 행동이 따라해도 되는 모델로 의도되었는지 또는 단순히 보살에게만 가능한 위대한 연민의 예인지 항상 명확한 것은 아니다. 웨싼따라 왕자 이야기나 보살과 호랑이(pp.411~412 참조)와 비슷한 다른 이야기들처럼, 주인공은 초인간적인 자기 희생을 할 수 있다고 묘사되지만, 그러나 문자 그대로 우리가 따라야 할 예로는 받아들이지 않는 것이 나을 것이다. 대승불교 문헌에서 우리가 볼 수 있는 방편의 예는 평범한 사람들이 부도덕한 행동을 서둘러 실천하도록 권장하는 것이 아니라 동정심의 미덕을 이상화한 것으로 이해하는 편이 가장 좋을 것이다.

전쟁과 테러

불교의 가르침은 탐욕(rāga), 성냄(dveśa), 어리석음(moha)과 관련된 내면 상태의 산물로 보는 '폭력'에 강하게 반대한다. 공격성은 자아(ātman)에 대한 잘못된 믿음과 그 자아를 해치는 것으로부터 보호하려는 욕망에 의해 촉진되는 것으로 생각한다. 이 자아에 대한 강력한 개념과 거기에 항상 따라붙는 내 소유물, 내 나라, 내 인종과 같은 생각들은 '이방인' 또는 '타인'에 대한 의심과 적대감으로 이어지는 분명한 경계심을 만들어 낸다. 불교 가르침의 목표는 이 자아의 개념과, 그것과 함께 갈등을 일으키는 두려움과 적대감을 해체하는 것이다.

이러한 맥락에서 중요한 미덕은 인내심(kśānti)이다. 왜냐하면 관용이나 인내심이 부족하면 종종 폭력적인 분쟁의 원인이 되기 때문이다. 〈칸띠와디 자따까(Khantivādī Jātaka)〉와 같이 인내심을 보여 주는 사례가 많이 있다.[12] 은둔자 칸띠와디는 왕의 명령에 따라 자신의 사지가 하나씩 잘려나가도 화를 내지 않음으로써 인내심을 보여 준다. 인내의 실천은 친구이건 적이건 모든 사람에 대한 평정심(upekkhā) 또는 평등심에 달려 있다. 지금 적인 사람들이 과거 어느 생에선가는 친구들이었다고 밝힘으로써, 영원한 적은 아무도 없다는 것이다.

초기의 문헌들은 전쟁에 관해 이야기할 때, 전쟁이 살생과 관련된다는 이유로 거의 예외 없이 비난한다. 살생은 첫 번째 계율을 위반하는 것이다. 전쟁이 공격적이든 방어적이든 중요하지 않다. 두 경우 모두 생명이 손상된다. 붓다는 거룩한 전쟁[聖戰]에서 죽는 전사들의 운명에 관한 이슬람의 견해와는 상반되게, 전쟁에서 죽은 군인들은 특별한 낙원이 아니라 특별한 지옥으로 간다는 견해(Sn iv.308-11)를 표현하고 있다. 왜냐하면 죽음의 순간에 그들의 마음은 살생에 굴복했기 때문이다. 일부 문헌은 자기 방어나 가족이나 친구를 지키기 위해 살생하는 것조차도 잘못이라고 확정하며, 일반적으로 폭력 앞에서조차 비폭력 무저항의 태도를 칭송한다. 《법구경》의 주석서는 어떻게 붓다의 출신 종족인 샤꺄 족이 공격을 받았을 때 첫 번째 계율을 범하기보다는 차라리 살육되기를 허용했는지에 대해 서술한다. 《자따까(jātaka)》와 그 밖의 다른 곳에서의 예들은 왕국을 방어하기 위해 폭력에 의지하기보다는 왕좌를 포기하는 왕자와 왕에 대해 이야기한다.

불교도들은 통치자가 어떻게 평화적인 방법으로 다스려야 하는가의 예로서 자주 아쇼카(Aśoka) 왕을 지적한다. 5장에서 언급했듯이, 아쇼카 왕은 기원전 3세기, 인도에서 위대한 제국을 통치했으며, 그 영역은 영국 식민지로 합병되기 전까지 인도 역사상 가장 넓은 규모였다. 대관식을 거행한 지 8년 후, 아쇼카 왕은 그에게 저항했던 동해안 지역의 깔링

12 《금강경》 제14 〈이상적멸분(離相寂滅分)〉에 보면 가리왕에게 사지가 잘려도 화를 내지 않은 인욕선인(忍辱仙人)의 전생담이 언급된다.(我昔爲歌利王 割截身體…無生瞋恨)

가(Kaliṅga)를 공격하라고 군대에게 명령했다. 전투는 피로 물들었고 사상자는 많았다. 통치 기간 동안 아쇼카 왕은 수많은 칙령을 선포하고 자신의 왕국 전역에 돌기둥에 새기라고 명령했으며, 14번째 석주에 새겨진 칙령에서 그는 깔링가 전투에서 15만 명이 추방되었고, 10만 명이 전투에서 사망했으며, 더 많은 사람들이 관련된 전란으로 사망했다고 진술했다. 고통받고 있거나 '브라만, 고행자, 다른 종교를 가진 가장들'과 같은 평범하고 점잖은 사람들이 상처를 입거나, 살해되거나, 사랑하는 사람들과 헤어져 있는 것을 보고 그는 비탄에 빠졌다고 고백했다. 전쟁에서 만난 생명의 훼손은 아쇼카 왕을 공포에 떨게 했고, 그의 마음을 완전히 변하게 했다. 그 결과 아쇼카 왕은 군사 전투를 포기하고 "다르마(Dharma)에 의한 정복이 최선의 정복"이라고 규정하면서, 이후 다르마에 의해 통치하고자 결심했다.

그러나 모든 불교 통치자가 평화주의자로 돌아선 아쇼카 왕의 예를 따르지는 않았다. 스리랑카의 고대 역사에는 싱할리 족과 인도에서 온 타밀 족 침략자들 사이의 수많은 전투가 있었다. 싱할리의 왕 둣타가마니(Duṭṭhagāmaṇi: B.C. 1세기)는 타밀 장군 엘라라(Eḷāra)를 물리쳤기 때문에 국가 영웅으로 여겨졌다. 이 승리는 5, 6세기로 거슬러 올라가고 섬의 역사를 나열한 전통적인 싱할리 연대기 《마하왐사(Mahāvaṃsa)》에 칭송되어 있다. 연대기는 분쟁을 불교와 힌두교 사이의 일종의 '거룩한 전쟁'으로 묘사하고 불교의 승리를 영화롭게 여긴다. 그의 승리 후 둣타가마니는 아쇼카 왕이 했던 것처럼 후회를 했지만, 깨달음을 얻은 승려들(아라한)이 "법을 지키기 위해 그가 불자의 계율에 맞지 않는 일을 한 것은 아무 것도 없다."라고 안심시켰다고 한다.

현대에도 불교 승려들은 종종 상대방을 무력 사용으로 근절해야 한다고 거침없는 말로 공격하곤 한다. 1970년대에 공산주의를 강하게 반대했던 태국 승려 키띠웃도(Kittivuḍḍho)는 "공산주의자들은 근절될 것"이라고 공개적으로 선언하곤 했다. 그는 이것이 종교적 의무이며 태국 국가,

군주제 및 국가 종교인 불교를 보호하는 데 필요하다고 주장했다. 그의 견해로는 4천 2백만 명 태국인의 복지가 보장된다면 약 5,000명의 공산주의자는 살해할 만한 가치가 있다고 했다.

남아시아는 전쟁이 벌어졌던 불교 세계의 유일한 지역이 아니다. 특정 역사적 시기에 동아시아의 일부 지역은 거의 계속되는 전장이었으며, 불교는 폭력 행위에 참여한 것으로 드러났고 종종 적극적으로 참여했다. 중세 일본에서는 불교 사원이 대규모의 토지를 보유한 기관이었으며 토지를 지키고 적을 위협하기 위해 전사 승려들(sōhei)을 고용했다. 그리하여 한 불교 종파와 다른 종파 사이에서 전쟁이 발생했고, 또한 군대 통치자(shōgun)와 황실에 대항해서도 싸웠다. 많은 사무라이 전사들은 그들의 마음을 경각심(alertness)의 최고 상태에 다다르게 하고, 전장에서 집중하며 단련된 상태를 유지시키기 위해 훈련 받기 때문에, 선불교의 믿음과 수행이 그들의 무사 정신에 매우 잘 어울리는 것을 발견했다. 검술과 양궁과 같은 무술은 선(禪)의 원칙에 크게 영향을 받았으며, 불이(不二) 또는 공(空)의 철학적 교의는 많은 사람들이 적절하다고 믿었던 도덕 규범이 중지된 데 따르는 혼돈과 사회적 격동의 시기에 적절한 이데올로기를 제공했다.

군국주의는 또한 근대에 불교 집단이 적극적으로 일본 민족주의를 지지했던 증거이기도 하다. 선종과 정토종은 1937~1945년 중국과의 전쟁에서 재정 지원을 했으며 제2차 세계대전 당시 소카 각카이(創價學會)를 제외한 대부분의 불교 종파들은 일본의 연합국에 대한 전쟁을 지지했다. 유명한 선사들은 열렬한 전쟁 옹호자가 많았으며, 젠[禪] 불교 사원은 일본의 가미카제 특공대원들이 폭탄이 장착된 비행기를 몰고 자살 공격을 감행하기 전에 심리적 안정을 찾는 곳이었다.

그러나 같은 근대에 불교는 다른 한 편으로 군사력을 사용하는 것을 강력하게 반대했다. 닛뽄잔 묘코지(日本山 妙法寺) 종파는 나가사키와 히로시마에 핵폭탄이 투하된 참상을 계기로 1947년 니치닷수 후지(Nichidatsu Fujii)에 의해 설립되었다. 일련종(Nichiren) 불교의 분파인 이 단체는 평화주의를 장려하고 핵무기 사용을 반대하는데, 일본에서 60개가 넘는 '평화의 탑'을 건설했을 뿐만 아니라 인도에 5개, 스리랑카, 영국 그리고 미국에도 각각 2개를 건설했다. 소카 각카이 인터내셔널(국제창가학회)은 다이사쿠 이케다(Daisaku Ikeda) 회장의 지도하에 '모든 형태의 폭력에 반대하는 평화를 위한 노력'이라는 목표를 추구하는 데 적극적으로 노력해 왔다. 이 운동에 적극적인 세 번째 집단은 "세계 평화의 실현에 기여"하기 위해 1978년 니와노 평화재단(Niwano Peace Foundation)을 설립한 릿쇼 코세이카이(Rissho Koseikai, 立正佼成會)이다.

테러리즘

전쟁의 도덕적 딜레마와 밀접한 관련이 있는 것은 테러리즘을 어떻게 다루는가의 문제이다. 우선, 어떻게 이 용어를 정의할까? 종종 지적되는 것처럼, 일부 사람들에게 테러리스트로 보이는 집단이 다른 사람들에겐 해방자로 간주된다. 남아공 정부를 구성한 아프리카 민족회의는 1987년에 영국과 미국에 의해 테러 조직으로 선언되었었다. '테러리스트(terrorist)'라는 단어는 프랑스 혁명 기간에 부패한 정권을 전복하려는 정당성을 갖고 행동한 사람들을 가리키며 만들어졌다. 그러나 요즘에는 테러리스트라고 부르는 사람은 거의 없고, 게릴라, '자유의 전사', '성스러운 전사'와 같은 다른 호칭을 선호한다.

프린스턴대학의 워드넷(Wordnet) 온라인 사전에 따르면 테러는 "정치적·종교적 또는 이데올로기적 목적을 달성하기 위해 민간인에 대한 의도된 폭력 또는 폭력의 위협 사용"으로 정의된다. 이것은 협박이나 강압 또는 두려움을 주입시키는 것으로 이루어진다. 테러와 전쟁이 구별되는 것은 주로 두 가지다. 첫째, 테러리즘에서 폭력은 주로 적군보다는 민간인에게 사용된다. 둘째, 테러 집단은 적대적인 권력에 대항하여 전쟁을 선언하고 공격하기 위한 권한을 가진 정당한 정치 권력을 구성하지 못한다.

오늘날 세계에서 테러 공격은 점점 더 흔하다. 이들 중 가장 파괴적인 사례는 2001년 11월 9일 뉴욕의 세계무역센터에 대한 알-카에다 조직의 공격이었다. 그 후 알-카에다 조직은 튀니지, 파키스탄, 예멘, 쿠웨이트, 발리, 모스크바, 뭄바사, 그리고 런던에서 발생한 폭탄 테러와 관련되었다. 당시 미국의 부시 대통령은 2003년 3월 '이라크 해방(Iraqi Freedom)' 작전의 일환으로 아프가니스탄에 이어 이라크에 병력을 파견했던 국제연합(UN)을 이끌었다. 전쟁은 끝났지만 이라크의 사회적·정치적·물질적 인프라는 크게 파괴되었으며, 계속되는 자살폭탄 테러에 직면하여 공공질서가 회복될 조짐은 거의 없다. 이라크 독재자 사담 후세인은 체포됐고, 알-카에다 지도자 오사마 빈 라덴은 피살되었다.

테러리즘에 대처한 불교도

아웅 산 수찌 여사는 미얀마 민주화 운동의 지도자이며 1991년 노벨평화상을 수상했다. 그녀는 테러리즘에 대한 입장을 다음과 같이 표현했다.

"아시다시피 저는 불교도입니다. 불교도로서 대답은 매우 간단하고 명확합니다. 즉, 자비와 연민이 모든 문제의 진정한 해결책입니다. 마음에 자비와 연민을 품고 있을 때, 우리는 테러뿐만 아니라 세상을 괴롭히는 많은 다른 악행들을 극복할 수 있다고 확신합니다."[13]

위에서 설명한 상황에서 테러리즘은 전쟁으로 이어졌다. 전쟁이라

13 그러나 아웅 산 수찌 여사는 미얀마 국경의 로힝야 난민에 관해서는 자비와 연민의 메시지를 표현하지 않고 있어서, 그녀의 평화 지지에 대한 논란이 일어났다.

는 결과를 피할 수 있는 방법이 있었는가? 아니면 불에는 불로 대처하는 것이 테러리스트 분규를 처리할 유일한 방법인가? 여전히 세계적으로 의견이 나뉘고 있다. 전쟁에 반대하는 단체들이 항의 시위를 조직했고, 많은 불교 단체가 참여했다.

이라크 전쟁 문제에 관해 공개적으로 언급한 불교 지도자들은 세 가지 주요한 점을 지적하는 경향이 있다. 첫 번째는 '9·11'을 초래한 원인을 완전히 이해할 필요성을 강조하는 것이다. 연기법에 대한 교리를 언급하면서 그들은 사건이 무작위로 발생하지는 않고 많은 수준에서 복잡한 상호작용의 결과라고 지적했다. 공격에 이르게 된 상황이 이해되고 다루어질 때까지 지속적인 해결책은 가능하지 않다. 두 번째 요점은 힘에 힘으로 반응하는 것은 잘못이란 것이다. 《법구경》의 게송을 여기에 인용한다.

> "그가 나를 헐뜯었다. 그가 나를 때렸다.
> 그가 나를 이겼다. 그가 내 것을 가져갔다."
> 그래서 어떤 누구라도 이런 생각에 빠져들면
> 그들의 증오는 가라앉지 않는다. (게송 3)
>
> 실로 이 세상에서 어떻게 하더라도
> 증오는 증오에 의해 가라앉지 않는다.
> 그래서 증오하지 않음으로 (증오는) 가라앉는다.
> 이것이 오래된 (참된) 법이다. (게송 5)[14]

불교의 가르침에 따르면 폭력은 거의 해결책이 되지 못하고 오히려 폭력 사태와 양측을 더욱 멀어지게 하는 보복의 순환으로 이끈다고 한다. 세 번째 요점은 갈등을 일으키는 데 있어서 직접적으로나 간접적으로 우

14 현진 옮김, 《담마빠다》, 조계종출판사, pp.48~52.

리가 했을 수도 있는 부분에 대한 반성과 자기비판이 필요하다는 것이다. 9·11 테러 후, 베트남 승려이고 참여불교 지도자인 틱 낫 한 스님은 미국이 군사력보다 대화에 의지하는 편이 낫다는 견해를 보였다. 그의 핵심 질문은 "그렇게 할 만큼 누군가는 왜 그토록 우리를 미워하는가?"이다. 그의 대답은 "우리가 들을 수 있다면 그들은 우리에게 말할 것이다."였다.

오늘날 점점 더 거칠어지는 폭력적 세계에서 평화주의가 현실적인 선택인지 여부와 그것이 법과 질서의 기초와 효과적인 형사 사법제도를 제공할 수 있는지에 대한 의문이 폭넓게 논의되고 있다. 자기방어를 위해서조차 힘을 사용해서는 안 된다는 불교적 견해는 어떤 사람들에겐 받아들이기 어려울 것이다. 그러나 불교 단체와 다른 평화주의 단체들은 대부분의 상황에서 무력 사용에 대한 비폭력적인 대안이 있다고 믿는다. "평화주의가 소극적 수동주의를 의미하지는 않는다."고 현명하게 말한다. 만일 전쟁에 쓰인 자원이 평화를 위해 쓰여졌다면 세계에서 가장 다루기 힘든 분쟁 중 많은 것들이 발생하지 않았거나 오래전에 해결되었을 것이다.

불교와 과학

불교와 과학의 만남은 비교적 최근에 시작되었고, 많은 부분이 우호적이다. 우리가 이 책의 1장에서 보았듯이 불교는 현대 과학의 우주론과 어떠한 논쟁도 하고 있지 않으며, 명상 체계 속에서의 우주에 관한 불교의 관심은 오히려 심리학이나 신경생리학 등 과학자들과의 생산적인 대화를 이끈다.

많은 경우에 불교는 현대 과학에 대해 선구자로 보인다. 불교는 증상에 대한 분석적 진단과 치료라는 의학적 방법론에 기초해서 고통에서 벗어나는 경험주의적 접근을 채택하는데, 그것은 과학에서 사용하는 실험적인 방법과 닮았다. 불교의 가르침은 독단적인 주장과 전통을 극복하는 개인적 경험을 강조한다. 눈먼 신앙을 요구하지 않는다고 온건하고 이성적인 논조로 제안하지만, 반면에 신봉자들에게는 배운 것을 질문하고 검증해볼 것을 권장한다. 《현대물리학과 동양사상(The Tao of Physics)》의 저자인 프리초프 카프라(Fritjof Capra)와 같은 필자들은 불교의 철학적 사유는 양자물리학 분야와 같은 현대 과학이론을 예견한 것 같다고도 주장한다. 이런 여러 가지 이유로 서양에서는 불교를 다른 어느 종교에서도 가능해 보이지 않는 방식으로 정신세계와 과학을 통합할 수 있는 '사고력이 있는 사람들의 종교'로 이해한다.

동시에 이러한 불교에 대한 이해는 특정한 종교적 특성을 선택적으로 받아들였을 뿐, 불교는 과학적 이성주의와 조화로울 수 없는 다양한 측면 역시 포함하고 있다. 예를 들면, 보이지 않는 신과 영혼들의 거주처를 믿고, 과거와 미래의 여러 생을 믿으며, 우리에게 일어나는 일들의 많은 부분을 지배하는 업력(karma)이라고 부르는 신비한 힘을 믿는다. 불교는 의례를 통해 복을 가져오고 나쁜 것을 쫓아내는 신비한 힘을 부르고, 많은 문화에서 의례와 염불에 부적이나 점성술과 주문을 사용하는데, 그것은 불교 신자들의 일상에서 중요한 부분을 차지한다. 어떤 학자들은 이러한 대중적인 종교 신행 모습이 원래 순수하고 이성적인 불교의 가르침 주변으로 자라난 부산물로 보기도 하지만, 불교에는 최초기부터 그러한 믿음이 존재했고 널리 받아들여지고 있었다는 증거가 있다. 이들 어떤 것도 과학적 물질주의와 화해하기 어려운 것이다. 게다가 진화와 같은 과학적 이론의 핵심을 세계가 어떻게 형성되었는지를 설명하는 불교 신화와 전설들과 어떻게 조화시켜야 할지도 쉽지 않은 문제이다. 불교와 과학간에는 의심할 여지가 없는 유사성이 있지만, 결단코 무비판적으로 받아들일 수 없는 견해의 차이도 있다.

반대로 말하자면, 과학은 도덕성에 대해 거의 할 말이 없고, 불교와 다른 종교는 도덕성이 거의 핵심 열쇠이다. 물론, 과학적 탐구의 어떤 분야에서는 불교의 도덕적 가르침이 관심을 불러일으키고, 어떤 불교도들은 과학적 발전을 진심으로 받아들이기에 앞서 망설이기도 한다. 그런 예 중의 하나가 인간의 태아 복제(cloning)와 그와 관련된 실험들인데, 이 장의 마지막에 부분에서 설명하기로 한다.

복제(Cloing)[15]

1997년 2월 24일[16], 복제 양(羊) 돌리(Dolly)의 탄생이 알려지자 세계는 열광했다. 다른 양들과 달리 돌리의 탄생이 특별했던 것은 돌리가 에든버러에 있는 로즐린 인스티튜트(Roslin Institute)의 실험실에서 과학자에 의해 창조되었기 때문만이 아니라, 우리가 생명 자체의 기본이라고 생각하는 방식을 혁명적으로 위협하는 새로운 과학기술에 의해서 만들어졌기 때문이었다.

1950년 이래로 과학자들이 올챙이와 개구리의 복제는 실험해 왔지만, 돌리는 최초의 포유류 복제였고, 양과 인간의 유전적 근접성으로 인해 인간 역시도 복제될 수 있다는 가능성 때문에 심각한 반향과 우려를 자아냈다. 돌리에 이어서 쥐, 염소, 돼지, 고양이, 소와 말 등의 복제가 뒤따랐고, 사람에 대한 적용은 단지 이 신기술이 완벽해지기까지의 시간문제일 따름으로 보인다. 누군가에게는 으스스한 일이고 또 다른 누군가에게는 흥분되는 일인 이 전망과 관련해서 심오한 도덕적 이슈가 제기되었다. 2001년에 미국을 기반으로 한 ACT(Advanced Cell Technology)에서 세계 최초로 복제된 태아를 만들었다고 선언했으나 6세포 단계 이상 자라지 않았고, 2004년 2월에는 줄기세포가 그 안에 최초로 나타난 미세한

15 클론(Clon)은 한 개의 세포나 개체로부터 무성생식(無性生殖)으로 증식한 세포군 또는 개체군으로서, 똑같은 염색체를 갖는다. 클로닝(Cloning)은 미수정란의 핵을 체세포의 핵으로 바꿔 놓아 유전적으로 꼭 같은 생명 개체를 얻는 기술이다.

16 돌리가 태어난 날은 1996년 7월 5일이고, 7개월 뒤인 1997년 2월 22일에 과학지 《네이처》에 최초의 체세포 복제로 태어난 돌리의 기사가 실렸다.

100~150개의 작은 공 모양의 세포 단계인 배반포(胚盤胞) 단계까지 30개의 복제 태아가 성장했다고 한국 팀이 발표했다. 이 발표는 불명예스럽게도 한국 과학자 황우석에 의해 조작된 것으로 밝혀졌다.

복제 과학

'클론(clone)'은 마치 사진처럼 유전적으로 복사된 또 다른 개체이다. 클론이라는 단어는 그리스 어로 줄기나 가지를 뜻하는 'klon'에서 유래했는데 원예학자들이 다 자란 식물의 잔가지를 꺾꽂이해서 부모식물과 똑같이 키우는 것과 비슷한 방법이라는 생각에서 가져온 것 같다.

인간의 복제는 정상적인 인간의 성행위를 대체한 것이다. 난자를 정자로 수정시키는 대신에 미수정란의 핵을 제거하고 기증자의 체세포의 핵으로 대체하는데, 대체로 피부 세포가 쓰인다. 체세포의 핵이 이식된 수정란을 자극하면 세포분열이 시작되고 재복제되어 정상 배아와 같아진다. 발달된 배아를 모체의 자궁에 착상시키면 세포 핵 기증자와 유전적으로 똑같은 형질을 가진 태아로 발달한다. 기술이 체세포의 핵을 배아에 이식하는 데 관련되기 때문에 이 기술은 과학적으로 '체세포 핵 이식(Somatic cell nuclear transfer, SCNT)'이라고 명명되었다. 정상적인 재생은 부모 양측으로부터 23개씩 46개의 염색체를 받는데, 그것이 태어날 아이의 유전적 특성을 결정한다. 그러나 복제된 2세는 단일한 DNA 원천으로부터 46개의 염색체를 모두 받는다. 이런 방식의 복제를 단지 '재생산 복제'라고 부른다. 이러한 과정의 목적은 그것이 사람의 아기이거나 돌리의 경우와 같이 양의 새끼이거나 간에 2세의 제작이다.

대안적인 형식의 복제 과정은 '치료적 복제(therapeutic cloning)'[17]라고 한다. 이 방식의 목적은 개인의 살아 있는 복사본을 만드는 것이 아니

17 배반포 단계에서 내부의 세포 덩어리를 떼어내 치료를 위한 줄기세포를 확립하는 것으로 자궁 내에 이식하지 않고 줄기세포를 생산하여 거부반응이 없는 조직, 또는 장기를 생산하는 것이다.

라 과학적 연구 프로그램의 일환으로서의 실험을 수행하는 것이다. 이 연구의 광범위한 목적은 비정상을 방지하고 낭포성 섬유증(囊胞性 纖維症)이나 헌팅돈 병(Huntingdon's disease) 등 유전적인 만성병을 줄일 수 있는 유전자 치료를 활용하는 치료법을 발전시키기 위해서 유전자 발달 단계를 보다 잘 이해하는 것이다. 이런 종류의 치료는 '체세포 치료'라고 부르며, 표적을 설정해서 유전적으로 비정상적인 세포, 예를 들면 결핍된 유전자를 끼워 넣는 등으로 수리한다.

복제에 대한 반대

돌리의 탄생에 뒤따랐던 열정 속에서 복제는 전 세계적으로 교회와 정치인들의 광범위한 비난을 받았다. 기독교, 유대교, 이슬람 등 유신론 전통이 종교적으로 반대했다. 그들에게 실험실에서 생명을 창조한다는 것은 생명은 신의 선물이라는 종교적 가르침을 어기고 창조주의 신권을 침해하는 것으로 보였다. 《성경》은 신이 자신을 본떠 진흙으로 만든 몸에 숨을 불어넣어 인간을 만들었다고 가르치는데, 이러한 기적을 실험실에서 재현하려는 복제는 인간의 오만으로 보였다. 재생산 가능한 복제는 여성과 남성이 만들어진 《성경》 속의 세대 모델에 대해서도 역시 논란 속에 있는데, 〈창세기〉에서 인간은 남성과 여성으로 창조되었고 그들의 성적 결합으로 세대를 이어나가게 했다고 말해진다. 그러한 기독교적 권위를 뒤이은 성적 결합은 오직 결혼에 의해 제한된 한에서만 적절한 것으로 간주되었다. 복제는 이러한 종교적 관례의 어느 것도 고려하지 않기 때문에, 많은 기독교 신자들의 눈에 가족과 사회생활을 다스리는 성스럽게 허락된 규범을 훼손하는 위협으로 비친다.

불교적 관점에서 본다면 이런 신학적인 반대는 대부분 사라진다. 불교는 초월적 존재를 믿지 않으며, 인간이 그의 일을 복제하려는 시도를 한다고 상처 입을 신적인 창조자도 없다. 불교는 개인의 영혼을 믿지 않으며, 인간이 신의 형상을 본떠 만들어졌다고 가르치지도 않는다. 불교의 우주와 창조에 관한 견해는《성경》과 매우 다르며, 재생산에 관한 어떠한 의무나 규범적 원칙을 전하지도 않는 것으로 보인다. 불교에는 신학적인 이유가 없다. 그렇다면 복제가 단순히 또 다른 형식의 삶을 창조하는 행위라거나 심지어는 다른 방법들보다 본질적으로 나을 수도 있다고 볼 수 없는가?

복제를 지지하는 사람들은 복제에 대한 반대가 과장되어 있으며, 복제가 이미 인간의 역사 속에서 '쌍둥이'라는 형식으로 존재해 왔다는 점을 지적한다. 두 명의 인간이 똑같은 유전자 부호를 공유해도 어떤 사회적 그물도 위협하지 않는다. 심지어는 일란성 쌍둥이일지라도 두개골의 만곡(彎曲)이나 내장 기관들의 형태는 다르고, 복제에 의해 생산된 개인은 유전자 기증자의 경계가 모호한 복제일 따름인 것이다.

이를 위한 몇 가지 이유가 있다. 동일한 DNA일지라도 복제로 인해 보다 큰 차이가 증폭될 가능성이 있는 분자(molecular) 수준에 잠재된 차이가 있다. 극소량의 '미토콘드리아 DNA(mtDNA)'라고 불리는 비핵(非核) DNA가 잉태 과정에서 전달되어서 유전자 '복합'의 외투(overall)를 역시 미묘하게 바꿀 수 있다. 다른 중요한 또 하나의 이유는 각 개인의 두뇌 발달은 항상 고유한 과정인데, 그럴 때 DNA는 배선의 대강의 청사진을 결정하는 것 같으나, 사실 수조 개의 뉴런(neuron)과 시냅스(synapse)의 작동을 제어할 수는 없다. 개별 발달 과정에는 환경적 요인 역시 인성 형성에 심오한 영향을 미치는데, 그것은 어쩌면 DNA보다 중요한 역할을 할지도 모른다. 각 개인은 삶의 과정을 통해 각기 다른 일련의 경험들을 하게 되고, 이러한 경험들이 각 개인을 고유하게 만드는 인성과 성격을 형성한다. DNA는 말할 것도 없이 어떤 두 개별적 인간은 결코 같을 수가 없다. 따라서 사악한 지도자가 지휘하는 꼭두각시 같은 복제 클론의 군대에 대한 두려움은 과학적 '사실(fact)'이라기보다는 과학 '소설(fiction)'의 산물일 뿐이다.

결론

그렇다면 불교적 견지에서는 복제 윤리에 대한 어떤 결론을 도출할 수 있는가? 반복적으로 강조하는 첫 번째 요점은 과학적 기술 그 자체는 신학적으로 부적절하거나 부도덕하다고 볼 필요가 없다는 것이다. 복제는 단순히 인간의 생명을 창조하는 또 다른 하나의 방식일 따름이다. 체외수정(In Vitro Fertilization, IVF) 프로그램 역시 1968년에 이미 '시험관 아기'를 창조했는데, '수정'이 부부의 침실에서 일어난 것이 아니라 실험실에서 이루어진 결과임에도 불구하고 과학기술을 통해 태어난 아이에게는 어떤 심각한 문제도 나타나지 않았다.

생식적 복제(the Reproduction Cloning)의 반대로서 치료적 복제(the Therapeutic Cloning)에 관해 고려해 본다면, 불교는 입장을 보류해야 할 것 같다. 인간 생명을 창조하는 생식적 복제는 오직 시험 과정에서만 '생명'이 파괴되는데, 치료적 복제에서는, 예를 들면 줄기세포를 채취할 때 '비폭력(ahiṃsā)'의 원칙에 저촉되는 것으로 보인다. 아무리 이러한 실험 과정이 단 며칠밖에 자라지 않은 아주 작은 세포들을 사용하는 것일지라도, 전통적인 불교는 수정되는 바로 그 순간, 혹은 그와 매우 근접한 시간에 새 생명이 시작되는 재생(rebirth)이 일어난다고 가르치기 때문이다. 재생이 어느 순간에 일어나는지를 확실히 아는 것은 불가능할지라도, 어쨌든 초기의 배아를 파괴하는 것은 한 인간으로 태어날 수도 있는 생명을 죽이는 위험과 관계되고, 따라서 살아 있는 것을 죽이지 말라는 오계의 첫 번째 계율을 범하는 것이라는 고려에 대해서 오늘날의 불교도들은 아마 약간 다른 견해를 가질지도 모른다. 똑같은 고려가 낙태에 관한 입장에도 적용된다.

불교 지도자들은 난자의 배반(胚盤) 실험이 도덕적으로 정당한가 아닌가에 관해 공식적으로 거의 표현하지 않는다. 물론 일부는 그러한 연구가 가져올 과학적 이익이 있다는 의견으로 정당화된다고 볼지도 모른다. 그러나 그러한 실험들이 자애로운 동기에서 행해짐에도 불구하고 실험들은 분명히 과학적 호기심과 명성, 그리고 경제적 이익 등이 보상으로 주어지는 것이고, 다른 생명 혹은 여러 생명을 구하기 위해서는 한 생명을 희생시킬 수도 있다는 공리주의(utilitarianism)적 도덕 논리를 불교가 받아들이는지는 불분명하다. 과학기술 자체를 둘러싼 문제들은 차치하더라도 복제에 대해서도 역시 인간의 다른 모든 활동에 적용되는 것과 동일한 일반적인 도덕 기준이 적용된다. 이것이 의미하는 바는, 관계된 동기는 반드시 탐욕과 성냄과 어리석음으로부터 벗어난 선법이어야만 하며, 개인과 사회에 대해 이성적으로 예견되는 결과들에 대해서도 최대한 고려되어야 한다는 것이다. 치료적 복제에 대해서는 더 많은 유보사항들이 제시되는데, 1930년대에서 1940년대에 일었던 우생학 프로그램(eugenics program)[18]과 같이 인간의 존엄성을 침해하는 일로 간주되는 것이다. 그러나 다른 한편으론, 극히 적긴 해도 인간의 복제가 주는 이익이 확인되었고, 수년에 걸쳐서 난자배반에 대한 실험이 이뤄지는 동안에 몇 가지 의학적 돌파구가 실현되었다. 성인의 줄기세포에 대한 연구는 보다 유망한 결과들을 약속하고 있고, 배반세포에 대한 파괴 없이 똑같은 의학적 이익을 얻을 수 있다면 불교 역시 해결하기 어려운 도덕적 딜레마에 빠지는 일을 피할 수 있을 것이다.

18 "우생학(優生學)은 종의 개량을 목적으로 인간의 선발육종(選拔育種)을 찬성하는 생각이다. 인류를 유전학적으로 개량할 것을 목적으로 하여 여러 가지 조건과 인자 등을 연구하는 학문"(위키피디아), "생물학이라는 과학을 근거로 적격자(the fit)와 부적격자(the unfit)라는 새로운 사회적 범주를 만들어 냄으로써 역사에 지우기 힘든 흔적을 남겼다."(김호연, 〈과학과 이념 사이의 우생학〉, 《동서철학연구》 48권 48호, 2008, pp.243~266)

알아야 할 요점들

- 불교의 윤리적 가르침은 다르마 혹은 '자연법' 개념에 기초한다.
- 도덕성(śīla)은 고귀한 팔정도의 일부이며 다르마의 실천에 필수적이다.
- 불교는 미덕 윤리의 한 형태로 분류된다. 주요 미덕에는 아힘사(ahiṃsā), 보시(dāna), 연민(karuṇa)이 있다.
- 불교의 남성 재가자와 여성 재가자는 오계를 지킨다. 승려들은 《율장》의 계율 항목(바라제목차)에 나와 있는 출가자만의 특별한 행동 규범을 갖는다.
- 비폭력과 생명의 존중에 대한 강한 강조를 감안할 때 불교도들은 평화주의자인 경향이 있다. 그러나 역사적으로 불교도들은 종종 군사 전투를 지원하고 전쟁에 직접 참여했다.
- 불교는 테러리즘에 대해서 상황의 원인을 철저히 조사해야 하고, 증오는 인내와 연민으로 만나야 하며, 문제가 일어난 원인에서 우리 자신 쪽의 책임을 기꺼이 받아들여야만 한다는 입장을 보인다.
- 유전자 복제와 같은 과학적 발전은 동시대의 쟁점이 되는 이슈들에 대해 불교적 입장을 명확히 하도록 도전하고 있다.

토론을 위한 질문

Q. 불교에서 '윤리'의 가치는 무엇인가? 불교의 가장 중요한 미덕과 도덕적 가치는 무엇인가?

Q. 출가자와 재가자의 윤리에는 중대하게 의미를 부여할 만한 차이가 존재하는가?

Q. 대승불교도들에게 보살의 윤리는 어떤 면에서 빼어나게 훌륭하다고 받아들여지는가?

Q. '방편'의 가르침은 '목적이 수단을 정당화한다'라는 명제에서도 타당한가?

Q. 불교도는 9·11 사태와 같은 잔혹한 테러리스트들에 대해서 어떻게 대응해야 하는가?

Q. 불교는 과학과 나란히 존재하는 것이 가능한가?

Q. 불교는 인간 복제에 반대하는가?

Q. 과학자가 붓다를 복제할 수 있는가? 할 수 있다면 해야 할까?

나아가 읽을 거리

Bodhi, Bhikkhu. 'Dana, the practice of giving.' Available online http://www.accesstoinsight.org/lib/authors/various/wheel367.html

Bodhi, Bhikkhu. 'Nourishing the Roots. Essays on Buddhist Ethics.' Available online http://www.accesstoinsight.org/lib/authors/bodhi/wheel259.html

Harvey, Peter. *An Introduction to Buddhist Ethic Foundations, Values and Issues.* Cambridge: Cambridge University Press, 2000.

Hershock, Peter. 'From Vulnerability to Virtuosity: Buddhist Reflections on Responding to Terrorism and Tragedy'. *Journal of Buddhist Ethics.* Vol. 10(2003): 23-38.

Keown, Damien (ed.). *Contemporary Buddhist Ethics.* London: Curzon Press, 2000.

Keown, Damien. *Buddhist Ethics: A Very Short Introduction.* Oxford: Oxford University Press, 2005.

Saddhatissa, Hammalawa. *Buddhist Ethics.* Boston: Wisdom Publications, 1997.

Sizemore, Russell F. and Swearer, Donald K. (eds). *Ethics, Wealth and Salvation: A Study in Buddhist Social Ethics.* Columbia: University of South Carolina Press, 1990.

Victoria, Brian. *Zen at War.* New York and Tokyo: Weatherhill, 1997.

Wallace, Alan B. *Contemplative Science: Where Buddhism and Neuroscience Converge.* New York: Columbia University Press, 2007.

Wijayaratna, Mohan. *Buddhist Monastic Life According to the Texts of the Theravāda Tradition.* Cambridge: Cambridge University Press, 1990.

14. 불교학의 특성에 대한 고찰

이 장에서는

이 책이 여기까지 해온 작업을 되돌아본다. 불교 연구에 관한 가정과 불교 연구가 비로소 학문 분야로 자리잡은 데에서 시작한다. 유럽과 미국의 초기 연구자들뿐만 아니라 최근의 학문 분야로서의 현대적인 발전까지 검토한다. 또한 현재의 불교 연구에서 '학자-수행자(scholar-practitioners)'의 역할과 학문 분야에 대한 과학기술의 충격을 조명한다.

이 장에서 다루어진 주요 주제들

- 불교 연구 분야의 유럽인 선구자들
- 미국 불교 연구의 초창기
- 미국 불교 연구의 현재
- 불교 연구 분야의 '학자-수행자'
- 서양 불교에서의 인종·계급·젠더
- 불교 연구에서 과학기술의 역할

불교 연구 분야의 유럽인 선구자들

우리는 이제 불교의 본질과 관련된 질문을 연구의 역사로 돌린다. 최근에 《붓다의 큐레이터들: 식민주의하의 불교 연구(Curators of the Buddha: The Study of Buddhism under Colonialism)》라는 제목의 중요한 책이 많은 주목을 끌었다. 그것은 1995년 미국종교학회 연례회의에서 전체 토론의 주제가 되었고, 얀 나띠에르(Jan Nattier)의 흥미로운 리뷰 기사의 대상이었다. 그러나 이 책이 서구에서 이루어진 불교학 분야를 맥락화(contextualize)하고 논평하는 최초의 시도는 아니었다.

19세기 이전까지 서구에는 불교에 관한 정보가 거의 없었지만, 1952년에 출간된 앙리 드 루백(Henri de Lubac)의 《불교와 서양의 만남(La Rencontre du bouddhisme et l'occident)》은 이 초기 문헌들을 요약하는 데 특히 유용하다. 또한 1691년에 출간된 시몽 드 라 루베르(Simon de la Loubère)의 《시암 왕국에서(Du Royaume de Siam)》와 같은 역사적인 작품을 볼 수 있다. 그러나 미셸 프랑수아 오제이(Michel François Ozeray)의 《붓다 연구(Recherches sur Buddhou)》(1817)가 빛을 발한 것은 19세기 초반이 지나서였다. 곧 헨리 토마스 콜브룩(Henry Thomas Colebrooke),

브라이언 휴톤 호지슨(Brian Houghton Hodgson), 알렉산더 코마 드 쾨뢰(Alexander Csoma de Körös), 유진 번옥(Eugène Burnouf)의 선구적인 노력과 이어진 지적 상속자들의 노력으로 불교에 대한 신뢰할 수 있는 연구가 유럽에서 이루어졌다.

넓은 의미에서 유럽 대륙에 등장한 산스크리트 어와 빠알리 어 사본의 활용이 증가함에 따라 불교에 대한 초기의 관심은 문헌학적인 것이었다. 아마도 이 발달에 대한 가장 철저한 연구는 러셀 웹(Russell Webb)의 《서양의 빠알리 불교 연구(Pāli Buddhist Studies in the West)》인데, 현재 폐간된 《빠알리 부디스트 리뷰(Pāli Buddhist Review)》 지에 연재됐고, 거기서 캐나다와 미국뿐만 아니라 거의 모든 유럽 국가에서 진행된 빠알리 어와 불교 연구의 발전을 체계적으로 검토했다. 주목할 만한 가치가 있는 것은 윌리엄 페리스(William Peiris)의 《불교에 대한 서구의 기여(The Western Contribution to Buddhism)》인데, 역사적 세부사항과 초기 불교학자들의 흥미로운 인물 묘사가 많이 포함되어 있다. 또한 잔 드 종(Jan W. de Jong)의 《간략한 유럽과 미국의 불교 연구 역사(A Brief History of Buddhist Studies in Europe and America)》는 귀중한 정보를 제공하는데, 미국은 그 제목에 포함되었음에도 불구하고 사실상 책에서는 다루어지지 않았다.

결론이 가능하다면, 아마도 위에서 도출할 수 있는 유일한 결론은 이러한 출처들에 대한 검토를 통해 몇 가지 차이점이 분명하게 드러난다는 것이다. 첫째, 지리적 연합은 적어도 두 개의 '불교학(Buddhology)' 학파인 영국-독일(Anglo-German) 학파와 프랑스-벨기에(Franco-Belgian) 학파를 구별하는 것으로 보인다. 더 오래된 영국-독일 학파는 토마스 리즈 데이빗(Thomas W. Rhys Davids)과 허만 올든버그(Hermann Oldenberg)가 이끌었고, 프랑스-벨기에 학파는 무엇보다 먼저 루이 드 라 발레 푸생(Louis de La Vallée Poussin), 장 프릴류스키(Jean Przyluski), 실뱅 레비(Sylvain Lévi), 폴 데미에빌(Paul Demiéville) 및 에티엔 라모뜨(Étienne Lamotte)를 포함했다. 에드워드 콘즈(Edward Conze)는 매우 합리적으로 이 두 학파에 피

사진 13.1 '빅 붓다 해변'의 불상, 꼬 사무이, 태국

델 슈테쳐바츠키(Fedor Stcherbatsky), 오토 로젠버그(Otto Rosenberg)와 오베르밀러(E. Obermiller)가 포함된 세 번째 레닌그라드(Leningrad) 학파를 추가했다.

영국-독일 학파는 오로지 빠알리 어 문헌 전통을 강조했다. 반면에 프랑스-벨기에 학파는 산스크리트 어 자료와 함께 중국어 및 티베트 어로 전해지는 번역 및 주석을 활용했다. 레닌그라드 학파는 영국-독일 학파보다 프랑스-벨기에 학파에 더 가깝다. 이러한 것은 일반적인 분류이지만 그럼에도 불구하고 지난 세기 동안 이루어져 온 연구 전통의 양상을 드러낸다.

미국 불교 연구의 초창기

토마스 트위드(Thomas Tweed)의 《미국과 불교의 만남(The American Encounter with Buddhism) 1844-1912: 빅토리아 문화와 영국 국교회로부터의 분리의 한계》는 미국 불교운동의 초기 개척자들에게 훌륭하고 완벽한 소개서였다. 200여 쪽이 넘는 트위드의 꼼꼼한 산문을 힘들여 살펴보지 않으려는 사람들은 《백조가 호수에 어떻게 왔는지(How the Swans Came to the Lake)》에 들어 있는 '불안한 개척자'에 관한 릭 필즈(Rick Fields)의 글에서 유쾌한 이야기를 발견할 수 있다. 불행하게도, 가장 거대한 학문의 현장인 미국 안에서 불교 연구에 관한 학문적 연구의 발전을 기록한 책이나 글은 없으며, 그러한 작업은 오늘날까지도 여전히 필요하다. 그 결과, 미국에서 이루어진 불교학에 대한 간략한 개요만 파악할 수 있을 뿐이다.

어떤 사람들은 미국에서 학문으로서 불교학의 창시자를 유진 번오(Eugène Burnouf)으로 여길 수도 있지만, 미국에서의 불교 연구의 시작은 폴 캐러스(Paul Carus), 헨리 클라크 워렌(Henry Clarke Warren) 및 찰스 로크웰 랜맨(Charles Rockwell Lanman)이라는 세 명의 주된 학자들과 불가분의 관계에 있는 것처럼 보인다. 캐러스는 독일 튀빙겐(Töbingen)에서 박사학위를 받고 1880년대 미국에 도착했으며, 점차 《오픈 코트 저널(Open Court journal)》 잡지, 이어서 오픈 코트 출판사의 편집자가 되었다. 오늘날까지 널리 읽히고 있는 《불교의 복음(The Gospel of Buddhism)》(1894)을 포함해 12권 이상의 책을 집필했지만, 아마 스즈키(D.T. Suzuki)를 미국으로 데려오고 여러 해에 걸쳐 오픈 코트 출판사에 그를 고용한 것으로 가장 잘 알려져 있을 것이다.

헨리 클라크 워렌과 찰스 로크웰 랜맨은 캐러스보다 더 학문적으로 접근했으며, 미국에서 불교인의 전통을 확립하기 위해 부지런히 노력했다. 랜맨은 윌리엄 드와이트 휘트니(William Dwight Whitney) 문하에서 산스크리트 어를 공부했으며, 1875년 존스홉킨스대학(Johns Hopkins

University)으로 옮기기 전에 박사학위를 받았고, 1880년 하버드대학에서 산스크리트 어 교수가 되었다. 워렌은 어렸을 때 사고로 끔찍하게 장애를 입었지만, 존스홉킨스대학에서 랜맨과 함께 산스크리트 어를 공부했고, 학식이 깊은 그의 스승을 따라 하버드로 돌아갔다. 거기서 그는 스승과 함께 '하버드 오리엔탈 시리즈(Harvard Oriental Series)'로 알려진 새로운 출판물 시리즈를 기획했다. 워렌의 유명한《번역되고 있는 불교(Buddhism in Translations)》에 이어 헨드릭 켄(Hendrik Kern) 번역 본생담(本生譚) 모음집인《자따까말라(Jātakamālā)》의 초판본이 1896년에 시리즈의 세 번째 책으로 출간되었다.

1899년 워렌이 사망한 후에 랜맨은 인도 전통에 속하는 다른 연구 주제로 옮겨갔고, 불교 연구의 발전은 다른 사람들에게 맡겨졌다. 이 초기의 선구자 중 한 명은 예일로 옮기기 전에 하버드에서 랜맨과 함께 연구했던 유진 왓슨 베링게임(Eugene Watson Burlingame)이었다. 그는 예일에서 다양한 빠알리 어 문헌을 열심히 연구했고, 1921년까지 하버드 오리엔탈 시리즈로《법구경 주석서》3권을 번역했다. 1907년 스탠포드대학을 졸업하고 유럽에서 광범위하게 공부한 에반스 웬츠(Evans Wentz)가 베링게임의 뒤를 이었는데, 그의 스승인 카지 다와 샌덥(Kazi Dawa Sandup)의 번역본을 공동 편집한 것으로 유명하다. 그들의《티베트 사자의 서(Tibetan Book of the Dead)》번역본은 이제는 신뢰할 수 없고 완전히 대체되었지만, 대단히 인기가 있었다. 에반스 웬츠가 1965년에 죽을 무렵, 윈스턴 킹(Winston King), 리처드 가드(Richard Gard), 케네쓰 첸(Kenneth K.S. Ch'en)과 같은 헌신적인 학자들을 포함하는 새로운 그룹의 불교학 학자들이 미국의 현장에서 성장했다.

이러한 초기 교육자들의 노력에도 불구하고 1960년이 되어서야 불교 연구는 미국 대학의 체계 및 출판업계에서 중요한 학문으로 부상하기 시작했다. 베트남 전쟁 시기와 그 직후의 불교 연구는 위스콘신대학의 리차드 휴 로빈슨(Richard Hugh Robinson), 하버드대학의 마사토시 나가토미

(Masatoshi Nagatomi), 컬럼비아대학의 알렉스 웨이맨(Alex Wayman)과 같은 선도적인 교수들의 노력을 통해 소위 말하는 '붐(boom)'을 즐겼다.

의심할 여지 없이 불교학이 크게 발전한 이유는 다음과 같이 많았지만, 적어도 미국 대학들의 지역 연구 프로그램이 증가한 것만큼은 아니었다. 불교학 발전의 요인들은 미국 정부의 아시아적인 것에 대한 관심 증가, 1960년대 미국 문화에 침투한 거대한 사회적 무규범(anomie) 상태, 전통적인 종교에 대한 불만(아마도 거부)이 커지고 있음 등이었다.

1960년대에 위스콘신대학에서 공식적인 불교 관련 대학원 프로그램이 개설되어 불교 연구에서 석사와 박사과정을 열었다. 불교 연구를 강조하는 학제간 프로그램은 곧 버클리대학(Berkeley Univ.)과 콜롬비아대학(Columbia Univ.)에서도 가능했다. 하버드대학의 '세계종교연구센터(World Religions Center)'나 시카고대학의 '종교의 역사(The History of Religions)'와 같은 여러 프로그램들이 생겨남에 따라, 모든 불교 전통과 불교 경전의 여러 언어 등 정교한 교육을 받을 수 있게 되었다. 그 결과 새로운 세대의 젊은 불교학자들이 태어나 많은 미국 대학의 캠퍼스에 급속히 등장했으며, 교육 및 통찰력을 미국 밖의 학자들과 경쟁했다.

미국에서 불교학이 확장되어 가는 이러한 상황은 아마도 생각만큼 그렇게 장밋빛은 아니었지만, 그럼에도 불구하고 급속한 성장을 이루었다. 관심이 커지면서 대학원 교육을 위한 자금이 보조를 맞추지 못했고, 불교학자들이 박사학위를 준비하는 데 6년에서 8년 또는 심지어 10년을 투자할 수 있는 사치를 더 이상 부릴 수 없게 되었다. 결과적으로, 전문성에 대한 필요가 가속화됨으로써 폭넓은 교육은 이루어지기 어려웠다. 그 결과, 스승들과 같이 완전한 언어학 교육과 지리적 포괄성을 지닌 새로운 불교학자들은 거의 나타나지 않고 있다. 따라서 일반적으로 인도, 티베트, 중국이나 일본의 불교와 같은 하나의 전통에 초점을 맞춘 개인들을 찾기는 쉽지만, 모든 전통을 섭렵한 학자는 드물게 되었다. 위에서 언급한 영국-독일, 프랑스-벨기에, 레닌그라드 학파를 특징 짓는 구별이 정확하다면 '미국학파' 역시 마찬가지로 한 전통으로 나눌 수 있을 것이다.

오리엔탈리즘

불교학이나 어떠한 동방의 종교에 대한 토론도 '오리엔탈리즘(Orientalism)'이라는 주제를 참조하지 않고서는 완성할 수 없을 것이다. 이 용어는 1978년 에드워드 사이드(Edward Said)가 출간한 동명의 유명한 책으로부터 비롯되었다. 오리엔탈리즘은 서양의 관심에 따라 부각된 방식으로, 서구적 카테고리를 통해서 동양을 보는 방식이라고 설명할 수 있을 것이다.

사이드는 팔레스타인 태생으로, 콜롬비아대학의 영문학 교수이자 후기 식민주의와 포스트모더니즘을 강의하는 선구자였다. 사이드의 주요 논문은 서양 학자들의 '오리엔트(동방, 그러나 그는 '오리엔트'라는 단어를 사용하면서 중동을 주로 염두에 두었다)'에 관한 연구가 19세기 초반, 이 분야에 관한 학위가 개설된 이래로 항상 숨겨진 정치적 의제가 되어 왔다는 것이었다. 사이드는 서양 학자들이 그들의 동양에 관한 논문들에서 프랑스나 영국과 같은 유럽의 세력에 의한 식민주의를 합법화하고 촉진하는 고정관념(sterotype)을 만들었다고 했다. 사이드는 지식과 권력의 관계를 이해하는 데 수많은 저술에서 언급했던 프랑스 포스트모더니즘 철학자 미셸 푸코(Michel Foucault)의 영향을 받았다고 스스로 생각했다. 이런 관점에서, 학자들에 의해 전개된 생각과 개념은 그것을 장악한 자들의 권력을 정당화하고 그들의 관심사를 발전시키는 도구로 쓰일 수 있다. 학자들은 이러한 음모에 연루되는데, 왜냐하면 냉정하고 객관적이며 공정하기보다는 의도적이든 무의식적이든 간에 그들의 정치적인 후원자들에 의해서 이용당할 수 있는 인종중심적으로 편향된 고정관념과 희화화를 만들어 내기 때문이다. 이것은 19세기에 특히 현실화되었는데, 많은 학문적 연구가 식민주의적 이익에 편중된 이해관계를 가진 정부의 지원 덕에 이루어졌기 때문이다.

사이드에 의하면 오리엔탈리즘은 많은 학자들이 참여했던 역사적인 담론을 드러낸다. 그 주요한 목적은 동양과 서양을 이분법적으로 가르고, 서양이 모든 면에서 동양보다 우월하다는 것이었다. 그래서 동양은 신비하고 비이성적이며, 이국적이며 에로틱하고, 무엇보다도 이성적이고 과학적이며 진보적이고 성숙해서 지배하도록 운명 지어져 있는 서양에 대해 종속적이라는 이미지가 활용되었다.

불교와 같은 동양의 종교를 언급할 때 학자들은 종종 그들을 경멸적으로 묘사했다. 왜냐하면 그들은 기독교라는 독단적인 표준에 의해 다른 모든 종교를 측정해서 판단하고 비판하는 기준으로 삼는 데 빠져 있기 때문이다. 서양의 학자들이 언급하는 '종교'라는 바로 그 개념 자체가 이미 기독교적 전제, 예를 들면 종교적 삶의 필수적인 기초를 구성하는 가르침들과 문헌들에 의해 규정지어진 것이었다. 동양의 종교들은 기독교와는 대조적으로, 이성으로써 비판하거나 증명이 허용되지 않는 기초가 되는 도그마(dogma)라는 관점에서 표현된 중심이 결여되었다고 비판받게 되어 있었다. 또한 매우 다양한 전통들을 '힌두교'라거나 '불교'라는 단일한 이름 아래 뭉뚱그리는 균질화(homogenize)와 과도한 단순화의 경향이 종종 있었다. 이 두 용어 역시 19세기 서양 학자들에 의해 고안된 것이었다. 동양의 신앙에 대한 환원주의자(reductionist)들의 이해는 동양과 서양이 현격히 다르다고 보는 뿌리 깊은 고정관념을 발달시켰다. 그러나 실제에 있어서는 두 개념 모두 실재의 복잡성과 다양함을 가리는 단지 개념적인 구조일 뿐이었다.

오리엔탈리즘이 동서양 양측 모두에게 작용할 수 있음을 기억해둘 필요가 있다. 즉 동양의 학자들로서는 동양의 우월함을 부각하기 위해 서양에 대한 고정관념을 갖는 '전도된 오리엔탈리즘(아마 '옥시덴탈리즘-서양주의'라고 부를 수 있을)'과 같은 대응력이 있어본 적이 없다. 작가들은 식민주의의 부당함에 대해 반대하거나 단순히 서양 문화의 그러한 측면들에 괴로워하면서 서양의 '물질주의'에 비해 동양의 '정신성'이 우월하다거나, 서양의 포악한 제국주의에 대해 동양의 비폭력을, 서양의 이성에 비해 동양의 직관을, 서양의 이원론에 비해 동양의 일원론을, 서양의 개인주의에 비해 동양의 공동체주의를 때때로 강조해 왔다.

불교의 많은 필자들은 서양에 의해 야기되었다고 알려졌거나 서양이 풀지 못해 왔던 문제들, 예를 들면 기후 변화나 소비주의, 경제 불황 등의 해법을 가진 것으로 낭만적인 불교의 초상을 그리는 똑같은 덫에 빠지곤 한다. 그러나 서양의 물질주의에 대한 동양의 영성(spirituality)은 피상적이고, 훨씬 깊고 보다 복잡한 관계의 그물망을 가린다. 불교철학으로부터 배우는 보다 적절한 교훈은 단지 궁극적으로는 윤회(saṃsāra)와 열반(nirvana)이 따로 없으며, 따라서 서양과 동양도 따로 없다는 지혜로 드러난다. 오리엔탈리즘에 관한 논문의 가치는 그러한 느슨한 고정관념이 등장할 수 있는 모든 국면에 대해서 방심하지 말라고 우리에게 경각심을 일깨우는 일일 것이다.

미국 불교 연구의 현재

20년 전, 당시의 불교 문학에 대한 〈미국 스타일 불교 연구: 어둠 속의 총성(Buddhist Studies American Style: A Shot in the Dark)〉이라는 기사가 나왔다. 저자가 "난간을 통해 떨어지고, 벽으로 걸어 들어오고, 창문 밖으로 튕겨 나가고, 충성스러운 동양 하인의 도움으로 어떻게든 기적적으로 일을 끝내고 있는" 기괴한 인물 클로세(Clouseau) 경관의 이미지를 설명하면서 글을 시작한 것은 우연한 선택이 아니었다. 미국의 불교 연구는 불쌍한 클로세만큼이나 괴상했다. 그러나 당시는 미국종교학회(American Academy of Religion)에서 미국 불교 연구(American Buddhist Studies)에 대한 불교 모임(group)을 결성한 지 2년밖에 되지 않았으니, 초기의 노력이 다소 혼란스러웠던 상황을 예상하는 것은 무리가 아니다. 이 모임은 현재는 '분과(分科, section)'가 되었다.

최근의 불교 연구는 자기 성찰의 유익한 과정에 전념하기 시작했으며, 그 탐사의 결과는 유익하고 고무적이다. 1995년 겨울 《국제불교연구협회지(the Journal of the International Association of Buddhist Studies)》는 다양한 연구 분야를 반영할 수 있는 기회를 학자들에게 제공하면서 학술 분야로서의 '불교학'이라는 주제를 전체 이슈로 헌정했다. 불교학자며 전 티베트 라마인 호세 카베존(José Cabezón)은 비판적인 의문을 간략히 표현했다.

> 불교에 관한 학문적 연구는 국제불교연구협회(International Association of Buddhist Studies)와 그에 기반한 학술지보다 훨씬 오래되었지만, 이 분야의 제도화에 중대하고도 중추적인 단계가 될 수 있는 협회와 학술지의 창립은 이제 겨우 20년 이내에 일어난 일이다. 그럼에도 불구하고, 불교 연구가 이미 학문적 지위를 얻었는지 여부에 상관 없이 진정한 학문이든 아니든 간에, 그리고 학문 이전의 원형이든 초(超)학문적이든 관계없이, 적어도 불교 연구 분야에 대한 전체론적인 측면에서의 분석을 요구하는 명백한 통합이 있다.

말콤 데이비드 엑켈(Malcolm David Eckel)은 또 다른 흥미로운 기사 〈탁자 위의 유령: 불교 연구와 종교 연구에 대하여(The Ghost at the Table: On the Study of Buddhism and the Study of Religion)〉의 결론에서 다음과 같이 썼다.

> 학생들이 단지 종교적 연구에 끌려서만은 아니다. 그들은 "인간적이고 인도적인 것이 무엇인지를 알고 싶고, 종교가 그런 것들을 다룬다

는 것을 직관으로 알기 때문이다."라는 것과 같은 방식으로 느끼는 몇몇의 불교학자가 있다. 나에게 불교 연구에 있어서 풀리지 않은 가장 큰 질문은 불교가 종교적인가 또는 불교의 연구가 종교적인가 여부가 아니다. 이 분야의 학자들이 자신들의 종교적 관심사에 대한 정당한 평가의 목소리를 찾을 수 있는지, 그들의 지식이 왜 가치가 있는가를 학계에 보여줄 수 있는지이다.

《트리싸이클: 불교 평론(Tricycle: The Buddhist Review)》에서 다룬 최근의 이슈에서 조동종 승려이자 대학교수인 던칸 류켄 윌리엄스(Duncan Ryuken Williams)는 불교 석사과정을 제공하는 기관의 목록을 짧게 집계했다. 윌리엄스의 목록에는 예상되는 종류의 범주인 '가장 포괄적인 프로그램(Most Comprehensive Programs)'과 '인도-티베트불교 연구 중심 연구소(Institutions with Strength in Indo-Tibetan Buddhist Studies)' 등이 포함되어 있으며, 또한 '친(親)수행자 연구소(Practitioner-Friendly Institutions)' 들을 한 범주로 포함시켰다. 언젠가는 아마도 현재 진행되고 있는 불교 전통에 대한 연구의 또 다른 측면을 보여 주는 '학자-수행자(scholar-practitioner)' 역시 포함시킬 것이다.

불교 연구 분야의 '학자-수행자'들

불교 연구에서 학문적 경력을 시작하는 거의 모든 이들은 결국 에띠엔 라모뜨(Étienne Lamotte)의 흥미로운 불어판 원본 《인도불교의 역사: 기원부터 샤까 연대까지(Histoire de BouddhismeIndien des origines à l'ère Śaka)》나 같은 책의 사라 웹-보인(Sara Webb-Boin)의 훌륭한 영어 번역본(《History of Indian Buddhism: From the Origins to the Saka Era》)을 자세히 독파하게 된다. 비록 라모뜨가 자신의 번역 작업에 대한 바티칸의 반응을 우려하긴 했지만, 그가 천주교 사제인 것이 불교 전통에 대한 이해 또는 존중에 영향을 미치지는 않았던 것으로 보인다. 논란의 여지는 있지만, 20세기의 가장 폭넓은 불교학자 중 한 명인 에드워드 콘즈(Edward Conze)는 말했다. "내가 마지막으로 그를 보았을 때, 그는 추기경(Monseigneur) 지위로 올라갔고 바티칸에서 그의 책이 어떻게 받아들여졌는지 걱정했다. '교수님, 당신은 바티칸이 책을 이단으로 여길 것이라고 생각합니까?'"

바티칸은 확실히 그러지 않았다. 라모뜨의 종교적 견해는 부조리와 합리성의 유쾌한 혼합을 보여 주었고, 이는 독실한 신앙인의 특징 중 하나다. 서양 연구자들에 의한 불교의 학문적 연구를 연대기적으로 기록한 학술 연구가 거의 없었으며, 불교 연구로 알려진 학문 분야는 여전히 더 적은 수였지만, 연구원의 종교적 고민은 최근까지도 그 혼합의 일부가 아니었다. 거의 배타적으로, 서양에서 불교학을 낳은 창립자들은 개인적인 종교적 신행(信行)과 연구 대상으로서의 불교를 완전히 분리시켰다.

그러나 이제는 세계적으로 불교학을 가르치는 개인들이 다양한 불교 전통과 종파와 관련된 신행을 하거나 '학자-수행자'가 되는 것이 매우 일반적이다. 예를 들면, 조르주 드레퓌스(Georges Dreyfus)의 신간 《두 손의 박수 소리: 티베트불교 승려의 교육(The Sound of Two Hands Clapping: The Education of a Tibetan Buddhist Monk)》에서는 인도의 티베트불교 사원에서 수년간 연구했던 저자의 승려 경력이 기술되어 있다. 그럼에도 불구하고 학자들이 대체로 이러한 선택을 지지하지 않는 환경에서 자신의 종교적 성향을 드러내는 것이 항상 쉬운 일은 아니다.

불교에서 연구와 수행의 이분법을 반영하는 이야기는 주제에 대한 1차 및 2차 문헌 안에 모두 풍부하다. 월폴라 라훌라(Walpola Rahula)의 《실론 불교사(History of Buddhism in Ceylon)》는 이 문제를 잘 요약해 놓았다. 기원전 1세기 무렵, 외국의 침략 가능성과 심한 기근 가운데 스리랑카 승려들은 구술 전통만으로는 전승된 불교 삼장(三藏)을 잃어버릴지도 모른다고 두려워했다. 그래서 비로소 경전을 글로 남기는 데 전념했다. 그럼에도 불구하고 전체 딜레마의 여파로 새로운 질문이 생겼다. '가르침(Sāsana)'의 기본이 교학(教學)인가, 아니면 수행(修行)인가? 분명한 의견 차이로 인해 교학이 가르침의 기초라고 주장하는 '담마까티까(Dhammakathikas)'와 수행을 가르침의 근거로 주장하는 '빵수꿀리까(Paṃsukūlikas)'의 두 집단으로 나뉘었으나 승리는 담마까티까에게 돌아갔다.

위에 언급된 두 전통은 '간타-두라(gantha-dhura)', 즉 '경전의 의무(니까야를 이해하는)'를 진 자들과 '위빳사나-두라(vipassanā-dhura; 통찰의 의무 또는 명상의 의무)'를 진 자들로 알려지기 시작했으며, 전자가 더 훌륭한 수련으로 간주되었다(분명히 교학적 가르침을 잃어버리면 실천적 명상은 불가능하다). 이 두 분파의 간과할 수 없는 특징은, 위빳사나-두라 승려들은 명상 수행을 방해받지 않고 가장 잘 지낼 수 있도록 숲에 살기 시작했고, 간타-두라 승려들은 마을과 읍에 살기 시작했다는 것이다. 이에 따라 간타-두라 승려들이 불교 교육에서 중요한 역할을 하기 시작했다. 간타-두라 승려들을 '학자-승려'라고 언급하는 것이 그리 지나친 일은 아닐 것이다.

이 구별이 왜 중요한가? 최소한 두 가지 이유 때문이다. 우선 가장 명백하게, 오래전부터 불교의 학문 전통이 왜 대중적으로 그렇게 오랫동안 과소평가되어 왔는지와 불교 전통에 대한 학술적인 탐구가 왜 20세기 후반의 불교 전통에 그토록 영향을 미쳤고, 다양한 불교 종파들과 고등교육 연구소들이 급속도로 발전하는 결과를 낳았는가를 드러내기 때문이다. 또한 불교운동이 왜 실천가들 사이에서 높은 수준의 '불교 교육'을 장려했는지를 설명해 준다. 그러나 그것은 또한 세계 불교운동이 거의 독점적으로 평신도 운동이라는 사실 역시 강조한다. 다양한 불교 집단의 많은 지도자들은 공식적인 사원 수련을 받은 경우가 있었지만, 그들이 계속 출가자로 남아 있는지에 관계없이 그들의 제자 중 대다수는 출가자가 아니었다. 따라서 현대의 세계 불교도들이 그들의 행동을 따라 만든 교육 모델은 아시아의 전형적인 전통 불교 모델에 반(反)하는 것이다. 그것은 사실, 전통적인 모델과는 정반대다. 따라서 전 지구적인 불교 공동체에서 적어도 불교 연구와 교육에 관해서는 이끄는 세력에 큰 차이가 있다. 이 새로운 불교 공동체는 크게 '학자-승려'라는 출가자[sangha]들로 채워지지 않았다.

불교 공동체에서 교육 리더십 격차에 대한 반응은 무엇이었을까? 다시 설명하면 두 가지다. 한편으로 일부 불교 공동체에서는 지역 사회의 교육적 필요를 충족시키고 공식적인 방법으로 적절한 권위를 부여하기 위해 가장 적합하고 잘 훈련된 공동체 내의 구성원들을 확보하는 운동이 있다. 최근 쵸걈 트룽파(Chögyam Trungpa)의 아들이자 현재 '국제샴발라(Shambhala International) 공동체'의 대표인 사콩 미팜 린포체(Sakyong Mipham Rinpoche)는 9명의 공동체 아짜리야(Acharyas; 존경받는 선생님을 뜻하는 인도 불교 호칭) 회원들을 선언했다. 시카고대학에서 불교 전공으로 박사학위를 받은 사람을 포함한 이 아짜리야들에게는 공동체와 공동체를 넘어선 영역에서 보다 향상된 교육 및 지도자 역할을 수행할 권한이 부여되었다.

이 장의 앞부분에서 최근 출판된 책 《붓다의 큐레이터: 식민지 시대의 불교 연구》에 대한 언급이 있었다. 얀 나티에르(Jan Nattier)는 평론 기사에서, 저자 로페즈의 솔직함과 자발성을 칭찬한 후 미국 불교학자로서 로페즈의 불교와의 만남을 논의하기 위해 다음과 같은 결론을 내린다. "여기서 어려움이 있다면, 그것은 로페즈가 한 사람의 불교도로서 자신의 경험에 대한 성찰을 날카롭고 자기비판적인 안목으로 한 것에 있지 않고, 불교학 분야의 지배적인 태도를 특징 짓기 위해서 자신의 경험으로부터 일반화한 정도에 있는 것이다." 이러한 일반화가 옳은 것인지 아닌지는 아직 알 수 없다. 그러나 적어도 질문은 이제 라모뜨 신부가 이단(hérétique)이냐 아니냐 하는 정도의 관심은 넘어선 것이다.

서양 불교에서의 인종·계급·젠더

서양에서 불교로 개종하는 대다수의 사람들이 사회의 주류인 백인으로서 중산층인 경향이 일반적으로 관찰된다. 불교 안에서 관심에 따라 사람들이 계층화되는 요인과 자신의 능력을 불교 운동이나 종교적 수행과 동일시하는 효과는 매우 흥미롭다. 최근에 학자들은 다양한 서양 불교 집단을 구성하는 사람들을 이해하려는 다각도의 시도에 따라 여러 가지 이론들을 발전시켰다. 그 중 중요한 내용은 아래에서 논의될 것이다.

'참여불교'의 발전은 '인종'과 민족에 대한 이슈를 표현하는 새로운 기회를 제공했다. 그들은 대체로 미국에서의 불교와 관련되어 있고, 1960년대 미국의 민권운동(民權運動) 활동 속에서 활성화되었다. '소카 각카이 인터내셔널[國際創價學會]'의 노력과는 별개로 인종과 문화적인 이슈는 참여불교 안에서 두드러지게 형성되지 않았다. 반대로 인종주의자들의 구성과 결탁한 유산에도 불구하고, 기독교 교회에서는 지난 10여 년간 인종차별과 인종으로 인한 불이익에 대한 이슈를 표출시켜 왔고 일단의 신학적 숙고와 작업이 이루어졌다.

나아가 인권, 생태, 평화 등 서구에서의 사회참여불교가 껴안은 여러 이슈들은 형사행정학, 지역사회 안전, 교육, 고용과 보건 의료 등의 분야에서 일하고 있는 사람들이 그들의 피부색에 따라 의견을 달리했다. 그러나 사회참여불교와 유색인 커뮤니티들은 일반적으로 같은 활동무대에서 일하려고 하지 않았다. 또한 행동주의(activism)가 관계된 맥락에서는 참여불교와 유색인종 커뮤니티가 서로 다른 시각의 이슈들을 표출한다. 참여불교가 '환경 보호'에 초점을 맞추는 반면, 유색인종 커뮤니티는 환경행동주의적 언어로써 보다 가난한 지역들에 유독성 폐기물을 처리하는 환경적 인종주의에 반대한다.

심지어는 참여불교 안에서도 서양 불교도들에 의한 차별과 다양한 인종에 대응하는 이슈들은 굳이 규제되지는 않는다 해도 제외되는 경향이 있다. 불교도는 적은 수의 고립된 개인으로서의 유색인 소수자와 함께하기보다는 저항자 커뮤니티로서의 유색인 커뮤니티와의 '관여(engagement)'를 현재화해야만 한다. 이것이 아브라함 종교(유대교, 기독교, 이슬람교 등)와 힌두교, 시크교 등이 다양한 소수민족 커뮤니티를 동원하고 정치화하는 데 쓰이는 의미심장한 맥락과 강력하게 대비될 것이다.

서양에서의 불교 발전의 열쇠가 되는 개념은 개인주의와 자율, 자기 신뢰 등이다. 불교로의 도정에 강한 영향을 끼친 이러한 개념은 서양인들에 의해 접근되었다. 이와는 대비되는 유색인 커뮤니티의 방식은 그들의 정체성을 더욱 이해하게 만들었다. 빅토르 호리(Victor Hori)는 보다 급진적으로 '서양 불교도'와 소위 '민족적 불교도' 사이의 차이를 고려하면서, 서양인은 보다 자율적인 개인이고 비-서양인은 보다 더 '사회적 관계의 통합'이라는 관점에서 '서구인(대체로 유럽계 백인)'과 '비-서구인'이라는 개념을 제안한다. 이러한 인식의 차이는 문화적 차이라기보다는 현대 서양 철학 안에서 주체가 개념화되었다는 생각의 방식에서 비롯된 것이다. 이러한 '개인'의 개념은 백인 중산층 남성 주체라는 특권인 이상에 가까운 경향이 있다. 차별과 불이익이라는 조건으로 인해 대부분의 유색인들은 자신들의 정체성이 서구의 이상적인 '개인'과는 먼 존재로 인종화(racialized) 된 그들의 사회적 조건을 대변해 주는 연대의 네트워크를 필요로 하게 된다.

불교와 '인종'을 이해하기 위한 모델

서구의 불교 커뮤니티들에 대한 초기의 분류는 이 책의 공동 저자이기도 한 찰스 프레비쉬(Charles Prebish)가 '두 개의 불교'라는 용어를 만들어 내면서 제시했다. 이 용어는 당시 서구의 불교도를 두 개의 주요 그룹으로 인식하고 있다. 아시아인인 '민족적 불교도(ethnic Buddhist)'와 주류로서 서양인 불교도, 유럽인 불교도, 심지어는 '하얀 불교도'라고까지 다양하게 불리는 '백인 유럽인 불교 개종자'이다. 폴 넘리치(Paul Numrich)

는 이 분류 모델이 몇몇 민족 집단과 그 후손들을 '민족적 아시아인'이라는 하나의 포괄적 용어로 파악한다. 이런 문제점과 아울러, '인종'이나 '민족' 등 미끄러운 개념을 드러낸다는 논란에도 불구하고, 그러한 분류가 계속해서 분석적으로 쓰인다고 지적했다. 특별히 탈식민지화된 지역에서는 분명히 다문화·다인종임에도 불구하고 '서구'와 '유럽'은 종종 '흼 혹은 순결함(whiteness)'의 동의어로 쓰이고 있다. 그러나 이 분류는 또한 서양의 국제 불교운동의 고향인 스리랑카에서의 '청교도 불교(Protestant Buddhism)'나 서양 불교도 승가(the Western Buddhist Order: WBO) 구성원의 핵심이자 23%에 달하는 인도인 암베드카리트(Ambedkarite) 등을 통해 '아시아적 불교'와 '서양 불교' 사이의 섞임 역시 제시하고 있다. 따라서 우리는 "서양의 '아시아적 불교' 안에서 서구와 북미와 유럽이라는 다양성을 보다 잘 반영하도록 접근할 수 있을까?"라고 질문할 필요가 있다.

마틴 바우만(Martin Baumann)은 전 지구적인 불교의 발전은 세 가지 주요한 국면으로 접어들고 있다고 본다. 첫 단계는 전통적인 불교, 두 번째는 현대 혹은 모더니즘 불교, 세 번째는 최근의 포스트 모던 혹은 세계적 불교이다. 이러한 점은 모더니즘에서 벗어나 서로 다른 불교의 전통이 섞이고 있는 아시아에서 보다 이해하기가 쉽다. 그러나 서양에서의 불교에 관해 생각해 보면, 서양에서의 '아시아 불교도'는 바우만이 표현한 것처럼 적대적인 환경 속에서 그들의 문화적 전통을 보존하기 위해서 '집을 나와[出家] 집'을 발전시킨 실천인 것이다. 이것은 지역, 세대, 혹은 시대에 의해 변형되지 않은 공간을 뜻하며, 이산(離散, diaspora)된 공동체 출신의 다른 학자들의 관찰과는 상반된다. 이런 인식은 서양의 주류 백인에게 초점을 맞춘 미국과 유럽의 종교 모델의 일반적인 경향을 보여 준다. 이러한 모델이 기술하고 있는 요소들은 '인종적'이거나 '민족적'인데, 그들은 비(非)백인 그룹으로 규정되고 경계지워진다. 그것은 백인 종교인의 참여에 의해 일반화되고 주도된다.

왜 유색 인종의 사람들이 서양의 불교 개종자 운동에서 소수 그룹을 형성하는지에 관한 유형학(Typology)적 해석은 얀 나띠에르(Jan Nattier)에게서 보인다. 나띠에르는 종교, 특히 불교는 세 방식 중 하나로 전파되었다고 제시한다. 첫째는 독서나 해외로의 여행, 혹은 원주민 스승을 방문함으로써 새로운 전통을 찾았던 개인적인 구법활동의 결과로 수입된 것이었다. 이러한 경로로 수입된 불교를 나띠에르는 '엘리트(Elite) 불교', 즉 티베트불교나 일본의 젠불교, 위빳사나 명상 등에 해당하는, 때로 매우 비싼 금전적 비용을 내고 시간을 투자할 의향과 능력이 있는 일종의 특권층에 의해서 소개된 것이었다. 종교로서의 불교는 또한 불교 단체들에 의한 선교활동의 일환으로 수출되어 서양에 도입되기도 했는데, 이런 유형은 '복음주의(Evangelical) 형'으로 '소카 각카이 인터내셔널(Sōka Gakkai International)'이 그 예이다. 마지막은 종교가 '수하물(baggage)' 식으로 도입된 경우이다. 이 경우 이민자 그룹이 새로 정착한 지역에서 자신들의 종교적 수행을 실천하기 시작했고, 국제결혼 등에 의한 아웃사이더들이 이러한 커뮤니티에 합류했다. 이러한 유형은 '이방인의(Ethnic)' 종교로, 보다 정확한 용어로는 '디아스포라(diasporic, 離散된; 본토에서 뽑혀 나와 타지에 흩뿌려져 영구 정착된)' 종교 유형이다. 그러나 이러한 분류는 다시 '복음주의적 불교'라고 묘사된 유형이 나띠에르가 '수입된 불교'라고 부르는 것(예를 들면 서양 불교 승가의 친구들the Friends of the Western Buddhist Order: FWBO)이거나 '디아스포라 불교'에서 일어난 것(예를 들면 소카 각카이 인터내셔널)으로 환원된다.

다양성과 시간이 걸리는 승가 안의 발전, 그리고 과소평가된 과정을 정당하게 설명함으로써 불교 운동을 어떻게 가장 훌륭하게 개념화할 수 있는가 하는 문제는 지속적으로 열려 있다.

원을 넓히는 시도

서양 불교운동 안에서의 인종적 다양성과 관련한 주제에 대한 연구는 초기에 대부분 미국에서 일어났다. 그런 연구는 대체로 의식을 드높이길 촉진하는 대화와 관련되어 특별히 '수행자 중심'으로 주도되어 구성되는 경향이 있었다. 그 첫 번째 예는 1994년 미국의 불교잡지인 《트리싸이클(tricycle)》에 실린 〈법, 인종과 다양성(Dharma, Diversity and Race)〉이다. 이 기사는 당시의 편집자였던 헬렌 트보르코프(Helen Tworkov)에 의해 역설을 표출했다.

'미국' 불교의 발전을 이끈 것은 백인 미국인 불교도인 것이 확실해 보이며, 이것은 종종 자신들에게 적대적인 사회적 조건이었던 미국 안에서 한 세기 넘게 불교를 수행하며 발전시켜 온 아시아계 미국인들의 기여를 무시했다. 미국불교평화연대(BPF: The American Buddhist Peace Fellowship)의 잡지인 《터닝 휠(Turning Wheel)》 역시 이 주제에 관해 특집을 다룬 1999년 이래로 지금까지 '아프리카계 후손 불교도', '아시아계 후손 불교도', '라틴아메리카의 불교', 그리고 '인종주의와 싸우는 백인과 유색인 연대의 개발' 등을 주제로 다루었다.

논쟁은 수행자의 태도와 탁월한 개인의 마음챙김을 개발하는 방법에 관한 문제로 초점이 모아진다. 그러나 《트리싸이클》의 주제에서 아프리카계 미국인으로 족첸(Dzogchen; 대원만) 수행자인 찰스 존슨(Charles Johnson)은 마틴 루터 킹(Martin Luther King) 목사의 비전인 '사랑스러운 공동체'가 어떻게 '승가라는 다른 명칭'으로, 그리고 불교 수행으로 반영되었는지를 고찰한다. 또 서로 다른 인종 집단에서 온 사람들이 미국 안에서 인종화(racialized)된 길을 설명한다. 존슨은 불교에서의 무아(anattā)의 가르침이 인종을 해체하는 전략을 제공하기 때문에 근본적으로 비현실적으로 인식된다고 암시하는 것 같다.

이 논쟁은 '문화주의(culturalism)'라는 용어로 접근해 개인적 문화를 소중히 여기고, 가치를 주는 흐름을 보인다. 그러나 유색 인종을 '색맹(色盲)'과 같은 관점으로 인식한다는 진전에도 불구하고, '백색'은 숨겨진 표준이고, 그것은 서구에서 인종주의를 제도화했던 역사·정치·사회적인 인종주의의 영역을 무시할 수 있다. 왜냐하면 개인에 대해 초점을 맞춤으로써, 불교도들이 보다 집합적으로 사회 안에서 인종주의에 대항하는 것을 어렵게 만들 수 있기 때문이다. 이러한 개인주의화는 사람들이 동등한 지위에서 대화에 참여하지 못하고, 그들이 이미 인종화된 서로 다른 방식으로 조건지워진 입장에서 말한다는 사실을 무시할 수 있다. '백인'은 종종 사회적 효과의 결과라기보다는 '표준'이 되는데, 이로인해 백인의 재주도(re-hegemonizing)라는 의도치 않은 결과가 빚어진다. 문화주의적 접근은 문화가 정적이라기보다는 역동적이고 서로 비늘 모양으로 겹쳐질 수 있으며, 마치 서양에서의 제국주의와 식민주의 유산의 결과와 같이 문화가 복합된 상황을 초래할 수 있다는 것을 인지하는 데 실패할 수도 있다. 이러한 포괄적인 문화주의적 논쟁은 보다 넓은 사회에 영향을 줄 수 있는데, 서구의 반(反)인종주의와 다문화주의적 담론으로부터 다양성과 차이를 반영하는 사회적 결속에 대한 담론으로 변화되고 있다.

계급

후기 모더니즘 혹은 포스트모더니즘의 서양 사회에서 계급의 중요성이 의문시되어 왔음에도 불구하고, 계급은 여전히 개인의 삶에 영향을 끼치고 있다. 이것은 차이의 축에 대한 관심을 다시 불러일으켰는데, 특히 학문에서 그러했다. 사회적 계급은 소득과 직업만 관계되어 보이는 것이 아니라 자신과 타인, 그리고 환경을 어떻게 받아들이는가 하는 주관성과도 관계되어 보인다. 계급 정서는 자원과 기회에 대한 통로일 뿐만 아니라 누군가가 사회적 공간에 어떻게 받아들여지는가에 관한 유동성이기도 하다.

불교운동에 대한 접근은 권력을 제공한다. 예를 들면 저소득층으로부터 사람을 고용할 수 있는 능력 등에 영향을 받는다. 어떤 개인들은 개인적인 명상 수행을 개발하는 데 바칠 삶의 조건이나 불교 활동에 참여하는 등의 여가시간이 없을 수도 있다. 물질적 조건과 마찬가지로 피에르 부르디외(Pierre Bourdieu)가 '문화 자본(cultural capital)'이라고 지칭한 것은 집단에 참여할 것을 요구한다. '문화 자본'은 교육과 사회적 특권, 자신을 표시하는 몸짓이나 말투 등등으로 알 수 있게 해주는 상태로 나타난다. 예를 들면, 서양의 많은 불교 개종자들의 운동은 서양 상류 문화에 대한 감사와 의미심장한 지식을 짐작하게 하는 방식으로 그들의 가르침을 제공한다. 이것은 아마도 이들의 운동을 평균 이상의 교육을 받은 사람들에게 주요하게 호소하도록 이끌 것이다. 최고의 서양 불교운동은 개인들의 사회적 역량을 강화하고자 하는 필요에 대해 불교의 가르침을 응용하는 것이었는데, 그에 장애가 되는 사회 관습적인 차별과 문화적 차이는 정답이 없는 질문으로 남아 있다.

젠더(gender)

불교와 생물학적 성별(sexuality)에 관한 논의보다는 훨씬 적더라도, 불교와 젠더(gender, 사회적 성 정체성)에 관한 이슈는 비교적 많이 탐구되고 있다. 그러나 서양 불교에서 생물학적 성별과 사회적 성 정체성에 관해서 자각하고 이 기본 축의 차이에 따른 영향을 다루는 방식보다는 훨씬 덜 고려되고 있다.

고전적 저작으로 간주되는 리타 그로스(Gross, Rita)의 1993년 저작은[19] 개혁의 전위로서 행동해 온 서구의(그리고 추정하건대 백인인) 페미니스트 불교 수행자들이 '전통적인 인종'인 양성(binary)에 대해 더욱 주목하는 경향이었다. 이 저작은 불행하게도 동양과 서양 양쪽에서 폭넓게 진행되어 온, 비교적 특권이 있었던 북반구와 마찬가지로 남반구에서도 그 핵심에 닿아 있어서 전 지구적이라고 할 수 있을 오랜 동안 지속되어 온 페미니스트 프로젝트들을 무시했다. 이 저작은 또한 젠더(사회적 성 역할)와 생물학적 성 정체성에 대해 질문하고, 그러한 질문이 유색 인종의 젠더에 따른 제도와 그들의 페미니스트 프로젝트들이 함의하고 있는 서로 다른 불교도들의 운동으로 접근하고 있는 사유에 남성과 여성이라는 양 진영

19 《Buddhism After Patriarchy》, Albany, State University of New York Press. 1993.

을 수립했다. 페미니즘은 (인종과 계급, 국가 등등에 따라) 여성들 사이에서 어떻게 다른가를 고민하게 되었다. 그로스와 같은 지위의 여성들에 의해 가장 잘 이해될 페미니즘은 점점 더 유지될 수 없을 것으로 보여진다. 최근에는 이러한 차이들을 보다 잘 탐구한 여성 불교 수행자들이 의미심장한 문학적 성과들을 발전시켰다.

보다 학술적으로 말하자면, 특정 불교운동에서 어떻게 젠더 역할을 규정하는가를 다른 페미니스트 학자들의 연구와 비판적인 젠더 이론가들이 이용할 수 있을 것이다. 그런 학자들은 많은 사람들이 '여성과 남성'이라는 이성애 중심주의(heteronormative)[20]에 꼭 맞아떨어지지는 않는다는 것을 지적하며, 양성의 젠더 이론에 대해 비판적이다. 따라서 사회 전체적으로 불교에서의 젠더에 관한 질문은 '이상한(queer)'[21] 것이 되고 있다. '여성'인지 '남성'인지를 묻는 것으로 축소될 수 없고, 오히려 성적 소수자, 트랜스젠더(transgendered, 성 전환자), 인터섹스(間性 혹은 兩性, hermaphrodite; 남성과 여성의 특성을 함께 가진 성 정체성) 등의 비(非)양성 사람들 등등의 젠더를 수용하는 방향으로 넓혀 가야 할 필요가 있는 것이다.

불교 연구에서 과학기술의 역할

아주 최근까지 불교에 관한 입문서에는 불교 연구 발전에 있어서 컴퓨터 기술의 역할에 관해 단 한마디도 포함되어 있지 않았다. 불교에 컴퓨터 기술을 적용하는 것에 대한 가장 초기의 공식적인 관심은 국제불교학회(International Association of Buddhist Studies)가 1983년 도쿄 회의에서 '불교 연구와 컴퓨터 위원회(Committee on Buddhist Studies and Computers)'

20 여성과 남성이라는 양성 간의 이성애적 관계만을 규범/정상으로 보고, 다른 모든 형태의 성 행위를 이 규범에서 벗어난 것이라고 보는 경향.

21 원래는 '이상한' '색다른'이라는 뜻이지만, 현재 사회적으로는 '성 소수자'를 포괄적으로 일컫는 말이다.

를 결성했을 때 일어난 것으로 보인다. 제이미 허바드(Jamie Hubbard)는 〈개미 들어올리기(Upping the Ante)〉[22]라는 재미 있고 중요한 기사에서 다음과 같이 지적했다. "옛 기술을 가장 눈에 띄게 물려받은 컴퓨터 기술의 세 가지 주요 측면은 워드 프로세서, 전자 통신(e-mail) 및 문서와 시각 자료의 대규모 파일 저장고(archives) 개발이었다."

이어서 허바드는 인드라넷(Indra Net)과의 첫 만남을 토로했다. 그것은 1980년대 중반에 부르스 버릴(Bruce Burrill)이 기증한 장비를 허바드와 부르스 버릴이 공동 관리하고, 국제불교학회가 후원했던 온라인 토론 포럼이었다. 포럼을 이용한 충실한 참석자들로 구성된 작은 그룹 외에는 거의 관심이 없었으며, 그러다가 크게 주목 받지 못하고 2년 만에 없어졌다. 그럼에도 불구하고 허바드가 언급한 세 가지 영향력 있는 항목 중에서 불교학 연구에서 가장 중요하고 지속적인 결과를 가져온 것은 분명히 전자 통신이었다.

1990년대 초반, 위에서 설명한 것과 비슷한 성격의 온라인 토론 포럼 또는 '전자메일 토론 목록'이 인터넷에서 확산되고 번창하기 시작했다. 이 포럼의 범위는 전 세계적이었지만 구독자와 참가자의 대다수는 북미 출신이었다. 그 목록 중 가장 첫 번째 주제는 '불교도(Buddhist)'였다. 목록에 오고가는 메일의 양은 때로 폭발적이었고, 메시지가 작성된 지 6개월 만에 전달되는 경우도 있었지만, 흥미로운 시작이었다. 주제는 제한되지 않았고 수시로 현대 불교 안의 불교 수행과 대중적인 문제들의 다양한 양상에 관심을 보였기 때문이다. 게시물의 수가 너무 많아지면서 관리하기 어려워져서 기존 소유자가 새로운 관리자에게 위탁하기로 결정함에 따라 그때까지의 목록은 캐나다의 맥길대학교(McGill University)로 넘어갔다.

'불교도' 항목에 대한 토론이 시스템 과부하로 정지되었던 시기에 맥길대학교의 종교학 교수였던 리처드 헤이즈(Richard Hayes)는 목록에 있

---

22 budstud@millenium.end.edu

는 가입자의 숫자를 조사하고 이러한 개인 중 많은 사람들이 불교에 대한 학술 토론에 국한되지 않고 좀더 유연한 별도의 목록을 작성하는 것을 선호한다는 사실을 발견했다. 루이빌대학(Univ. of Louisville)의 컴퓨터 센터에서 근무한 제임스 콕스(James Cocks)와 공동으로 헤이즈가 작성한 지침에 따라 콕스가 처음 주관한 '붓다-엘(Buddha-L)'이라는 새로운 토론 포럼이 만들어졌다. 포럼은 사실상 불교의 모든 측면에 대한 학술 토론과 대학 수준의 불교 교육 관련 문제, 그리고 때때로 학계에서의 취업 기회가 게시되었다. 헤이즈는 포럼의 좁은 학문적 특성 때문에 작지만 헌신적인 구독자 수를 기대한다고 고백했다. 그러나 1년 안에 이 포럼은 1,000명이 넘는 구독자 수를 확보했다.

위의 모임에 더하여 많은 다른 토론 집단이 인터넷의 불교도들 사이에서 일찍부터 상당한 지지자들로 형성되었다. 아마도 이러한 후발 그룹 중 가장 잘 알려진 것은 호주국립대학교의 아시아태평양학문 연구소(The Research School of the Pacific & Asian Studies at the Australian National Univ.)의 인터넷 출판국장인 맷튜 사이오렉(T. Matthew Ciolek) 박사가 1993년 8월 호주국립대학교에서 설립한 '젠부디즘-엘(ZenBuddhism-L)'일 것이다.

1992년 2월, 호주국립대학교 쿰즈(Coombs) 컴퓨터 부서에 '전자불교자료보관소(Electronic Buddhist Archive)'가 설립되었다. 맷튜의 지시하에, 그것은 몇 달 전에 시작된 쿰스페이퍼 FTP[23] 사회과학/아시아 연구(Coombspapers FTP Social Sciences/Asian Studies) 자료보관소의 하위 섹션으로 자리 잡았다. 여기엔 문헌 목록, 전기(傳記), 지침서, 불교 전자 문헌, 시 등 ASCII(일반 텍스트) 형식의 320여 가지 원본 문서가 포함되었다. 또한 이전에는 출간되지 않았던 로버트 아잇켄(Robert Aitken) 로쉬(老師)나

23 FTP(File Transfer Protocol; 파일 전송 프로토콜) TCP/IP 네트워크에 연결된 컴퓨터끼리 데이터를 원활하게 교환하기 위한 목적으로 1971년에 최초로 공개된 통신 규약(프로토콜)이다.

타이잔 매즈미(Taizan Maezumi) 로쉬, 하쿠운 야스타니(Hakuun Yasutani) 로쉬 등과 같은 20세기의 많은 유명한 선사들의 가르침과 설법의 진귀한 복사본 모음을 제공했다.

전자메일 토론 포럼과 불교 데이터베이스가 인터넷에 등장한 초기 불교 활동의 유일한 형태는 아니었다. 1993년 초에 최초의 전자 불교 학술지가 등장했다. 《가쑈(Gassho, 合掌)》라 불렸는데 《가쑈》의 창립자인 배리 카프케(Barry Kapke)는 1991년에 설립된 '국제 다르마넷(DharmaNet International)'으로 알려진 우산과 같은 포괄적인 조직 아래에서 다른 기업을 운영하면서 《가쑈》를 편집했다. 카프케는 《가쑈》를 "모든 불교 전통을 포함한 국제적인 불교 공동체에 대한 봉사로 출판한다."고 했다. 《가쑈》가 1994년 5-6월호 발행 후 중단된 뒤에 카프케는 위의 설명을 과거 시제로 바꿨다. 간단히 말하면, 너무 빨리 성장해 버려서 전적으로 자원봉사자가 유지할 수 있는 한도를 넘어버린 것이었다.

1996년 12월 새로운 발행물이 거의 마무리되자 카프케의 가정용 컴퓨터와 인터넷 서버가 충돌하여 지금까지의 발행물에 관한 모든 자료가 사라졌다. 이처럼 끔찍한 손실을 겪은 뒤 이어진 발행물은 없었지만, 《가쑈》의 1993년 11-12월 첫 번째 발행물(온라인 및 인쇄본)은 새로운 종류의 불교 공동체에 대한 비전을 제시했던 것이 분명했다. 발행인은 이를 '국제 다르마넷과 세계적인 온라인 승가(Dharma-Net International and Global Online Sangha)'라고 불렀다. 《가쑈》는 폐간되었지만, 결국은 정보 보급을 위한 또 다른 전자 매체인 월드 와이드 웹(World Wide Web, WWW)을 이용한 온라인 전자 학술지가 온라인상에서 엄청나게 빠르게 성장하는 불교 연구를 위한 장(場)을 제공할 것이었다.

《불교윤리학 저널(The Journal of Buddhist Ethics)》은 1994년 7월에 시작되었다. 편집자는 처음에 종이에 인쇄하는 전통적인 학술지로 계획했는데, 그는 수익을 얻기 어려운 고도의 전문적이고 순수한 학술지에는 출판업자들이 별로 관심이 없다는 것을 재빨리 주목했다. 공동 편집자 중한 명인 데미언 키온(Damien Keown)은 아무리 미미하더라도 공동체 구성원들에게 유용한 서비스를 제공할 수 있되 비용이 들지 않는 온라인 잡지를 제안했다. 일단 웹 전문 편집자가 직원에 추가되면서 계획은 신속히 진행되어 FTP 및 고퍼(Gopher)[24] 검색뿐만 아니라 월드 와이드 웹(WWW)을 통해 학술지를 사용할 수 있게 되었다. 1994년 7월 1일에 학술지 기사는 없지만 학술지의 목표를 간략히 설명하고 편집위원을 열거한 월드 와이드 웹 페이지와 함께 '온라인(online)'이 되었다. 이 회사는 소수의 전자 뉴스 단체의 광고를 게재했는데, 1주일 만에 100명의 가입자를 확보했다. 학술지의 첫 번째 '논문 요청'은 노동절 이후에 작성되었으며, 1994년 말까지 26개국에 400명이 넘는 가입자를 확보했다. 현재 50개국 이상에서 6,000명이 넘는 가입자를 보유하고 있다.

불교 윤리에 충실한 학술논문 위주라는 기본적인 강조점에 더하여, 다른 새로운 특징들과 함께 이 학술지는 "불교 연구를 위한 전 세계의 자료들(Global Resources for Buddhist Studies)"이라는 새로운 섹션을 시작했다. 편집자들은 오히려 많은 불교 실무자들의 공동체가 그들이 개발하고 있는 월드 와이드 웹 페이지에 대한 '링크(link)'를 《불교윤리학 저널》에 걸어주도록 신속하게 요청하기 시작했다는 것을 발견했다. 다시 말해 월드 와이드 웹은 일반적으로 불교 공동체가 이전에는 결코 알지 못했던 독특한 의사소통의 기회를 제공하면서 대단히 빠르게 성장한다는 것이 명백해졌다. 웹상에서 모든 종류의 불교 자료를 추가적으로 탐사하기 위한 개시 지점을 만든 것은 《불교윤리학 저널》만이 아니다. 〈국제 다르마넷(DharmaNet International)〉과 호주국립대학교의 〈월드와이드웹상의 가상도서관들(WWW Virtual Libraries)〉, 그리고 불교 자료 파일(Buddhist Resouce File)로서 새로운 '불교의 관문(Buddhist Gateway)'이라고 알려진

24 고퍼(Gopherprotocol); 인터넷을 위해 고안된 문서 검색 프로토콜. 고퍼의 목적은 월드 와이드 웹과 비슷하나, 현재는 완전히 웹에 의해 대체되었다. 고퍼 프로토콜은 웹에서 지원하지 않는 몇 가지 사항들을 지원하는데, 특히 웹보다 훨씬 강력한 정보 분류 체계를 지원한다. -위키백과

《불교윤리학 저널》 등은 게리 레이(Gary Ray)의 사이버 승가와 배리 카프케의 세계적인 온라인 승가에게 불교 공동체를 증강할 수 있는 새로운 사고방식을 제시했다.

최근에, 보다 정교한 기술로 주요 불교 연구 사이트가 전 세계적으로 만들어졌으며, 많은 부분들이 일본에서 찰스 뮬러(Charles Muller)의 획기적인 연구에 의해 촉진되었다. 이 사이트들은 불교 문헌을 원래의 언어로 제공하며, 끊임없이 업데이트되는 불교사전 및 유니코드 글꼴과 같은 다양한 전자 도구를 사용하여 전 세계적으로 불교 연구에 관한 정보를 교환한다. 국제불교학회(International Buddhist Association of Buddhist Studies)와 영국불교학회(United Kingdom Association of Buddhist Studies) 같은 불교 학술 전문 집단의 세계적 접근과, 사실상 즉각적인 의사 소통을 위한 국제 포럼(찰스 뮬러가 창안한 H-Buddhism 온라인 공동체)과 더불어, 불교 연구 학문 분야는 25세기 이전 붓다의 시대에는 상상조차 할 수 없었던 비전으로 21세기를 시작하고 있다.

알아야 할 요점들

- 불교 연구의 주류는 19세기 중반 유럽에서 유진 번옥(Eugène Burnouf), 브라이언 호튼 호지슨(Brian Houghton Hodgson) 등의 선구적인 저술을 통해 시작되었다.
- 영국-독일(Anglo-German) 학파, 프랑스-벨기에(Franco-Belgian) 학파 및 레닌그라드(Leningrad) 학파로 알려진 세 학파가 발달했다.
- 불교 연구에서 초기 작업의 상당 부분은 문헌과 기본적인 빠알리 어와 산스크리트 어 문헌의 번역에 초점을 맞춘 문헌학적인 것이었다. 나중에서야 사회학, 인류학 및 기타 영역에서의 학문 연구가 불교 연구 안에서 발전했다. '오리엔탈리즘'의 영향이 이 이른 시기의 연구들에서 보인다.
- 현대 불교 연구에서 연구원들 대부분은 다양한 전통과 종파에 소속되어 있는 불교도들이다.
- 인종, 계급, 그리고 젠더 이슈는 불교로 개종한 서양인들 가운데 차이를 나누는 중요한 축(軸)이다.
- 정보교환 기술의 급속한 발전은 현재의 불교 연구에서 학문과 불교가 장려되고 조사되는 방식을 재정의했다.

토론을 위한 질문

Q. 학문적 분야로서 불교학의 발전을 시작부터 현재까지 추적해 보시오.

Q. 미국과 유럽이 불교학에 기여한 바를 비교 대조해 보시오.

Q. 최근과 미래의 정보교환 기술의 진보가 불교학 분야들을 어떻게 변화시킬 것인가?

Q. 오리엔탈리즘이란?

나아가 읽을 거리

Cabezón, José. 'Buddhist Studies as a Discipline and the Role of Theory'. *Journal of the International Association of Buddhist Studies.* Vol. 18, no. 2(Winter 1995): 231-68.

Conze, Edward. *The Memoirs of a Modern Gnostic,* part 2. Sherborne, England: Samizdat Publishing Company, 1979.

De Jong, Jan Willem. *A Brief History of Buddhist Studies in Europe and America,* 2nd rev. ed. Bibliotheca Indo-Buddhica, no. 33. Delhi: Sri Satguru, 1987.

Eckel, Malcolm David. 'The Ghost at the Table: On the Study of Buddhism and the Study of Religion'. *Journal of the American Academy of Religion.* Vol. 62, no. 4(Winter 1994): 1085-110.

Gómez, Luis. 'Unspoken Paradigms: Meanderings through the Metaphors of a Field'. *Journal of the International Association of Buddhist Studies.* Vol. 18, no. 2(Winter 1995): 183-230.

Hubbard, Jamie. 'Upping the Ante: budstud@millenium.end.edu'. *Journal of the International Association of Buddhist Studies.* Vol. 18, no. 2(Winter 1995): 309-22.

Lopez, Donald S., Jr (ed.). *Curators of the Buddha.* Chicago, IL: University of Chicago Press, 1995.

Nattier, Jan. 'Buddhist Studies in the Post Colonial Age'. *Journal of the American Academy of Religion.* Vol. 65, no. 2(Summer 1997): 480.

Peiris, William. *The Western Contribution to Buddhism.* Delhi: Motilalbanarsidass, 1973.

Prebish, Charles. 'The Academic Study of Buddhism in the United States: A Current Analysis'. *Religion.* Vol. 24, no. 3(July 1994): 271-8.

Prebish, Charles. 'Buddhist Studies American Style: A Shot in the Dark'. *Religious Studies Review.* Vol. 9, no. 4(October 1983): 323-30.

부록

부록 1

불교사 연표

부록 2

빠알리 어 삼장
중국 한역 대장경
티베트 대장경

용어 해설

부록 1

불교사 연표

기원전 6세기 이전	인도 베다문화(c. 1500-1000 B.C.E) 브라흐마나 성립(c. 1000-800 B.C.E) 고(古) 우파니샤드 성립(c. 800-500 B.C.E)
기원전 6세기	노자 공자(552-479 B.C.E)
기원전 5세기	붓다 석가모니(c. 485-405 B.C.E) 빔비사라 왕 재위(在位, c. 465-413 B.C.E) 라자그르하 결집(c. 405 B.C.E)
기원전 4세기	인도 알렉산더 대왕 인도 원정(c. 327-325 B.C.E) 짠드라굽따 마우리아 재위(322-298 B.C.E) 메가스테네스, 짠드라굽따 왕궁에 머물다(303 B.C.E). 바이샬리의 2차 결집(c. 305 B.C.E) 불교 내 부파 분열이 시작됨.
기원전 3세기	인도 아쇼카 왕 재위(272-231 B.C.E)

	빠딸리뿌뜨라의 3차 결집(250 B.C.E) 아쇼카 왕의 전법사 마힌다 비구가 스리랑카에 불교를 소개함(247 B.C.E)
기원전 2세기	대승불교의 시작(c. 200 B.C.E) 반야바라밀계 경전이 성립되기 시작함. 산찌에 스뚜빠 건립(c. 200-000 B.C.E) 안세고, 중국에 도착하여 최초의 역경원 설립함. (148 B.C.E)
기원전 1세기	스리랑카 둣타가마니 아바야 왕 재위(107-77 B.C.E) 스리랑카 아바야기리 사원 건립(c. 100-000 B.C.E) 스리랑카에서 빠알리 어 경전이 문자로 기록됨 (29-17 B.C.E)
서기 1세기	인도, 카니슈카 왕 재위 카슈미르의 4차 결집(c. 100) 《법화경》 등 대승불교 문헌들 성립. 중앙아시아와 중국으로 불교 유입.
서기 2세기	인도의 불교 철학자 나가르주나 재세.
서기 3세기	미얀마, 캄보디아, 라오스, 베트남, 인도네시아로 불교가 확산됨.
서기 4세기	인도 불교 철학자 아상가와 바수반두 재세. 인도에서 금강승 발달. 쿠마라지와(344-413), 혜원(334-416) 등이 불경을 중국어로 번역함. 인도 굽따 왕조, 불교 철학과 예술이 번창함(350-650)

	한국에 불교 전파(372)
서기 5세기	인도에 날란다대학 설립. 불교 철학자 붓다고사, 스리랑카에 머묾(c. 400-500) 중국 순례자 법현, 인도 방문(399-414)
서기 6세기	빠라마르타(진제)(499-569) 보리달마가 인도로부터 중국으로 감(c. 520) 중국 수 왕조(589-617); 중국불교의 황금기 시작. 중국불교에서 천태종, 화엄종, 정토종과 선종이 발달함. 지의(538-597) 한국으로부터 일본으로 불교가 전해짐(552) 일본 쇼토쿠 태자, 불교를 후원함(572-621) 인도네시아에서 불교가 번성함.
서기 7세기	티베트에 처음으로 불교가 전해짐(c. 600) 다르마끼르띠(법칭) 재세; 논리학과 인식론의 번창 (c. 600) 중국 당 왕조(618-907) 원효(617-686); 한국에서 '통불교' 주창함. 송쩬감뽀 재위(618-650); 티베트에서 불교가 확립됨. 의상(625-702); 한국에 화엄종을 소개함. 중국의 순례승 현장, 인도 방문(629-645) 혜능(638-713); 남종과 북종의 논쟁. 인도 빨라 왕조(650-950) 한국 통일신라시대(668-918); 불교가 번성함. 중국 순례승 의정, 인도 여행(671-695)
서기 8세기	빠드마삼바와의 일생(c. 700) 일본의 남종-북종 논쟁(c. 700) 중국 밀교(진언종)의 발달(c. 700)

	보로부두르 사원 건축(c. 700-800)
	인도에서 대승불교와 딴뜨라불교가 함께 번성함 (700-1100); 불교 논리학파[因明]와 인식론[唯識]의 통합.
	일본 나라 시대(710-784)
	일본에서 육종(성실종, 구사종, 삼론종, 법상종, 율종, 화엄종)이 확산됨.
	티베트불교 종파와 중국불교 종파 사이의 대논쟁.
	티베트 라싸의 결집(742)
	티베트불교 닝마파가 시작됨.
	티베트 최초의 사원 삼예 건립.
	사이초(767-822); 일본 천태종의 개조.
	구카이(774-835); 일본 진언종의 개조.
	일본 헤이안 시대(794-1185)
서기 9세기	티베트, 비끄라마쉴라 사원 건립(c. 800)
	티베트, 랑다르마 왕(재위; 836-842)의 불교 탄압.
	중국의 불교 대(大)박해.
서기 10세기	중국 송 왕조(960-1279)
	한국 고려시대 (978-1392)
	중국 최초로 완전한 불교 경전 인쇄(쓰촨 본, 983)
	아띠샤(982-1054)가 인도에서 티베트로 옴(1042)
서기 11세기	마르빠(1012-1097); 티베트불교 까규파의 기원.
	나로빠(1016-1100)
	아노라타 왕이 미얀마를 통일하고 테라와다불교에 헌신함 (1044-1077)
	밀라래빠(1040-1123); 티베트불교에서 가장 위대한 시인이며 인기 있는 성자가 됨.

	고려 시대, 의천(1055-1101) 티베트불교, 사꺄파의 시작(1073) 감뽀빠(1079-1153) 스리랑카와 미얀마에서 테라와다불교 부흥. 인도에서 불교가 쇠퇴함.
서기 12세기	앙코르 와트 건설(c. 1100) 미얀마에 테라와다불교가 정착됨. 호넨(1133-1212); 일본 정토종의 개조. 에이사이(1141-1215); 일본 임제종의 개조. 지눌(1158-1210); 조계종 개창, 한국에서 선(禪) 발달. 신란(1173-1262); 일본 정토진종의 개조. 일본 가마쿠라 시대(1185-1392) 마흐무드 샤붇딘 고리가 날란다대학을 약탈함(1197)
서기 13세기	북인도에서 불교가 사라짐. 남쪽에 미미하게 남아 있음 (c. 1200) 한국어 삼장 인쇄(c. 1200) 도겐(1200-1253); 일본 조동선의 개조. 니치렌(1222-1282); 그의 이름을 딴 일본 불교 종파 일련종 창시. 잇펜(1239-1289); 일본 시종(時宗)의 개조. 사꺄 빤디따가 몽골인들을 불교로 개종시킴(1244) 태국 수코타이 왕국이 테라와다불교를 국교로 선포 (c. 1260) 부뙨 린포체(1290-1364); 티베트불교 경전을 모으고 편집함.
서기 14세기	쫑카빠(1357-1419); 티베트에 겔룩파 시작됨. 테라와다불교가 태국 국교로 선포됨(1360)

	중국 명 왕조(1368-1644) 한국 조선 시대; 불교 억압. 라오스와 캄보디아, 테라와다불교 국가가 됨.
서기 15세기	티베트 깐규르[佛說部]가 중국에서 인쇄됨.
서기 16세기	몽골, 달라이 라마 제도의 집무실 설치.
서기 17세기	제5대 달라이 라마, 달라이 라마에 의한 티베트 통치 시작. 도쿠가와 막부의 일본불교 통제(1603-1867) 바쇼; 일본의 하이꾸와 예술에 불교의 영향을 미침.
서기 18세기	스리랑카, 미얀마, 라오스, 캄보디아와 베트남, 식민지로 전락; 서구의 남아시아와 동남아시아 지배. 티베트 어로부터 몽골 어로 불교 경전 번역됨(1749)
서기 19세기	서양 학자들의 불교에 대한 학문적 연구가 시작됨. (c. 1800) 왕립 아시아학회 설립(1823) 라마 4세의 태국 통치; 태국 승가의 개혁(1851-1868) 미국 샌프란시스코에 첫 불교 사원 설립(1853) 일본 메이지 유신(1868), 막부 통치의 종식. 니시다 기타로(1870-1945); 교토 학파의 창설자. 일본불교에서 신흥 종교들이 나오기 시작함. 미얀마 만달레이의 5차 결집. 신지학회 설립(1875) 에드윈 아놀드 경의 《아시아의 등불》 출판(1879) 영국에서 리즈 데이빗에 의해 빠알리 텍스트 소사이어티 창립(1881) 아나가리까 다르마빨라에 의해 마하보디 소사이어티

	설립(1891) 암베드카르(1891-1956), 인도 불가촉천민의 개종. 미국불교교회 창립(1899)
서기 20세기	중국의 불교 대장경을 도쿄에서 다이쇼 신수대장경본으로 인쇄(1924-1929) 런던에 부디스트 소사이어티 설립(1924) 한국 원불교 창립(1924) 일본 니치렌 소슈 소카 각카이가 공식적으로 설립됨(1937) 일본 릿쇼 코세이카이 설립(1938) 중국의 인민해방군이 티베트 침공(1950) 세계불교도우의회(WFB) 창립(1950) 미얀마 양곤의 6차 결집(1954-1956) 달라이 라마, 티베트에서 인도로 망명(1959) 서양 불교승단의 친구들(FWBO) 창립(1967) 참여불교의 발전(1970) 바즈라다투 재단 설립(1973) 국제불교학회의(IABS) 창립(1976) 참여불교도들 국제 네트워크(INEB) 창립(1989) 영국불교학회 창립(1995)
서기 21세기	탈레반 정권에 의해 바미얀의 입불상이 파괴됨(2001)

부록 2

- 빠알리 어 삼장
- 중국 한역 대장경
- 티베트 대장경

빠알리 어 삼장

빠알리 어 삼장은 테라와다불교의 완전한 경전 모음집이다. 이 경전 모음은 경전이 기록된 당시의 언어로 보존되었기 때문에 모든 테라와다불교를 위한 유일하고 완전한 경전 모음이다. 이 경전 모음은 율장(Vinaya Piṭaka), 경장(Sutta Piṭaka), 논장(Abhidhamma Piṭaka)을 포함하기에 종종 삼장(Tipiṭaka)으로 불린다. 에드워드 토마스(Edward J. Thomas)의 《불교 사상사(The History of Buddhist Thought, 2nd ed. New York: Barnes and Noble, 1963)》 265-276쪽에 특별히 잘 요약되어 있다.

I. 율장(律藏, Vinaya Piṭaka)

A. 경분별(經分別, Suttavibhaṅga): 주석적인 해설이 첨부된 계목.

1. 대분별(Mahāvighaṅga): 비구를 위한 227 항목의 계율.
2. 비구니분별(Bhikkhunī-vighaṅga): 비구니를 위한 311 항목의 계율.

B. 건도부(犍度部, Khandhaka): 승가의 제도와 규정에 대한 장.

1. 대품(Mahāvagga): 수계, 포살, 우안거, 의복, 음식, 약, 승가 운영과

연관된 규정들.

2. 소품(Cullavagga): 사법적인 문제들, 필수품, 분열, 여행, 비구니들을 위한 수계식과 지도, 1차·2차 결집의 역사와 연관된 규정.

C. 부수(附隨, Parivāra): 율장 규칙의 요약 및 분류.

II. 경장(經藏, Sutta Piṭaka)

A. 장부(長部, Dīgha Nikāya, 긴 경들의 모음): 34개의 경전들.

B. 중부(中部, Majjhima Nikāya, 중간 길이 경들의 모음): 152개의 경전들.

C. 상응부(相應部, Saṃyutta Nikāya, 주제별 경들의 모음): 주제별로 분류한 56가지 주제의 경전들.

D. 증지부(增支部, Aṅguttara Nikāya, 숫자별 경들의 모음): 법수에 따라 오름차순 목록으로 분류된 경전들.

E. 소부(小部, Khuddaka Nikāya, 작은 경들의 모음)

1. 소송경(小誦經, Khuddaka-pāṭha): 독송을 위한 짧은 경 모음.
2. 법구경(法句經, Dhammapada): 윤리적 맥락과 관련된 423절의 게송 모음.
3. 자설경(自說經, Udāna): 80개의 붓다의 장엄한 영탄 게송.
4. 여시어경(如是語經, Itivuttaka): 112개의 짧은 경들.
5. 경집(經集, Sutta-nipāta): 전설적인 이야기가 포함된 70개의 게송경 모음.
6. 천궁사(天宮事, Vimāna-vatthu): 천상에서 다시 태어나는 이야기 모음.
7. 아귀사(餓鬼事, Peta-vatthu): 악처에 다시 태어나는 이야기, 51개의 시(詩).
8. 장로게송[長老偈, Thera-gāthā]: 붓다의 264명의 비구 제자들의 게송 모음.
9. 장로니게송[長老尼偈, Therī-gāthā]: 붓다의 100여 명의 비구니 제

자들의 게송 모음.

10. 본생경(本生經, Jātaka): 547개의 붓다의 전생 이야기들.
11. 의석(義釋, Niddesa): 경집의 일부에 대한 주석.
12. 무애해도(無礙解道, Paṭisambhidā-magga): 교의적인 핵심들에 대한 논장 형식의 토론서.
13. 비유경(譬喩經, Apadāna): 다양한 비구·비구니들의 삶과 전생에 관한 이야기.
14. 불종성경(佛種姓經, Buddhavaṃsa): 과거 24불의 역사.
15. 소행장경(所行藏經, Cariyā-piṭaka): 보살의 바라밀 수행을 강조한 본생담.

III. 논장(論藏, Abhidhamma Piṭaka)

A. 담마상가니(Dhammasaṅgaṇī, 法集論): 선과 불선에 관련된 정신적 육체적 현상(dhamma)들을 논모(論母)로 나열하고 설명함.
B. 위방가(Vibhaṅga, 分別論): 붓다의 가르침에 나오는 다양한 범주에 대한 계속적인 분석.
C. 다뚜까타(Dhātu-kathā, 界論): 다양한 주요 범주 아래 다양한 요소들을 정렬함.
D. 뿍갈라빤냣띠(Puggala-paññatti, 人施設論): 다양한 특성(traits)에 따른 개인의 분류.
E. 까타왓투(Kathā-vatthu, 論事): 경쟁 종파들에 의해 논란이 된 교리에 관한 기록.
F. 야마까(Yamaka, 雙論): 기본 범주를 설명하는 쌍으로 된 질문들.
G. 빳타나(Paṭṭhāna, 發趣論): 24가지 조건에 대한 분석.

중국 한역 대장경

중국의 불교 정전(canon)은 대장경이라 불린다. 삼장의 첫 번째 완전한 인쇄본은 983년에 완성되었고, 송본(宋本) 혹은 촉판대장경(蜀版大藏經)으로 불린다. 480개의 함 안에 1,076부의 문헌을 보관했다. 그 후 중국 대장경의 여러 판본이 많이 만들어졌다. 중국 대장경의 현대판 표준본은 1924년부터 1929년까지 도쿄에서 출판된 다이쇼신수대장경(大正新修大藏經)로 알려져 있다. 여기에는 2,184개의 문헌이 들어 있는 55권의 책과 45권의 추가된 책이 부록으로 포함되어 있다. 〈중국의 삼장(The Chinese Tripiṭaka)〉이란 제목의 짧은 글이 케네스 첸(Kenneth K.S. Ch'en)의 《중국불교》(프린스톤대학 출판부, 1964) 365-386쪽에 들어 있다.

1. 아함부(阿含部, Āgama Section): 1-2권, 151문헌. 4부 니까야에 해당하는 것과 5부 니까야의 일부를 포함.
2. 본연부(本緣部, Story Section): 3-4권, 68문헌. 본생담(Jātaka)을 포함.
3. 반야부(般若部, Prajñāpāramitā Section): 5-8권, 42문헌. 반야바라밀경을 포함.
4. 법화부(法華部, Saddharmapuṇḍarīka Section): 9권, 16문헌. 법화경의 세 가지 판본과 약간의 추가 자료들을 포함.
5. 화엄부(華嚴部, Avataṃsaka Section): 9-10권, 31문헌. 화엄경에 대한 자료 포함.
6. 보적부(寶積部, Ratnakūṭa Section): 11-12권, 64문헌. 49가지 문헌 무더기에 관한 자료, 그 중 일부는 매우 이른 시기의 대승 논문들.
7. 열반부(涅槃部, Mahāparinirvāṇa Section): 12권, 23문헌. 붓다의 일생의 마지막에 대한 대승 판본을 포함.
8. 대집부(大集部, Great Assembly Section): 13권, 28문헌. 〈대집경〉으로 시작하는 대승 경전 모음.

9. 석경론부(釋經論部, Sūtra-Collection Section): 14-17권, 42문헌. 다양한 (주로 대승) 경전 모음.
10. 밀교부(密敎部, Tantra Section): 18-21권, 572문헌. 금강승과 밀교 자료들 포함.
11. 율장부(律藏部, Vinaya Section): 22-24권, 86문헌. 보살행과 관련한 문헌들뿐만 아니라 다양한 소승 학파들의 규율 문헌들 포함.
12. 경소부(經疏部, Commentaries on Sūtras): 24-26권, 31문헌. 아함경과 대승 경전들에 관한 인도 저자들의 주석서들.
13. 비담부(毘曇部, Abhidharma Section): 26-29권, 28문헌. 설일체유부·법장부·경량부 논서의 번역.
14. 중관부(中觀部, Mādhyamika Section): 30권, 15문헌. 대승불교 철학의 중요한 학파인 중관학파의 문헌 포함.
15. 유가행부(瑜伽行部, Yogācāra Section): 30-31권, 49문헌. 대승불교 철학의 중요한 유가행파 문헌 포함.
16. 논집부(論集部, Collection of Treatises): 32권, 65문헌. 논리학 및 기타 문헌들.
17. 경소부(經疏部, Commentaries on the Sūtras): 33-39권. 중국 저자들의 경 주석서.
18. 율소부(律疏部, Commentaries on the Vinaya): 40권. 중국 저자들의 율 주석서.
19. 논소부(論疏部, Commentaries on the Śāstras): 40-44권. 중국 저자들에 의한 논서 주석서.
20. 제종부(諸宗部, Chinese Sectarian Writings): 44-48권. 중국 종파에 따른 여러 문헌들.
21. 사전부(史傳部): 49-52권, 95문헌. 역사와 전기.
22. 사휘부(事彙部): 53-54권, 16문헌. 백과사전과 사전.
23. 외교부(外敎部): 54권, 8문헌. 불교 밖의 가르침. 힌두교, 마니교, 네스

토리우스 파 기독교 저술에 관한 자료.

24. 목록부(目錄部): 55권, 40문헌. 515년 출간된 승우(僧祐)의 경전에서 시작하는 중국 경전의 목록.

티베트 대장경

티베트 대장경은 두 부분으로 구성된다. 깐규르(bKa'-gyur, 佛說部)와 땐규르(bStan-'gyur, 論疏部)이다. 땐규르에는 부처님 이외의 개인들에 의한 저작물이 포함되어 있기 때문에 준경전으로 간주한다. 깐규르의 첫 번째 인쇄본은 티베트가 아니라 중국에서 1411년에 완성되었다. 첫 번째 티베트어 판은 나르탕에서 1731년에 깐규르가, 이어서 1742년에 땐규르가 등장했다. 다른 유명한 경전 판본들은 데르게(Derge)와 초네(Cone)에서 인쇄되었다. 케네스 첸(Kenneth K.S. Ch'en)이 거의 50년 전에 티베트 경전에 관한 〈티베트 삼장〉이라는 제목의 짧은 논문을 《아시아 학문을 위한 하버드 저널(the Harvard Journal of Asiatic Studies) 9, 2》(1946. 6), 53-62쪽에 발표했는데, 이는 오늘날까지도 여전히 매우 유용하다.

Ⅰ. 깐규르(bKa'-gyur): 불설부(佛說部); 나르탕 판 98권.

1. 계율부(戒律部, Vinaya): 13권.
2. 반야부(般若部, Prajñāpāramitā): 21권.
3. 화엄부(華嚴部, Avataṃsaka): 6권.
4. 보적부(寶積部, Ratnakūṭa): 6권.
5. 제경부(諸經部, Sūtra): 30권, 270문헌으로 대승 75%, 소승 25%.
6. 비밀부(祕密部, Tantra): 22권, 300문헌 이상 포함.

Ⅱ. 땐규르(bStan-'gyur): 논소부(論疏部); 베이징 판 224권, 3,626문헌.

1. 찬송부(讚頌部, Stotras): 1권, 64문헌.

2. 비밀소부(祕密疏部, Commentaries on the Tantras): 86권, 3055문헌.

3. 경소부(經疏部, Commentaries on the Sūtras): 137권, 567문헌.

1) 반야경소부(般若經疏部, Prajñāpāramitā Commentaries): 16권.

2) 중관론부(中觀論部, Mādhyamika Treatises): 17권.

3) 유식부(唯識部, Yogācāra Treatises): 29권.

4)아비달마부(阿毘達磨部, Abhidharma): 8권.

5) 잡부(雜部, Miscellaneous Texts): 4권.

6)율소부(律疏部, Vinaya Commentaries): 16권

7) 불전(佛傳, Tales and Dramas): 4권.

8) 전문적 학술논문: 43권.

① 인명(因明, Logic): 21권.

② 성명(聲明, Grammar): 1권.

③ 언어·문전학(言語文典學, Lexicography and Poetics): 1권.

④ 의방명(醫方明, Medicine): 5권.

⑤ 공교명(工巧明, Chemistry and Miscellaneous): 1권.

⑥ 제부(諸部, Supplements): 14권.

용어 해설

가마쿠라(鎌倉) 시대 - 지배 세력이 헤이안(平安) 궁정에서 사무라이 집단으로 바뀌면서 1192년에 시작된 일본 역사 시대. 1867년 메이지 유신 때까지 시민의 힘은 군대의 손에 달려 있었다.

가섭(迦葉, Kāśyapa) - 붓다의 주요한 제자로 라자그르하에서 1차 결집을 주재했다고 한다. 선종에서는 그를 인도 제2대 조사로 마하가섭이라 부른다(初祖는 붓다).

가미(kami, 神) - 일본 신또(Shintō, 神道)의 신(神).

간다라(Gandhāra) - 설일체유부가 초기에 활동했던 지역으로, 후대에는 아름다운 예술 작품으로 유명해졌다.

갈애(渴愛, tṛṣṇā) - '갈애'는 사성제의 두 번째 고귀한 진리에서 고통의 원인으로 기록된다. 일반적으로 세 종류의 갈애가 언급되었다. 감각적 쾌락에 대한 갈애, 존재에 대한 갈애와 비존재에 대한 갈애.

감뽀빠(Gampopa; 1079-1153) - 밀라래빠로부터 까규파 계보를 이어받은 중요한 티베트의 불교도.

《거룩한 설화집(Divyāvadāna)》 - 설일체유부의 문헌으로, 불교 대중화를 위한 여러 자료와 율장을 기초로 한 자료가 다수 들어 있다.

게곤(Kegon, 華嚴) - 일본 화엄종. 중국으로부터 크게 변형되지 않고 들어온 일본 '나라(奈良) 불교 육종' 중 하나. 인도 화엄종(Avataṃsaka)과 중국 화엄종(Huayan)에 해당한다.

겐쉰(源信: 942-1017) - 《왕생요집(往生要集)》을 쓴 일본 정토종 불교도. 개인적인 카리스마로 일본불교 아미타불 신앙의 성장에 중요한 역할을 했다.

겔룩(dGe-lug) - 아띠샤(Atīśa)의 까담(bKa-gdams)파 계보를 기반으로 쫑카빠(Tsongkhapa, 1357-1419)가 설립한 티베트불교의 한 종파. '황모(黃帽)'파로 불린다.

견해(見解, dṛṣṭi) - 불교의 전문적인 맥락에서 '견해'를 뜻하지만, 종종 일반적으로 '사견(邪見: miccha-dṛṣṭi)', 즉 불교에 대해 이교적(異教的) 입장을 유지하는 잘못된 견해를 뜻하는 것으로 해석된다.

경(經, sutra) - 문자적으로 '실'이란 뜻이고, 붓다의 설법에 적용하는 말이다. 붓다의 설법과 담화를 가리킨다.

경장(經藏, Sūtra Piṭaka /P. Sutta Piṭaka) - 정전으로 인정되고 권위 있는 것으로 간주된 붓다의 모든 설법을 함께 모은 불교 정전(正典)의 부분. 경장은 아가마(Āgamas /P. Nikāyas)라고 불리는 다섯 부분으로 나뉘어져 있다.

계(戒, śīla) - 광범위하게 '도덕성' 또는 '윤리적 타당성'을 의미하는 것으로 정의된다. 진정으로 적당한 영어 번역은 없다. 내부적으로 시행된 윤리 지침인 것 같다. 팔정도의 바른 말, 바른 행위, 바른 생계를 집합적으로 계라고 부르며, 육바라밀의 두 번째 바라밀이기도 하다.

계(界, dhātu) - 이 개념은 주로 두 가지 맥락에서 사용된다. 아비다르마에서 존재를 18계 혹은 영역으로 분류하는 데 사용되거나, 또는 불교적 우주관에서 주로 그 영역과 조화를 이루는 존재가 머무는 존재의 영역으로 간주된다. 불교에서 일반적인 세 영역은 '욕계(欲界, kāma-dhātu)', '색계(色界, rūpa-dhātu)' 및 '무색계(無色界, ārupa-dhātu)이다.

고(苦, duḥkha) - 사성제의 첫 번째 개념인 '고'는 모든 정신적·육체적 쾌락의 무상함을 지적한다. 그래서 우리는 '모든 삶은 고통의 특성을 지닌다'는 진술을 만나게 된다.

고따마(Gautama) - 나중에 붓다가 될 싯다르타(Siddhārtha)가 태어난 종족의 정식 명칭이다.

고려시대(918-1392) - 한국에서 불교가 중요하게 자리 잡은 시기.

고혼존(本尊) - 니치렌슈(日蓮宗)와 소카 각카이(創價學會)에서 사용하는 다양한 붓다와 보살들의 이름과 함께 '남묘호렌게쿄(南無妙法蓮華經)' 주문을 담은 도상. 신봉자는 고혼존을 응시하면서 염불을 한다.

공(空, śūnyatā) - 많은 대승 경전에서 강조한 '비어 있음'의 교의. 이는 법(dharmas)조차도 스스로 존재하지 않는다고 진술함으로써 무아(anātman)에 대한 초기 불교의 체계를 넘어선다. 공은 존재론적 상태가 아니며, 심지어 공조차도 없다는 것을 조심해서 이해해야 한다.

공덕 행위(puṇyakarma) - 일반적으로 깨달음의 길에 있는 사람들이 쌓은 과거의 좋은 업을 의미한다.

공안(公案) - 문자 그대로의 뜻은 '공개 기록'이다. 불교에서는 인증된 선사들의 대화 사례들을 가리킨다. 겉으로 보기에는 풀리지 않고 혼란스러우며 때로는 수수께끼와 같은 진술들을 통해 수행자들은 완전한 깨달음에 이른다.

《관음경(觀音經, Avalokiteśvara Sūtra)》 - 《묘법연화경(Saddharmapuṇḍarīka Sūtra)》의 제25품을 독립적인 순서로 배열하고 천상의 보살(관세음보살의 32응신)을 다룬다.

관세음보살(觀世音菩薩, Avalokiteśvara) - 관세음보살은 불교 안에서 중요성이 점차 커져서 마침내는 그 이미지가 붓다와 함께 신앙되거나 심지어는 단독으로 경배를 받게 되었다. 가장 중요한 천상 보살로서 대승 문헌에서 빈번하게 언급된다.

교기(行基) - 여러 가지 자선 활동을 실천함으로써 일본 승가의 권위를 높인 법상종 승려. 쇼무 황제가 신뢰하는 황실 고문이었고, 나중에 '교기 보살'로 불렸다.

교토(京都) - 일본의 나라 시대 직후의 수도. 그 이전에는 헤이안이라고 불렸다.

구야(Kūya: 903-972) - 개인적인 카리스마로 일본에서 아미타불 신앙이 확산되도록 고무했다.

구족계(具足戒, upasaṃpadā) - 불교 승단의 정식 승려가 되기 위해 받는 계.

구카이(Kūkai, 空海) - 중국에서 공부하고 일본으로 귀국하여 중국의 진언종(딴뜨라)을 소개한 일본 불교인이다. 이 교파는 만트라, 만다라 등을 강조했고 9세기에 소개된 이래 매우 대중적이 되었다. 구카이는 사후에 홍법 대사로 불렸다.

근본분열(mahābheda) - 불교 교단의 첫 번째 분열로, 이로 인해 상좌부(上座部)와 대중부(大衆部)가 분리되었다.

《금강경(金剛經, Vajracchedikā Sūtra)》 - 《대반야바라밀경》의 약칭으로 가르침의 본질을 담고 있다고 한다.

까규(bKa-rgyud) - 티베트불교 종파. 나로빠(Naropa) 문하에서 공부하며 차크라 삼바라(Cakrasamvara, 勝樂金剛) 딴뜨라(Tantra)의 주기를 배웠던 마르빠(Marpa, 1012-1099)에서 그 근원을 추적한다.

까담(bKa-gdams) - 돔뙨(Dromdön)이 설립한 티베트불교 종파. 그의 스승 아띠샤(Atīśa)의 가르침에 기초했다.

까마라쉴라(Kamalaśīla) - 《수행의 단계(Bhāvanākrama)》를 쓴 8세기 인도의 불교도. 훌륭한 학자였고, 중국의 즉각적인 깨달음(頓悟)에 대해 공식적인 티베트 교의를 옹호했다.

깐규르(bKa'-gyur, 佛說部) - 문자적으로 '붓다의 말씀의 번역'을 뜻한다. 붓다의 권위 있는 가르침으로 생각되는 경들을 담고 있는 티베트불교 대장경의 한 분야.

《깟타왓투(Kathāvatthu, 論事)》 - 빠알리 어 대장경 논장에 있는 아비담마 책 중 한 권. 아쇼카 대왕의 통치 기간에 빠딸리뿌뜨라에서 열린 3차 결집에서 논의된 토론 주제들임이 분명하다.

낄레사(kilesa) - 깨달음을 달성하기 위해서 반드시 극복해야 할 도덕적이고 정신적인 '번뇌'.

나가르주나(Nāgārjuna, 龍樹) - 2~3세기 무렵에 살았다고 추정되는 불교 철학자로 중관파를 창설했다. 그는 영리한 변증법자이며, 높은 깨달음의 신비주의자이며,

가장 위대한 불교 사상가들 중 한 사람이다.

나가세나(Nāgasena) - 학식이 깊은 불교 승려로 박트리아 왕 밀린다와의 대화가 《밀린다왕문경》에 기록되어 있다.

나라(奈良) - 당시의 수도 '나라'를 따서 부르는 일본 역사의 한 시대. 710년에 세워져 헤이안(平安; 현대의 교토)으로 옮겨진 794년까지 수도로 남아 있었다.

나로빠(Nāropa) - 요가 수행자(yogin)가 된 인도의 학자로, 많은 시련을 거친 뒤 띨로빠(Tilopa)에게서 가르침을 받았다. 나중에 마르빠(Marpa)의 스승이 되었다.

나무아미타불 - '아미타불께 예경합니다(南無阿彌陀佛)'라는 뜻으로, 서방정토에 다시 태어나기를 희망하면서 아미타불에 헌신하는 수단으로 전 세계 정토종 신자들이 사용하는 주문이다.

날란다(Nālandā) - 라자그르하 외곽의 도시로 인도의 가장 중요한 불교 대학이 있었다.

남묘호렌게쿄 - 문자적으로 '훌륭한 가르침인 묘법연화경에 예경합니다(南無妙法蓮華經)'라는 뜻이다. 니치렌슈(日蓮宗) 불교도들이 높은 깨달음을 성취하기 위해서 반복하는 주문이다.

논장(Abhidharma Piṭaka/P. Abhidhamma Piṭaka) - 불교 경전의 세 번째 '바구니(Piṭaka).

《능가경(楞伽經, Laṅkāvatāra Sūtra)**》** - 유식(citta-mātra), 세 가지 자성(svabhāvas), 아뢰야식(ālayavijñāna)을 강조하는 대승 문헌이다. 분류에 있어 문제가 있지만 유가행파와 동질성이 많다.

니까야(Nikāya) - '모음집'이라는 뜻이다. 이 명칭은 빠알리 어 경장(Sutta piṭaka)에 적용되었으며, 다양한 종류의 설법을 모았다는 뜻으로 붙여졌다. 니까야는 또한 '집단'을 의미하기도 해서 초기 인도 불교 전통에서 부파들을 지칭하는 데 사용되었다.

니치렌(日蓮: 1222-1282) - 자신의 이름을 딴 불교 종파를 창설한 일본 불교도. 원래 천태종을 공부한 뒤에 불교 방식에 만족하지 못하였으나, 《법화경》의 효험에 대한 확신을 지니고 그를 기초로 수행을 발전시켰다.

닙바나(nibbāna, 涅槃) - 산스크리트 어 니르바나(nirvāṇa)에 해당하는 빠알리 어.

닝마(rNying-ma)**파** - 티베트불교 종파로 그 명칭은 문자적으로 '고대의 사람들'을 뜻한다. 그들의 계보는 티베트불교가 시작된 무렵으로 거슬러 올라간다. 진정한 인도의 가르침을 이어받았다고 하며, 다른 티베트 종파들보다 덜 정치적인 경향이 있다.

다르마(Dharma, 法) - 붓다의 가르침 또는 교리. 모든 붓다의 설법과 교리상의 선언을 포함한다고 한다.

다르마(dharmas, 法) - 아비다르마의 전문 용어. 존재의 기본 구성 단위(building

blocks)인 경험적 순간들을 표현하는 데 사용된다. 존재를 분석하기 위해서는 그것이 경험되는 순간으로 단순히 분해해야만 한다. 다양한 불교 종파들은 서로 다른 개수로 분류했다. 마음의 상태를 나타내기 위한 심리적인 맥락에서 사용된다.

다르마끼르띠(Dharmakīrti, 法稱) - 7세기 위대한 불교논리학자. 주요 저서로 《정리일적론(正理一適論, Nyāyabindu)》과 《석량론(釋量論, Pramāṇavārttika)》이 있다.

다르마따(dharmatā, 法性) - 문자적으로는 '본래의 성품(nature)'을 뜻한다. 《능가경》에서는 그로부터 붓다가 출현하는 '순수한 상태'로 사용되고, 유가행파 문헌에서도 자주 언급된다.

다이모쿠(daimoku, 圖形) - 니치렌슈(日蓮宗) 불교도가 '남묘호렌게쿄(南無妙法蓮華經; 훌륭한 가르침인 묘법연화경에 예경합니다)'라는 진언과 함께 구원을 얻기 위해 사용한 도형.

다이사쿠 이케다(Daisaku Ikeda) - 소카 각카이(創價學會)의 3대 스승이자 현재 지도자.

달라이 라마(Dalai Lama) - 티베트불교의 공식 정치 지도자. 이 호칭은 몽골인에 의해 처음 만들어졌고, 관세음보살의 화신으로 생각되는 사람에게 주어진다.

당(唐; 618-907) - 중국 불교 역사에서 최정점을 기록한 중국 왕조.

담란(曇鸞; 476-542) - 중국 정토종을 체계화한 중국 불교도. 중국 정토종의 초대 조사로 간주된다.

《대비바사론(大毘婆娑論, Mahāvibhāṣā)》 - 제목이 '위대한 선택의 책'을 의미하는 후기 설일체유부(Sarvāstivadin) 아비다르마 문헌이다. 카니슈카 왕이 소집한 거대한 승려 결집에서 비롯되었다.

《대사(大史, Mahāvaṃsa)》 - 스리랑카의 '위대한 연대기'로, 5세기에 마하나마(Mahānāma) 왕이 썼다. 스리랑카의 불교 역사에 관한 많은 정보와 인도 불교에 대한 정보를 담고 있다. 《도사(島史, Dīpavaṃsa)》와 짝을 이루는 책이다.

《대사(大事, Mahāvastu)》 - 산스크리트 어로 쓰여진 붓다의 생애에 대한 비경전적인 전설. 대중부-설출세부(Mahāsāṃghika-Lokottaravādin)에 속한다.

대승(大乘, Mahāyāna) - 문자적으로 '큰 수레'를 의미하며, 붓다의 반열반 후 수백 년 뒤에 점차적으로 발생한 불교 종파이다. '보살도', '공(śūnyatā)' 사상, 붓다의 '삼신(trikāya)' 교리와 '진여(眞如, tathatā)'의 개념을 강조하면서, 당시의 전통적 불교도보다 철학적으로 더 사색적이고 사회적으로는 더 자유로웠다. 불교 문헌의 제작에 새로운 창조적인 노력을 기울였다.

대중부(大衆部, Mahāsāṃghika) - 첫 번째 불교 분파 중 하나이다. 그 명칭은 '큰 무리'를 의미하며 분열 당시에 다수의 집단이었음을 반영한다. 학자들은 처음에 이 집단이 진보적이고, 자유분방하며, 계율이 느슨하다고 믿었지만 이 추정은 틀린 것으로 규명되고 있다.

데와닷따(Devadatta) - 승가의 지배권을 강탈하려고 붓다를 살해하려는 시도를 했던 붓다의 사촌. 몇 차례의 시도가 실패한 뒤 자신의 승단을 세웠지만 추종자들이 붓다에게 돌아가자 피를 토하고 죽었다.

데와남삐야 띳사(Devānaṃpiya tissa) - 기원전 약 250년에서 210년까지 스리랑카를 통치했던 왕. 기원전 247년에 아쇼카 왕에게 친교를 요청하는 사절단을 보냈다고 한다.

도(道, mārga) - 고통의 소멸로 이끄는 '길'. 사성제의 '네 번째 고귀한 진리'는 가끔 '도'로 불린다.

도겐(Dōgen, 道元; 1200-1253) - 중국에 공부하러 갔던 일본 승려로, 중국 조동종 선법의 가르침을 기초로 일본 조동종을 개창했다.

도다 조세이(Toda, Jōsei) - 일본 소카 각카이 불교의 두 번째 지도자. 이 종파의 가르침을 대대적으로 개량했다.

《도사(島史, Dīpavaṃsa)**》** - 문자적으로는 '섬의 연대기'를 뜻한다. 《대사(大史 Mahāvaṃsa)》와 함께 스리랑카의 불교 역사에 대한 많은 정보를 제공한다.

도안(道安; 312~385) - 중국의 탁월한 불교 승려. 불교를 도교적 용어로 표현하는 것을 비판했다.

도쿠가와(德川: 江戶) **시대**(1603-1867) - 일본이 바깥 세상과 불교뿐만 아니라 삶의 모든 영역에서 완전히 단절되고, 쇼군(將軍)들에 의해 엄격히 통제된 일본 역사의 한 시기.

돈황(敦煌) - 중앙아시아에서 중국으로 가는 입구가 되는 장소. 수많은 동굴 사원과 벽화 및 귀중한 사본이 출토되는 것으로 미루어 볼 때, 불교가 전파되어 가던 초기에 이곳에 영향을 미쳤을 가능성이 크다.

두순(杜順: 557-640) - 중국 화엄종의 개창자.

디가 니까야(Dīgha Nikāya/ Skt. Dīrghāgama, 長部) - '길게 설한 경의 모음'. 빠알리어 대장경 경장의 첫 번째 묶음.

디그나가(Dignāga, 陳那) - 4~5세기의 유명한 불교논리학자로서 《집량론(集量論, Pramāṇasamuccaya)》, 《인명정리문론(因明正理門論, Nyāyamukha)》, 《뿌리의 바퀴(Hetucakra)》 등의 저술이 있다.

따라나타(Tāranātha; 1575~1634) - 다작(多作)의 티베트불교 사학자로 불교사에 크게 기여했다.

딴뜨라(Tantra) - 인도에서 6세기경 시작되어 중국, 일본 및 티베트로 퍼진 불교의 밀교 종파. 만트라(mantra), 만다라(maṇḍala), 성적 이미지 및 마음을 움직이는 심리적 기술을 사용하는 데 중점을 둔 자발성 기법을 강조했다.

땐규르(bStan-'gyur, 註釋) - 티베트불교 경전은 주석(註釋)을 포함한다. 찬송부에 이어 두 가지 일반적인 유형의 주석서가 보인다. 즉, 딴뜨라에 대한 주석과 경전(수뜨라)에 대한 주석.

라 발레 푸싱(La Vallée Poussin, 1869-1938) - 20세기 초반의 위대한 불교 학자. 많은 중요한 불교 문헌의 번역본과 다양한 불교 주제에 관한 많은 서적과 기사를 저술했다. 현대 불교학의 '슈퍼 스타' 중 한 명이다.

라싸(Lhasa) - 아띠샤(Atīśa)가 대부분의 시간을 보냈던 티베트의 도시. 티베트가 중국 공산당에 의해 강점되기 전까지 티베트 불교도에게 가장 중요한 도시였다.

라자그르하(Rājagṛha) - 붓다의 재세 시 마가다 국의 수도. 첫 불교 사원이 지어진 지역이고, 붓다의 반열반에 이어 열린 1차 결집의 장소이다.

라훌라(Rāhula) - 붓다의 외아들 이름인 라훌라는 '장애'를 뜻한다. 라훌라는 7살에 출가했고, 첫 번째 사미승이 되었다.

《랄리따위스따라(Lalitavistara, 佛說普曜經)》 - 주로 설일체유부와 관련된 붓다의 삶에 대한 비공식적인 전설이다.

레와따(Revata) - 매우 존경을 받는 승려로서 바이샬리의 2차 결집에서 유명한 열 가지 문제들에 관한 밧지 족 출신의 승려들(vṛjiputraka bhikṣus)에 반대하는 입장에 있던 야사(Yaśa) 비구를 지지했다.

로까(loka) - 문자적으로 '세계'를 뜻한다. 불교 우주론에서 일반적으로 구분하는 두 세계는 기세간(bhājanaloka, 器世間)과 유정세간(sattvaloka, 有情世間)이다.

로까빤냣띠(lokapaññatti, 世間施設) - 글자 그대로 풀면 '세상에 대한 시설' 또는 '세속적인 개념'을 의미하는 용어로, '우주론'에 가깝다.

로카크셰마(Lokakṣema, 支婁迦讖) - 166년과 188년 사이에 중국에 머물며 대승 관점을 드러냈던 인도-스키타이 인.

로터스 수트라(Lotus Sūtra) - 묘법연화경(Saddharmapuṇḍarīka Sūtra)의 영역.

루빠(rūpa, 色) - 오온 중 하나로 '형태'의 영역에 있는 요소를 다루고 있다. 루빠는 물리적 또는 형태 영역을 다루기 때문에 논사(論師)들의 존재 분석에 있어서 가장 중요했다.

리즈 데이빗(Rhys Davids, Thomas William, 1843-1922) - 1881년에 빠알리 텍스트 소사이어티(Pali text Society)를 설립한 그는 테라와다불교 문헌들의 편집과 번역에서 가장 영향력 있는 인물이었다. 불교학의 최고 '슈퍼 스타'로 간주된다.

리처드 휴 로빈슨(Richard Hugh Robinson, 1926-1970) - 1961년 위스콘신대 불교 연구 프로그램(The Buddhist Studies Program)의 창시자. 1970년 돌연사 이전까지 북미에서 가장 중요한 불교학자로 간주되었다.

린자이(Rinzai, 臨濟) - 중국 불교 임제종에서 비롯된 선불교의 일본 지파. 에이사이가

(栄西) 일본에 들여왔고 코안(公案)의 사용을 강조한다.

릿츄(律宗, Ritsu) - 중국으로부터 별다른 수정 없이 들어온 일본 '나라'불교의 육종 중 하나.

마가다(Magadha) - 빔비사라 왕과 후계자들이 수도인 라자그르하에서 통치했던 인도 왕국으로, 아마도 붓다의 일생 동안 가장 강력한 왕국이었을 것이다.

마나스(Manas, 意) - 아비다르마 이론가들이 마음을 표현하는 데 사용한 여러 불교 용어 중 하나로, 그들의 주요 관심사였다. 유가행파는 나중에 다른 불교 종파에서 동의어로 자주 사용했던 '마나스(manas, 意)', '찟따(citta, 心)' 및 '윈냐나(vijñāna, 識)'라는 용어를 구분하려고 노력했다.

마라(Māra) - '죽음'을 의미하는 산스크리트 어 동사(marati)에서 파생한 단어. '불만족', '기쁨' 및 '욕망'이라는 세 명의 딸과 함께 붓다를 유혹했던 악마의 이름이다. 붓다의 생애의 마지막에 붓다에게 반열반에 들라고 독촉했다.

마르빠(Marpa) - 티베트불교 까규(bKa-rgyud)파 계보의 아버지. 인도로 가서 나로빠(Nāropa)의 지도 아래 공부했고, 티베트로 돌아와 밀라래빠(Milarepa)에게 계보를 전했다.

마야(Māyā) - 숫도다나 왕의 아내이며, 고따마 싯다르타의 어머니. 아들을 출산하고 7일 뒤에 죽었다.

마우드갈리야야나(Maudgalyāyana, 目犍蓮) - 붓다의 중요한 초기 제자 중 한 명. 친구 사리뿟뜨라(Śāriputtra, 舍利弗)를 따라서 바로 불교로 개종하였으며, '신통제일'로 유명했다.

마우리아(Mauryan) 왕조 - 인도에서 가장 유명한 왕조 중 하나. 기원전 320년경 챤드라굽타 마우리아(candragupta Maurya)로 시작해 아들 빈두사라(Bindusāra)와 손자 아쇼카(Aśoka)로 이어졌다.

마음(心, citta) - 정신적 영역을 나타내기 위해 불교도가 사용하는 많은 단어 중 하나. 이 단어를 사용할 때 변할 수 있는 특성과 일반적인 불일치 때문에 아비다르마 분석에서 주요 표적이 되었다.

마이트레야(Maitreya, 彌勒) - 미래의 붓다. 전설에 따르면 유가행파 문헌의 대부분을 아상가(Asaṅga)에게 전해주었고, 이 문헌들은 '마이트레야나타(Maitreyanātha, 彌勒神)'라는 이름 아래 모아졌다고 암시한다.

마키구치 추네사바로(Makikuchi, Tsunesabarō) - 일본 불교의 소카 각카이(創價學會) 창설자.

마하가섭(摩訶迦葉, Mahākāśyapa) - 중국 선종의 제2대 인도 조사로 간주되는 석가모니의 제자. 위의 '가섭'을 참조.

마하무드라(mahāmudrā) - 문자적 뜻은 '대수인(大手印)'으로, 자발성을 목표로 하는 티베트 명상 기법의 복합적인 체계에 대한 일반 용어이다.

마하살(摩訶薩, Mahāsattva) - '위대한 존재(大有情)'라는 뜻으로, 보살도(菩薩道)를 실천하는 사람들을 부르는 명칭이다.

마하위하라(Mahāvihāra) - 스리랑카 마하메가와나(Mahāmeghavana) 공원에 있는 거대한 사원으로 데와남삐야 띳사(Devānaṃpiya Tissa) 왕의 통치 기간에 지어졌으며 붓다가 깨달음을 이룬 보리수의 가지를 옮겨와 심은 곳이다.

마하쁘라자빠띠(Mahāprajāpatī) - 마야 왕비의 여동생으로 손위 누이가 사망한 후 숫도다나 왕과 결혼하여, 양모로서 고따마 싯다르타를 길렀다. 후에 최초의 비구니가 되었다.

마힌다(Mahinda) - 스리랑카에서 선교 사업을 이끌었던 아쇼카 왕의 왕자. 그가 스리랑카로 선교 사절로 가서 이 섬 왕국에 불교가 확립되었다.

만다라(maṇḍala) - 딴뜨라불교에서, 명상자가 본존불(本尊佛)의 세계를 창조하는 도형 또는 상징적 표현. 따라서 만다라는 붓다와 천신들이 가득 찬 우주 전체다.

만트라(mantra, 眞言) - '효능이 있는 말' 또는 '진실한 말'. 딴뜨라불교에서 쓰이며, 8세기에 중국에 소개되었다. 딴뜨라불교에서 사물들을 실제로 있는 그대로 직접적으로 체험하기 위한 수단으로 소리 안의 상징적인 힘을 사용하는 '생각을 위한 도구(아나가리까 고빈다Anagarika Govinda의 표현)'이다.

말법시대(末法時代) - 붓다의 가르침이 쇠퇴하는 기간을 나타내는 용어.

맛지마 니까야(Majjhima Nikāya, 中部) - '중간 길이로 설한 경'들의 모음. 빨리 어 경장의 두 번째 부분.

메이지 유신(明治維新; 1867) - 일본의 사무라이에 의한 군사 통치를 종식하게 한 운동.

《명상의 단계(Bhāvanākrama)**》** - 인도인 학자인 까마라쉴라(Kamalaśīla)가 쓴 명상에 관한 교과서로, 9세기 이래로 티베트에서 모든 명상관계 문헌의 모델로 쓰이고 있다.

목갈리뿟따 띳사(Moggaliputta Tissa) - 아쇼카의 수도 빠딸리뿌뜨라에서 열린 제3차 결집을 주재하도록 선택되었던 불교 승려.

《묘법연화경(Saddharmapuṇḍarīka Sūtra)**》** - 대승 경전으로 초기 불교 교의를 부분적이고, 얕고, 이기적인 것이라고 공격했고, 붓다가 영원하다고 하는 새로운 견해를 제시했다.

무더기[蘊, skandha] - 개인을 구성하는 다섯가지 무더기(五蘊)는 문자 그대로 '쌓아 올린 것' 또는 '묶음'을 의미한다. 개인의 구성을 다루기 때문에 논사(論師)들이 주요하게 분석하는 관심 대상이었다.

《무량수경(無量壽經, Sukhāvatīvyūha Sūtras)**》** - 붓다에 대한 공식적인 헌신이 나타나는 두 가지의 정토종 경전. 《(대)무량수경》은 정토에서 다시 태어나기 위해 많은 공덕을 쌓아야 함을 강조하는 반면에 《(소)무량수경(아미타경)》은 정토에 다시 태어나기 위한 수단으로 특별히 아미타불의 이름을 염송하는 것을 강조한다.

《무문관(無門關)》 - 유명한 중국 불교 문헌.

무상(無常, anitya) - 모든 일어난 것들은 지속하고 사라진다고 진술한 불교 교리. 끊임없는 흐름이나 비영구성이라는 개념은 붓다의 '존재의 세 가지 특징(三特相, tri-lakṣaṇa)'에 대한 가르침 중 두 번째이다.

무아(無我, anātman) - 순수하고 영원하며 섬세한 자아(ātman)에 대한 힌두교 개념과 모순되는 붓다의 교리. 애착을 제거하려고 의도했던 이 교리는 나중에 불교가 윤회에 대해 설명하는 면에서 문제가 되었다.

〈무아상경(無我相經, Anātmalākṣaṇa Sūtra)〉 - 붓다가 바라나시 근처에서 다섯 비구에게 설한 두 번째 설법으로, 무상(無常), 고(苦), 무아(無我)를 논함.

문수보살(文殊菩薩, Mañjuśrī) - 협시불(脇侍佛) 또는 단독으로 신앙되는 '보살'로 불교에서 중요성이 점차 높아지고 있다. 《유마경(維摩經, Vimalakīrtinirdeśa Sūtra)》에서 주요한 대담자 중 한 명이다.

믿음(信, śraddhā) - 불·법·승에 대한 믿음을 강조하는 '믿음' 또는 '신앙'. '맹목적인' 신앙이라는 의미로 받아들여서는 안 되며, 체험의 영역에서 검증이 열려 있다.

밀라래빠(Mi-la ras-pa) - 마르빠의 으뜸 제자. 많은 시련을 겪은 후에 마르빠의 제자가 되었고, 티베트불교의 역사에서 특별히 존경 받는 인물 중 한 사람이 되었다.

《밀린다왕문경(Milindapañha)》 - 박트리아 왕 메난데르스(밀린다)와 불교 승려 나가세나(Nāgasena)의 대화를 기록한 비경전적 빠알리 어 문헌. 상좌부(Theravāda) 교의에 관한 귀중한 개요가 담겨있다.

바라밀(波羅蜜, pāramitā) - 보살이 완전하고 완벽한 깨달음을 이루기 위해 수행하는 길에서 전념하는 덕목으로, 전통적인 육바라밀(가끔 십바라밀)은 보시(dāna), 지계(śīla), 인욕(kṣānti), 정진(vīrya), 선정(samādhi), 지혜(prajña)를 포함한다.

〈바라제목차경(Prātimokṣa Sūtra, 別解脫經)〉 - 포살 의식에서 월 2회 독송되는 승가의 범계를 점검하는 초정전적(paracanonical) 규율 목록이며, 승가의 규율 강화를 위한 주요한 기제다.

바수미트라(Vasumitra, 世友) - 카니슈카 왕이 개최한 불교 결집에서 '의장'의 역할을 했던 설일체유부 승려. 이부종륜론(異部宗輪論, Samayabhedoparacanaca-kra)과 《품류족론(品類足論, Prakaraṇapāda)》의 저자로 유명하며, 《품류족론》은 설일체유부 논장에 포함된 문헌이다.

바수반두(Vasubandhu, 世親) - 원래 설일체유부에 속해서 《아비다르마구사론》과 같은 작품을 내놓았지만, 나중에 그의 형 아상가(Asaṅga, 無着)에 의해 유가행파로 개종한 위대한 불교 주석가. 유가행파에 기여한 그의 주요 공헌으로는 유명한 저작

《유식이십송》과 《유식삼십송》이 있다. 붓다고사(Buddhaghosa)와 더불어 모든 불교 주석가들 가운데 가장 우수하다고 평가된다.

바와위웨카(Bhāvaviveka, 淸辯) - 400년경 살았던 중관파 논사. 그의 작품 중 하나인 이부분파해설(異部分派解說, Nikāyabhedavibhaṅgavyākhyāna)은 인도불교의 초기 종파 운동에 관한 중요한 정보를 제공한다. 그는 '바브야(Bhavya)'로도 불렸다.

바이샬리(Vaiśālī) - 붓다의 죽음 이후에 이차 결집이 열린 곳으로 잘 알려진 초기 불교의 유명한 도시.

〈반야바라밀경(般若波羅蜜經, Prajñāpāramitā Sūtra)〉 - '지혜 바라밀에 대한 경'이라는 뜻이다. 대승불교의 떠오름을 상징하는 불교 경전이다. 이 경은 종종 붓다의 유명한 제자들을 대담자로 특색 있게 묘사한다. 공 사상을 극단적인 인식론적 도구로 사용하여 일상과 궁극적 실재를 지속적으로 대조한다.

〈반야심경(般若心經, Hṛdaya Sūtra)〉 - 영문 제목은 하트 수트라(Heart Sūtra)이다.

반열반(槃涅槃, parinirvāṇa) - 마지막 '불어서 꺼짐' 혹은 붓다의 임종 순간의 경험을 가리킨다.

방편(方便, upāya) - 문자적으로 '방편'은 붓다 또는 보살들이 불교의 복잡하고 어려운 가르침을 다양한 정신적 수준의 사람들에게 이해할 수 있게 하는 수단을 뜻한다. 때때로 우빠야-까우샬리야(upāya-kauśalya), 선교방편으로 인용된다.

백장 회해(百丈懷海: 720-814) - 중국 당나라 선승(禪僧)으로 좀더 세밀한 사원 규율을 만들었지만, 어떤 면에서는 율장에 반하는 것이었다.

《법구경(法句經, Dhammapada)》 - '가르침의 게송들'. 빠알리 어 대장경 경장(經藏)에서 소부(小部, Khuddaka Nikāya)에 속하는 두 번째 책.

법상종(法相宗) - 현장(596-664)이 섭론종으로부터 개종한 그의 제자 규기(窺基; 632-682)와 함께 만든 중국 불교 종파. 인도의 유가행파에 해당한다. 중국으로부터 실질적으로 변형됨이 없이 들어온 일본 '나라(奈良) 시대' 불교의 육종(六宗) 중 하나. 인도 유가행파에 해당한다.

법신(法身, Dharmakāya) - 문자적으로 '법의 몸'을 뜻한다. 초기 불교에서는 붓다의 가르침의 핵심을 의미했을 것이다. 그러나 붓다의 사후에 설일체유부(說一切有部, Sarvāstivādin)는 이 개념을 형이상학적으로 해석했다. 법신이라는 개념은 대승불교의 '삼신(三身, trikāya)'에 관한 교리와 통합되어, '불성 그 자체'로 의미가 커졌다. 그것은 오직 붓다만이 인식할 수 있는 궁극적인 실재다.

법장(法藏; 643-712) - 두순(杜順; 557-640)의 가르침을 바탕으로 화엄종을 조직한 중국 불교도.

법장(法藏, Dharmākara) - 《대무량수경(大無量壽經)》에서 세자재왕불(世自在王佛, Lokeśvararāja)로부터 법을 들은 비구. 정토를 이루기 위한 목적으로 48대원(大

願)을 세우고, 마침내 아미타불(阿彌陀佛)이 된다. 경전은 아미타불이 장엄하게 등장하는 장면으로 마무리된다.

법현(法顯: 399-414) - 인도로 여행한 중국 순례승. 중국에 돌아와 많은 불교 문헌을 중국어로 번역했다.

벽지불(辟支佛, pratyekabuddha) - '은둔하는' 또는 '고독한' 붓다. 이 용어는 스스로 깨달음을 성취하고나서 그 길을 전파하려고 세상 속으로 들어가지 않는 이들에게 적용한다.

보드가야(Bodhgayā) - 붓다가 깨달음을 달성한 지점으로 명시되는 불교의 발상지.

보리(菩提, bodhi) - 문자적으로 '깨달음'을 의미한다. 붓다가 체험한 완전하고 완벽한 깨달음의 상태.

보리달마(菩提達磨, Bodhidharma) - 선불교의 첫 번째 조사. 520년경에 중국에 왔다고 전해지며, 보리달마가 《능가경(楞伽經)》을 전하면서 선종이 시작된다.

《보리도차제론(菩提道次第論, Lam-rim-chen-mo)**》** - 쫑카빠가 쓴 명상에 관한 주요 티베트 문헌.

보리수(菩提樹) - '깨달음의 나무'라는 뜻. 이 나무 아래서 고따마 싯다르타가 완전하고 완벽한 깨달음을 얻을 때까지 일어서지 않겠노라고 결심하고 앉았다. 붓다가 죽은 후 이 나무의 가지들은 불교 세계의 여러 곳으로 보내졌다.

보리심(菩提心, bodhicitta) - '깨달음의 마음'. 보살은 완전하고 완벽한 깨달음을 향한 길을 보리심을 일으키는 단계로부터 시작한다.

보살(菩薩, bodhisattva) - '붓다가 될 존재' 또는 '깨달은 존재'. 붓다가 되기 전의 고따마 싯다르타는 일반적으로 미래의 붓다를 의미하는 '보살이었다'고 표현한다. 부파불교에는 하나의 보살 싯다르타만 있는 반면에 대승불교에서는 이 개념을 종교적 수행을 위한 이상(理想)으로 채택한다. 대승불교에서는 어떤 사람이라도 보살이 될 수 있다. 대연민심으로 마지막 열반에 드는 것을 보류하고, 모든 살아 있는 존재들을 완전하고 완벽한 깨달음으로 이끌고자 한다.

보살승(菩薩乘, Bodhisattva-yāna) - 모든 중생의 구원을 추구하는 사람들의 탈것[乘]. 이 개념은 《묘법연화경(妙法蓮華經, Saddharmapuṇḍarīka Sūtra)》에서 볼 수 있다.

보살지(菩薩地, Bodhisattvabhūmi) - 보살이 수행해야 하는 열 단계의 경지(bhūmi)를 설명하는 문헌에서 언급된 경지.

보시(布施, dāna) - 문자적으로 '자선' 또는 '주는 행위'. 육바라밀 중 하나. 평신도에게는 지역 사회의 사원 승려에게 식량, 의복 등을 보시하는 일이, 승려에게는 평신도에게 조언과 가르침 등을 주는 일이 포함된다.

보신(報身, Sambhogakāya) - 붓다의 삼신의 두 번째. 보신은 대승 경전의 설법자이고 보살도를 실천하는 이들에게서 보인다.

보특가라론(Pudgalavāda) - 오온을 통해 윤회하는 '개인(pudgala)' 혹은 '존재'라는 윤회의 주체를 인정하는 초기 불교 부파. 대부분의 불교 종파는 이 그룹을 이단으로 규정했다.

부뙨(Butön: 1290-1364) - 티베트의 역사가. 티베트 어 경전을 수집하고 편집했다.

부미(Bhūmi, 地) - 문자적으로는 '땅(地)'을 의미한다. 일반적으로 불교에서는 '보살지(菩薩地, Bodhisattvabhūmi)', '십지(十地, Daśabhūmi)' 등으로 '경지'를 의미하는 용어로 쓰인다. 설법의 주제가 되는 보살의 수행에 관한 열 단계는 십지(十地)라고 한다.

불승(佛乘, Buddha-yāna) - 붓다가 법을 가르치는 단 하나의 탈것. 《묘법연화경》에서 볼 수 있다.

붓다(Buddha, 佛) - '깨달은 자'. 보리수 아래서 완전한 깨달음을 이룬 뒤의 고따마 싯다르타에게 부여된 호칭.

붓다고사(Buddhaghosa) - 아마도 상좌부 불교의 모든 주석가들 중에서 가장 위대한 사람일 것이다. 4~5세기에 남인도로부터 스리랑카로 건너가 집필한 고전적 저작인 《청정도론(清淨道論, Visuddhimagga)》과 수많은 주석서로 인해 사실상 불교의 모든 측면에 확고한 자취를 남겼다.

《붓다짜리따(Buddhacarita, 佛所行讚)》 - '붓다가 행한 일들'이란 뜻이다. 붓다의 생애에 대한 비공식적인 전설이며, 시인 아슈바고사(Aśvaghoṣa, 馬鳴)가 그 일부를 산스크리트 어로 남겼다.

비구(比丘, bhikṣu) - 재가신도와 구별하여 전문적인 종교인, 그 중에서도 불교 승려를 가리키는 전문용어. 비구는 수행과 관련하여 더 엄격한 서약을 하고, 대개 사원 경내에서 살면서 불교적 실천에 자신의 삶을 바친다.

비구니(比丘尼, bhikṣuṇī) - 불교로 출가한 여성 승려. 위의 비구에 대한 설명 참조.

비로자나불(毘盧遮那佛, Vairocana) - 문자적으로는 '두루 빛을 비추는'이라는 뜻이다. 우주적 붓다로 그의 몸은 모든 것들의 공이다. 중국 학파에서는 종종 석가모니의 법신(法身)으로 여겨진다.

빔비사라(Bimbisāra) - 붓다와 같은 시대를 산 마가다 국 왕으로서, 수도 라자그르하에서 통치했다. 그는 최초의 사원 죽림정사(Veṇuvana)를 승가에 보시했고, 포살 의식을 불교에 도입하도록 붓다에게 건의했다.

빠딸리뿌뜨라(Pāṭaliputra) - 아쇼카 왕의 통치 기간 동안 마가다 국의 수도였다. 아쇼카 왕이 주도한 3차 결집의 장소였다.

빠알리 대장경(Pāḷi Canon) - 테라와다불교의 삼장(三藏, Tripiṭaka).

사르나트(Sārnāth) - 그 외곽(녹야원)에서 붓다가 오비구에게 첫 설법을 했던 유명한 장소이다.

사르바가민(Sarvagāmin) - 샤나바신(Śāṇavāsin, 商那和修) 존자가 분쟁 중인 10가지에 관해 의문을 제기하자 의회가 소집된 2차 결집과 관련한 전승에 의하면 이 인물은 바이샬리의 장로였고 아난다를 스승으로 여겼다고 한다.

사리뿌뜨라(Śāriputra, 舍利弗) - 붓다의 초기 제자 중 한 명으로, 붓다의 가르침에 대한 요약을 듣는 것만으로도 깨달음을 얻었다고 한다. 아비다르마에 매우 정통했다고 하며, 여러 종파의 몇몇 아비다르마 문헌은 그가 지었다고 전해진다.

사마타(samatha) - 문자적으로 '평온'. 위빳사나 또는 '통찰'이라 불리는 명상 수행의 신중한 관찰을 위한 전제 조건으로 마음을 조용하게 만들기 위한 목적의 불교 명상체계. 사마타와 위빳사나 두 가지 명상 수행은 붓다고사의 《청정도론》에서 설명하고 있는 명상 개론의 핵심적인 부분이다.

사사나(Sāsana, 教法) - '가르침'을 뜻하며, 일반적으로 불교를 가리키는 단어이다.

사성제(四聖諦) - 붓다의 가르침의 기본 교의인 '네 가지 성스런 진리(四聖諦)'. 붓다의 가르침의 핵심으로 다음과 같다: (1) 모든 삶은 고통(duḥkha)이다 (2) 고통의 원인(samudaya)이 있다 (3) 고통의 소멸(nirodha)이 있다 (4) 고통의 소멸에 이르는 길(aṣṭāṅgika mārga)이 있다. 이 가르침은 붓다의 첫 설법인 〈초전법륜경(Dharmacakrapravartana Sūtra)〉의 핵심을 이룬다.

사이초(Saichō, 最澄) - 일본 불교 승려로 9세기에 중국에서 일본으로 천태종을 전했다. 사후에 전교대사(傳教大師)라는 명칭이 추증됐다.

사토리(satori, 悟) - '깨달음'이라는 일본어 전문 용어.

사꺄(Sa-skya)**파** - 독미(Drokmi)가 창립한 티베트불교 종파로서 1073년에 건립한 사원에서 그 명칭을 따왔다.

사띠(sati, 念) - '마음챙김'에 대한 전문적인 빠알리 어 단어이다. 불교 명상의 기초는 '마음챙김의 확립'에 의존하는 것 같다.

삼론종(三論宗) - 중국의 전통 불교 종파. 구마라집(344-413)이 창설했고, 도생(360-434)이 체계를 잡았으며, 인도 중관파에 해당한다. 세 가지 문헌은 나가르주나의 《중론(Mādhyamika Śāstra)》, 《십이문론(Dvadaśa-dvāra Śāstra)》과 아리야데와의 《백론(Śata Śāstra)》이다. 중국으로부터 별다른 수정 없이 들어온 일본 '나라' 불교의 육종 중 하나. 인도 중관파와 중국 삼론종에 해당한다.

삼보(三寶, triratna) - 불·법·승을 포함하는 불교의 '세 가지 보물'.

삼사라(saṃsāra, 輪廻) - 영속적인 흐름의 순환. 재생(再生)의 전체 순환을 나타내는 데 사용하는 용어로 종종 열반과 대조된다.

삼신(三身, trikāya) - '붓다의 세 가지 몸'. 화신(化身, nirmāṇakāya), 보신(報身, sambhogakāya), 법신(法身, dharmakāya) 을 포함한다.

삼장(三藏, Tripiṭaka) - 율장(律藏, Vinaya Piṭaka), 경장(經藏, Sūtra Piṭaka), 논장(論藏,

Abhidharma Piṭaka)으로 구성된 불교 경전의 세 바구니(Piṭaka).

상(想, saṃjñā) - 오온의 세 번째. 대상 자체에 '꼬리표' 또는 '이름표'를 붙이지 않고 대상의 특성을 결정한다.

상가(sangha, 僧伽) - '집단'을 의미하는 산스크리트 어이고, 일반적으로 불교의 교단을 지칭하는 용어로 받아들인다. '삼보(三寶)'의 세 번째이다.

상응부(相應部, Saṃyutta Nikāya) - 빠알리 어 경장의 세 번째 부분.

상카라(saṃskāra, 行) - 오온의 네 번째인 행은 문자적으로 '정신적 성분' 또는 '정신적 형성'을 의미한다. 개인의 의지적 측면을 나타내며 '마음을 행동으로 옮긴다.'

샤까(Śākya) - 히말라야 산맥의 산기슭에 사는 부족으로 숫도다나 왕과 마야 왕비가 통치했다. 그들에게서 미래의 붓다가 태어난다.

샤까무니(Śākyamuni) - '석가족의 깨달은 이'를 뜻하며, 고따마 싯다르타를 가리킨다. 역사적으로 실존했던 붓다를 묘사할 때 사용한 별칭.

샤스트라(śāstra) - 문자 그대로 '책' 또는 '논문'을 가리킨다. 일반적으로 불교 철학의 다양한 관심 분야를 주장한 철학적 불교 문헌에 적용하는 단어이다.

샤쿠부쿠(shakubuku, 折伏) - 말 그대로 '부숴 버리고 납작하게'란 뜻의 소카 각카이(創價學會) 불교의 초기 방법. 갑작스러운 육체적 폭행을 계속하는 종교적 행위로 대상의 저항을 허무는 것을 의미하는 공격적이고 지속적이고 때로는 폭력적인 개종 전술이다.

색신(色身, Rūpakāya) - 초기 불교에서 붓다의 형태적 몸에 대한 명칭으로, 그의 인간으로서의 존재를 나타낸다.

서원(誓願, praṇidhāna) - 붓다와 모든 보살들에 의해 세워진 서원. 이 서원은 모든 지각 있는 존재들을 완전한 깨달음으로 이끌어 구원함을 강조한다.

선(禪: chan: zen) - 선은 산스크리트 어 디야나(dhyāna)의 중국어 음역에서 비롯되었다. 일반적으로 제28대 인도불교의 조사로 여겨지는 보리달마가 기원전 520년경에 중국에 소개한 것으로 알려진 대승불교 종파이다. 종교의 '허식'에 대한 경멸과 혹독한 명상을 강조한다. 중국에서 찬(chan), 한국에서 선(禪) 일본에서 젠(Zen) 전통을 일으켰다.

《선견율비바사(善見律毘婆沙, Samantapāsādikā)》 - 율장에 대한 방대한 빠알리 어 주석서.

선도(善導; 613-681) - 중국 정토종 불교의 조사(祖師).

선정(禪定, jhāna) - 산스크리트 어 전문 용어 디야나(dhyāna)와 같은 뜻의 빠알리 어(jhāna)의 한역. 명상에서 경험한 상태를 나타내는 데 사용하는 기술적 용어. 많은 경전에서 설명된 것과 같이 전통적인 니까야(Nikāya) 불교는 이 상태를 4단계로 분류한다.

설일체유부(說一切有部, Sarvāstivāda) - 초기 불교의 중요한 부파. 그들은 초기의 불교 부파들에게 가장 영향력 있는 부파 중 하나며, 인도불교 자체만큼 오래 지속되었다.

섭론종(攝論宗) - 빠라마르타(Paramārtha, 眞諦, 499-569)가 세우고 현장(596-664)이 조직한 중국불교 종파. 인도 아비다르마 파에 해당한다.

성문(聲聞, śrāvaka) - '듣는 자' 또는 붓다의 가르침을 직접 들은 사람. 이 명칭은 모든 붓다의 초기 제자들에게 적용된다. 대승 불교인들은 반야바라밀의 가르침을 이해하지 못하는 사람들을 나타내기 위해 폄하하는 의미로 이 호칭을 사용한다.

성인(聖人, ārya pudgalas) - 문자적으로는 '고귀한 사람들'을 의미한다. 예류도(수다원) 이상의 성자들의 승가인 '고귀한 승가(ārya sangha)'나 '영적으로 선발된 사람들'에 속하는 이들을 가리키는 개념.

소멸(nirodha) - 문자 그대로 '소멸'을 뜻한다. 고통에 대한 소멸이 있을 수 있다고 설명하는 세 번째 고귀한 진리.

소승(小乘, Hīnayāna) - 문자적으로 '작은 수레(小乘)라는 뜻인데, 새로 생겨난 대승(大乘, Mahāyāna)이 보수적인 초기의 불교를 폄하하며 붙인 이름이다. 붓다 사후 아마도 1-4세기 사이에 일어났던 전통적인 18개의 불교 부파(部派)를 가리킨다. 이제는 이 용어를 사용하는 것이 더 이상 적절하지 않다고 여겨지며, '부파 불교'라는 명칭으로 대체되었다.

소카 각카이(創價學會) - 일본에서 가장 큰 '신흥 종교' 중 하나이다. 종교적 내용의 대부분을 니치렌슈(日蓮宗)로부터 가져왔다.

쇼토쿠(聖德; 574-621) - 일본 불교의 초기 성장과 발전을 책임지고 있던 섭정 왕자. 그는 아마도 인도의 아쇼카 왕과 같은 존재였을 것이다.

수(受, vedanā) - 오온 중 두 번째로 육체와 정신 기관이 외부 세계의 대상과 접촉하는 데서 일어난다.

수기(授記, vyakāraṇa) - 모든 중생을 구원하겠다는 맹세를 하는 보살이 붓다로부터 받는 '예언'. 이는 보살이 완전한 깨달음을 얻을 것을 선언한다.

수보리(須菩提, Subhūti) - 붓다의 초기 제자들 중에서 비교적 덜 알려진 제자이나, 반야바라밀계 경전에서는 중요한 대담자로 나와서 종종 붓다의 뛰어난 제자들보다 더 큰 통찰력을 보여 준다.

순도(順道) - 중국에서 한국으로 373년경 불교를 전해준 승려.

숫도다나(Śuddhodana) - 히말라야 산기슭 석가족의 통치자. 붓다의 아버지.

스뚜빠(stūpa, 塔婆) - 붓다나 중요한 인물의 유물 위에 세우는 기념적 건축물. 서력 시대로 접어들면서 탑을 경배하는 의식이 발달했다. 오늘날까지도 불교 국가에서는 불탑신앙이 이어지고 있다.

승가 분열(sanghabheda) - 종파의 갈라짐에 적용되는 용어.

시칸타자(只管打坐) - '앉아 있는 것 외에는 아무것도 겨냥하지 말라' 또는 '그냥 앉아 있는 것'. 일본 조동종이 단순히 앉아서 현재의 순간에 '마음을 멈추게' 하기 위해 사용한 수행법.

식(識, vijñāna) - 오온의 다섯 번째. 우리의 정신 및 신체 기관이 외부 세계의 대상과 접촉할 때 생기는 활동을 나타내며, 입력된 정보는 통합되고 식별되며 행동으로 이어진다. 전통적으로 눈, 귀, 코, 혀, 몸, 마음의 여섯 가지 식이 있다. 유가행파는 이 목록을 확대한다.

신또(神道) - 불교가 도래하기 전 일본 고유의 민속 종교. 일본 역사 전반에 걸쳐 불교와 신또 사이에 서로 영향을 주고 받았다.

신란(親鸞; 1173-1262) - 호넨(法然)의 제자였던 일본 불교도. 전통적인 정토종에서 탈피하여 정토진종(淨土眞宗)이라는 자신의 종파를 만들었다.

신수(神秀; 600-706) - 중국 북종선의 시조. 6대 조사의 지위는 경쟁자였던 남종선의 혜능에게 수여되었다.

《십지경(十地經, Daśabhūmika Sūtra)》 - 보살도의 10단계를 자세하게 서술한 대승 문헌.

싯다르타(Siddhārtha) - '그의 목표가 성취될 이'라는 뜻이다. 현자들이 전륜성왕 또는 붓다가 될 것이라고 예언한 후에 어린 고따마 왕자에게 주어진 이름.

아귀(餓鬼, preta) - '굶주린 귀신'이라는 뜻으로, 누구나 재생할 수도 있는 육도(六道) 중 하나. 이곳에 태어난 존재는 평화가 없으며 항상 아주 적은 양의 음식일지라도 찾아서 떠돌아다니는 운명이다.

아나타삔디까(Anāthapiṇḍika, 給孤獨長者) - 꼬살라 국 슈라와스티의 부호이자 붓다의 재가 제자(upāsaka)로, 붓다가 가장 여러 해의 안거를 보낸 기원정사(祇園精舍, Jetavana)를 지어서 승가에 보시했다.

아난다(Ānanda) - 고따마 싯다르타의 사촌이자 가장 가까운 제자로서, 붓다의 개인 시자가 되었다. 그는 라자그르하에서 개최된 1차 결집에서 붓다의 모든 설법을 낭송했으며, 비구니(bhikṣuṇī) 승단 설립에 도움을 주었다고 한다.

아누라다뿌라(Anurādhapura) - 데와남삐야 띳사 왕(250-210 BCE)이 세운 스리랑카의 고대 수도.

아띠샤(Atīśa, 982-1054) - 1042년 티베트에 도착한 인도 학자. 티베트불교 부흥 시대에 중요한 역할을 했으며, 상수 제자인 돔뙨(Dromdön)이 까담파를 창설했다.

아라마(ārāma) - 안거 기간 동안 승려들이 사용할 수 있도록 부유한 보시자가 상가에 보시하고 유지하는 정원.

아라한(arhant) - 어원(語源)에 따르면 '공양받을 만한 이'나 '적(번뇌)을 죽인 자(殺賊)'로 해석된다. 초기 불교에서 깨달음의 마지막 단계나 깨달음을 이룬 사람을 가리킨다.

아랏다 깔라마(Ārāḍa Kālāma) - 고따마 싯다르타가 깨달음을 얻기 위해 수행을 배운 최초의 스승. 그는 '무소유처정(無所有處定)'의 경험을 가르쳤다. 조만간에 붓다가 될 싯다르타는 그 경지가 깨달음에 충분치 않다는 것을 알았고, 스승의 자격으로 함께 가르치자는 제안을 거절하고는, 또 다른 스승을 찾아 떠났다.

아뢰야식(ālaya-vijñāna) - '장식(藏識)'으로 다양한 기질들과 다른 의식의 습관적 행위-에너지들의 저장소이다. 유가행파에 의하면 여기에 심어진 '종자'들은 과거·현재·미래의 경험들 사이에 어떤 연결을 제공한다.

아리야데와(Āryadeva, 提婆) - 나가르주나의 가까운 제자로 스승의 연구를 보충했다. 중관파의 논서 《백론(Śata Śāstra)》을 썼다.

아미타불(阿彌陀佛, Amitābha) - 서방 극락세계를 주재하는 '무량한 광명'의 붓다(無量光佛). 정토 신앙의 대상이다. '헤아릴 수 없는 수명의 붓다(無量壽佛)'라고도 한다.

아비다르마(Abhidharma/ P. Abhidhamma) - '법 위에 있는 것' 또는 '더 수승한(abi) 법(dharma)을 드러내는 것'. 불교의 철학이나 심리적인 문제를 다룬 불교 문헌군(文獻群).

《아비다르마구사론(Abhidharmakośa)》 - 바수반두(세친)가 쓴 철학 논서로 설일체유부(Sarvāstvādin) 논서에서 지지한 거의 모든 철학적 주제들을 담고, 비바사사파(Vaibhāṣika) 관점에 대해 논박을 다수 제시한다.

아사와(āsrava) - 문자적으로 '유루(有漏)'를 뜻한다. 감각적 욕망, 지속적인 존재에 대한 갈망, 잘못된 견해 및 무지로 구성된 이러한 불순물들은 깨달음을 경험하기 위해서 파괴되어야만 한다. 많은 불교 수행은 아사와를 완전히 뿌리뽑기 위한 것이다.

아상가(Āsaṅga, 無着) - 초기 불교 화지부(化地部, Mahīśāsaka)에서 원래 교육을 받았지만, 그 전통을 떠나 유가행파(Yogācāra) 설립에 주요한 인물이 되었다. 아상가는 미륵보살에게 계시를 받아 몇몇 유가행파 문헌을 쓰고, 아울러 자신의 책을 몇 권 썼다. 그리고 마침내 동생인 바수반두(세친)를 개종시켰다.

아쇼카(Aśoka) - 인도 마우리아 왕조의 세 번째 황제로 그의 통치 아래 전 인도가 통일되었다. 불교의 전설에 따르면, 왕은 재가신도가 되었고 법(Dharma)으로 다스리고자 했다. 전법을 엄청나게 한 그의 통치 기간 동안에 유명한 '3차 결집'이 개최되었다. 아쇼카는 법에 따라서 통치하려는 다른 많은 지배자들에게 귀감이 되었다.

아쉬바고샤(Aśvaghoṣa, 馬鳴) - 카니슈카 왕과 동시대의 불교 시인으로 추정되며, 《붓다짜리따(Buddhacarita)》를 저술했다.

《아와다나샤따까(Avadānaśataka)》 - 카니슈카 왕 시대 즈음에 만들어졌다고 하는 설일체유부의 전설적인 이야기(avadāna) 모음집.

아와사(āvāsa) - 우안거 기간 동안 사용하기 위해 승려들 스스로 말뚝으로 구획을 만들고 지어서 유지하는 거주지.

《아육왕전(阿育王傳, Aśokavadāna)》 - 아쇼카왕을 둘러싼 많은 이야기들의 주요한 출처가 된 불교 문헌.

아자따샤뜨루(Ajātaśatru) - 빔비사라 왕의 아들로서 데와닷따와 어울리며 아버지 빔비사라 왕을 투옥시켰다. 후에 데와닷따가 붓다를 살해하려다 미수에 그친 일이 일어난 뒤에 마음을 돌이키고 붓다에게 신앙을 표현했다.

아즈냐타 꼰단냐(Ājñāta Kauṇḍdinya) - 고따마 싯다르타와 함께 금욕 수행을 했던 다섯 비구들 중 한 사람. 붓다의 첫 설법을 듣고서 꼰단냐는 깨달음을 얻었고 이어서 비구가 되는 구족계를 맨 처음 받았다.

아촉불(Akṣobhya) - 천상의 다섯 붓다들 중 한 분으로, 《팔천송반야경》에서 처음 언급되었다.

아트만(ātman) - 힌두교에서 '자아' 또는 '영혼'을 가리키는 개념. 순수하고, 미묘하며, 영원하다. 절대자와 같은 본질로서 생에서 생으로 옮겨지며, 업의 잔류물을 지니고 있다.

아함경[Āgama] - 빠알리 어 경장의 니까야에 해당하는 정전(正典). 장아함(Dīghāgama), 중아함(Madhyamāgama), 증일아함(Ekottarāgama), 잡아함(Saṃyuktāgama), 소부아함(Kṣudrakāgama)을 포함한다.

안세고(安世高) - 파르티아 인으로 서기 148년에 주로 부파 불교 계열의 승려들을 이끌고 와서 한나라 낙양에 정착했다. 명상과 호흡 수련에 관한 경전들을 번역했다.

앙굿따라 니까야(Aṅguttara Nikāya/Skt. Ekottarāgama) - '법수를 따라 모은 경', 빠알리 어 경장의 네 번째 묶음.

야쇼다라(Yaśodharā) - 고따마 싯다르타가 세속의 생활을 버리고 떠나기 전, 결혼한 아내.

야타부땀(yathābhūtam) - 문자적으로 '있는 그대로의 것'이라는 뜻이다. 모든 불자의 목표이지만 특히 대승 불자들이 강조하는 것이다. 사물을 있는 그대로 보는 것이 깨달은 것이라고 말할 수 있다.

업(業, karma) - 산스크리트 어로 '행위'를 뜻한다. 이 생에서 사람이 하는 일이 다음 생들에 영향을 미칠 것이라는 인과 관계의 도덕법으로, 의도(cetanā)와 밀접하게 관련이 있다.

에띠엔 라모뜨(Étienne Lamotte, 1903-1983) - 루뱅(Louvain)에서 작업했던 현대 불교 학자이고 고전 《인도불교사》의 저자일 뿐만 아니라 많은 중요한 불교 문헌의 번역가다. 그는 불교 연구의 위대한 학자 중 한 명으로 간주된다.

에이사이(榮西: 1141-1215) - 일본 불교도로 중국에 공부하러 갔고, 중국 임제선을 기반으로 일본 임제선을 개창했다.

여래(如來, Tathāgata) - 문자적으로 '이렇게 온 자'를 뜻한다. 완전한 깨달음을 얻은 뒤의 고따마 싯다르타를 묘사하는 수식어이자 호칭. 아울러 다른 붓다들을 묘사하는 데도 사용된다.

여래장(如來藏, tathāgatagarbha) - '여래의 자궁'을 뜻하는 유가행파 교의로, 아뢰야식과 동의어로 사용된다.

연기(緣起, pratītya-samutpāda) - 존재의 모든 요소의 관계적인 면을 강조하는 인과관계를 가리키는 불교 교리. 12개의 바퀴살로 묘사되며, '이것을 원인으로 저것이 일어난다' 등의 정형구로 표현된다.

연민(悲, karuṇā) - 보살행의 주된 힘. 보살이 열반에 들기 전에 모든 중생을 구원하겠다는 서원을 하도록 인도하는 것이 이 연민이다.

열반(涅槃, nirvana) - 문자적으로 '불어서 꺼짐'을 뜻한다. 불교에서 종교 수행의 목표. 열반에 대한 주제는 문헌들 속에서 매우 신비롭다. 이를 이해하려면 명백하게 경험이 필요하다.

〈염처경(念處經, Satipaṭṭhāna Sutta)**〉** - 불교 명상의 필수 사항을 설명하는 빠알리 어 경전(M 10, D 22). 모두 '마음챙김의 확립'을 다룬다.

오(悟) - 문자 그대로 개인의 깨달음을 의미하는 중국어 용어.

오계(五戒) - 불교 재가신자가 지켜야 할 다섯 가지의 윤리적 행위. 살생하지 않기, 거짓말하지 않기, 훔치지 않기, 정신을 흐리게 하는 약물이나 술을 마시지 않기, 올바르지 않은 성적 행위를 하지 않기가 포함된다.

《왕생요집(往生要集, Ōjōyōshū)**》** - 일본 불교도 겐신이 쓴 이 책은 지옥의 불행과 정토의 기쁨을 극명하게 대비시켰다.

우드라까 라마뿌뜨라(Udraka Rāmaputra) - 고따마 싯다르타가 깨달음에 대한 여정에서 만났던 두 번째 스승. '비상비비상처(非想非非想處)'를 가르쳤다.

우바새(優婆塞, upāsaka) - 남성 재가신자.

우바이(優婆夷, upāsikā) - 여성 재가신자.

우빨리(Upāli) - 붓다의 지도적인 제자 중 한 사람이며 율장의 규율에 대한 전문가이다. 라자그르하에서 열린 1차 결집에서 율장 전체를 낭송했다.

위빳사나(vipassanā) - 문자적으로 '통찰'을 의미한다. 불교 명상 수행체계의 (전반은 사마타이고) 후반으로, 네 단계의 초월 경험(道, magga)으로 이끈다.

위즈냐나와다(Vijñānavāda) - '의식의 교의를 지닌 자'. 유가행파에 적용되는 이 명칭은 이 종파가 보유한 가르침을 설명하기 위한 것이다.

위하라(vihāra) - 원래 우기 동안 한 명의 승려가 머물렀던 오두막. 불교 사원이 발전하고 유행편력의 이상이 포기되면서 이 단어는 전체 사원 영역을 가리키게 되었다.

유가행파(瑜伽行派, Yogācāra) - 아상가(Asaṅga, 無着)가 세운 대승의 철학 종파로 불교 사상에서 팔식(八識), 삼자성(三自性, trisvabhāva) 교리, 유식성(唯識性, vijñaptimātra), 여래장(如來藏, tathāgatagarbha) 등의 새로운 개념을 혁신했다. 유가행파는 중관파와 함께 대승의 원동력이다.

유마 거사(維摩居士, Vimalakīrti) - 세속적인 삶에도 불구하고 위대한 통찰력과 깨달음을 달성한 대승 불교의 재가자 보살. 유명한 대승 경전인 《유마경》에 등장하는데, 유마 거사의 지혜는 붓다의 모든 위대한 제자들보다 탁월하다고 묘사된다.

유식(唯識, cittamātra) - 문자적으로는 '오직 마음'이라는 뜻이다. 이 개념은 여러 불교 문헌에서 나타나는데 그 중 하나가 《능가경(楞伽經, Laṅkāvatāra Sūtra)》이다. 모든 주체와 대상에서 실체가 결여되어 있고 단지 생각된 것뿐이라면 무엇이 존재하는가에 대한 답을 표현한 개념이다. 이 개념은 종종 유가행파(瑜伽行派, Yogācāra)나 유식종(唯識宗, Vijñānavāda)의 동의어로 사용되었다.

유진 번욱(Eugène Burnouf) - 브라이언 휴톤 호지슨(Brian Houghton Hodgson)이 수집한 사본을 연구한 프랑스 학자. 그가 번역한 《법화경》이 그의 사후 1852년에 출판되었다. 그는 때때로 '불교 연구의 아버지'라고 불린다.

율(律) - 빠알리 어 '위나야(Vinaya)'의 중국어 의역. 율장의 문헌을 연구하고 가르치는 것이 가장 큰 관심사였던 중국 불교의 한 종파이다.

율장(律藏, Vinaya Piṭaka) - 사원의 규율, 윤리적 고려 사항 및 사원 업무 집행에 대한 모든 규칙을 포함하는 불교 대장경의 첫 번째 '바구니(Piṭaka)'.

응신(Nirmāṇakāya, 應身) - 역사적인 붓다를 나타내기 위해 대승에서 사용한 용어. 이는 '붓다의 삼신' 중 하나로 나머지는 보신(Sambhogakāya, 報身)과 법신(Dharmakāya, 法身)이다.

의도(cetanā) - 의지 또는 의도. 업을 만드는 동기를 부여하는 충동.

인욕(忍辱, kṣānti) - 참음, 혹은 견딤. 보살이 수행하는 바라밀 중 세 번째 항목.

임제 의현(臨濟 義玄) - 중국 선 불교의 주요 종파 중 하나인 임제선의 개조.

자성(自性, svabhāva) - 전통적인 대승 용어로 '스스로인 존재' 또는 '자신의 본성'을 의미한다. 법(dharma)의 자성은 결여되어 있는 것을 공성(śūnyatā)이라고 한다. 어떤 것이 '스스로인 존재'를 가졌다면 그 자체로 존재할 것이며, 따라서 연기법을 벗어나며 불교의 정설과 모순된다.

《자따까(Jātaka, 本生譚)》 - 문자적으로 '과거생의 이야기'를 뜻하는 이 문헌은 붓다의 보살로서의 전생을 말하는 550개의 이야기 모음집이다. 빠알리 어 경장 소부(Khuddaka Nikāya)의 열 번째 책이다. 대부분의 이야기들은 사실상 경전 범위 밖의 이야기들이다.

장로(長老, Sthavira) - 말 그대로 '연장자'라는 뜻이다. 이 명칭은 승가가 처음 분열되었을 때 대중부를 반대한 불교 초기의 분파에 적용되었다.

전륜성왕(轉輪聖王, cakravartin) - '(법의) 바퀴를 굴리는 자'라는 뜻이다. 고따마 싯다르타는 정치적이거나 또는 종교적인 의미에서 전륜성왕이 될 것이라고 예언되었다. 또한 바퀴(cakra; 만다라 또는 토지)에 머물거나 거주하는 사람을 의미하기도 한다. 붓다 역시 마찬가지이다.

정(定, samādhi) - 문자적으로 '집중' 또는 '명상', 하나의 대상에 마음을 집중하여 마음이 그 대상에만 머무는 상태가 된다. 팔정도의 세 번째 단계(正精進, 正念, 正定)를 말하고, 또한 다섯 번째 바라밀(선정바라밀)이다.

정진(精進, vīrya) - 보살도에서 실천하는 네 번째 바라밀.

정토(淨土, Sukāvatī) - '깨끗한 땅'이라는 뜻이다. 중국 정토종은 혜원이 세우고 담란이 체계화했다. 구원의 길로 신앙과 헌신을 강조한다. '행복의 땅' 또는 '순수한 땅'이라는 뜻이며, 아미타불이 관장하는 서방(西方)에 위치한 특별한 세계이다.

정토계 경전들 - 아미타불의 정토에 관한 담론을 다루는 경전들로, 〈대무량수경〉, 〈관무량수경〉, 〈아미타경〉의 세 경전으로 이루어져 있다.

제따와나(Jetavana) - '제따 왕자의 숲'이라는 뜻이다. 아나타삔디까(Anathapiṇḍika, 給孤獨) 장자가 붓다를 위해 건축한 슈라와스티에 있는 사원 기원정사의 터전이 되었다. 4세기에 스리랑카에 같은 이름을 지닌 사원이 세워졌다.

젠(Zen, 禪) - 명상에 기초한 일본 불교 종파의 이름으로, 중국의 선 전통을 이었다. 일본에서는 12세기에 처음 시작되어서, 현대 세계 전역에 널리 전해질 만큼 성장했다.

조도슈(淨土宗, Jōdo Shū) - 호넨(法然)이 세운 일본 정토종. 중국 정토종에 기반해 아미타불에 대한 신앙과 헌신뿐만 아니라 아미타불의 이름을 반복해서 부르는 '나무아미다붓수' 주문을 강조한다.

조도신슈(淨土眞宗, Jōdo Shinshū) - 신란(親鸞)이 설립한 일본의 종파. 중국의 정토종과 호넨의 정토종에 기초했다. 급진적인 방식으로 아미타불의 서원에 의한 구원을 강조한다.

조동종(曹洞宗, Sōtō) - 중국 조동종 전통에서 파생된 선 불교의 일본 종파. 도겐(Dōgen)에 의해 일본에 소개되었으며, 시칸타자(只管梢坐; 그냥 앉아 있는 것)와 점수(漸修)를 강조한다.

종자(種子, bīja) - '씨앗'을 뜻하는데, 유가행파에 따르면 아뢰야식(ālaya-vijñāna)에 심어진다고 한다. 다양한 기질과 습관, 에너지를 포함하고 있으며, '오염이 되면' 세상에 대한 잘못된 견해를 불러일으킨다.

좌선(坐禪) - '명상으로 앉다'라는 뜻이다. 한 사람이 앉아서 명상할 때 그 사람은 이미 붓다이다. 이러한 깨달음은 단지 무지로 인해 흐려진다. 좌선은 스스로에게 내재된 불성이 나타날 수 있는 기회를 제공한다.

중관파(中觀派, Mādhyamika) - 나가르주나(Nāgārjuna, 龍樹)가 창립한 대승불교 종파로, 제목이 암시하듯이 '중도(中道)'를 중심사상으로 표방한다.

《중론(中論, Mūlamādhyamika-kārikās)》 - 나가르주나(Nāgārjuna)의 주요 저작으로, 그의 교의적인 입장을 반영한다. 모든 불교 문헌 중에서 가장 위대하고 당혹스러운 저작으로 간주된다. 중관파의 소의경전이다.

즈냐나(jñāna/ ñāṇa) - 직관적인 의미에서의 지혜. 이는 열 번째 바라밀이고, 열 번째 보살지(菩薩地)인 법운지(法雲地, Dharmamegh-bhūmi)에서 일어난다. 사물을 실제로 있는 그대로 직접적으로 아는 것이다.

지나(Jina) - 문자적으로 '정복자'라는 뜻이다. 완전하고 완벽한 깨달음을 성취한 뒤에 고따마 싯다르타에게 붙여진 호칭. 그는 번뇌(āsravas)를 정복했다고 했다.

지의(智顗; 438-597) - 중국 천태종을 체계화한 불교인.

지혜(prajña) - 문자 그대로 '지혜'를 뜻한다. 육바라밀(Pāramitā)의 여섯 번째 바라밀이며, 일반적으로 팔정도의 바른 견해와 바른 생각을 아울러 '지혜'라고 한다.

진언종(眞言宗) - 나중에 홍법 대사로 불린 구카이가 소개한 일본 불교 종파. 중국 딴뜨라 전통의 진언종에 기초하고 우주적 붓다로 비로자나불을 신봉한다.

진여(眞如, tathatā) - 말 그대로 '있는 그대로의 것'을 말한다. 아마 더 현대적인 표현은 '그대로의 것'일 것이다. 기능면에서 깨달음과 동의어다.

집(集, samudaya) - 사성제의 두 번째 진리인 고통의 원인에 대한 산스크리트 어 용어. 다양한 갈망이 고통의 근원이라는 것을 강조하는 고귀한 진리다.

집량(集量, Pramāṇa) - 산스크리트 어 용어로 종종 논리의 과학을 나타내기 위해 사용되었다.

쩨띠야(cetiya) - 붓다나 유명한 성인의 유물이 보관되어 있는 종교적 기념물, 또는 탑묘(stūpa).

쫑카빠(Tsong-kha-pa; 1357-1419) - 라싸에 세 개의 사원을 건립한 티베트 불교도로 아띠샤(Atīśa)의 까담(bKa-gdams)파 계보에 속한다고 주장된다. 티베트 불교 겔룩(dGe-lugs)파의 개조다.

찰나(kṣaṇa) - 문자적으로 '순간'을 뜻한다. 모든 것은 순간으로밖에는 머물지 않는다고 하는 불교 개념. 찰나(kṣaṇikatva: momentariness)에 관해 정식화된 교의는 모든 것이 일어남(utpatti), 머묾(sthiti), 사라짐(vināśa)의 과정이 있다고 가르친다.

천태종(天台宗) - 지의(智顗; 538-597)가 세운 중국 대승불교 종파. 근본 경전은 《법화경》이다. 이 종파는 모든 형태의 불교를 인정하는 위대한 절충을 실현하기 위한 중국인들의 의도를 나타냈다. 명칭은 이 종파가 위치한 산에서 땄다.

《청정도론(清淨道論, Visuddhimagga)》 - 붓다고사가 쓴 고전적 불교 문헌. 테라와다 명상 수행의 표준 지침서가 되었고, 교리 개론으로서 계율, 전설, 기적 이야기 등을 포함하는데, 이 모든 것은 아라한이 됨을 칭송한다. 이 문헌의 탁월함은 바수반두의 《구사론》과 비견된다.

〈초전법륜경(初轉法輪經, Dharmacakrapravartana Sūtra)〉 - 붓다가 바라나시의 다섯 비구에게 한 첫 설법. 이 설법에서 붓다는 쾌락을 추구함과 금욕주의 양극단의 무익함을 설교하고 사성제(四聖諦)의 개요를 설했다.

출가(出家, pravrajyā/P. pabbajjā) - 승단에 처음으로 입단하는 것, 구족계(upasaṃpadā)와 대조된다.

카니슈카(Kaniṣka) - 서력 시대로 전환할 즈음에 인도를 재통일한 쿠샨(Kushan) 왕조의 황제로 불교에 호의적이었다. 그의 통치기에 불교가 번창했는데, 아마도 아쇼카(Aśoka) 대왕을 모델로 삼았던 것으로 보인다.

쿠마라지바(鳩摩羅什: 344-413) - 쿠차(Kucha) 출신의 위대한 불교 번역가. 401년에 중국에 도착했을 때부터 왕의 후원으로 인도 불교 문헌을 중국어로 번역했다. 그는 나가르주나(Nāgārjuna, 龍樹)의 가르침에 따라 중국 삼론종을 세웠다고 한다.

쿠시나가라(Kuśinagara) - 붓다가 반열반에 든 곳이다.

쿳다까 니까야(Khuddaka Nikāya, 小部) - 빠알리 어 경장의 제5부로 15(18)가지의 다양하거나 '소소한' 문헌들을 포함한다.

크메르 - 캄보디아의 고대 왕국.

테라와다(Theravāda, 長老部) - '장로들의 가르침을 지키는 자들'은 니까야 불교의 전통적인 18개 부파 중 하나이다. 이 형태의 불교는 아쇼카 대왕의 통치 기간에 이루어진 마힌다 왕자의 스리랑카 선교에서 비롯되었다. 이제는 오늘날 유일하게 남아 있는 니까야 불교의 종파를 대표한다.

특상(特相, lakṣaṇa) - 문자적으로 표지. 존재의 세 가지 특상(特相)인 무아(anātman), 고(duḥkha), 무상(anitya)은 붓다의 중심적인 가르침 중 하나다.

틸로빠(Tilopa) - 나로빠의 스승. 그는 다소 엉뚱한 것으로 묘사되며, 종종 옷을 대충 입고 '미친' 행동을 했다고 한다.

팔정도(八正道, aṣṭāṅgika mārga) - 사성제의 네 번째 진리로, 깨달음을 실현하는 '도(marga)'에서 최고점에 달하는 여덟 가지의 수행 지침이다. 그것은 계(śīla)·정(samādhi)·혜(prajñā)의 삼학(三學, tri-śikṣā)으로 구성된다.

《팔천송반야경(Aṣṭasāhasrikā-prajñāpāramitā Sūtra)》 - 지혜의 완성에 관한 8,000송의 경. 가장 이른 시기에 속하는 가장 기본적인 대승 문헌, 179년경 중국어로 번역되었다.

포살(Poṣadha /P. Uposatha) - 한 달에 두 번 승려들이 모여 계본[Prātimokṣa Sūtra]을 독송하고, 범계(犯戒)를 고백하며, 승가의 공식적인 화합을 확인한다. 빔비사라 왕의 제안으로 도입되었다.

프라상가(prasaṅga) - 나가르주나가 그의 상대방들과 논쟁할 때 사용한 귀류법을 가리키는 산스크리트 어.

하쿠인(白隱: 1685-1768) - 시대에 뒤떨어져 정체되어 있던 도쿠가와 시대에 불교의 훌륭한 이상인 연민심을 강하게 실천한 일본 선승(禪僧).

《헤뚜챠크라(Hetucakra)》 - 디그나가(Dignāga, 陳那)가 쓴 불교 논리서.

헤바즈라 딴뜨라(Hevajra Tantra, 喜金剛) - 모든 밀교 문헌에서 가장 중요한 것 중 하나다. 인도의 밀교 대가인 라트나까라 샨띠(Ratnākara śānti)가 티베트 사람들에게 이것을 가르쳤다.

헤이안(平安) 시대(794-1192) - 일본 역사의 한 시대. 일본 불교가 최고로 번성했던 시대로 간주된다.

현장(玄奘; 596-664) - 인도로 여행한 중국 순례자. 629년에 인도로 가서 645년 중국으로 돌아오기까지 언어를 공부했고, 불교 문헌들을 중국어로 번역하기 위해 가지고 돌아왔다. 섭론종 혹은 빠라마르타의 가르침으로부터 아비다르마 종파(구사종)와 유가행파 관점을 도입한 법상종을 개창했다.

혜능(慧能) - 경쟁자 북종선의 신수(神秀)와 비견된 길고 격렬한 논쟁 후에 남종선의 제6대 조사가 되었던 중국 선승. 《육조단경(六朝壇經)》은 혜능의 저술이라고 추정된다.

혜사(慧思: 515-576) - 중국 천태종을 세움. 천태종은 후대에 지의(智顗)가 체계화했다.

혜원(慧遠: 334-416) - 중국 정토종을 개창했다. 정토종은 후대에 담란(曇鸞: 476-542)이 체계화했다.

호넨(法然; 1133-1212) - 일본 정토종을 세운 일본 불교도.

홍법 대사(弘法大師) - 9세기, 일본 진언종 불교를 개창한 구카이(Kūkai, 空海)에게 사후에 추증된 존칭.

《화엄경(華嚴經, Avataṃsaka Sūtra)》 - '꽃으로 장엄한 경전'이라는 뜻이다. 보살의 깨달음에 대한 수행도를 광범위하게 묘사하고, 완전한 전체성과 연기(緣起)를 제시한 대승 경전이다.

화엄종(華嚴宗) - 《화엄경(Avataṃsaka Sūtra)》에 근거한 중국불교 종파. 두순(杜順; 557-640)이 세우고, 법장(法藏, 643-712)이 체계화했다.

역자 후기

마음이 길을 잃었던 한 시절이 있었습니다. 길을 잃고 헤매던 어디쯤에서 우연인 듯 미얀마를 만났고, 온 하루, 365일, 날짜의 끝을 두지 않고 수행해 보는 복을 누렸습니다. 우주의 막막한 공간에 미아가 된 듯한 그런 날들이 굽어지는 어느 고비에서 다시 국제테라와다불교대학(ITBMU)을 만났습니다. 빠알리 어 경전 구절을 미주알고주알 분석해 주고 달달 외우게 하는, 마치 초등학교 주입식 교육만 같았던 '테라와다 대학'의 수업 풍토에서 위나야(Vinaya) 전공 비구 짠다묵카(Ven. Candamukha) 교수님은 느긋하게 철학적 질문을 한 철 내내 던졌습니다. "무엇이 사문(沙門)됨(Sāmaññattha)인가?" 그리고 그 철 끝에 이런 말씀으로 마무리를 했습니다. "붓다의 가르침은 여러분 자신의 인생을 위한 것이다. 아울러 여러분들이 속한 사회를 위한 것이다. '율(律, Vinaya)'은 공동체에 관한 것이다. 시험을 위한 것이 아닌." 계율의 아름다움을, 인간적인, 너무나 인간적인 아름다움을 열어 보여 주신 짠다묵카 교수님께 감사의 삼배를 올립니다.

교학과 수행의 장으로부터 육체노동의 생활전선으로 뛰어들게 되었던 한 수행자의 마음을 지탱하기 위해 시작되었던 이 책의 번역이 우여곡절을 넘어 세상의 빛을 봅니다. 그 전환의 다리가 되어주었듯, 이 책이 닿는 곳마다 이 시대의 불교를 생활 속에서 숙고하고 실천하는 불사(佛事) 이뤄지길 발원합니다.

번역할 인연이 되어 주고 함께 읽고 작업해 준 '공부모임 숨'의 도반들께 감사의 삼배를 올립니다. 코로나 팬데믹의 어려운 시절, 두껍고 진중한 책을 기꺼이 맡아 출간해 준 어의운하에 감사의 삼배 올립니다. 번역할 깜냥이 되지 못함에도 불구하고, 여러 조건에 몰려 감히 짊어지게 되었으나 부족한 언어 실력으로 인해 오역이 많을 것을 두려워합니다. 이 책이 불교를 좀더 폭넓게, 탈중심적으로, 실용적으로, 무엇보다 이 시대에 맞게 이해해 볼 수 있는 징검다리가 되길 발원하며 눈 밝은 독자님들이 꾸짖어 바로잡아 주시길 아프게 기다리겠습니다.

2022. 2.

출가 사문 제자 청원

저자·역자

찰스 프레비쉬(Charles S. Prebish)

미국 펜실베니아주립대학 종교학부의 교수로 35년간 봉직하며 100여 편의 학술논문과 20여 권의 저서(공저, 편역서 포함)를 집필했다. 2007년부터 2010년까지 유타주립대학교(Utah State Univ.) 찰스리드 센터(The Charles Redd) 종교학부의 첫 번째 석좌교수를 역임하면서 종교학 연구 프로그램들을 주도했다. 현재는 펜실베니아주립대학의 명예교수이자 유타주립대학의 명예석좌교수다. 국제불교학회(the International Association of Buddhist Studies)의 간사를 역임했고, 미국 학술원의 불교 분과(the Buddhism Section of the American Academy)의 공동 창설자이다.

저서로는 불교학의 고전적 저작으로 꼽히는 《Buddhist Monastic Discipline》(1975)과 《Luminous Passage: The Practice and Study of Buddhism in America》(Univ. of California Press, 1999)를 비롯하여, 《American Buddhism》(Univ. of California Press, 1979), 《Religion and Sport: The Meeting of Sacred and Profane》(1993), 《A Survey of Vinaya Literature》(Routledge, 1994), 《Historical Dictionary of Buddhism》(Scarecrow, 1993), 《Buddhism: The American Experience》(Journal of Buddhist Ethics Online Books, 2003), 《The A to Z of Buddhism》(Wisdombooks, 2014), 《An American Buddhist Life: Memories of a Modern Dharma Pioneer》(Sumeru Press, 2011)가 있으며, 공동 편역서로 《Buddhism; a Modern Perspective》(PennState, 1975), 《The Faces of Buddhism in America》(Univ. of California Press, 1998), 《Buddhism and Human Rights)》(Curzon, 1998)와 《Introducing Buddhism》(Routeledge, 2006)이 있다.

프레비쉬 박사는 서양 불교 연구를 불교학의 한 분야로 자리잡게 하는 데 선도적인 역할을 하였다. 불교학 분야에서는 최초로 온라인 논문심사지(peer-reviewed journal)인 〈Journal of Buddhist Ethics〉와 〈Journal of Global Buddhism〉의 공동 편집자로서 발행을 주도했다. 1996년에는 루트리지(Routledge) 출판사와 '불교-비판적 연구(Critical Studies in Buddhism)' 시리즈를 공동 기획하였다. 퇴임 후에도 초기의 인도불교와 서구에서의 불교에 관해 활발하게 논문과 저서를 집필하고 있다.

데미언 키온(Damien Keown)

영국 런던대학의 골드스미스컬리지(Goldsmiths College, Univ. of London)의 불교윤리학 담당 명예교수이며, 금강대 석좌교수를 역임했다. 〈불교윤리학저널(Journal of Buddhist Ethics)〉의 발행을 주도한 공동 편집자이자 왕립아시아학회(Royal Asiatic Society)의 회원이다. 저서로는 《The Nature of Buddhist Ethics》(Palgrave Macmillan, 1992), 《Contemporary Buddhist Ethics)》(Routledge, 2000), 《A Dictionary of Buddhism》(Oxford Univ. Press, 2004), 《Buddhist Ethics: A Very Short Introduction)》(2005)이 있고, 공저로는 《Buddhism and Human Rights)》(Curzon, 1998), 《Action Dharma: New Studies in Engaged Buddhism》(Routledge, 2003), 《Introducing Buddhism》(Routeledge, 2006)이 있다. 국내에는 《불교와 생명윤리학》(불교시대사, 2000), 《불교(Buddhism: A Very Short Introduction)》(2013, 교유서가 2020)가 번역 출간되었다. 낙태와 뇌사, 장기이식, 태아 실험, 식물인간, 자살과 안락사, 성과 출산, 인공수정, 동물과 환경, 전쟁과 테러리즘 등 현대 사회가 직면하고 있는 여러 가지 문제들에 대해 불교윤리적 관점에서 설명하고 이를 통해 불교가 좀 더 현대의 보편적 진리로 이해되도록 노력하고 있다.

청원 스님

동학사 강원 졸업. 미얀마에서 사마타-위빳사나 수행을 하고, 초기불교를 공부했다. 이메일 주소는 dhammadinna64@gmail.com이다.

찾아보기

페이지 번호에 *표시는
〈용어 해설〉에 포함된 단어이다.

가

나

다

라

마

바

사

아

자

차

카

타

파

하